Das schweizerische Sozialhilferecht
Christoph Häfeli (Hrsg.), Karin Anderer, Cornelia Breitschmid, Claudia Hänzi,
Peter Mösch Payot, Christoph Rüegg, Urs Vogel, Peter Voll

# Das schweizerische Sozialhilferecht

## Rechtsgrundlagen und Rechtsprechung

Christoph Häfeli (Hrsg.), Karin Anderer,
Cornelia Breitschmid, Claudia Hänzi,
Peter Mösch Payot, Christoph Rüegg,
Urs Vogel, Peter Voll

Interact · Luzern

Diese Publikation ist im Rahmen eines nationalen Forschungsprogramms entstanden mit Unterstützung des Schweizerischen Nationalfonds und einer Partnerschaft der Hochschule Luzern - Soziale Arbeit und der Schweizerischen Konferenz für Sozialhilfe SKOS

Bibliografische Information der Deutschen Bibliothek
Die Deutsche Bibliothek verzeichnet diese Publikation in der Deutschen Nationalbiografie; detaillierte bibliografische Daten sind im Internet über http://dnb.ddb.de abrufbar.

© 2008 interact Luzern
Hochschule Luzern Soziale Arbeit
www.hslu/interact in Kooperation mit Editions Weblaw, www.weblaw.ch

Korrekturen: Andreas Vonmoos Textkorrektur Terminus, Luzern
Gestaltung: Cyan Gmbh, Luzern
Druck: UD Print AG

ISBN 978-3-906413-51-8 (Interact Verlag)
ISBN 978-3-905742-49-7 (Editions Weblaw, Print)

**Christoph Häfeli**, lic.iur./dipl. Sozialarbeiter/dipl. Supervisor, n.a. Prof. an der Hochschule Luzern - Soziale Arbeit, freiberuflicher Rechtskonsulent und Supervisor.

**Karin Anderer**, lic.iur., Pflegefachfrau Psychiatrie, Sozialarbeiterin FH, Sozialdepartement der Stadt Zürich, Lehrbeauftragte im Privatrecht an der Universität Luzern und an der Zürcher Hochschule für angewandte Wissenschaften, Soziale Arbeit.

**Cornelia Breitschmid**, lic.iur., dipl. Sozialarbeiterin FH, stv. Abteilungsleiterin beim Kantonalen Sozialdienst Aargau.

**Claudia Hänzi**, lic.iur., Abteilungsleiterin im Amt für soziale Sicherheit, Departement des Innern Kanton Solothurn.

**Peter Mösch Payot**, lic.iur., LL.M., manager nonprofit NDS FH, Dozent und Projektleiter Hochschule Luzern Soziale Arbeit und Lehrbeauftragter Fachhochschule Nordwestschweiz.

**Christoph Rüegg**, Dr.iur., Leiter Sozialamt der Gemeinde Oberglatt ZH.

**Urs Vogel,** lic.iur., dipl. Sozialarbeiter FH, Master of Public Administration idheap, Institut für angewandtes Sozialrecht und Rechts- und Unternehmensberatung Urs Vogel Consulting, n.a. Dozent Hochschule Luzern Soziale Arbeit

**Peter Voll**, Dr.rer.soc., Swiss Forum for Migration and Population Studies (SFM), Universität Neuenburg.

## Vorwort

Die Sozialhilfe hat im System der sozialen Sicherheit in den vergangenen Jahren an Bedeutung deutlich zugenommen. Auch in der Öffentlichkeit findet sie heute wesentlich höhere Beachtung als noch vor kurzem. Erstaunlich dagegen, dass das Recht der Sozialhilfe über den Kreis der Praktikerinnen und Praktiker kaum Aufmerksamkeit gefunden hat. Umfassende Publikationen zum Sozialhilferecht sind in den letzten zehn Jahren keine mehr erschienen – ein sowohl für die Lehre als auch die Praxis unhaltbarer Zustand. Umso erfreulicher, dass wir nun dieses Werk vorlegen können.

Der Band entstand im Rahmen eines Forschungsprojektes, das von der Hochschule Luzern – Soziale Arbeit in Partnerschaft mit der Schweizerischen Konferenz für Sozialhilfe (SKOS) zwischen 2006 und 2008 durchgeführt und vom Schweizerischen Nationalfonds unterstützt wurde. Das Forschungsprojekt ist das Produkt einer beispielhaften Zusammenarbeit zwischen einer Fachhochschule, einer Praxisorganisation, der privaten Rechts- und Informatikfirma weblaw AG, Bern, und einer Anzahl Praktikerinnen und Praktiker aus verschiedenen Kantonen. Die inhaltliche Projektleitung oblag Christoph Häfeli, der als Herausgeber dieses Bandes zeichnet, und die administrativ-finanzielle Leitung Manfred Seiler, Dozent und Projektleiter am Institut WDF (Weiterbildung, Dienstleistungen, Forschung) der Hochschule Luzern – Soziale Arbeit. Unterstützt wurden die beiden durch Walter Schmid, Rektor der Hochschule Luzern – Soziale Arbeit und Präsident der SKOS, sowie durch deren Geschäftsführer, Ueli Tecklenburg.

Die vorläufigen Endprodukte dieses Projektes sind:

- Eine Gesetzesdatenbank mit den einschlägigen Sozialhilfegesetzen und den dazugehörenden Verordnungen aller 26 Kantone. Die Software für diese Datenbank wurde von Peter Voll, dem Leiter der Forschungsstelle am Institut WDF, und Thomas Olnhoff von der Hochschule Luzern – Technik und Architektur, entwickelt.
- Eine Datenbank aller letztinstanzlichen kantonalen Entscheide zum Sozialhilferecht zwischen 2000 und 2005 und von ca. 140 Bundesgerichtsentscheiden ab 1975. Über einen zurzeit 427 Stichwörter umfassenden Thesaurus, genannt Soziovoc, können alle in der Datenbank eingelesenen Gerichtsentscheide im Volltext und die einschlägigen Urteile zu allen relevanten Themen erschlossen werden. Diese Datenbank wurde in Zusammenarbeit mit der in diesen Belangen erfahrenen Firma weblaw AG, Bern, entwickelt.
- Sammelband mit Beiträgen zur Sozialhilfegesetzgebung und Rechtsprechung.

Die beiden Datenbanken werden zurzeit in einem Folgeprojekt der Hochschule Luzern – Soziale Arbeit und der SKOS weiterentwickelt und sollen der Fachöffentlichkeit ab Frühjahr 2009 zugänglich gemacht werden. So soll sichergestellt werden, dass Gesetzgebung und Rechtsprechung zur Sozialhilfe kontinuierlich à jour gehalten werden.

Dank der Erschliessung der Gesetzgebung und der Rechtsprechung über diese beiden Datenbanken entstanden in der zweiten Hälfte des Projektes die in diesem Band gesammelten Beiträge. Neben den Autorinnen und Autoren dieser monographischen Beiträge haben zwei Westschweizer Juristinnen – Valérie Humbert, Rechtsanwältin, Freiburg, und Claudia Frick, Juristin beim «Centre Social Protestant» des Kantons Waadt, an der Erarbeitung der Systematik für die beiden Datenbanken sowie an der Erschliessung und Analyse des Sozialhilferechts und der Rechtsprechung der französischsprachigen Kantone mitgewirkt. An der Erschliessung und Analyse der deutschsprachigen Gesetzgebung und Rechtsprechung war ausserdem lic.iur./dipl. Sozialarbeiterin FH Judith Binder beteiligt.

Schliesslich hat lic. iur. Daniela Maravic, wissenschaftliche Assistentin an der Hochschule Luzern – Soziale Arbeit, wesentlich zur Fertigstellung und formalen Bereinigung des Manuskripts beigetragen.

Die Hochschule Luzern – Soziale Arbeit und die SKOS freuen sich, mit dieser Publikation den Praktikerinnen und Praktikern der Sozialhilfe und den Rechtsmittelinstanzen Beiträge zu allen relevanten Themen des schweizerischen Sozialhilferechts sowie eine aktuelle Übersicht über den Stand des schweizerischen Sozialhilferechts und der Rechtsprechung der letzten Jahre zu präsentieren. Sie sollen nicht nur der Verbreiterung der Rechtskenntnisse, sondern auch der Stärkung der Rechtssicherheit in der Sozialhilfe dienen.

Luzern im August 2008

*Walter Schmid*
Rektor Hochschule Luzern –
Soziale Arbeit
Präsident SKOS

*Christoph Häfeli*
Prof. am Institut WDF
Hochschule Luzern –
Soziale Arbeit

# Inhaltsverzeichnis

## Zweiter Teil: Organisation und Verfahren

## Dritter Teil: Rechtstatsachen

Christoph Häfeli
**Einleitung**

# Inhaltsverzeichnis

# 1  Die Sozialhilfe als wichtiger Pfeiler der sozialen Sicherung

Während man in den 60er-Jahren des letzten Jahrhunderts glaubte, die Armut sei besiegt, erwies sich dieser Optimismus bereits bei der ersten grossen Rezession Mitte der 70er-Jahre als trügerisch: Die Zahl der Menschen, die auf Sozialhilfe angewiesen waren, stieg ein erstes Mal stark an. Ein zweiter Schub war in den 90er-Jahren zu verzeichnen, und 2004, im Jahr der ersten nationalen Statistik zur Sozialhilfe, waren knapp 220 000 Menschen auf Unterstützung angewiesen, was einer durchschnittlichen Sozialhilfequote [1] von 2,8 Prozent entsprach. [2] 2006 betrug die Sozialhilfequote 3,3 Prozent, was ca. 245 000 Personen entsprach. [3] Dabei ist ein deutliches Stadt-Land-Gefälle zu verzeichnen: 68,1 Prozent der unterstützten Personen leben in Städten, d.h. in Gemeinden mit mehr als 10 000 Einwohnern, deren Anteil an der Gesamtbevölkerung lediglich 42 Prozent beträgt.

Die Sozialhilfequote nimmt zudem mit zunehmendem Alter ab. Sie ist am höchsten bei Kindern, Jugendlichen und jungen Erwachsenen bis 25 Jahre. Im dritten Lebensabschnitt ist die Sozialhilfequote am tiefsten, sie beträgt bei den mehr als 65-Jährigen deutlich weniger als 1 Prozent, was als Hinweis auf eine gute Alterssicherung gedeutet werden kann.

Das Sozialhilferisiko für Personen ausländischer Herkunft ist höher als jenes für die Schweizer Bevölkerung. Rund 44 Prozent aller Sozialhilfeempfänger sind ausländischer Nationalität, während ihr Anteil an der Gesamtbevölkerung knapp 21 Prozent beträgt. Die Gründe liegen bei der geringen Berufsqualifikation, den schlechten Arbeitsmarktchancen und der Familienstruktur.

Eine gute Ausbildung vermindert allgemein das Risiko, von Sozialhilfe abhängig zu werden. Je besser die Ausbildung, desto geringer ist das Sozialhilferisiko. Im Jahre 2006 verfügten 54,4 Prozent der unterstützten Personen über keine berufliche Ausbildung, während dieser Anteil in der gesamten Bevölkerung lediglich bei 26,3 Prozent lag.

28 Prozent der über 15-jährigen Sozialhilfeempfänger sind trotz Erwerbstätigkeit auf Leistungen der Sozialhilfe angewiesen. Fast 60 Prozent von ihnen arbeiten Teilzeit, immerhin 42 Prozent sind vollzeitlich beschäftigt, und etwas mehr als 11 Prozent sind Erwerbstätige in Ausbildung. Mehr als ein Drittel der Sozialhilfeempfänger sind erwerbslos, knapp ein Drittel von ihnen sind beim Arbeitsamt gemeldet; 8,7 Prozent sind Personen in Beschäftigungs- und Integrationspro-

---

1   Unter Sozialhilfequote versteht man den Anteil der Sozialhilfebeziehenden an der Gesamtbevölkerung.
2   *BFS Sozialhilfestatistik 2004*
3   *BFS Sozialhilfestatistik 2006*, aus der alle weiteren hier angeführten Zahlen stammen.

grammen. Bei den anderen handelt es sich um Personen, die auf Arbeitssuche sind, aber keine Berechtigung auf Arbeitslosengelder haben (Ausgesteuerte, nichtversicherte Selbstständige).

Geschiedene haben ein stark erhöhtes Risiko, von der Sozialhilfe abhängig zu werden. Ihre Sozialhilfequote ist mit 7,2 Prozent mehr als 3-mal höher als bei verheirateten Personen. Ein-Personen-Fälle und Alleinerziehende machen 59,1 Prozent bzw. 20,6 Prozent der Unterstützungseinheiten 4 aus.

Die Sozialhilfe dient vielfach der vorübergehenden finanziellen Unterstützung in Notlagen; 51 Prozent der unterstützten Privathaushalte beziehen jedoch länger als ein Jahr Sozialhilfeleistungen; besonders viele von ihnen sind Alleinerziehende, die die Erziehung der Kinder gewährleisten müssen und deshalb nicht Vollzeit arbeiten können.

Gut ein Drittel (35%) der Personen, die ihre wirtschaftliche Existenz wieder selber sichern können, nehmen eine Stelle an, können ihr Einkommen verbessern oder sind in einem Beschäftigungsprogramm. In 20 Prozent der Fälle löst eine Sozialversicherungsleistung die Sozialhilfe ab und in 8.6 Prozent eine andere Bedarfsleistung.

Der Schlüssel zur Senkung der Sozialhilfequote liegt somit in der Arbeitsmarkt politik und bei Bildungsmassnahmen. Dennoch wird längerfristig mit einer Sockelsozialhilfequote zu rechnen sein, die nur gesenkt werden kann, wenn statt Sozialhilfe für verschiedene Bedarfsgruppen besondere Leistungen bezahlt werden und wenn Junge und Familien von Abgaben entlastet werden.

Ein weiterer Grund für die hohe Sozialhilfequote liegt im Verhältnis der verschiedenen Sicherungssysteme: Der Zugang zur Invalidenversicherung wird kontinuierlich erschwert, die Leistungen der Arbeitslosenversicherung wurden abgebaut und das Asylrecht wurde mehrfach revidiert. Die dadurch entstehenden Probleme werden der Sozialhilfe aufgebürdet, die dann noch verantwortlich gemacht wird für das Ansteigen der Sozialhilfequote. Die nicht enden wollende Missbrauchsdebatte ist zudem bei aller Notwendigkeit, Missbräuche zu bekämpfen, ein Nebenkriegsschauplatz. Sie diskreditiert die Organe der Sozialhilfe und die Sozialhilfeempfänger und trägt nicht bei zur Lösung der strukturellen Probleme.

---

4    Der Anteil an Unterstützungseinheiten an allen Haushalten wird als «Unterstützungsquote» bezeichnet.

## 2  Das Sozialhilferecht als Teil des schweizerischen Sozialrechts

Unter «Sozialrecht» wird in der Literatur normalerweise die Gesetzgebung zugunsten vorwiegend wirtschaftlich schwacher Bevölkerungsschichten mit sozialpolitischer Zweckbestimmung verstanden. So definiertes Sozialrecht ist das Ergebnis oder der Niederschlag der Sozialpolitik in der Gesetzgebung. [5] Darunter fallen insbesondere das Sozialversicherungsrecht mit seinen verschiedenen Zweigen sowie die Arbeitsgesetzgebung, die gesetzlichen Bestimmungen über die Gewerbe- und Bauernhilfe, den Mieterschutz und die Wohnbauhilfe. Aufgrund des Sachzusammenhangs wird hier der Begriff in einem erweiterten Sinn verstanden und in vier Gruppen von Rechtsgrundlagen zusammengefasst:

- das Sozialversicherungsrecht und
- die übrige Sozialgesetzgebung, zu denen die eben erwähnten klassischen Bereiche des Sozialrechts gehören; zur übrigen Sozialgesetzgebung wird auch das am 1. Januar 1993 in Kraft getretene Opferhilfegesetz (OHG) gezählt, weil es mit dem Anspruch von Gewaltopfern auf Beratung und mit der Entschädigung und Genugtuung sozialhilfeähnliche Bestimmungen enthält,
- das Eingriffssozialrecht des ZGB und StGB: dazu gehören jene sozialhilfeähnlichen Massnahmen aus dem Zivilgesetzbuch und dem Strafgesetzbuch, die eine Vermögens- und/oder Personensorge bezwecken und mit mehr oder weniger starken Einschränkungen der persönlichen Freiheit sowie der Rechts- und Handlungsfähigkeit bzw. der elterlichen Sorge für die betreffende Person verbunden sind; es handelt sich um die zivilrechtlichen Kindesschutzmassnahmen (Art. 307–317 ZGB) und die Massnahmen zum Schutze des Kindesvermögens (Art 324/325 ZGB) sowie um das Vormundschaftsrecht im engeren Sinn (Art. 360–456 ZGB); im Strafrecht fällt das Jugendstrafrecht [6] darunter, und im Erwachsenenstrafrecht sind es die Bestimmungen über die therapeutischen Massnahmen (namentlich Art. 59–61 und 63 StGB),
- das Sozialhilferecht: mit den internationalrechtlichen und bundesrechtlichen Grundlagen für die wirtschaftliche Sozialhilfe für Unterstützungsbedürftige, das Asylrecht und das Bundesgesetz über Fürsorgeleistungen an Auslandschweizer, die kantonalen Sozialhilfegesetze und die kantonalen Spezialgesetze für bestimmte Gruppen von Hilfsbedürftigen (z.B. Suchtkranke) [7] ; dazu gehören auch weitere bedarfsabhängige Geldleistungen der Kantone (Alimentenbevorschussung, Mutterschaftsbeihilfe, Arbeitslosenhilfe und Altersbeihilfen).

---

5   *Schweingruber*, 1977 Seite 43.
6   *Bundesgesetz über das Jugendstrafrecht* vom 20. Juni 2003 (JStG) SR 311.1.
7   Vgl. *Häfeli*, 2005, S. 32 f.

# 3 Die Entwicklung des Sozialhilferechts in den letzten 25 Jahren

Die quantitative und gesellschaftliche Bedeutung der Sozialhilfe widerspiegelt sich auch in der Entwicklung des Sozialhilferechts. Der erste Markstein der neueren Entwicklung liegt allerdings schon fast 30 Jahre zurück: das Inkrafttreten des Bundesgesetzes über die Zuständigkeit für die Unterstützung Bedürftiger am 1. Januar 1979. In der Bundesverfassung vom 19. April 1999 [8] sind namentlich Art. 7 Menschenwürde, Art. 12 Recht auf Hilfe in Notlagen und Art. 41 Sozialziele von Bedeutung. Ausserordentlich eindrücklich ist die Entwicklung des kantonalen Sozialhilferechts: 17 Sozialhilfegesetze sind weniger als 20 Jahre alt, 7 sind erst nach 2000 erlassen worden, und von den 10 Gesetzen, die vor 1990 erlassen wurden, sind 8 mindestens einmal revidiert worden. Bei aller Vielfalt in der Ausgestaltung der kantonalen Sozialhilfegesetze haben sie sich doch in den Regelungsbereichen und Konzepten einander weitgehend angeglichen. [9]

---

8     In Kraft seit 1. Januar 2000, SR 101.
9     Siehe *Voll/Häfeli*, Rechtsvergleichende und statistische Aspekte der Entwicklung von Gesetzgebung und Rechtsprechung, S. 369 ff.

## 4 Das Forschungsprojekt «Gesetzliche Grundlagen und Rechtsprechung der Sozialhilfe in der Schweiz»

Die Hochschule Luzern – Soziale Arbeit und die SKOS haben vom Schweizerischen Nationalfonds Ende August 2005 den Zuschlag und die Zusicherung einer entsprechenden finanziellen Unterstützung erhalten für ein Forschungsprojekt, das sich mit den Rechtsgrundlagen und der Rechtsprechung der Sozialhilfe in der Schweiz befasst.

Das Projekt umfasste drei Teile:

- Sammlung und Darstellung bzw. Erschliessung des kantonalen Sozialhilferechts, der bundesgerichtlichen und letztinstanzlichen kantonalen Rechtsprechung sowie der Rechtsprechung zum Bundesgesetz über die Unterstützung Bedürftiger (ZUG). [10]
- Analyse und vergleichende Darstellung der Sozialhilfegesetze und der sie ergänzenden Erlasse der 26 Kantone (Stichtag 1. Januar 2006). [11]
- Analyse der Rechtsprechung des Bundesgerichts und der kantonalen Verwaltungsgerichte der Jahre 2000–2005. [12]

Hauptziele des Projekts waren, Lehre und Praxis nützliche Endprodukte zur Verfügung zu stellen:

- Eine Datenbank mit sämtlichen kantonalen Rechtsgrundlagen zur Sozialhilfe, die laufend aktualisiert und bewirtschaftet wird und Praktikern und Wissenschaftern den Zugang zu den aktuellen Rechtsgrundlagen ermöglicht.

- Eine Datenbank mit sämtlichen kantonalen und bundesgerichtlichen Entscheiden zur Sozialhilfe ab 2000, die ebenfalls laufend aktualisiert und bewirtschaftet wird und dem einschlägigen Adressatenkreis den Zugang zur Rechtsprechung ermöglicht.

- Elemente für ein neues Lehr- und Handbuch «Sozialhilferecht» mit einer Reihe von Beiträgen zu Kernthemen des Sozialhilferechts.

---

[10] SR 851.1.

[11] Die Übersicht über die geltenden Sozialhilfegesetze wurde für diese Publikation per 1. Januar 2008 aktualisiert.

[12] Die Autorinnen und Autoren der einzelnen Beiträge haben die Rechtsprechung bis 1. Januar 2008 berücksichtigt.

Bis Projektende Mitte 2008 lag eine Datenbank auf «Access»-Basis vor, in der alle kantonalen Rechtsgrundlagen der Sozialhilfe auf Gesetzes- und Verordnungsstufe erfasst sind. Als Vorarbeit für diese Datenbank wurde ein Analyseraster entwickelt. Anschliessend wurden die Normen der einzelnen Erlasse bis auf Stufe Absatz im Analyseraster «verortet».

Die Bearbeitung der kantonalen Rechtsgrundlagen auf der Basis dieses Analyserasters erfolgte durch wissenschaftliche Projekt-Mitarbeiterinnen der Hochschule Luzern – Soziale Arbeit und des Praxispartners SKOS. Der Zugriff auf diese Datenbank ermöglichte es den Autorinnen und Autoren der vorliegenden Beiträge, rasch die einschlägigen kantonalrechtlichen Grundlagen zu den jeweiligen Themen zu erschliessen.

Die Sammlung der letztinstanzlichen kantonalen Urteile erwies sich als aufwändig. Schliesslich fanden 666 letztinstanzliche kantonale Urteile und 67 ausgewählte Bundesgerichtsurteile, die zwischen 1. Januar 2000 und 31. Dezember 2005 ergingen, Aufnahme in die Datenbank. Für die Erschliessung und Analyse dieser Urteile wurde in Zusammenarbeit mit weblaw AG, Bern, auf der Basis des Thesaurus «Jurivoc» des Bundesgerichts und unter Einbezug des Stichwortregisters der SKOS-Richtlinien der dreisprachige Stichwortkatalog «Soziovoc» entwickelt. Sämtliche eingelieferten Urteile und die einschlägigen Bundesgerichtsurteile wurden von weblaw in einer Datenbank erfasst und können nun maschinell nach den im «Soziovoc» vorhandenen Stichworten durchsucht werden. Dank dieser Datenbank konnten die erfassten Urteile schneller und effizienter bearbeitet werden, was sich günstig auf den dritten Teil des Projekts auswirkte.

Die durch die maschinelle Bearbeitung der Gerichtsurteile gewonnenen Kapazitäten konnten in der zweiten Hälfte des Projekts eingesetzt werden für die monografische Bearbeitung einschlägiger Themen, und nur so war es möglich bis zum Projektende im Sommer 2008 die Manuskripte für den vorliegenden Band fertig zu stellen. Bereits seit Anfang 2008 läuft das Folgeprojekt, ebenfalls eine Koproduktion von Hochschule Luzern – Soziale Arbeit, SKOS und weblaw, nämlich die laufende Optimierung und Aktualisierung der Rechtsprechungsdatenbank und die Integration der Gesetzesdatenbank in die Datenbank der Rechtsprechung. Ab Frühjahr 2009 soll diese Datenbank öffentlich zugänglich sein.

## 5 Die Beiträge in diesem Band

Der erste Teil enthält sieben Beiträge zu den materiellrechtlichen Grundlagen der Sozialhilfe. *Christoph Rüegg* befasst sich mit den verfassungs- und international-rechtlichen Grundlagen, wobei das Recht auf Hilfe in Notlagen nach Art. 12 BV und sein Verhältnis zum weiterreichenden kantonalen Sozialhilferecht besonders eingehend behandelt werden. Dabei werden die Dogmatik und die bisherige Rechtsprechung dargestellt.

*Christoph Häfeli* stellt die wichtigsten Prinzipien der Sozialhilfe und deren Niederschlag in Gesetzgebung und Rechtsprechung sowie in den SKOS-Richtlinien dar: die übergeordneten Prinzipien der Menschenwürde und der sozialen Integration, das Subsidiaritätsprinzip als sozialpolitische Maxime und grundlegendes handlungsleitendes Prinzip für die Organe der Sozialhilfe sowie die Prinzipien der Individualisierung, Bedarfsdeckung und Ursachenbekämpfung. Abgeschlossen wird der Beitrag mit Ausführungen zur Eigenverantwortung und Gegenleistung.

*Claudia Hänzi* präsentiert die Leistungskategorien der Sozialhilfegesetzgebung und behandelt besonders ausführlich die individuelle Sozialhilfe in den Formen der persönlichen und wirtschaftlichen Hilfe. Anspruchsvoraussetzungen, Formen und Bemessung der wirtschaftlichen Hilfe werden im Lichte der kantonalen Sozialhilfegesetze, der SKOS-Richtlinien und der letztinstanzlichen kantonalen Rechtsprechung analysiert, dargestellt und gewürdigt. Ein abschliessendes Kapitel befasst sich mit der Unterstützung in familienähnlichen Wohn- und Lebensgemeinschaften.

Der Beitrag von *Urs Vogel* ist den Rechtsbeziehungen zwischen Leistungsempfänger und Organen der Sozialhilfe gewidmet. Nach der Erläuterung der verfassungsmässigen Rechtsgrundsätze werden die kantonalen Rechtsgrundlagen und die Rechtsprechung zu den folgenden Themen behandelt: Rechte und Pflichten der unterstützten Person und die zulässigen Auflagen und Weisungen. In einem abschliessenden Kapitel wird die Rückerstattung behandelt.

Die zwei folgenden Beiträge, beide von *Karin Anderer*, befassen sich mit bundesrechtlichen Regelungen: der erste mit der interkantonalen Vereinbarung für soziale Einrichtungen (IVSE) und dem Bundesgesetz über die Zuständigkeit für die Unterstützung Bedürftiger (ZUG), der zweite mit der Verwandtenunterstützungspflicht. Auch hier werden Dogmatik, Rechtsgrundlagen und Rechtsprechung dargestellt und erörtert.

*Peter Mösch Payot* klärt in seinem Beitrag nicht nur den diffusen Begriff des Sozialhilfemissbrauchs, sondern stellt auch die möglichen und zulässigen Sanktionen
bei Sozialhilfemissbrauch, Pflichtverletzungen und unrechtmässigem Leistungsbezug dar.

Der zweite Teil, «Organisation und Verfahren», umfasst zwei Beiträge:

*Christoph Rüegg* gibt nach einem Kapitel zur Kompetenzverteilung zwischen
Bund, Kanton und Gemeinde eine Übersicht über Organisation und Finanzierung
der Sozialhilfe nach den kantonalen Sozialhilfegesetzen.

*Cornelia Breitschmid* stellt die Grundzüge des Verwaltungsverfahrens dar, erläutert die kantonalen und bundesrechtlichen Rechtsmittel und Rechtsbehelfe und
macht abschliessend Ausführungen zum Datenschutz.

Im dritten Teil, «Rechtstatsachen», präsentieren *Peter Voll* und *Christoph Häfeli*
rechtsvergleichende und statistische Aspekte der Entwicklung von Gesetzgebung
und Rechtsprechung. Die Darstellung enthält Regelungsbereiche und Regelungsdichte der kantonalen Gesetzgebung im Vergleich sowie einen Kantonsvergleich
der Rechtsprechung zu verschiedenen Themen.

Die Autorinnen und Autoren präsentieren mit diesem Band eine Sammlung
von Beiträgen zu allen relevanten Themen des Sozialhilferechts. Die aktuellen
Rechtsgrundlagen werden dargestellt und im Lichte der Rechtsprechung der letzten sieben Jahre erläutert. Auch wenn manche Fragen eine vertiefte Behandlung
verdienen, ist fürs Erste eine Lücke in der Bearbeitung von einschlägigen Fragen
geschlossen.

**Literaturverzeichnis**

*Häfeli Christoph*, Wegleitung für vormundschaftliche Organe, 4. Aufl., Zürich 2005.

*Schweingruber Edwin*, Sozialgesetzgebung der Schweiz, 2. Aufl., Zürich 1977.

# Erster Teil
## Materiellrechtliche Grundlagen

Christoph Rüegg
## Das Recht auf Hilfe in Notlagen

# Inhaltsverzeichnis

# 1  Einleitung

Dieser Beitrag befasst sich mit dem *bundesrechtlichen* Rahmen für die Hilfe in Notlagen und mit den sozialen Grundrechten. Er soll die rechtlichen Grundlagen und die herrschende Terminologie aufzeigen und widmet sich auch den relevanten Grundprinzipien. Die Schweiz zeichnet sich im Bereich der Sozialhilfe durch einen ausgeprägten Föderalismus aus, der historisch gewachsen ist. Die Folge davon ist eine grosse kantonale Vielfalt an Organisationsmodellen. Dennoch zeigt die Entwicklung, dass die kantonalen Regelungen immer mehr harmonisiert werden. Der Bund entwickelte verschiedene verfahrensrechtliche Vorschriften und Prinzipien, welche für alle Verwaltungsbehörden Geltung beanspruchen, und hat mit Art. 12 BV auch in materiellrechtlicher Hinsicht einen Minimalstandard geschaffen. Dennoch sind die *Kantone* bei der Ausgestaltung der Höhe der Leistungen und des Verfahrens in der Sozialhilfe aufgrund von Art. 115 BV weitgehend autonom und gewähren ausnahmslos ein soziales Existenzminimum. Die Kantone verfolgen das Ziel der sozialen Integration und gewähren eine weitergehende Hilfe als lediglich eine Überlebenshilfe im Sinne von Art. 12 BV. Die kantonalrechtlichen Regelungen sind deshalb im täglichen Leben von bedürftigen Personen von zentraler Bedeutung, und nur in Ausnahmefällen werden Leistungen direkt aufgrund von Art. 12 BV ausgerichtet. In diesem Beitrag wird auf diese Regelungen ebenfalls, wo es wesentlich erscheint, Bezug genommen.

## 2 Rechtliche Grundlagen

### 2.1 Sozialstaatlichkeit als Strukturprinzip der Bundesverfassung

Der Sozialstaatsgedanke hat sich mit dem Wandel vom liberalen Nachtwächterstaat zum modernen Leistungsstaat zu einem Strukturprinzip der Verfassung *verdichtet*. Ein *Sozialstaat* hat die Gewährung von sozialer Sicherheit, sozialer Gerechtigkeit, sozialem Ausgleich und der Chancengleichheit zum Ziel. Für den schweizerischen Sozialstaat ist die starke Betonung der *Subsidiarität* staatlicher Hilfe und der *Eigenverantwortung* des Einzelnen charakteristisch. [1] Die Subsidiarität ist dem Verfassungsgeber so wichtig, dass er in einem eigenen Artikel auf die Eigenverantwortlichkeit und die Pflicht des Einzelnen hinweist, mit seinen Kräften an den gesellschaftlichen Aufgaben mitzuwirken (Art. 6 BV). Dieser Grundsatz hat für die ganze Rechtsordnung Geltung. Dennoch lassen sich daraus keine unmittelbaren Pflichten ableiten. Ebenso wenig bietet Art. 6 BV eine Rechtsgrundlage für die Verweigerung einer gesetzlich vorgesehenen Leistung wegen ungenügender Eigenverantwortung. [2] Eine solche Bestimmung bedarf einer Rechtsgrundlage in einem Bundesgesetz.

### 2.2 Sozialziele und soziale Grundrechte

Die Bundesverfassung unterscheidet zwischen den (programmatischen) Sozialzielen und den direkt (justiziablen) sozialen Grundrechten. [3] Massgebendes Unterscheidungskriterium bildet aufgrund von Art. 41 Abs. 4 BV die Justiziabilität. [4] Es handelt sich bei den sozialen Grundrechten um spezielle Grundrechtsgewährleistungen im Sozialbereich, die gewisse Sozialziele mit einem Rechtsanspruch versehen. Die von der Verfassung übernommene Zweiteilung geht auf neuere Kantonsverfassungen zurück. [5] Einige Kantonsverfassungen kennen soziale Grundrechte, die über die bundesrechtlichen Vorgaben hinausgehen. [6] In der älteren Terminologie wurden beide Normtypen ohne eine nähere Differenzierung unter einem weit verstandenen Sozialrechtsbegriff zusammengefasst. [7]

---

1    *Meyer-Blaser/Gächter*, 2001, S. 549.
2    *Mahon*, 2003, Art. 6 BV, N 4; *Waldmann*, 2006, S. 346.
3    *Tschudi*, 1999, S. 364 ff.; *Häfelin/Haller*, 2005, N 213 ff.; *Meyer-Blaser/Gächter*, 2001, S. 556 (mit weiteren Hinweisen).
4    *Müller*, 1981, S: 20 ff.; siehe umfassender auch *Gysin*, 1999, S. 25 ff.
5    So Art. 29 f. der Berner Kantonsverfassung; Art. 24 f. der Appenzell Ausserrhoder Kantonsverfassung oder Art. 13 f. der Tessiner Kantonsverfassung.
6    Näheres bei *Meyer-Blaser/Gächter*, 2001, S. 555.
7    *Mahon*, 1996, S. 385 ff.

### 2.2.1 Sozialziele

Die Schweiz ist ein sozialer Bundesstaat. Die Stärke der staatlichen Gemeinschaft misst sich dem Wortlaut von Art. 2 Abs. 3 BV folgend nicht nur an der Freiheit des Einzelnen, sondern auch am Wohl der Schwachen. Die revidierte Bundesverfassung trägt diesem Grundgedanken nach Chancengleichheit Rechnung, indem sie sich zur Sozialstaatlichkeit bekennt und in Art. 41 BV sieben wichtige sozialpolitische Zielsetzungen normiert. Diese betreffen elementare Aspekte menschlichen Daseins wie *soziale Sicherheit* [8] Gesundheit, Familie, Wohnen, Bildung und Arbeit. Sozialziele stellen ein Programm dar, wie der Verfassungsgeber Sozialstaatlichkeit konkret verstanden sehen will. Sozialstaatlichkeit beinhaltet die *soziale Verantwortung* des Gemeinwesens und eine auf sozialer Gerechtigkeit *aufgebaute Solidarität.* [9]

Sozialziele richten sich an die politischen Instanzen und fordern diese zum Tätigwerden auf. Sie übertragen dem Bund *und* den Kantonen die sozialpolitische Verantwortung. Aus Art. 41 BV lässt sich weder eine Bundeskompetenz [10] noch eine eigentliche Erfolgsgarantie ableiten. [11] Die politischen Instanzen haben einen grossen Umsetzungsspielraum. Ziel ist es, die groben Leitlinien einer sozial motivierten Grundrechtspolitik zu umreissen [12] und *programmatische Handlungsaufträge* zu formulieren. [13] Der Bund und die Kantone sind in der Folge aufgefordert, diese im Rahmen ihrer Zuständigkeiten und der verfügbaren Mittel (Art. 41 Abs. 3 BV) Schritt um Schritt im politischen Prozess auf dem Weg der Normsetzung [14] zu realisieren. [15] Dazu gehört auch, die Ursachen zu erforschen und Probleme an den Wurzeln zu bekämpfen. Im Gegensatz zu den sozialen Grundrechten begründen die Sozialziele aufgrund von Art. 41 Abs. 4 BV keine unmittelbar einklagbaren Ansprüche des Individuums auf staatliche Leistungen. [16]

---

8   Hierzu die Ausführungen *Bigler-Eggenberger*, in: *Ehrenzeller/Mastronardi/Schweizer/Vallender*, Art. 41 BV, N 33 ff. und 85 ff.
9   *Schmid*, 2001, S. 934.
10  *Häfelin/Haller*, 2005, N 1076a.
11  *Botschaft*, S. 201.
12  *Rhinow*, 1981, S. 43.
13  *Häfelin/Haller*, 2005, N 912.
14  *Meyer-Blaser/Gächter*, 2001, S. 557.
15  *Bigler-Eggenberger*, a.a.O. Art. 41 BV, N 92.
16  Näheres bei *Bigler-Eggenberger*, 2002, S. 512; dieselbe in: *Ehrenzeller/Mastronardi/ Schweizer/Vallender*, 2002, Art. 41 BV, N 96.

### 2.2.2 Soziale Grundrechte

Unter *Grundrechten* versteht man die von der Verfassung gewährten grundlegenden Rechte des Einzelnen gegenüber dem Staat. Aufgrund von Art. 35 BV müssen Grundrechte in der ganzen Rechtsordnung zur Geltung kommen. Wer staatliche Aufgaben wahrnimmt, ist an die Grundrechte gebunden und verpflichtet, zu ihrer Verwirklichung beizutragen. [17] Die Lehre unterteilt die Grundrechte in die Freiheitsrechte, die Rechtsgleichheit und die sozialen Grundrechte (als Teil der Sozialrechte). [18]

*Freiheitsrechte* schützen den Einzelnen in seiner Freiheit gegenüber den Eingriffen des Staates. Sie verpflichten den Staat zu einem Dulden oder Unterlassen, besitzen also primär eine *Abwehrfunktion* gegen staatliche Eingriffe. Aus den Freiheitsrechten lassen sich grundsätzlich keine Ansprüche auf positive staatliche Leistungen ableiten. Beispiele sind die Glaubens- und Gewissensfreiheit, die Eigentumsgarantie oder der Schutz der Privatsphäre. [19] Das Bundesgericht hat mehrfach entschieden, dass beim Recht auf Hilfe in Notlagen die Bestimmungen über die Einschränkungen der Freiheitsrechte im Prinzip nicht zur Anwendung kommen. [20] Die Freiheitsrechte sind von der Rechtsgleichheit und den sozialen Grundrechten zu unterscheiden.

Die *Rechtsgleichheit* ist Ausfluss der Menschenwürde und beinhaltet den Anspruch des Einzelnen gegenüber dem Staat auf rechtsgleiche Behandlung. Zu dieser Garantie gehören auch das Diskriminierungsverbot, das Willkürverbot wie die Verfahrensgarantien. [21] Das Prinzip der Rechtsgleichheit ist in Art. 8 Abs. 1 BV geregelt und durchzieht als verfassungsmässiges Grundprinzip die ganze Rechtsordnung. Es besagt, dass *gleiches nach Massgabe seiner Gleichheit gleich, Ungleiches nach Massgabe seiner Ungleichheit ungleich* zu behandeln ist. [22] Das Rechtsgleichheitsgebot verbietet den rechtssetzenden und rechtsanwendenden Behörden Differenzierungen, bei welchen sachliche oder vernünftige Gründe fehlen, oder solche, die sich über erhebliche tatsächliche Unterschiede

---

[17]  Es erübrigt sich, im Bereich der Nothilfe vertieft auf die Grundrechtstheorie einzugehen, weil Art. 12 BV eine spezifische Gewährleistungspflicht statuiert, welche aus Art. 35 Abs. 2 BV vorgeht. Siehe hierzu auch *Schweizer* in: *Ehrenzeller/Mastronardi/Schweizer/Vallender*, Art. 35, N 10 und 24.

[18]  Näheres bei *Häfelin/Haller*, 2005, N 205 ff.

[19]  Näheres bei *Häfelin/Haller*, 2005, N 336 ff.

[20]  BGE 131 I 166 E. 5.2. und BGE 129 I 12 E. 6.3. (je mit Hinweisen).

[21]  Näheres bei *Häfelin/Haller*, 2005, N 738 ff.

[22]  Statt vieler: BGE 129 I 3 f. (mit weiteren Hinweisen).

hinwegsetzen. [23] Positivrechtlich ausgedrückt erlaubt es eine Ungleichbehandlung dann, wenn diese sachlich begründet werden kann. Das Prinzip der Rechtsgleichheit findet im Sozialhilferecht seine Anwendung unter anderem im Individualisierungsgrundsatz. Zum Rechtsgleichheitsgebot gehört auch das Prinzip der *Chancengleichheit* (Art. 2 BV). Es ist aufgrund von Art. 41 BV Aufgabe des Gesetzgebers, durch staatliche Leistungen die Chancengleichheit für die Bevölkerung zu verwirklichen, damit jedem die gleichen Startbedingungen eingeräumt werden. So soll jedem Bürger der effektive Gebrauch von Wahlrechten, Freiheitsrechten und Verfahrensrechten ermöglicht werden. Aus dem Anspruch auf Chancengleichheit ergibt sich kein justiziabler Anspruch für den Einzelnen. [24] Weiter ist das *Diskriminierungsverbot* Teilgehalt des Rechtsgleichheitsgrundsatzes [25] und bietet Schutz vor sozialer Ausgrenzung. Art. 8 Abs. 2 BV zählt beispielhaft einige Kriterien von besonders anfälligen Bereichen auf wie die *soziale Stellung,* [26] die Rasse, die Sprache oder das Geschlecht. Eine Diskriminierung liegt vor, wenn Menschen aufgrund ihrer Zugehörigkeit zu einer bestimmten Gruppe herabwürdigend behandelt werden. Das Diskriminierungsverbot ist aber nicht im Sinne eines Anknüpfungsverbots zu verstehen und verbietet nicht unterschiedliche Regelungen, wenn sich ein sachlicher Grund aufdrängt. Eine Diskriminierung liegt dann vor, wenn eine Person *allein* aufgrund ihrer Zugehörigkeit zu einer bestimmten Gruppe benachteiligt wird. [27] Der Grundsatz der Rechtsgleichheit wie auch das Diskriminierungsverbot vermitteln keine verfassungsrechtliche Grundlage für eine weitreichende Ausgestaltung der Sozialpolitik, sondern beschränken sich analog zu den meisten Grundrechten auf punktuelle Korrekturen. [28]

Die sozialen Grundrechte (unscharf auch *Sozialrechte* genannt) sind in der Verfassung verankerte *Ansprüche* des Einzelnen auf staatliche Leistungen. [29] Ihre Durchsetzung in einem gerichtlichen Verfahren ist erst möglich, wenn der Gesetzgeber Voraussetzung und Umfang der betreffenden staatlichen Leistung näher geregelt und die erforderlichen Geldmittel bewilligt hat. Nur in wenigen Fällen

---

23  Näheres bei *Häfelin/Haller,* 2005, N 744 ff.
24  Näheres bei *Schweizer* in: *Ehrenzeller/Mastronardi//Schweizer/Vallender,* Art.8 BV, a.a.O., N 32 ff.
25  Siehe auch weiter oben unter Punkt 2.2.2 in diesem Beitrag.
26  Die soziale Stellung ist das Ergebnis von Bewertungen durch das gesellschaftliche Umfeld und beurteilt unter anderem die wirtschaftliche Leistungsfähigkeit, das berufliche Ansehen, die familiäre Abstammung, die Nationalität und die sozialen Kontakte. Näheres bei *Auer/Malinverni/Hottelier,* 2000, N 1048; *Müller,* 1981, S. 424.
27  Näheres bei *Häfelin/Haller,* 2005, N 774 ff.
28  *Schefer,* 2001, S. 346.
29  *Müller,* 1981, S. 172; *Häfelin/Haller,* 2005, N 213.

gewährleistet die Verfassung dem Einzelnen subjektive, unmittelbar anwendbare und gerichtlich durchsetzbare Ansprüche auf bestimmte Leistungen des Gemeinwesens. [30] Zu den sozialen Grundrechten zählen das Recht auf Hilfe in Notlagen (Art. 12 BV), der Anspruch auf ausreichenden und unentgeltlichen Grundschulunterricht (Art. 19 BV) und der Anspruch auf unentgeltliche Rechtspflege (Art. 29 Abs. 3 BV). [31]

## 2.3 Internationale Einflüsse

### 2.3.1 Völkerrecht

Die Schweiz ist verschiedenen internationalen Abkommen beigetreten. [32] Diese sehen vor allem den traditionellen Arbeitnehmerschutz bei materiellen Schwierigkeiten vor und fordern von den Vertragsstaaten entsprechende Massnahmen (v.a. Deklaration von Philadelphia der Internationalen Arbeitsorganisation/IAO vom 10.5.1944, Übereinkommen der internationalen Arbeitsorganisation Nr. 102 vom 18.6.1952). Die Allgemeine Erklärung der Menschenrechte der Vereinten Nationen vom 10.12.1948 kennt in Art. 25 ein Recht auf Hilfe in Notlagen, ist aber seit je nicht justiziabel. Der *UNO*-Pakt I [33] statuiert in der Präambel und in Art. 9 und 11 eine Pflicht der Vertragsstaaten, soziale Rechte im Interesse der Wahrung der Menschenwürde, der Gleichheit und Freiheit von Not zu fördern und jeder Diskriminierung, die auch eine materielle sein kann, entgegenzutreten. [34] Obwohl Art. 11 UNO-Pakt I einen angemessenen Lebensstandard gewährt, ist diese Bestimmung im nationalen Recht der Schweiz nicht direkt anwendbar («non selfexecuting»), [35] aber dennoch ein wichtiger Ansatzpunkt für die Auslegung und Konkretisierung von Art. 12 BV. [36]

---

30  *Häfelin/Haller*, 2005, N 907; *Müller*, 1981, S. 3.

31  Die Bestimmung über den Schutz der Kinder und Jugendlichen in Art. 11 Abs. 1 BV ist derart vage formuliert, dass daraus kein unmittelbar einklagbarer Anspruch auf eine positive staatliche Leistung abgeleitet werden kann.

32  Eine Übersicht findet sich bei *Wolffers*, 1993, S. 41.

33  Internationaler Pakt über wirtschaftliche, soziale und kulturelle Rechte vom 16. Dezember 1966 (SR 0.103.1).

34  *Bigler-Eggenberger*, a.a.O. Art. 12 BV, N 5.

35  BGE 122 I 101 E. 2 (mit weiteren Verweisen).

36  *Amstutz*, 2002, S. 180 ff.; *Gysin*, 1999, S. 68 ff.; *Meyer-Blaser/Gächter*, 2001, N 5; *Müller*, 1999, S. 113; *Ders.*, Kerngehalte, S. 343 (mit weiterverweisenden Literaturangaben); sowie umfassend: *Kälin/Malinverni/Nowak*, UNO-Menschenrechts-pakete, 2. Aufl., Basel 1997, S. 111 f.

## 2.3.2 Innereuropäisches Recht

Im europäischen Raum sind die *Europäische Menschenrechtskonvention* (EMRK), die *Europäische Sozialcharta* des Europarates und die *Grundrechtscharta* der EU von Bedeutung. Aus der EMRK ist kein direkt einklagbarer Anspruch auf eine Hilfe in Notlagen ableitbar; dennoch hat die Rechtsprechung der Strassburger Organe zum Recht auf Leben (Art. 2 EMRK) und zum Verbot unmenschlicher und erniedrigender Behandlung (Art. 3 EMRK) einen europäischen Konsens über menschenwürdige Existenzbedingungen geschaffen. [37] Die Europäische Sozialcharta kennt Normen über den Arbeitnehmerschutz und verpflichtet die Vertragsstaaten, das System der sozialen Sicherheit auf einen höheren Standard zu bringen. Umstritten ist, ob Art. 13 der Europäischen Sozialcharta die Vertragsstaaten zur Anerkennung eines subjektiven, klagbaren Rechts und somit eines Anspruchs auf Sozialhilfe verpflichtet. [38] Die Schweiz ist diesem Vertragswerk bis heute nicht beigetreten. [39]

Das Recht der Europäischen Union garantiert in Art. 34 Abs. 3 der Grundrechtscharta einen Anspruch auf Existenzsicherung, welcher Art. 12 BV weitgehend entspricht. [40] Sozialhilfeleistungen unterliegen aber nicht dem Leistungsexport und werden nur an Personen ausgerichtet, die ihren Wohnsitz oder Aufenthalt im entsprechenden Vertragsstaat haben.

## 2.3.3 Staatsverträge

Die Schweiz hat mit Frankreich [41] ein bilaterales Fürsorgeabkommen abgeschlossen. Dasjenige mit Deutschland [42] wurde auf Ende 2005 gekündigt [43] und ist nicht mehr in Kraft.

## 2.4 Kompetenzverteilung zwischen Bund und Kantonen

Die Bundesverfassung normiert in Art. 12 BV ein Recht auf Hilfe in Notlagen und gewährt jedem Menschen in der Schweiz, der sich in einer Notlage befindet, ein menschenwürdiges Überleben. Art. 115 BV normiert, dass die Kantone für die Un-

---

37  *Amstutz*, 2002, S. 182 f.
38  *Müller*, 1999, S. 42.
39  Näheres bei *Gysin*, 1999, S. 69.
40  Umfassend dazu: Eibe Riedel, Art. 34, in: Meyer, Kommentar zur Grundrechtscharta der Europäischen Union, N 21 f.
41  Abkommen zwischen der Schweiz und Frankreich über die Fürsorge für Unbemittelte vom 9. September 1931 (SR 0.854.934.9).
42  Vereinbarung zwischen der Schweiz und der Bundesrepublik Deutschland über die Fürsorge an Hilfsbedürftige vom 14. Juli 1952 (SR 0.854.913.61).
43  Näheres bei *Coullery*, 1993, S. 52, *Wolffers*, 1993, S. 42.

terstützung Bedürftiger [44] zuständig sind. Diese terminologische Unterscheidung ist unerlässlich, weil zwischen den Pflichten der Kantone im Bereich der Sozialhilfe und der grundrechtlichen Absicherung von Personen in einer Notlage klar unterschieden werden muss. Art. 115 BV, 1. Satz, [45] schafft keine Kompetenz des Bundes, sondern statuiert eine verfassungsrechtliche Verpflichtung der *Kantone* zur Ausrichtung der Sozialhilfe. [46]

Die innerkantonale Zuständigkeitsordnung liegt (mit Ausnahme der sogleich aufgeführten Ausnahmen) bei den Kantonen, welche den Umfang der Hilfe und das Verfahren für den Bezug von Leistungen für hilfsbedürftige Personen regeln. [47] Die meisten Kantone haben die Zuständigkeit zur Ausrichtung der Sozialhilfe den Gemeinden übertragen. [48]

Der Bund hat die Fragen der *interkantonalen* Zuständigkeit im *Bundesgesetz über die Zuständigkeit für die Unterstützung Bedürftiger* vom 24. Juni 1977 (ZUG) geregelt. [49] Dieses Gesetz bestimmt, welcher Kanton für die Unterstützung von Bedürftigen zuständig ist (grundsätzlich der Wohnkanton im Sinne des zivilrechtlichen Wohnsitzbegriffs, Art. 4 ZUG), und regelt die interkantonale Rückerstattung von Unterstützungsleistungen. [50] Davon zu unterscheiden sind die kantonalen Sozialhilfegesetze und die dazugehörigen Verordnungen, welche die Bedingungen und das Verfahren für die Ausrichtung von (materieller) Sozialhilfe im jeweiligen Kanton regeln.

Demgegenüber obliegt es dem Bund, in Not geratene Auslandschweizer gemäss dem *Bundesgesetz über die Fürsorgeleistungen an Auslandschweizer* (ASFG) vom 21. März 1973 [51] zu unterstützen. Das Gesetz sieht vor, dass der Bund die Nothilfe an Auslandschweizer übernimmt, wobei Art und Mass der «Fürsorge» sich nach den Verhältnissen des Aufenthaltsstaates richtet. Art. 8 ASFG gewährt ein

---

44  Zum Begriff der Bedürftigkeit siehe auch 3.6.2 in diesem Beitrag.

45  Demgegenüber ist der 2. Satz von Art. 115 BV kompetenzbegründend, indem der Bund beauftragt wird, die Ausnahmen und Zuständigkeiten zu regeln. Dem Bund wird aber keine umfassende Koordinationskompetenz verliehen. Siehe auch *Mader*, Art. 115 BV, N 10.

46  *Mader*, in: *Ehrenzeller/Mastronardi/Schweizer/Vallender*, Art. 115 BV, N 4 und N 3, wo darauf hingewiesen wird, dass ausdrücklich darauf verzichtet wurde, den Bund zu ermächtigen, Bestimmungen über den Mindestgehalt der Leistungen zu erlassen und Grundsätze über den Rechtsschutz aufzustellen.

47  *Bigler-Eggenberger*, a.a.O., N 9; Gysin, 1999, S. 42.

48  Ausnahmen machen die Kantone Genf und das Tessin.

49  SR 851.1

50  Näheres bei *Thomet*, 1994

51  SR 852.1 sowie die dazugehörige Verordnung in SR 852.11.

soziales Existenzminimum. [52] Auch das ASFG sieht ausdrücklich das Subsidiaritätsprinzip vor, indem Leistungen erst ausgerichtet werden, wenn der Aufenthaltsstaat keine «Fürsorge» leistet und keine Drittleistungen geltend gemacht werden können. Neben der Hilfe an Bedürftige sieht das Gesetz auch präventive Massnahmen zur Verhinderung von Armut vor.

## 2.5 Überwiegend kantonale Kompetenzhoheit

Die Sozialhilfe zeichnet sich in der Schweiz durch einen ausgeprägten föderalistischen Aufbau aus. Dieser zeigt sich in einer grossen kantonalen Vielfalt bei der Ausgestaltung der Sozialhilfegesetze und den Ermessensspielräumen, die den Gemeinden eingeräumt werden. [53] Auch wenn der Bund in Art. 12 BV in materiellrechtlicher Hinsicht eine Überlebensgarantie normiert und in den Verfahrensgarantien Minimalstandards für ein faires und rechtsgleiches Verfahren gewährleistet, darf dies nicht darüber hinwegtäuschen, dass es sich bei der Sozialhilfe aufgrund von Art. 115 BV primär um ein kantonalrechtliches Institut handelt. [54] So bekennen sich alle Kantonsverfassungen zur Sozialstaatlichkeit, und sämtliche Kantone der Schweiz haben ein Sozialhilfegesetz erlassen. Aufgrund der überwiegend kantonalen Kompetenzhoheit verwundert es nicht, dass viele wertvolle Impulse für die Weiterentwicklung der sozialen Grundrechte von den Kantonen kamen.

## 2.6 Exkurs: Nothilfe im Asyl- und Ausländerrecht

Im Asylbereich sind die Sozialhilfekompetenzen von Bund und Kantonen eng miteinander verwoben. Der Rahmen für die Ausrichtung von finanzieller Hilfe im Asylbereich geben Bundesgesetze und weitere Erlasse des Bundes vor. Von Bedeutung sind vor allem das Asylgesetz vom 5. Oktober 1979, [55] die Asylverordnungen 1 und 2 vom 22. Mai 1991, [56] das Bundesgesetz über Aufenthalt und Niederlassung der Ausländer vom 25. November 1987 [57] und die Verordnung vom 25. November 1987 über die vorläufige Aufnahme und die Internierung von Aus-

---

52  *Gysin*, 1999, S. 137 (mit weiteren Hinweisen).
53  Siehe auch im Beitrag von *Peter Voll/Christoph Häfeli*, Ziffer 2.2
54  Der kantonalrechtliche und kommunale Spielraum basiert auf Art. 115 BV und nicht auf der Gemeindeautonomie; Verwaltungsgerichtsentscheid Kanton Zürich vom 13.1.2005, VB 2004.00419 und Verwaltungsgerichtsentscheid des Kantons Luzern vom 18.4.2000 sowie ZBl 98/1997, S. 402 ff.
55  SR 142.31.
56  SR 142.311 und 142.312.
57  SR 142.20.

ländern (Internierungsverordnung). [58] Dazu gesellen sich eine grosse Zahl von Weisungen und Kreisschreiben des EJPD. Generell handelt es sich um ein Spezialgebiet der Sozialhilfe, welches sich durch einen raschen Wandel, eine grosse Unübersichtlichkeit und die primär asyl- und finanzpolitische Zielsetzung auszeichnet, wobei sich die geltenden Regeln kaum nach den Grundsätzen der Sozialhilfe richten. [59] So spielt beispielsweise der zentrale sozialhilferechtliche Integrationsauftrag im Asylbereich eine nur untergeordnete Rolle, weil die Rückkehr der Asylsuchenden in ihr Heimatland angestrebt wird. Dennoch hat die Dauer des Aufenthaltes in der Schweiz den Nebeneffekt, dass die Leistungen tendenziell umfangreicher werden. Im Folgenden wird deshalb nur kurz auf das Wesentliche eingegangen. [60]

Die zwei dicht aufeinander folgenden Revisionen des Asylgesetzes [61] schufen unter anderem einen neuen Art. 44a AsylG, welcher Personen, auf deren Asylgesuch mit rechtskräftigem Entscheid *nicht eingetreten* wurde (Art. 32 bis 34 ANAG), von den Bestimmungen des Asylgesetzes über Sozialhilfe, Ausreise und Vollzug ausnimmt und sie der ordentlichen Ausländergesetzgebung (ANAG) unterstellt. [62] Diese Personen werden demnach den illegal in der Schweiz Anwesenden gleichgestellt. Das ANAG enthält keine Vorschrift über die Ausrichtung von Sozialhilfe bzw. Nothilfe. Dies hat zur Folge, dass sich Anspruch und Umfang der Unterstützung nach kantonalen Vorschriften richtet. [63]

Die Kantone sind in diesem Bereich in den Schranken von Art. 12 BV autonom. Die von den Kantonen geschaffenen Nothilfeverordnungen basieren auf der kantonalen Sozialhilfegesetzgebung und nicht auf der bundesrechtlichen Ausländergesetzgebung. [64] Sofern sie keine besonderen gesetzlichen Regelungen geschaffen haben, fallen diese Personen unter das allgemeine Sozialhilferecht und müssen wie alle anderen Bezüger von Sozialhilfe unterstützt werden. Der Bund richtet den Kantonen aufgrund von Art. 88 Abs. 1bis AsylG i.V.m. Art. 14f

---

[58] SR 142.281
[59] *Wolffers*, 1993, S. 183.
[60] Näheres im Standardwerk von Achermann Alberto/Hausammann Christina, Handbuch des Asylrechts, 2. Aufl., Bern 1991; sowie *Gysin*, 1999, S. 130 ff.
[61] In Kraft getreten am 1. April 2004 und am 1. April 2006.
[62] Art 44a AsylG wurde mit BG vom 19. Dezember 2003 über das Entlastungsprogramm 2003 eingeführt, in Kraft seit 1. April 2004 (AS 2004, 1633 ff); vgl. dazu auch die Botschaft zum Entlastungsprogramm 2003 für den Bundeshaushalt vom 2. Juli 2003, BBl 2003, 5615 ff.
[63] Vgl. dazu die vortreffliche Übersicht bei *Buchmann/Kohler*, 2004, S. 3 ff.; Siehe auch *Schefer*, 2005, S. 118 sowie *Schertenleib*, 2004, 8 ff.
[64] *Tschudi*, 2006, S. 5.

ANAG eine pauschale Entschädigung im Sinne einer Nothilfe gemäss Art. 12 BV aus, 65 was zur Folge hat, dass der Individualisierungsgrundsatz kaum Geltung beansprucht. Örtlich wird am Aufenthaltsort angeknüpft, da diese Personen keinen Unterstützungswohnsitz haben. Sachlich zuständig für die Organisation der Nothilfe sind die Kantone, wobei diese die Zuständigkeit an die Gemeinden oder an Hilfsorganisationen weiterdelegieren können. Die Unterstützung erfolgt in der Regel in Form von Sachleistungen, welche nach Möglichkeit täglich ausgerichtet werden, und es besteht ein Anspruch auf Beratung und Betreuung. 66

Während die Ausrichtung von Nothilfe an Personen mit einem Nichteintretensentscheid in die alleinige Kompetenz der Kantone fällt, gilt das *Asylgesetz* für die ihm *unterstellten Personen*. Es greift dann in den kantonalen Kompetenzbereich ein, indem Art. 80 ff. AsylG unter dem Titel «Sozialhilfe und Nothilfe» einheitliche *bundesrechtliche Grundsätze* aufstellt. Danach haben diese Personen Anspruch auf die «notwendige Fürsorge» (Art. 81 AsylG), und die Kantone sind für den Vollzug zuständig (Art. 80 AsylG). Art. 82 AsylG führt dazu aus, dass sich die *Ausrichtung* von Sozialhilfeleistungen nach *kantonalem Recht* richtet. Dazu stellt das Bundesrecht den Grundsatz auf, dass Asylsuchenden und Schutzbedürftigen ohne Aufenthaltsbewilligung nach Möglichkeit Sachleistungen ausgerichtet werden (Art. 82 Abs. 2 AsylG) und dass Flüchtlinge und Schutzbedürftige mit Anrecht auf eine Aufenthaltsbewilligung beruflich, sozial und kulturell zu integrieren sind (Art. 82 Abs. 3 AsylG). Ergänzend bestimmt Art. 14c Abs. 4 ANAG i.V.m. Art. 82 Abs. 2 und 3 AsylG, dass bezüglich der Höhe der Leistungen Unterschiede zwischen vorläufig aufgenommenen Ausländern und Asylsuchenden und übrigen Sozialhilfeberechtigten zulässig sind. So liegen die Ansätze in der Praxis auch wesentlich tiefer als für anerkannte Flüchtlinge oder Personen mit Aufenthaltsbewilligung.

Bemerkenswert ist Art. 83 AsylG, da dieser Artikel Sonderbestimmungen enthält, welche den Grundsätzen der Nothilfe teilweise widersprechen. So kann die zuständige kantonale Behörde Nothilfeleistungen ganz oder teilweise ablehnen, kürzen oder gar entziehen, wenn eine Person unwahre oder unvollständige Angaben macht, Auskünfte verweigert, die Meldepflicht schwer verletzt, ohne Ab-

---

65  *Tschudi*, 2006, S. 5: «Aus Art. 14 f. ANAG lassen sich aus der bundesrechtlichen Perspektive keine Zuständigkeitsdefinitionen und Rechtsansprüche für die Sozialhilfe an Personen mit Nichteintretensentscheid ableiten».

66  Die Konferenz der kantonalen Sozialdirektoren/-innen (SODK) hat am 27. Mai 2004 (Überarbeitung am 24. Februar 2006) zuhanden der Kantone und Gemeinden Empfehlungen zur Nothilfe für Personen mit einem Nichteintretensentscheid erarbeitet.

sprache ein Arbeits- oder Mietverhältnis auflöst oder dessen Auflösung verschuldet, Sozialhilfe missbraucht, sich trotz des Entzuges von Sozialhilfeleistungen nicht an Anordnungen hält oder wenn sie es offensichtlich unterlässt, ihre Lage zu verbessern, namentlich wenn sie eine ihr zugewiesene Arbeit oder Unterkunft nicht annimmt. Es ist unschwer zu erkennen, dass Art. 83 AsylG den kantonalen Stellen das Recht einräumt, auch die minimalen Mittel für ein menschenwürdiges Überleben im Sinne von Art. 12 BV zu entziehen. Obwohl die Anordnung, einer bedürftigen Person die Sozialhilfe zu entziehen, im Rahmen des Asylgesetzes nach dem Wortlaut möglich wäre und der Kerngehalt von Art. 12 BV damit verletzt würde, wären die Gerichte aufgrund von Art. 191 BV an die Bundesgesetze gebunden und könnten diese nicht auf ihre Verfassungsmässigkeit hin überprüfen. Dies darf aber nicht darüber hinwegtäuschen, dass der vollständige Entzug von Nothilfe im Anwendungsbereich des Asylgesetzes nur theoretischer Natur ist. Das Bundesgericht führt in BGE 130 I 82 ff. aus, dass diese Vorschrift, welche der Missbrauchsbekämpfung dient, nicht Sinn und Geist der Nothilfebestimmung im Asylgesetz vereiteln dürfe und die Minimalanforderungen von Art. 12 BV zu respektieren habe. [67] Art. 83 AsylG lässt sich in dem Sinne verfassungskonform auslegen, dass sich die Beschränkungen und der Entzug nur auf die Sozialhilfeleistungen beziehen, den Kerngehalt der Überlebenshilfe im Sinne von Art. 12 BV aber unberührt lassen. [68]

Das revidierte *Asylgesetz* vom 16. Dezember 2005, welches am 1. Januar 2008 in Kraft trat, fasst die bisherige Rechtslage im neu geschaffenen Art. 82 nAsylG zusammen. [69] Die revidierten Artikel enthalten nichts wesentlich Neues. Abgewiesene Asylbewerber erhalten, wie Personen mit einem Nichteintretensentscheid keine Sozialhilfe, sondern lediglich Nothilfe. Damit wurde die Stellung der

---

**67**  So auch *Reusser/Obrist-Scheidegger*, 2005, S. 62.

**68**  *Hartmann*, 2005, S. 421; *Waldmann*, 2006, S. 365.

**69**  Art. 82 nAsylG lautet folgendermassen: «Abs. 1: Für die Ausrichtung von Sozialhilfeleistungen und Nothilfe gilt kantonales Recht. Personen mit einem rechtskräftigen Wegweisungsentscheid, denen eine Ausreisefrist angesetzt worden ist, können von der Sozialhilfe ausgeschlossen werden. Abs. 2: Wird der Vollzug der Wegweisung für die Dauer eines ausserordentlichen Rechtsmittelverfahrens ausgesetzt, so erhalten abgewiesene Asylsuchende auf Ersuchen hin Nothilfe. Abs. 3: Für Asylsuchende und Schutzbedürftige ohne Aufenthaltsbewilligung ist die Unterstützung nach Möglichkeit in Form von Sachleistungen auszurichten. Der Ansatz für die Unterstützung kann von den Ansätzen der einheimischen Bevölkerung abweichen. Die Nothilfeleistung muss zeitlich und sachlich gerechtfertigt sein. Abs. 4: Die Nothilfe ist in Form von Sachleistungen oder täglichen Geldleistungen an den von den Kantonen bezeichneten Orten auszurichten. Die Auszahlung kann auf Arbeitstage beschränkt werden. Abs. 5: Der besonderen Lage von Flüchtlingen und Schutzbedürftigen, die Anspruch auf eine Aufenthaltsbewilligung haben, ist bei der Unterstützung Rechnung zu tragen; namentlich soll die berufliche, soziale und kulturelle Integration erleichtert werden.»

abgewiesenen Asylbewerber verschlechtert, dass sie nun wie NEE's behandelt werden. Der bisherige Art. 82 AsylG wie auch Art. 44a AsylG wurden gestrichen. Art. 83a nAsylG normiert neu eine *Mitwirkungspflicht*, welche den Vollzug der Wegweisung und die Ermittlung der Voraussetzungen der Notlage betrifft. [70] Damit wird faktisch ein bedingungsloser Anspruch auf Nothilfe anerkannt. [71]

---

**70**  Siehe zum Ganzen auch *Brenning-Kaufmann/Wintsch*, 2005, S. 497 ff.; *Engi*, 2006, S. 914 ff.; siehe auch das Gutachten von Jörg Paul Müller vom 7. März 2005 betreffend Beschluss der Staatspolitischen Kommission des Ständerates vom 13. Januar 2005 (Teilrevision Asylgesetz) über Einschränkungen der Nothilfe, in: Asyl 12/3/2005, 3 ff.; des weiteren *Schertenleib*, 2005, S. 67 ff.; *Spescha*, 2006, S. 188 ff.

**71**  *Spescha*, 2006, S. 189. In diesem Sinne auch *Waldmann*, 2006, S. 367.

# 3 Das Recht auf Hilfe in Notlagen (Art. 12 BV)

## 3.1 Rechtsgrundlage

Art. 12 BV statuiert das *Recht auf Hilfe in Notlagen* und lautet:
«Wer in Not gerät und nicht in der Lage ist, für sich zu sorgen, hat Anspruch auf Hilfe und Betreuung und auf die Mittel, die für ein menschenwürdiges Dasein unerlässlich sind.»

Das Recht auf Hilfe in Notlagen ist seit der letzten Verfassungsrevision ein eigenständiges Grundrecht. Früher wurde es als ungeschriebenes Grundrecht aus der Menschenwürde als Teilaspekt des Rechts auf Leben, der persönlichen Freiheit sowie aus dem Rechtsgleichheitsgebot abgeleitet. [72] Es ist historisch gewachsen [73] und Ausdruck der ethischen Einstellung der Schweizerischen Eidgenossenschaft und als solcher Grundpfeiler eines Gemeinwesens, das sich die Wahrung menschlicher Würde zum Ziel setzt. Die Sicherung der Menschenwürde und die Achtung vor der Persönlichkeit eines Menschen bedingen, dass die elementarsten materiellen Voraussetzungen menschlicher Existenz gesichert werden. «Materielle Sicherheit ist *die* Bedingung menschlicher Existenz und Entfaltung überhaupt.» [74]

## 3.2 Schutzobjekt

Das Ziel und der Umfang der Nothilfe ist die Aufrechterhaltung eines *menschenwürdigen Überlebens* in einer akuten wirtschaftlich-sozialen Notlage. [75] Art. 12 BV bezweckt, den Einzelnen vor dem *Verlust seiner Würde* zu bewahren, indem er weder unmenschliche Entbehrungen (wie Hunger oder Kälte) ertragen noch sich als Bettler der Willkür anderer ausliefern muss. [76] Es handelt sich dabei um ein Menschenrecht. Art. 12 BV wie die Sozialhilfe allgemein bezwecken beide eine Ergänzung des sozialen Netzes, falls jemand keine Leistung aus einer So-

---

[72] Grundlegend BGE 121 I 370 ff.: Das Bundesgericht knüpfte dabei an ältere Bundesgerichtsentscheide an. Siehe BGE 40 I 409 E. 2 und 51 Ib 325 E. 2b. Vgl. die eingehende Erörterung bei *Gysin*, 1999, S. 12 ff.

[73] Dazu umfassend *Coullery*, 1993, S. 36 ff. (mit weiteren Verweisen).

[74] *Müller*, 1981, S. 40. Näheres bei *Bigler-Eggenberger*, a.a.O. Art.12 BV, N 6.

[75] BGE 121 I 373, E. 2c: «(...) verfassungsmässig geboten ist nur, was für ein menschenwürdiges Dasein unabdingbar ist und vor einer unwürdigen Bettelexistenz zu bewahren vermag.»

[76] BGE 130 I 74.

zialversicherung oder aus einer dritten Quelle geltend machen kann. So führte das Bundesgericht aus, dass die Sicherung der elementarsten Bedürfnisse eines Menschen wie Nahrung, Obdach, Kleidung und medizinische Grundversorgung die Bedingung der Existenz und der Entfaltung eines Menschen überhaupt ist. Art. 12 BV stellt jene ökonomische Basis sicher, auf der sich grundrechtlich geschützte menschliche Aktivität überhaupt erst sinnvoll entfalten kann. [77] Diese minimalen Garantien begrenzen gleichzeitig auch die staatliche Leistungspflicht, denn Art. 12 BV bezweckt *nicht* die Garantie eines bedingungslos geschuldeten minimalen Einkommens [78] noch eines *sozialen Existenzminimums*. Mit der Garantie einer minimalen materiellen Existenz soll eine vollständige Ausgrenzung vermieden werden. [79] Letztlich dient Art. 12 BV der Sicherung der *Wohlfahrt und des inneren Zusammenhalts* zwischen den Bevölkerungsschichten. [80]

Neben der positiven Leistungspflicht des Staates verankert das Recht auf Hilfe in Notlagen auch einen Abwehranspruch. [81] Dem Gemeinwesen ist es versagt, Eingriffe vorzunehmen, welche die minimale Existenzsicherung des Einzelnen beeinträchtigen. Dieser Aspekt wirkt sich vor allem im Steuerrecht aus, indem beispielsweise die Ergänzungsleistungen zur AHV und IV, die Hilflosenentschädigung und Beihilfen wie in der Regel auch die Sozialhilfeleistungen nicht versteuert werden müssen. Der Gesetzgeber ist aber nicht verpflichtet, einen bestimmten Betrag von vornherein steuerfrei zu belassen. Es liegt in der kantonalen Kompetenz, auf welche Weise er die minimale Existenzsicherung umsetzen will. [82] Nicht zulässig ist aber auf jeden Fall die Erhebung von Steuern auf Leistungen, die dem absoluten Existenzminimum von Art. 12 BV zugerechnet werden können.

### 3.3 Kerngehalts- und Minimalgarantie

Art. 36 Abs. 4 BV bestimmt, dass der Kerngehalt von Grundrechten nicht angetastet werden darf. Dies heisst, dass der Wesenskern eines solchen Grundrechts weder völlig unterdrückt noch seines Gehalts als fundamentale Institution der Rechtsordnung entleert werden darf. [83] Der unantastbare Kerngehalt lässt sich für jedes Grundrecht nur speziell feststellen. [84] Bei der Konkretisierung des Kern-

---

**77** *Amstutz*, 2002, S. 110.
**78** *Botschaft*, S. 201.
**79** *Bigler-Eggenberger*, a.a.O., N 11.
**80** *Waldmann*, 2006, S. 350.
**81** Dazu weiterführend *Uebersax*, 2005, S. 37.
**82** *Kiemer/Kälin*, 2007, S. 397.
**83** Unter vielen: BGE 109 Ia 273 ff.; 124 I 304 ff.
**84** *Schweizer*, a.a.O. Art. 36 N 27.

gehalts können bei Unklarheiten auch andere Verfassungsartikel für die Auslegung herangezogen werden, z.B. die Achtung und der Schutz der Menschenwürde im Sinne von Art. 7 BV.

Auf das Grundrecht auf Hilfe in Notlagen angewendet schützt dieses das menschenwürdige Überleben in der Schweiz. Es schützt einen *Kern* an Leistungen bei einer bestehenden Notlage, welche niemandem vorenthalten werden dürfen. Auch kann niemand in rechtsverbindlicher Weise über die Einschränkung in Bestand und Ausmass seines Anspruchs auf Nothilfe verzichten. Diese Rechte sind *unverzichtbar* und *unverjährbar* und werden zudem verfahrensrechtlich privilegiert. [85] Das heisst, dass ein schriftlicher Verzicht auf die Geltendmachung von Nothilfe oder die Abtretung einer Forderung auf Nothilfeleistungen von vornherein nichtig sind. Zudem werden Verfahrensfehler, z.B. der Ablauf einer Frist für ein Rechtsmittel, geheilt, indem beispielsweise jederzeit ein neues Gesuch eingereicht werden kann.

Des Weiteren ist nach der herrschenden Lehre ein *Missbrauch* von Art. 12 BV nicht möglich, weil eine Verletzung des Kerngehalts verboten ist. Somit bedeutet ein Entzug der zum Überleben notwendigen Mittel im Sinne von Art. 12 BV in jedem Fall einen Verstoss gegen die Verfassung und ist unzulässig. [86]

Eine weitere Frage betrifft den Bereich der *Auflagen und Bedingungen*, d.h. Nebenbestimmungen. Solche können auch an die Minimalleistungen im Sinne von Art. 12 BV gebunden werden. [87] Auch im Bereich der Kerngehaltsgarantie dürfen Auflagen gemacht werden, z.B. Arbeit zu suchen, einen Sprachkurs zu absolvieren oder ausländische Papiere zu beschaffen. Damit solche Auflagen zulässig sind, müssen sie die mögliche *Aufhebung der Notlage* bezwecken und dürfen weder schikanös sein noch rein der Disziplinierung dienen. [88] Falls einer Auflage aber nicht Folge geleistet wird, ist der Staat weitgehend machtlos, da die Überlebenshilfe im Sinne von Art. 12 BV nicht entzogen werden kann.

---

**85** Näheres bei *Häfelin/Haller*, 2005, N 334 f.
**86** *Amstutz*, 2005, S. 24 ff.; *Dies.*, 2002, S. 304 ff.; *Gysin*, 1999, S. 40; *Meyer-Blaser/Gächter*, 2001, N. 31; *Müller*, 1999, S. 179 f.; *Schefer*, 2001, S:. 348 ff.; *Schleicher*, Rechtsmissbrauch, S. 50 f.; *Uebersax*, 1998, S: 12 und 55 f.; Anderer Ansicht *Riemer-Kafka*, 1999, S. 494; *Waldmann*, 2006, S. 361.
**87** BGE 131 I 166.
**88** *Schefer*, 2005, S. 116; *Uebersax*, 2005, S. 48; *Pärli*, 2004, S. 46.

Der absolut geschützte Kern fällt gleichzeitig mit dem Schutzbereich von Art. 12 BV zusammen. [89] Die Bundesverfassung kennt nur einen einzigen einklagbaren Minimalbetrag und nicht Kernleistungen und darüber hinausgehende Leistungen. [90] Gewährt werden lediglich die Mittel, die für das menschenwürdige Überleben notwendig sind. Art. 12 BV ist als *Minimalgarantie* ausgestaltet. [91] Garantiert ist lediglich ein Minimum an staatlichen Leistungen, welche nach Massgabe der individuellen Notlage ausgerichtet werden. Diese minimalen Leistungen müssen aber ausreichen, um das menschenwürdige Überleben zu sichern. Ein Gericht setzt den Minimalanspruch direkt durch, falls das kantonale Gesetzesrecht keine oder nur eine ungenügende Existenzsicherung vorsehen würde. Aus der Minimalgarantie ist kein Anspruch des Einzelnen auf eine bestimmte Ausgestaltung der staatlichen Leistung ableitbar. [92]

### 3.4 Die Grundprinzipien [93] und Verfahrensgarantien [94]

Die *Sozialhilfepraxis* hat verschiedene Prinzipien entwickelt, welche in den Grundzügen auch für Art. 12 BV Geltung beanspruchen. Es handelt sich dabei um keine zwingenden Normen, sondern sie lassen Raum für eine individuelle Güterabwägung. Darüber hinaus haben sie eine nicht zu unterschätzende Bedeutung für eine Vereinheitlichung der interkantonalen Sozialhilfegesetzgebung und Praxis und schaffen ein wenig Transparenz in der herrschenden kantonalen Vielfalt. Zu den zentralen Prinzipien des Sozialhilferechts gehören die Wahrung der Menschenwürde und der Persönlichkeitsrechte, das Subsidiaritätsprinzip und der Individualisierungsgrundsatz. [95] Ergänzt werden diese Prinzipien durch das Bedarfsdeckungsprinzip. Das Prinzip der Ursachenbekämpfung ist ein Unterfall des Subsidiaritätsprinzips und wird dort behandelt.

---

89  Dies ist die herrschende Lehre. Weitere Verweise bei *Uebersax*, 2005, S. 39; Siehe generell dazu auch *Häfelin/Haller*, 2005, N 326 sowie BGE 130 I 75.

90  Anderer Meinung *Amstutz*, 2005, S. 30, welcher von Kernleistungen des Staates ausgeht, welche nicht eingeschränkt werden können, und von darüber hinausgehenden Leistungen, welche eingeschränkt werden können.

91  *Botschaft*, S. 151, sowie *Amstutz*, 2002, S. 131 ff.; *Bigler-Eggenberger*, a.a.O., N 23; *Sorrosal*, 2002, S. 139; *Gysin*, 1999, S. 26 ff. und 228 ff.

92  *Bigler-Eggenberger*, 1998, S. 507.

93  Siehe auch im Beitrag von Christoph Häfeli, S. 65 ff.

94  Siehe auch im Beitrag von Cornelia Breitschmid, S. 341 ff.; *Wolffers*, S. 193 ff.

95  *Wolffers*, 1993, S. 69.

### 3.4.1 Wahrung der Menschenwürde

Eine grundlegende Aufgabe des Staates ist es, die Menschenwürde und den Ei-
genwert des Individuums sicherzustellen. [96] Die Menschenwürde garantiert die
Autonomie und das Selbstbestimmungsrecht des Menschen. Neben der Freiheit
gehört auch die Gleichbehandlung [97] zur Würde des Menschen. Der Grundsatz
der *Wahrung der Menschenwürde* ist in Art. 7 BV geregelt mit der Formulierung, dass die Würde des Menschen zu achten und zu schützen ist. Es handelt
sich dabei um ein abstraktes Rechtsprinzip, welches als *Programm, Prinzip und
Grundrecht* [98] zugleich verstanden werden kann und das sehr offen ist. Dennoch
kann es im *Einzelfall* als Individualgrundrecht punktuell gerichtlich überprüft
werden. [99]

Was den Inhalt der Menschenwürde ausmacht, muss in einer liberalen Gesellschaft
letztlich offen bleiben, denn ihr Sinn liegt gerade im Verbot, ein bestimmtes Menschen-
bild zu verordnen. Staat und Rechtsgemeinschaft sollen diese individuelle Freiheit
achten und schützen. [100] Niemand verfügt über ein Definitionsmonopol, wenn es um
die Bestimmung dessen geht, was ein «menschenwürdiges Dasein» im Kern ausmacht. [101]

Der Grundsatz der Menschenwürde im Sinne von Art. 7 BV steht nicht für sich
allein, sondern wird durch die *anderen* Grundrechtsartikel der Bundesverfassung, beispielsweise die Rechtsgleichheit, den Schutz des Privat- und Famili-
enlebens oder das Grundrecht auf Hilfe in Notlagen, ergänzt. Der Schutz der
Menschenwürde ist Kern und Anknüpfungspunkt anderer Grundrechte und Richtschnur für deren Ausgestaltung. [102] Menschenunwürdige Anordnungen sind dem
Staat schlechthin untersagt. [103] Auch der Grundsatz der Eigenverantwortung im
Sinne von Art. 6 BV prägt die Menschenwürde, denn Verantwortung ist mit der
Menschenwürde, der Individualität und der Freiheit eng verknüpft. [104] Die Men-
schenwürde ist die Richtschnur für die Auslegung der anderen Grundrechte. [105]

---

[96]  BGE 97 I 45.

[97]  Zum Prinzip der Rechtsgleichheit (Art. 8 BV) siehe auch 2.2.2 in diesem Beitrag.

[98]  *Mastronardi*, a.a.O., Art. 7 BV, N 19.

[99]  *Mastronardi*, a.a.O., Art. 7 BV, N 22 und 31.

[100] *Mastronardi*, a.a.O., Art. 7 BV, N 38.

[101] *Amstutz*, 2005, S. 26; *Gysin*, 1999, S. 228 ff. (mit dem wertvollen Verweis auf *Volker Neumann*,
      Menschenwürde und Existenzminimum, Berlin 1994).

[102] BBl 1997 I 140.

[103] *Häfelin/Haller*, 2005, N 325.

[104] *Häberle*, in: *Ehrenzeller/Mastronardi/Schweizer/Vallender*, Art. 6 BV, N 5 f.

[105] BGE 127 I 6: Grundsätzlich hat die Menschenwürde «die Bedeutung eines Leitsatzes für jegliche staatliche
      Tätigkeit, bildet als innersten Kern zugleich die Grundlage der Freiheitsrechte und dient daher zu deren
      Auslegung und Konkretisierung».

Aus dem Schutz der Menschenwürde wird auch die Kerngehaltstheorie abgeleitet. [106]

Wie oben angedeutet wurde, ist der Grundsatz der Menschenwürde eng mit Art. 12 BV verknüpft, indem es der Würde eines jeden Menschen entspricht, seine nackte Existenz gesichert zu erhalten. [107] Es wird jenes Minimum an staatlichen Leistungen garantiert, welche zum Überleben und zur Vermeidung einer Diskriminierung in jedem Fall erforderlich sind. [108] Dabei ist der Anspruch *relativ*, denn bei der Bemessung der minimalen Hilfe ist nicht nur der allgemeine Lebensstandard zu berücksichtigen, sondern auch die Verteilung der materiellen Güter zwischen den Reichen und den Ärmsten. [109] Aus dieser Relativität folgt auch, dass es nicht möglich ist, ein exaktes Mass der zu gewährenden Nothilfe zu definieren, denn es lässt sich mit der Menschenwürde nicht begründen, ob beispielsweise das auszurichtende soziale Existenzminimum 1'000 Franken betragen bzw. höher oder tiefer sein muss. [110] Der Grundsatz der Menschenwürde im Sinne von Art. 7 BV ist als Auffanggrundrecht unmittelbar anwendbar, falls die Ansprüche aus Art. 12 BV nicht hinreichend geschützt werden können. [111]

In praktischer Hinsicht erfolgt im Zusammenhang von Menschenwürde und Nothilfeanspruch regelmässig eine Bezugnahme auf Art. 7 BV, ohne dass materiell viel daraus abgeleitet worden wäre. Für die Herleitung von subjektiven Ansprüchen ist Art. 7 BV viel zu allgemein gehalten und juristischen Abwägungen zu unzugänglich, zumal Art. 12 BV als speziellere Norm Art. 7 BV in der Regel vorgeht. Dies würde in vielen Fällen einen Verweis auf Art. 7 BV a priori überflüssig machen. Vor allem wird es kaum je gelingen, aus Art. 7 BV Leistungen abzuleiten, welche über diejenigen von Art. 12 BV hinausgehen. Dies erstaunt nicht, weil der speziellere Art. 12 BV viel besser geeignet ist, um die sich stellenden Fragen zu beantworten. [112]

---

[106] *Mastronardi*, a.a.O., Art. 7 BV, N 28 sowie auch 3.3 in diesem Beitrag.

[107] *Häfelin/Haller*, 2005, N 255. «Durch die staatliche Garantie eines Minimums an existenznotwendigen Leistungen soll allen Menschen ein Leben in Würde ermöglicht werden. Die Korrektur stossender gesellschaftlicher Ungleichheiten durch staatliche Massnahmen dient ferner der Verwirklichung der Chancengleichheit.»

[108] *Schefer*, 2001, S. 347.

[109] Näheres bei *Schefer*, 2001, S. 343 ff.; *Ders.*, 2005, S. 112.

[110] *Gysin*, 1999, S. 228: «Der Versuch der Quantifizierung der Menschenwürde führt zu ihrer Banalisierung.»

[111] *Mastronardi*, a.a.O., Art. 7 BV, N 51.

[112] Art. 7 BV hat vor allem als politische Leitlinie und Handlungsauftrag an den Gesetzgeber sowie als Auslegungshilfe spezieller Grundrechte Bedeutung. Dazu Näheres bei *Engi*, Entwicklungen, S. 916.

### 3.4.2 Wahrung der Persönlichkeitsrechte und der Privatsphäre

Der Persönlichkeitsschutz bezweckt den *Schutz der Freiheit einer Person* sowie ihres *Eigenwertes* und ihrer Einzigartigkeit. [113] Mit der persönlichen Freiheit gewährleistet die Bundesverfassung in den Art. 10 bis 13, 31 und 119 das Leben, die körperliche und geistige Integrität, die Bewegungsfreiheit, die soziale Entfaltung einer Person, ihr Privatleben und ihre Selbstbestimmung und Autonomie. [114] Die persönliche Freiheit sichert alle *zentralen Aspekte, Werte und Entfaltungsbedürfnisse*, welche einem Menschen aufgrund seiner Existenz zustehen. [115] Wo die einzelnen Gewährleistungen nicht ausreichen, bildet subsidiär der Schutz der Menschenwürde im Sinne von Art. 7 BV ein direkt anrufbares Auffanggrundrecht.

Die Tätigkeit von Sozialhilfeorganen, namentlich der Untersuchungsgrundsatz, das Prinzip der Ursachenbekämpfung, das Bedarfsdeckungsprinzip und das Sanktions- und Weisungsrecht haben die notwendige Folge eines Eingriffs in die Persönlichkeitsrechte einer bedürftigen Person. Da es sich um ein Freiheitsrecht handelt, muss ein solcher Eingriff im Sinne von Art. 36 BV immer gesetzmässig und verhältnismässig sein, [116] d.h., eine übermässige Beschränkung der Persönlichkeitsrechte ist unzulässig. [117]

Im Bereich der Sozialhilfe wie auch bei der Gewährung von Nothilfe dürfen folgende von der Verfassung vorgegebene Grenzen nicht überschritten werden:

- Art. 10 Abs. 2 BV schützt die elementaren Aspekte der *persönlichen Entfaltung*. So hat jeder Mensch das Recht, über seinen Körper sowie Gesundheits- und Ernährungsbedürfnisse zu verfügen, die sexuelle Selbstbestimmung, den freien Kinderwunsch und das Bedürfnis nach Elternschaft. Auch geschützt sind die Achtung der persönlichen Ehre, die soziale Geltung sowie die zwischenmenschlichen Beziehungen. [118]

---

**113** BGE 113 Ia 262.
**114** Der Persönlichkeitsschutz hat sein Pendant im Privatrecht in den Art. 27 ff. ZGB.
**115** Näheres bei *Schweizer*, 2001, S. 691 ff., sowie Sorrosal, 2002, S. 207 ff.
**116** Art. 36 BV umschreibt die Voraussetzungen für die Einschränkung von Freiheitsrechten. Näheres in *Schweizer*, 2001, Art. 36 BV. S. 490 ff.
**117** *Wolffers*, 1993, S. 70.
**118** BGE 107 Ia 52 ff.; 119 Ia 99 ff. und 475.

- Art. 13 Abs. 1 BV schützt das *Privat- und Familienleben*. Jeder Mensch hat Anspruch auf einen geschützten Bereich, welcher von der Öffentlichkeit abgeschirmt werden darf. Geschützt ist die *Unverletzlichkeit der Wohnung*, d.h., eine Person kann in den Räumlichkeiten, in denen sie gegenwärtig oder zukünftig, dauernd oder nur vorübergehend wohnt, frei ihr Privat- und Familienleben entfalten und darf nicht durch unzulässige Hausdurchsuchungen oder andere Kontrollmechanismen gestört werden. [119] Des Weiteren ist eine *Trennung von Familienmitgliedern* grundsätzlich verboten und jedermann darf frei eine ihm gut scheinende Lebensform wählen.

- Art. 13 Abs. 2 BV gewährt jeder Person den Schutz vor dem Missbrauch seiner *persönlichen* Daten. Vor allem im Tätigkeitsbereich von Sozialhilfeorganen werden besondere sensible Daten mit Geheimhaltungscharakter erhoben.

### 3.4.3 Subsidiaritätsprinzip

Das *Subsidiaritätsprinzip* ist in Art. 6 BV [120] umschrieben und wird unter anderem von Art. 41 Abs. 1 BV [121] und Art. 12 BV [122] für bestimmte Themenbereiche konkretisiert. Es handelt sich um ein Stück Selbstverständnis der Schweizerischen Eidgenossenschaft. [123] Statt von Subsidiarität sprechen die Staatsrechtler auch von Eigen- und Mitverantwortung oder von Solidarität. [124] Dies trifft vorab die Verantwortung der Stärkeren den Schwachen gegenüber, [125] aber gilt auch umgekehrt. Als Mitglied der Rechtsgemeinschaft ist auch der Schwache zur Solidarität mit dem Sozialstaat und der Solidargemeinschaft verpflichtet. Unsolidarisch verhält sich, wer dem Staat und der Solidargemeinschaft etwas zu tragen zumutet, was er sich selber nicht zu tragen zumuten würde. [126]

Der Grundsatz der Subsidiarität besagt, dass Nothilfe erst dann ausgerichtet wird, wenn jemand sich nicht selber helfen kann oder Hilfe von dritter Seite nicht oder nicht rechtzeitig erhältlich ist. Dies heisst, dass erst nach Ausschöp-

---

119 *Müller*, 1999, S. 44 ff. und *Schweizer*, 2001, S. 701 ff.

120 *Häberle*, a.a.O. Art. 6 BV N; *Mahon*, 2003, N 5 ff.

121 Mit der Wendung: «in Ergänzung zu persönlicher Verantwortung und privater Initiative». Dazu die vortrefflichen Ausführungen von *Bigler-Eggenberger*, in: *Ehrenzeller/Mastronardi/Schweizer/Vallender*, Art. 41 BV N 25 ff. sowie *Bigler-Eggenberger*, 2002, S. 514.

122 Mit der Wendung: «nicht in der Lage, für sich selbst zu sorgen».

123 *Häberle*, a.a.O. N 4; siehe auch 2.1 in diesem Beitrag.

124 *Waldmann*, 2006, S. 346 f.

125 Präambel der Bundesverfassung, Abs. 5: «und die Stärke des Volkes sich misst am Wohl der Schwachen».

126 *Riemer-Kafka*, Verhältnis, S. 141; *Waldmann*, 2006, S. 347.

fung aller anderen Möglichkeiten der Hilfe wie der eigenen Arbeitskraft und Leistungen Dritter staatliche Hilfe gefordert werden kann, diese aber rechtzeitig geleistet werden muss. Eine bedürftige Person muss alles Zumutbare unternehmen, um die Notlage *aus eigenen Kräften* abzuwenden oder zu beheben. [127] Es besteht kein Wahlrecht zwischen vorrangigen Hilfsquellen und der öffentlichen Sozialhilfe. [128]

### 3.4.4 Individualisierungsprinzip

Das *Individualisierungsprinzip* [129] besagt, dass die Hilfeleistungen nach den Erfordernissen des jeweiligen Einzelfalles (einzelfallbezogen) zu beurteilen und zu bemessen sind. Es handelt sich also um individuelle Leistungen, welche für einen bestimmten Zweck, d.h. zweckgerichtet, geleistet werden, und sie haben auch die lokalen Verhältnisse zu berücksichtigen. Damit Leistungen auf eine Person abgestimmt werden können, ist in jedem Einzelfall der *Grund* der Bedürftigkeit zu klären und zu berücksichtigen und die *Art der Hilfe* darauf auszurichten. Je nach der individuellen Situation der bedürftigen Person kann materielle Hilfe, Beratung oder Betreuung notwendig sein. Die Hilfe muss *geeignet* und auf jeden einzelnen Fall passend sein, damit die Selbständigkeit und die soziale Integration wieder in den Bereich des Möglichen rücken. Das Individualisierungsprinzip bedeutet in der täglichen Praxis, dass die Sozialhilfeorgane mit der bedürftigen Person in regelmässigem Austausch sind. Individualisierung der Hilfe ist undenkbar ohne Kontrolltätigkeit der Sozialbehörde und ohne ein Eingreifen in die Privatsphäre des Einzelnen. [130] Dennoch darf dieses Instrument nicht zu einem Zwangsmittel der Disziplinierung werden und zu einer faktischen Bevormundung führen, [131] da sonst die Resozialisierung verunmöglicht wird.

### 3.4.5 Bedarfsdeckungsprinzip

Das Bedarfsdeckungsprinzip besagt, dass in jedem individuellen Fall der Bedarf für die konkrete und aktuelle Notlage auszurichten ist. Die zuständige Behörde hat für die Beseitigung der Notlage zu sorgen, wobei die Mittel ausreichend und rechtzeitig zur Verfügung stehen müssen. Die Bedürftigkeit ist gleichzeitig auch die Begrenzung in Bezug auf die Höhe der Hilfeleistung. Dabei spielt nach

---

127 *Coullery*, 1993, S. 78.
128 *Wolffers*, 1993, S. 71.
129 Der Individualisierungsgrundsatz steht im Gegensatz zum Sozialversicherungsrecht, wo die Leistungen in der Regel unabhängig vom tatsächlichen Bedarf nach objektiv vorgegebenen Kriterien ausgerichtet werden.
130 *Wolffers*, 1993, S. 74; siehe auch 3.4.2 in diesem Beitrag.
131 *Gysin*, 1999, S. 108.

dem Finalprinzip [132] die *Ursache* der Bedürftigkeit keine Rolle. [133] Massgebend ist lediglich der tatsächlich zum Überleben benötigte Bedarf in der *Gegenwart* (sowie in der Zukunft, soweit die Notlage anhält). Dieser Grundsatz beinhaltet demzufolge das Rückwirkungsverbot, d.h., für bereits überwundene Notlagen kann grundsätzlich nichts nachgefordert werden. [134] Das Bedarfsdeckungsprinzip schliesst auch die *Verrechnung* mit früher zu Unrecht gewährten Leistungen aus. [135]

### 3.4.6 Verfahrensgarantien

Da es sich bei der Hilfe in Notlagen um ein Grundrecht handelt, das die Privatsphäre einer bedürftigen Person tangiert, und ein nicht zu unterschätzender behördlicher Ermessensspielraum besteht, kommt einem fairen und gesetzeskonformen Verfahren grosse Bedeutung zu. Der Grundsatz der Menschenwürde wie auch das Willkürverbot verlangen, dass der bedürftigen Person im Verfahren Rechte eingeräumt werden, sodass sie nicht zum blossen Objekt des staatlichen Handelns herabgewürdigt wird. Verfahrensgarantien gewähren in erster Linie die *kantonalen* Verfahrensgesetze (beispielsweise die Verwaltungsrechtspflegegesetze oder teilweise die Sozialhilfegesetze) und bei deren Lückenhaftigkeit die bundesrechtlichen Minimalgarantien. Diese sind teilweise direkt in der Verfassung normiert, teilweise hat sie das schweizerische Bundesgericht aus dem Rechtsgleichheitsgebot abgeleitet. [136] Der Vollständigkeit halber seien sie hier genannt. Eine hilfesuchende Person hat Anspruch auf rechtliches Gehör, das Recht auf Akteneinsicht und Geheimhaltung, Recht auf Aufklärung bezüglich Rechten und Pflichten, [137] auf ein beschleunigtes Verfahren, rechtsgleiche Behandlung, unentgeltliche Rechtspflege und in komplexen Fällen auf einen unentgeltlichen Rechtsbeistand. [138] Daneben stehen die Pflichten, insbesondere diejenige zur Mitwirkung, zur wahrheitsgetreuen Auskunftserteilung, zur Erfüllung von Weisungen und zur Minderung der Unterstützungsbedürftigkeit. [139] Das Bundesgericht hat sich bis heute kaum dazu geäussert, welche speziellen Verfahrensgarantien aus Art. 12 BV abgeleitet werden. [140]

---

[132] Das Finalprinzip steht im Gegensatz zum sozialversicherungsrechtlichen Kausalprinzip, d.h., Sozialversicherungen knüpfen ihre Leistungen an bestimmte Risiken.

[133] Die Lehre wie auch die Rechtsprechung sind sich hier weitgehend einig. Siehe *Auer*, 1997, S. 43; *Bigler-Eggenberger*, a.a.O. Art. 12 BV, N 10; *Müller*, 1981, S. 178; *Riemer-Kafka*, 1999, S. 495; *Uebersax*, 1998, S. 12; *Gysin*, 1999, S. 39, sowie BGE 121 I 375.

[134] *Gysin*, 1999, S. 108.

[135] *Wolffers*, 1993, S. 75.

[136] Siehe die umfassende Darstellung zum Rechtsgleichheitsgebot in *Häfelin/Haller*, 2005, N 738 ff. und zu den Verfahrensgarantien *Häfelin/Müller*, 2006, N 397 ff.

[137] Urteil des Bundesgerichtes vom 3. Juli 2000, 2P.36/2000, E. 2a.

[138] *Amstutz*, 2002, S. 343 ff.; *Coullery*, 1993, S. 84 ff.; *Gysin*, 1999, S. 111 ff.; *Schefer*, 2001, S. 354; *Wolffers*, 1993, S. 101 ff.

[139] *Coullery*, 1993, S. 94 ff.; *Gysin*, 1999, S. 116 ff.; *Wolffers*, 1993, S. 105 ff.

[140] Dazu *Uebersax*, 2005, S. 38.

### 3.5 Rechtsträger

Das Recht auf Hilfe in Notlagen steht allen *Menschen* unabhängig von ihrer Staatszugehörigkeit zu. Auch illegal Anwesende und Personen, welche die Schweiz verlassen müssen, können sich auf Art. 12 BV berufen. [141] Juristischen Personen kommt keine Menschenwürde zu. [142] Das schliesst aber nicht aus, dass bezüglich der Leistungshöhe Differenzierungen aufgrund des ausländerrechtlichen Status gemacht werden dürfen. Nach der Rechtsprechung des Bundesgerichts müssen nicht gleichgesetzt werden, wer in der Schweiz lebt, wer bei einem kurzfristigen Aufenthalt in Not gerät oder bei wem es unsicher ist, ob er in der Schweiz bleiben kann. [143]

### 3.6 Konkretisierung der Ansprüche aus Art. 12 BV

#### 3.6.1 Problemstellung

Wie wir oben gesehen haben, hat das Grundrecht auf Hilfe in Notlagen einen *individuellen Leistungsanspruch* zum Inhalt. Damit eine Forderung gerichtlich auch durchgesetzt werden und ein Richter eine staatliche Leistung zusprechen kann, muss der Anspruch normativ genügend bestimmt sein. Ein Richter hat angesichts der knappen staatlichen Ressourcen keine Kompetenz, Prioritäten bei der Mittelaufteilung zu setzen. [144] Dies ist allein Sache des Gesetzgebers. Nun stellt sich das Problem, dass aufgrund des unbestimmten Inhalts von Art. 12 BV nicht klar ersichtlich ist, welche staatlichen Leistungen gefordert werden können. Es werden deshalb die Begriffselemente von Art. 12 BV daraufhin untersucht, welche staatlichen Leistungen garantiert werden.

#### 3.6.2 Vorliegen einer Notlage

Ansprüche aus Art. 12 BV kann nur geltend machen, wer *in Not gerät*, d.h. sich in einer Notlage befindet oder wenn eine solche unmittelbar droht. Der Gesetzgeber hat nicht ausdrücklich betont, dass die Notlage materieller Natur zu sein hat, dennoch geht aus der Entstehungsgeschichte von Art. 12 BV hervor, dass sich der Begriff der Notlage primär auf die wirtschaftliche Notlage bezieht. [145] Das Erfordernis einer Notlage bezeichnet zudem den individuellen wie auch den

---

**141** BGE 131 I 166.
**142** *Auer/Malinverni/Hottelier*, 2000, N 109.
**143** Kriterium ist die voraussichtliche Dauer des Verbleibens in der Schweiz. Siehe auch BGE 121 I 374 und Urteil des Bundesgerichtes vom 13. November 2003, 2P.139/2003 sowie *Kiemer/Rieder*, 2003, S. 81.
**144** *Hartmann*, 2005, S. 414.
**145** *Botschaft*, S. 149; Amtl. Bull. NR 1998, S. 184; Amtl. Bull. SR 1998, S. 39.

subsidiären Charakter der Unterstützung. [146] Die Verfassung gewährleistet nicht ein generelles, zahlenmässig festgelegtes Existenzminimum (etwa im Sinne des betreibungsrechtlichen Existenzminimums), sondern *individuelle Hilfe in einer konkreten Notlage*. [147] Daher spricht man auch von Nothilfe. Die Notlage findet dort ihre Grenzen, wo die Armut anfängt. Ein Mensch, welcher in Armut lebt, befindet sich nach der Terminologie der Verfassung nicht in einer Notlage. Dies hilft aber auch nicht viel zur Begriffsbestimmung weiter, da auch die Armut ein unbestimmter Begriff ist, dessen Auslegung einem starken zeitlichen Wandel unterworfen ist.

Eine Notlage liegt vor, wenn sich ein Mensch die elementarsten Grundbedürfnisse nicht selber verschaffen kann. [148] Die Grundbedürfnisse eines Menschen betreffen die Felder *Nahrung, Kleidung, Obdach, medizinische Grundversorgung* und weitere unentbehrliche Elemente (wie beispielsweise die Sicherheit oder der Schutz des Lebens und die psychische und physische Unversehrtheit). Der Verfassungsgeber verzichtete auf eine Definition des Begriffes der Notlage. Verschiedene Bundesgesetze bezwecken den Schutz des Existenzminimums, damit eine Notlage möglichst nicht erst eintritt. So sichert das Schuldbetreibungs- und Konkursrecht in Art. 92 f. SchKG ein betreibungsrechtliches Existenzminimum, das Ehetrennungs- und Scheidungsrecht in Art. 125 ZGB ein grosszügigeres zivilrechtliches Existenzminimum, das Steuerrecht verbietet es, Menschen in einer Notlage zu besteuern, [149] und Art. 2 ff. ELG sichert ein sozialversicherungsrechtliches Existenzminimum. Auch das Strafrecht kennt das Element der Notlage im Sinne einer Unterlegenheit, indem Art. 157 StGB unter Strafe stellt, wer eine Person ausbeutet, welche sich in einer Zwangslage (bis zur Revision 1995: Notlage) befindet. [150]

[146] *Botschaft*, S. 150.
[147] BGE 124 I 2 E. 2.
[148] *Müller*, 1981, S. 170.
[149] Näheres bei *Amstutz*, Existenzsicherung, S. 25 ff. und 357 ff.
[150] Das Bundesgericht versteht unter einer Notlage «jede Zwangslage wirtschaftlicher oder persönlicher Art, welche eine Person in ihrer Entschlussfreiheit so stark beeinträchtigt, dass sie sich zu der wucherischen Leistung bereit erklärt». Dabei muss es sich um lebenswichtige Güter oder zumindest allgemein wesentliche Bedarfsgüter handeln. Auch im Strafrecht genügt eine vorübergehende Notlage für eine Strafbarkeit. Siehe auch BGE 70 IV 204; 80 IV 20; 82 IV 150.

Konkretere Hinweise bezüglich einer Definition der Notlage liefern das ZUG wie auch die kantonalen Sozialhilfegesetze. [151] Das ZUG definiert die Bedürftigkeit in Art. 2 folgendermassen: «*Bedürftig ist, wer für seinen Lebensunterhalt nicht hinreichend oder nicht rechtzeitig aus eigenen Mitteln aufkommen kann.*» Dabei ist vollständige Mittellosigkeit nicht notwendiges Merkmal der Bedürftigkeit, sondern aus dem Blickwinkel «der mittel- und langfristigen Überlegungen und Zielsetzungen heraus zu beurteilen». [152] Somit befindet sich auch diejenige Person in einer Notlage, welche Ansprüche (z.B. aus Sozialversicherungen, Eherecht oder Verwandtenunterstützung) besitzt, diese aber nicht rechtzeitig geltend machen kann. Und auch derjenige, welcher noch Aktiven besitzt, die nicht unmittelbar und rechtzeitig zur Abwendung der Notlage eingesetzt werden können. [153] Diesem Fall ist gleichgestellt, wem es rechtlich (z.B. Arbeitsverbot) nicht möglich ist, die notwendigen Eigenmittel selbständig zu erwirtschaften. Das Bundesgericht nimmt – im Einklang mit der Lehre – eine Notlage dann an, wenn es jemandem rechtlich verwehrt oder faktisch unmöglich ist, die für ein menschenwürdiges Dasein unerlässlichen Mittel selber (einschliesslich Inanspruchnahme rechtlich verpflichteter Dritter) aufzubringen. [154]

Der Vorentwurf für eine revidierte Bundesverfassung sah ein «Recht auf Existenzsicherung» vor, welches in den Räten in ein Recht auf «Hilfe in Notlagen» umbenannt wurde. Diese Umbenennung hat den positiven Effekt, dass es begrifflich zu keiner Verwechslung mit obengenannten gesetzlichen Regelungen kommt, welche die Existenzsicherung bezwecken. Es wird klargestellt, dass es in Art. 12 BV nicht darum geht, ein «soziales Existenzminimum» zu garantieren, wie es z.B. die Ergänzungsleistungen zur AHV und IV, das Schuldbetreibungs- und Konkursrecht, das Steuerrecht, das Institut der Verwandtenunterstützung oder das sozialhilferechtliche Existenzminimum nach den SKOS-Richtlinien bezwecken, sondern es wird lediglich ein menschenwürdiges Überleben gesichert. Somit ist eine Notlage im Sinne von Art. 12 BV erst dann gegeben, wenn jemand aus eigener Kraft die *elementarsten menschlichen Grundbedürfnisse* nicht mehr decken kann.

---

**151** *Amstutz*, 2002, S. 160.
**152** *Thomet*, 1994, N 68.
**153** *Bigler-Eggenberger*, a.a.O., Art. 12 BV, N 15 f.; *Riemer-Kafka*, Verhältnis, S. 150; *Waldmann*, 2006, S. 353.
**154** BGE 130 I 71, 75 f.

### 3.6.3 Subsidiarität

Unsere Verfassung normiert mit der Wendung in Art. 12 BV «(...) *und nicht in der Lage ist, für sich selber zu sorgen* (...)» das Subsidiaritätsprinzip. Anspruch auf eine staatliche Leistung hat nur, wem es rechtlich oder faktisch unmöglich ist, für sich selber zu sorgen. [155] Der verfassungsmässige Leistungsanspruch ist subsidiär, d.h., es gilt der Vorrang der Selbsthilfe. Dieser Bestimmung kommt keine selbständige Bedeutung zu, weil im Sozialhilferecht der Grundsatz der Subsidiarität generelle Geltung beansprucht [156] und der Eigenverantwortung in Art. 6 BV Verfassungsrang zukommt. Der Gesetzgeber will die Nothilfe im Sinne von Art. 12 BV als eine Überbrückungshilfe [157] verstanden sehen und ist der Ansicht, dass jede Person für sich selber zu sorgen hat und sich *ernsthaft bemühen* muss, wieder aus der Notsituation herauszufinden. [158] Anspruch auf Nothilfe hat jemand demzufolge erst dann, wenn alle anderen gesetzlichen und vertraglichen Hilfeleistungen ausgeschöpft wurden [159] und er sich selber nicht aus der Notlage befreien kann (faktisches Unvermögen). Dazu gehören der Einsatz der ganzen Arbeitskraft, des eigenen Vermögens sowie die Geltendmachung aller rechtlichen Ansprüche gegenüber Dritten inkl. der Verwandtenunterstützung im Sinne von Art. 328 ZGB. Ausfluss des Subsidiaritätsprinzips ist es, dass jeder eine Lebensform finden muss, mit welcher er seinen Lebensunterhalt selber bestreiten kann. Wer seinen Lebensunterhalt z.B. als Fahrender oder Künstler nicht selber bestreiten kann und auf staatliche Leistungen angewiesen ist, kann verpflichtet werden, Arbeit in einem einträglicheren Bereich zu suchen. In dieselbe Kategorie gehört die amtliche Verpflichtung einer Mutter, ab dem bestimmten Alter ihres Kindes wieder eine zumutbare Teilzeitstelle zu suchen, auch wenn sie von einer anderen Mutterrolle ausgeht.

Auch wenn Drittansprüche geltend gemacht werden können, kann Nothilfe eingefordert werden, wenn die notwendigen Mittel von Dritten *nicht rechtzeitig* erhältlich sind, eine Geltendmachung unzumutbar ist oder sich eine Person aufgrund ihres Unvermögens nicht aus eigener Kraft aus einer Notlage befreien kann. In diesen Fällen sind die Ansprüche gegenüber Dritten der zuständigen Behörde mittels Zession abzutreten.

---

155 *Hartmann*, 2005, S. 419 sowie BGE 121 I 370 ff.
156 *Botschaft*, S. 150.
157 *Botschaft*, S. 201.
158 Amtl. Bull. SR, Reform der Bundesverfassung, 1998, S. 40 (Votum Inderkum) und S. 186 (Votum Schlüer).
159 Zu denken ist an Renten- und Versicherungsleistungen (insbes. Arbeitslosentaggelder, Taggeldversicherungsleistungen, Leistungen der Unfallversicherung, BVG-Leistungen und Renten aus Eherecht) wie auch Leistungen aus der Verwandtenunterstützungspflicht oder aus Verträgen.

Aus dem Grundsatz der verschuldensunabhängigen Ausrichtung von Leistungen folgt, dass die *Ursache* der Notlage für die Gewährung des verfassungsmässigen Schutzes unbeachtlich ist. [160] Dies bedeutet, dass auch dann Nothilfe geleistet werden muss, wenn jemand fahrlässig sein Vermögen verschleudert. [161] Ebenfalls irrelevant ist die Dauer der Notlage. [162]

Was den *Weiterbestand* der Notlage betrifft, so kann das Verhalten eines in Not geratenen Menschen relevant sein für den weiteren Leistungsbezug, insbesondere, wenn jemand in der Lage *wäre*, für sich selber zu sorgen oder Nothilfegelder zweckentfremdet. Wer Nothilfe bezieht, hat nicht nur eine Mitwirkungspflicht, sondern muss sich auch aktiv um eine Wiedereingliederung in den Arbeitsprozess bemühen, unter der Voraussetzung, dass der Arbeitseinsatz *zumutbar* ist. Dabei spielt der Arbeitsmarkt eine wesentliche Rolle. Wenn die Wirtschaft nicht willens ist, Sozialhilfeempfänger wieder einzugliedern, ist das Subsidiaritätsprinzip in seiner Wirkung stark eingeschränkt.

Wer die Pflicht zur «Schadensminderung» verletzt, hat mit Sanktionen zu rechnen, aber nur im Ausnahmefall kann auch die Nothilfe eingestellt werden. Der Staat darf die Nothilfe im Sinne einer Überlebensgarantie niemals verweigern unter dem Hinweis, dass jemand objektiv in der Lage wäre, für sich selber zu sorgen. [163] Eine Verletzung des Subsidiaritätsprinzips ist nur unter der qualifizierten Voraussetzung zulässig, dass es jemand *schuldhaft* unterlässt, für sich selber zu Sorgen und er *rechtzeitig* die Mittel für ein menschenwürdiges Dasein selber beschaffen könnte, er aber dennoch untätig bleibt, obwohl er z.B. eine konkrete Arbeitsstelle angeboten erhält. Gleichzusetzen ist der Fall, wo es jemand mutwillig unterlässt, sofort erhältliche Drittleistungen, z.B. von der Arbeitslosenkasse oder der Unfallversicherung, einzufordern. In diesen Fällen trifft den Staat aufgrund des Subsidiaritätsprinzips keine Leistungspflicht, eventuell muss aber bis zum Zeitpunkt des theoretischen Eingangs der Leistung eine Überbrückungshilfe geleistet werden.

---

**160** Siehe auch 3.4.2 in diesem Beitrag (Bedarfsdeckungsprinzip).
**161** BGE 121 I 367: Auch wer seine Notlage «in gröblicher Weise selber verschuldet», hat Anspruch auf staatliche Leistungen.
**162** *Amstutz*, 2002, S. 159, Ziffer aa.
**163** BGE 121 I 367.

Somit kann der Argumentation des Bundesgerichts gefolgt werden, dass jemand, der eine *konkrete* und *zumutbare* Arbeitsstelle antreten kann, diese aber ohne zureichenden Grund verweigert, keinen Anspruch aus Art. 12 BV geltend machen kann. [164] Dieser Mensch wäre objektiv in der Lage, aus eigener Kraft für seinen Lebensunterhalt aufzukommen, verzichtet aber aus subjektiven Gründen darauf. Damit liegt ein klarer Anwendungsfall des Subsidiaritätsprinzips vor, denn wenn jemand seine Notlage selber beheben oder Hilfe von Dritten erhalten kann und dies schuldhaft nicht tut, ist nicht bedürftig. [165] Somit fällt die Anwendung von Art. 12 BV von vornherein ausser Betracht, weil die Anspruchsvoraussetzung «nicht in der Lage ist» nicht erfüllt ist. [166]

### 3.6.4 Materielle und persönliche Hilfe

Art. 12 BV gewährt einer Person, welche in Not geraten ist und sich nicht selber helfen kann «(...) *Anspruch auf Hilfe und Betreuung und auf die Mittel* (...)», d.h. Hilfe auf zweierlei Art, nämlich materielle Unterstützung in Form von Geld oder Sachleistungen *und* persönliche Beratung und Begleitung. Die persönliche Hilfe hat nach dem Verfassungswortlaut gleichrangige Bedeutung wie die wirtschaftliche. Es gibt kein Primat der materiellen Hilfe, was unbestritten ist. Dieser Gleichrangigkeit liegt die Überlegung zugrunde, dass die Reintegration besser gelingt, wenn materielle wie auch persönliche Probleme gelöst wenden, da vielmals das eine das andere ergibt. Dennoch steht bei der Mehrzahl der unterstützten Personen die materielle Hilfe im Vordergrund.

Ob Geld oder Sachleistungen ausgerichtet werden, hängt von den lokalen Gepflogenheiten und vom konkreten Einzelfall ab, darf aber weder willkürlich (z.B. als Schikane) geschehen noch das Gebot der Rechtsgleichheit verletzen, d.h., die Behörde muss ihr Ermessen pflichtgemäss ausüben. Wie die persönliche Hilfe auszugestalten ist, ist stark vom Einzelfall abhängig. Die kantonalen Sozialhilfegesetze normieren die Grundlagen. Eine Hilfe suchende Person hat Anspruch auf Hilfe im Abklärungsverfahren, auf Information bezüglich Verfahren und Rechten und vor jedem rechtsgestaltenden Verfahrensschritt, beispielsweise vor der Ablehnung eines Hilfegesuches, das Recht auf eine Anhörung. Im Anspruch auf persönliche Hilfe ist auch das Recht einer Weiterleitung an eine kompetente Fachperson oder die zuständige Fachstelle enthalten. In der laufenden Unterstützung muss die notwendige und regelmässige persönliche Beratung und Begleitung gewährt werden, da die Wiedereingliederung zentrale Aufgabe des

---

**164** BGE 130 I 78 ff.; 2P.147/2002 E. 3.5.1; Gleicher Ansicht auch *Schefer*, 2005, S. 115; *Waldmann*, 2006, S. 354. Anderer Ansicht *Amstutz*, 2005, S. 20 ff.

**165** *Gysin*, 1999, S. 107.

**166** Siehe auch 3.7 in diesem Beitrag.

Staates ist. [167] Unter Umständen muss ihr auch bei der Wiedereingliederung in den primären oder sekundären Arbeitsmarkt Hilfe geboten werden, eine Aufgabe, welche der Sozialhilfe zukommt. Liegt eine schwere persönliche Hilfsbedürftigkeit vor, so ist von Amtes wegen der zuständigen Vormundschaftsbehörde eine Gefährdungsmeldung zu erstatten. Negativ ausgedrückt verbietet Art. 12 BV der zuständigen Behörde, einer bedürftigen Person mit vollständiger Kommunikationsverweigerung zu begegnen [168] wie auch den Zugang zur Hilfe bewusst zu erschweren.

### 3.6.5 Umfang der Leistungen

Betreffend Umfang der staatlichen Leistungen, «(...) *welche für ein menschenwürdiges Dasein unerlässlich sind*», wird die Praxis dem Art. 12 BV schärfere Konturen verleihen müssen. Richtpunkt ist dabei der Grundsatz der Menschenwürde im Sinne von Art. 7 BV. [169] Das Grundrecht auf Hilfe in Notlagen gibt einen Anspruch auf die Mittel, die für eine menschenwürdige Existenz unerlässlich sind mit dem Ziel, das *Überleben* zu sichern. [170] Wie oben dargestellt, handelt es sich nicht um die Garantie eines sozialen Existenzminimums, [171] sondern der Umfang des Anspruchs wird auf das absolut Lebensnotwendige wie Nahrung, Kleidung, Obdach und medizinische Grundversorgung im Sinne eines *absoluten Existenzminimums* beschränkt. [172] Auch können aus Art. 12 BV keine Mittel für die soziale oder berufliche Integration geltend gemacht werden, da diese Funktion der Sozialhilfe zukommt. [173] Art. 12 BV garantiert aber dennoch auch die Sicherung einer minimalen ökonomischen Basis zur Grundrechtsausübung. [174] Im Gegensatz zu den Sozialversicherungen hat Art. 12 BV weder den Zweck, einen gewissen minimalen Lebensstandard zu sichern [175] noch den bisherigen, während der Erwerbstätigkeit gelebten Lebensstandard zu decken. [176] Das Bundesgericht hat entschieden, dass ein Sozialhilfebezüger die AHV-Rente vorzeitig beziehen muss, um ihn von der Sozialhilfe ablösen zu können. [177]

---

[167] Siehe auch 3.4.3 in diesem Beitrag.

[168] *Amstutz*, 2005, S. 29.

[169] Siehe auch 3.4.1 in diesem Beitrag.

[170] *Hartmann*, 2005, S. 419, sowie BGE 130 I 74 f. und 121 I 367 ff.

[171] Urteil des Bundesgerichtes vom 16. Mai 2006 , 2P.67/2006.

[172] Dies äussert sich beispielsweise darin, dass ein Sozialhilfebezüger aufgefordert werden kann, in eine billigere Wohnung zu ziehen. Vgl. hierzu BGE 2P.67/2006.

[173] *Pärli*, 2004, S. 48; *Waldmann*, 2006, S. 350.

[174] BGE 121 I 370; sowie *Amstutz*, 2005, S. 28, *Schefer*, 2001, S. 339.

[175] Wie beispielsweise die Zusatzleistungen zur AHV/IV in Art. 112 Abs. 2 lit. b: «Die Renten haben den Existenzbedarf angemessen zu decken.»

[176] Wie beispielsweise die Arbeitslosenversicherung oder die Unfallversicherung. Vgl. Art. 114 Abs. 2 lit. aBV.

[177] Urteil des Bundesgerichtes vom 20. März 2007, 2P.298/2006: Das Bundesgericht nahm zur Kenntnis, dass sich die AHV-Rente zwar vermindere, ein Vorbezug aber keinen Einfluss auf die Höhe der Gesamtleistung habe, da die Ergänzungsleistungen den Existenzbedarf deckten.

Art und Umfang der erforderlichen materiellen Hilfe lässt sich wie der konkrete Gehalt der Menschenwürde weder in einem bestimmten Betrag noch im Sinne eines positiven Katalogs festlegen. Relevant für die Höhe der Nothilfe ist im Sinne des Individualisierungsgrundsatzes und des Bedarfsdeckungsprinzips der individuelle Kontext, insbesondere die Art, die Intensität und die Dauer der Unterstützung. Was in einem konkreten Einzelfall geschuldet ist, kommt entschieden auf die Umstände des jeweiligen Einzelfalls an (z.B. besondere Bedarfssituation infolge Alter, Gesundheitszustand, religiöser Überzeugungen oder Dauer der Notlage). So entschied beispielsweise das Bundesgericht, dass es nicht angehe, dass sich jemand die Grundbedürfnisse durch die Sozialhilfe und die weiteren Bedürfnisse von Dritten finanzieren lasse. [178] Dieser Entscheid ist nachvollziehbar, denn erst eine *konkrete Verletzung* macht nach der Lehre die Missachtung der Menschenwürde erkennbar. [179] Denn wer beispielsweise friert und hungert und keine Möglichkeit hat, diese Bedürfnisse zu befriedigen, z.B. jemand in Bergnot, befindet sich in einer Notlage.

Weiter ist unbestritten, dass das *gesellschaftliche und wirtschaftliche Umfeld* bei der Leistungsbemessung eine entscheidende Rolle spielt. [180] Was zu den unerlässlichen Voraussetzungen eines menschenwürdigen Daseins gehört, ist von sich ändernden gesellschaftlichen Wahrnehmungen und Wertungen abhängig, [181] also nach Ort, Zeit und den Umständen wandelbar. Was früher als menschenwürdige Wohngelegenheit galt (z.B. das Fehlen von elektrischem Strom und sanitäre Anlagen ausser Haus), ist heute in der Schweiz für niemanden mehr zumutbar. Auch unbestritten ist, dass Art. 12 BV die Mittel garantiert, welche für ein menschenwürdiges psychisches Überleben unerlässlich sind, also genug Kalorien pro Tag, ausreichend warme, nicht verlumpte oder stigmatisierende Kleidung, ein geheiztes Obdach mit Kochgelegenheit und minimaler Einrichtung, sanitären Anlagen, eine gewisse Privatsphäre und eine elementare medizinische und hygienische Versorgung. [182] Aus diesen Beispielen wird die Relativität dieses Grundrechts sichtbar. Welche Mittel für ein menschenwürdiges Überleben notwendig sind, kann und darf deshalb nicht ein für allemal generell-abstrakt festgelegt werden.

---

178 Urteil des Bundesgerichtes vom 1. Juni 2006, 2P.16/2006.
179 *Schefer*, 2001, S. 341 (mit einem Verweis auf die deutsche Lehre).
180 *Sorrosal*, 2002, S. 140: «Dies ist erforderlich, weil zum einen nicht mehr geleistet werden kann, als staatliche Mittel zur Verfügung stehen und zum anderen durch diese Leistungen eine soziale Ausgrenzung zu verhindern ist.»
181 *Amstutz*, 2002, S. 17 ff.; *Gysin*, 1999, S. 229; *Schefer*, 2001, S. 342 ff.
182 Siehe den Versuch einer Konkretisierung bei *Amstutz*, 2002, 177 ff.

Umfang und Art der Leistungen der Sozialhilfe werden in erster Linie durch die Kantone auf der Grundlage ihrer Gesetzgebung festgelegt. [183] Die meisten Kantone richten ein soziales Existenzminimum auf der Grundlage der SKOS-Richtlinien aus, da nach Auffassung der meisten Kantone die Existenzsicherung neben dem blossen physischen Überleben auch immaterielle Bedürfnisse und die Teilhabe am gesellschaftlichen Leben beinhaltet.

Somit kann zusammenfassend gesagt werden, dass das konkrete Mass der geschuldeten Hilfe weder aus dem Grundsatz der Menschenwürde noch aus der Rechtsgleichheit oder anderen Grundrechten abgeleitet werden kann. Wie viel soziale Gerechtigkeit und Chancengleichheit geboten erscheint, damit ein menschenwürdiges Leben möglich ist, kann nur *wertend* und für jeden individuellen Fall getrennt beurteilt werden.

### 3.7. Zusammenfassung der Anspruchsvoraussetzungen

Das Recht auf Hilfe in Notlagen im Sinne von Art. 12 BV knüpft die staatlichen Leistungen an bestimmte Voraussetzungen. Diese sollen nun in verdichteter Form nochmals als Übersicht dargestellt werden:

1. In persönlicher Hinsicht steht das Grundrecht auf Hilfe in Notlagen *allen Menschen*, unabhängig vom ausländerrechtlichen Status, zu.

2. In sachlicher Hinsicht knüpft das Grundrecht auf Hilfe in Notlagen an zwei Voraussetzungen an: Es muss eine primär materielle *Notlage* vorliegen, welche tatsächlich eingetreten ist oder unmittelbar droht, und anspruchsberechtigt ist nur, *wer nicht selber in der Lage ist*, für sich zu sorgen (Subsidiaritätsprinzip). Konkret bedeutet dies für einen Anspruch, dass die Notlage durch eigenes Handeln nicht unmittelbar und rechtzeitig verhindert werden kann und die Selbsthilfe zumutbar sein muss.

3. In örtlicher Hinsicht ist die Anwendung von Art. 12 BV auf das *schweizerische Hoheitsgebiet* beschränkt. Dabei ist es nicht von Bedeutung, ob jemand in der Schweiz Wohnsitz hat oder sich einfach hier aufhält.

4. In zeitlicher Hinsicht besteht der Leistungsanspruch *so lange, wie die Notlage besteht*. Der Anspruch kann jederzeit geltend gemacht werden.

---

[183] BGE 121 I 367 ff.

# 4 Abgrenzung zur kantonalrechtlichen Sozialhilfe

## 4.1 Gewährung des sozialen Existenzminimums durch die Kantone

Sämtliche Kantone der Schweiz haben von ihrer von Art. 115 BV eingeräumten Kompetenz, in diesem Bereich zu legiferieren, Gebrauch gemacht und ein Sozialhilfegesetz in der Regel mit dazugehöriger Verordnung erlassen. Die von der Sozialhilfe gewährte materielle Hilfe ist beträchtlich höher als die verfassungsrechtlich gewährte Nothilfe. Alle Kantone gewähren ein *soziales Existenzminimum* [184], das neben dem eigentlichen Notbedarf auch einen Betrag für die Teilnahme am sozialen Leben, z.B. für Bildung, sportliche und kulturelle Bedürfnisse oder Information, vorsieht. [185] Wenn die Kantonsverfassungen einen Leistungsanspruch normieren, welcher über Art. 12 BV hinausgeht, hat dieser jeweils selbständige Bedeutung. [186] Diesen Garantien liegt die Überlegung zugrunde, dass sich gesellschaftliche Probleme nicht lösen lassen, indem man nur minimalste Leistungen garantiert und lediglich die physischen Minimalbedürfnisse befriedigt. Wie Armutsstudien der letzten Jahre belegen, ist eine wachsende Zahl der Bevölkerung von Randständigkeit bedroht. Es müssen heute nicht mehr nur ausgesteuerte Personen mit Sozialhilfe unterstützt werden, sondern auch die sogenannten *working poor*, häufig Familien, welche auch bei voller Erwerbstätigkeit beider Eltern den minimalen Lebensbedarf nicht aufbringen können. Dem ordnungspolitischen Interesse des Staates entsprechend sollen bedürftige Personen sozial integriert bleiben bzw. möglichst schnell die wirtschaftliche und persönliche Selbständigkeit wiedererlangen. Dies ist nur möglich, wenn man auch Hilfestellungen anbietet, welche der momentanen wirtschaftlichen Marktsituation angepasst sind.

Für die Bemessung der Sozialhilfe bestehen Richtlinien der Schweizerischen Konferenz für Sozialhilfe (SKOS). [187] Fast alle Kantone haben diese Empfehlungen

---

[184] Das soziale Existenzminimum als Gegenbegriff zum absoluten Existenzminimum im Sinne von Art. 12 BV gewährleistet neben den elementaren Grundbedürfnissen auch einen Betrag zur Teilnahme am sozialen Leben. Er trägt der Tatsache Rechnung, dass Armut ein relatives Problem ist, d.h. von der jeweiligen Umgebung und dem Standard der jeweiligen Bezugsgruppe abhängt.

[185] *Bigler-Eggenberger*, a.a.O. Art. 12 BV, N 23: «Beachtet man aber, dass Bedürftige in einem Umfeld von Wohlstand und Konsum zu leben haben und dass auch die Teilhabe am sozialen und kulturellen Leben zur Menschenwürde gehört, ist es m. E. notwendig, bei der Grenzziehung des Anspruchs grosszügig zu sein.»

[186] BGE 108 Ia 155 sowie *Häfelin/Haller*, 2005, N 382.

[187] Richtlinien für die Bemessung der Sozialhilfe der Schweizerischen Konferenz für Sozialhilfe.

für verbindlich erklärt und richten ihre Leistungen danach aus. Im Unterschied zu Art. 12 BV, welcher nur das nackte Überleben sicherstellt (absolutes Existenzminimum), deckt die kantonalrechtliche Sozialhilfe das soziale Existenzminimum [188] ab und hat die soziale Integration und die Teilnahme am gesellschaftlichen Leben zum Ziel (eigene Wohnung, Kommunikation, Mobilität, Kultur und Information). [189] Aus Art. 12 BV kann kein Anspruch auf Erreichen des sozialen Existenzminimums gemäss den SKOS-Richtlinien gefordert werden. Dennoch entspricht es der schweizerischen Rechtsüberzeugung, dass die Kantone einer integrationswilligen bedürftigen Person mit Aufenthaltsrecht das soziale Existenzminimum gewähren.

### 4.2 Art. 12 BV in der Rechtsprechung der Kantone

Bei der Durchsicht der Entscheide der kantonalen Verwaltungsgerichte, welche auf Art. 12 BV Bezug nehmen, fällt auf, dass nur selten ausdrücklich auf Art. 12 BV verwiesen wird und aus Art. 12 BV nur selten selbständige Leistungen zugesprochen werden. Wie oben ausgeführt wurde, gehen die Ansprüche der kantonalen Sozialhilfegesetze weit über Art. 12 BV hinaus, sind viel konkreter und fassbarer, was zur Folge hat, dass kaum ein kantonales Gerichtsurteil seinen Entscheid mit Art. 12 BV begründet. Einige wenige kantonale Gerichtsurteile (vor allem der Deutschschweiz) erwähnen Art. 12 BV im Zusammenhang mit BGE 121 I 373, wo es um die Einstellung von wirtschaftlicher Hilfe im Zusammenhang mit der Ablehnung einer zumutbaren Arbeit geht. Vereinzelt wird auf Art. 12 BV verwiesen, wenn es um die Verpflichtung der Kantone zur Ausrichtung von Nothilfe an Personen mit einem Nichteintretensentscheid oder von Ausländern ohne Aufenthaltsbewilligung geht, welche die Mitwirkungspflicht verletzen oder Nothilfe anfordern. Eine Reihe von Urteilen nehmen auf Art. 12 BV Bezug, weil sich eine Partei auf diesen Artikel berufen hat, um Leistungen zu begründen (z.B. eine teurere Wohnung oder weitergehende Leistungen) oder um sich gegen Leistungskürzungen zur Wehr zu setzen. Selbstredend wurde im Kanton Genf eine Bestimmung des kantonalen Sozialhilfegesetzes als verfassungswidrig befunden, welche eine Befristung der Nothilfe auf 45 Tage für Ausländer ohne Aufenthaltsbewilligung vorsah, in welcher Frist ein Ausländer die fremdenpolizeilichen Auf-

---

188 *Bigler-Eggenberger,* a.a.O., Art. 12 BV, N 26.
189 SKOS Richtlinien, A.I.

lagen zu erfüllen gehabt hätte. Im Kanton Waadt wurde entschieden, dass die Verletzung von Mitwirkungspflichten von Sozialhilfebeziehenden aufgrund von Art. 12 BV keinen vollständigen Entzug der Nothilfe zur Folge haben kann. Es wird in mehreren Urteilen darauf hingewiesen, dass eine Aufhebung der Nothilfe grundsätzlich nicht mit Art. 12 BV vereinbar ist. Es fällt auf, dass sich ein Grossteil der Entscheide in der französischsprachigen Schweiz um das Thema «Ausländer ohne gültigen Aufenthaltsstatus» dreht und in der deutschsprachigen Schweiz tendenziell eher um die Frage der Einstellung von Leistungen wegen Arbeitsverweigerung.

# Literaturverzeichnis

*Amstutz Kathrin*, Das Grundrecht auf Existenzsicherung, Bedeutung und inhaltliche Ausgestaltung des Art. 12 in der neuen Bundesverfassung, Diss. Bern 2002.

*Dies.*, Die Ausgestaltung des Grundrechts auf Hilfe in Notlagen, in: Carlo Tschudi, Das Grundrecht auf Hilfe in Notlagen, Menschenwürdige Überlebenshilfe oder Ruhekissen für Arbeitsscheue?, Bern 2005, S. 17 ff.

*Auer Andreas/Malinverni Giorgio/Hottelier Michel*, Droit constitutionnel suisse, Volume II: Les droits fondamentaux, Berne 2000.

*Auer Andreas*, Le droit à des conditions minimales d'existence: un nouveau droit social?, in: Festschrift für Charles-André Junod, Genf 1997.

*Bigler-Eggenberger Margrith*, Recht auf Hilfe in Notlagen, Art. 12 BV, in: Ehrenzeller/Mastronardi/Schweizer/Vallender, Die schweizerische Bundesverfassung, Kommentar, Zürich/Lachen 2002

*Dies.*, Nachgeführte Bundesverfassung: Sozialziele oder Sozialrechte, in: Festschrift für Yvo Hangartner, St. Gallen 1998, S. 497 ff.

*Botschaft vom 20. November 1996 über eine neue Bundesverfassung (BBl 1997 I 1 ff.).*

*Buchmann Kathrin/Kohler Silvana*, Nothilfe für Personen mit rechtskräftigem Nichteintretensentscheid, in: Asyl 3/2004, S. 3 ff.

*Coullery Pascal*, Das Recht auf Sozialhilfe, Diss. Bern/Stuttgart/Wien 1993.

*Ehrenzeller Bernhard/Mastronardi Philippe/Schweizer Reiner/Vallender Klaus (Hrsg.)*, Die schweizerische Bundesverfassung, Kommentar, Zürich/Lachen 2002.

*Engi Lorenz*, Neuere Entwicklungen im Menschenwürdeschutz, unter besonderer Berücksichtigung der möglichen Grundrechtsqualitäten von Art. 7 BV, in: AJP 8/2006, S. 911 ff.

*Gysin Charlotte*, Der Schutz des Existenzminimums in der Schweiz, Diss. Basel 1999.

*Häberle Peter*, Kommentar zu Art. 6 BV, in: Ehrenzeller/Mastronardi/Schweizer/Vallender, Die schweizerische Bundesverfassung, Kommentar, Zürich/Lachen 2002

*Häfelin Ulrich/Haller Walther*, Das Schweizerische Bundesstaatsrecht, 6. Aufl., Zürich 2005.

*Häfelin Ulrich/Müller Georg*, Grundriss des Schweizerischen Verwaltungsrechts, 5. Aufl., Zürich 2006.

*Hartmann Karl*, Vom Recht auf Existenzsicherung zur Nothilfe – eine Chronologie, in: ZBl 8/106 (2005), S. 410–423.

*Kiemer Regina/Kälin Walther*, Grundrechte, Bern 2007.

*Kiemer Regina/Rieder Andreas*, Vorläufige Aufnahme, die Optik der Grundrechte, Bern 2003.

*Künzli Jörg*, Soziale Menschenrechte: blosse Gesetzgebungsaufträge oder individuelle Rechtsansprüche?, in: AJP 1996, S. 527 ff.

*Mader Luzius*, Kommentar zu Art. 115 BV, in: Ehrenzeller/Mastronardi/Schweizer/Vallender, Die schweizerische Bundesverfassung, Kommentar, Zürich/Lachen 2002.

*Mahon Pascal*, Droits sociaux et réforme de la Constitution, in: Festschrift für Jean-François Aubert, Basel/Frankfurt 1996, S. 385 ff.

*Ders*, Art. 6 Cst., in: Aubert Jean-François/Mahon Pascal (Hrsg.), Petit commentaire de la Constitution fédérale de la Confédération du 18 avril 1999, Zürich/Basel/Genf 2003.

*Mastronardi Philippe*, Menschenwürde, Art. 7 BV, in: Ehrenzeller/Mastronardi/Schweizer/ Vallender, Die schweizerische Bundesverfassung, Kommentar, Zürich/Lachen 2002

*Meyer-Blaser Ulrich/Thomas Gächter*, Der Sozialstaatsgedanke, in: Thürer Daniel/Aubert Jean-François/ Müller Jörg Paul, Verfassungsrecht der Schweiz, Zürich 2001.

*Müller Jörg Paul*, Soziale Grundrechte in der Verfassung?, 2. Aufl., Basel/Frankfurt 1981.

*Ders.*, Die Grundrechte in der Schweiz, 3. Aufl., Bern 1999.

*Pärli Kurt*, Verfassungsrechtliche Aspekte neuer Modelle in der Sozialhilfe, in: AJP 1/2004, S. 45 ff.

*Reusser Béatrice/Obrist-Scheidegger Martina*, Art. 12 BV in Theorie und Praxis der Asylbehörden, in: Carlo Tschudi, Grundrecht, S. 61 ff.

*Rhinow René*, Grundrechtstheorie, Grundrechtspolitik und Freiheitspolitik, in: FS Hans Huber, Bern 1981, S. 427 ff.

*Riemer-Kafka Gabriela*, Die Pflicht zur Selbstverantwortung, Freiburg 1999.

*Schefer Markus*, Die Kerngehalte von Grundrechten: Geltung, Dogmatik, inhaltliche Ausgestaltung, Bern 2001.

*Ders.*, Grundrechte in der Schweiz, Ergänzungsband zur 3. Auflage des gleichnamigen Werkes von Jörg-Paul Müller, Bern 2005.

*Schertenleib Jürg*, Wird das Grundrecht auf Hilfe in Notlagen durch den Sozialhilfestopp im Asylbereich verletzt?, in: Carlo Tschudi, Grundrecht auf Hilfe in Notlagen, Menschenwürdige Überlebenshilfe oder Ruhekissen für Arbeitsscheue?, Bern 2005, S. 67 ff.

*Schmid Gerhard*, Sozialstaatlichkeit, Sozialverfassung und direkte Demokratie in der Schweiz, in: Festschrift für Hans Zacher, Basel/Freiburg 2001, 933 ff.

*Schweizer Rainer J.*, Verfassungsrechtlicher Persönlichkeitsschutz, in: Thürer Daniel/Aubert Jean-François/ Müller Jörg Paul, Verfassungsrecht der Schweiz, Zürich 2001.

*Ders.*, Rechtsgleichheit, Art. 8 und 36 BV, in: Ehrenzeller/Mastronardi/Schweizer/Vallender, Die schweizerische Bundesverfassung, Kommentar, Zürich/Lachen 2002.

*Sorrosal Azucena*, Soziale Wirksamkeit der Grundrechte, dargestellt am Beispiel der Einelternfamilie, Diss. St. Gallen 2002.

*Spescha Marc*, Absolute Demokratie – Gefährdeter Rechtsstaat, Überlegungen aus Anlass aktueller Gesetzesrevisionen im Bürger-, Asyl- und Ausländerrecht, in: AJP 2/2006, 181 ff.

*Thomet Werner*, Kommentar zum Bundesgesetz über die Zuständigkeit für die Unterstützung Bedürftiger, (ZUG), 2., überarbeitete Auflage, Zürich 1994.

*Tschudi Carlo (Hrsg.)*, Das Grundrecht auf Hilfe in Notlagen, Menschenwürdige Überlebenshilfe oder Ruhekissen für Arbeitsscheue?, Bern 2005.

*Ders.*, Nothilfe an Personen mit Nichteintretensentscheid, in: Jusletter vom 20. März 2006.

*Ders.*, Die Auswirkungen des Grundrechts auf Hilfe in Notlagen auf sozialhilferechtliche Sanktionen, in: Tschudi Carlo, Grundrecht auf Hilfe in Notlagen, Menschenwürdige Überlebenshilfe oder Ruhekissen für Arbeitsscheue?, Bern 2005.

*Tschudi Hans-Peter*, Die Sozialziele der neuen Bundesverfassung, in: Schweizerische Zeitschrift für Sozialversicherungen und berufliche Vorsorge (SZS), Nr. 43 (1999), S. 364 ff.

*Uebersax Peter,* Die bundesgerichtliche Rechtsprechung zum Recht auf Hilfe in Notlagen, in: Carlo Tschudi, Grundrecht auf Hilfe in Notlagen, Menschenwürdige Überlebenshilfe oder Ruhekissen für Arbeitsscheue?, Bern 2005, S. 33 ff.

*Ders.,* Stand und Entwicklung der Sozialverfassung in der Schweiz, in: AJP 1998, 3 ff.

*Waldmann Bernhard,* Das Recht auf Nothilfe zwischen Solidarität und Eigenverantwortung, in: ZBl 7/107 (2006), S. 341–368.

*Wolffers Felix,* Grundriss des Sozialhilferechts, Eine Einführung in die Fürsorgegesetzgebung von Bund und Kantonen, Bern/Stuttgart/Wien 1993.

Christoph Häfeli
**Prinzipien der Sozialhilfe**

# Inhaltsverzeichnis

# 1  Einleitung

Die Sozialhilfe ist seit je von einer Reihe von Prinzipien beherrscht, die in der kantonalen Gesetzgebung unterschiedlich explizit zum Ausdruck kommen. [1] Im Zuge der zahlreichen Revisionen der letzten 20 Jahre [2] haben sie stärkeren und differenzierteren Niederschlag gefunden. Auch die SKOS-Richtlinien stellen ihren Empfehlungen zur Ausgestaltung und Bemessung der Sozialhilfe in einem allgemeinen Teil eine Reihe von allgemeinen Grundsätzen voran. Diese Prinzipien bilden gleichsam den anthropologischen, aber auch rechtsethischen und staatspolitischen Rahmen der Sozialhilfe. Es sind dies namentlich die Wahrung der Menschenwürde und die (soziale) Integration als übergeordnete Garantien und Ziele der Sozialhilfe sowie Subsidiarität, Individualisierung, Bedarfsdeckung, Ursachenbekämpfung und Angemessenheit als handlungsleitende Prinzipien für die Organe der Sozialhilfe.

Zwei weitere Prinzipien richten sich in erster Linie an Personen, welche Sozialhilfe beanspruchen, und umschreiben deren allgemeine Pflichten: Eigenverantwortung und Gegenleistung.

Erwartungsgemäss schlagen sich diese Prinzipien auch in der kantonalen und höchstrichterlichen Rechtsprechung nieder. Namentlich der Begriff der Subsidiarität kommt in fast drei Vierteln aller Urteile vor. [3]

In diesem Beitrag wird der Bedeutung der einzelnen Prinzipien und ihrer Ausgestaltung in den kantonalen Sozialhilfegesetzen nachgegangen und deren Niederschlag in der Rechtsprechung aufgezeigt.

---

1   *Wolffers*, 1993, S. 69 ff.
2   Siehe auch im Beitrag von *Voll/Häfeli*, Tabelle 1.
3   Siehe auch im Beitrag von *Voll/Häfeli*, Ziffer 3.3

# 2 Übergeordnete Ziele und Prinzipien

## 2.1 Die Wahrung der Menschenwürde

Die Wahrung der Menschenwürde als grundlegende Aufgabe der Rechtsordnung [4] steht in der nachgeführten Bundesverfassung [5] an der Spitze des Grundrechtskatalogs. [6] Die Menschenwürde wird auf einer programmatischen Ebene zu einer Zweckbestimmung der Verfassung und bringt eine generelle Zielsetzung der Rechtsordnung zum Ausdruck. [7] Sie ist aber auch Richtlinie für die Gesetzgebung und für die Interpretation der Grundrechte, wenn nicht der gesamten Rechtsordnung. [8] Darüber hinaus ist sie aber auch ein selbständiges Individualrecht. [9] Die Kernaussage der Würdenorm lässt sich wie folgt formulieren: Negativ verbietet die Menschenwürde unmenschliche Behandlung; positiv garantiert sie die Subjektqualität des Menschen. Obwohl unbestimmt und konkretisierungsbedürftig, ist diese Aussage dennoch justiziabel und direkt anwendbar. [10] Ein Teilaspekt der Menschenwürde ist auch das Recht auf Hilfe in Notlagen; als solches garantiert sie die minimalen Erfordernisse der Existenzsicherung, ohne jedoch ein allgemeines Existenzminimum zu garantieren. [11] Nur 10 der 27 [12] kantonalen Sozialhilfegesetze erwähnen die Menschenwürde als Prinzip und/oder Ziel der Sozialhilfe. Vermutlich, weil es sich um ein selbstverständliches, übergeordnetes und in der Bundesverfassung verankertes Recht und zudem universales Menschenrecht [13] handelt und weil die Sozialhilfegesetze in erster Linie die Voraussetzungen und Arten der Leistungen [14] und die Rechtsbeziehungen zwischen Sozialhilfebezügern und den Sozialhilfeorganen [15] regeln. Zwei (rein) französischsprachige und vier deutschsprachige Gesetze erwähnen die Garantie einer menschenwürdigen Existenz als Zweck und Aufgabe des jeweiligen Sozialhilfegesetzes. [16] Fünf Sozialhilfegesetze erwähnen unter den Grundsätzen als eine der Handlungsmaximen die Wahrung der Menschenwürde. [17]

---

4    *Wolffers*, 1993, S. 69; BGE 97 I 45.
5    SR 101.
6    Art. 7 BV: Die Würde des Menschen ist zu achten und zu schützen.
7    *Mastronardi*, Art. 7 BV, N 24.
8    A.a.O., N 25.
9    A.a.O., N 31; zur Rechtsnatur der Würdenorm vgl. ausführlich *Mastronardi*, 2002, Art. 7 N 14-31.
10    A.a.O., N 44.
11    A.a.O., N 51.; zu Art. 12 BV siehe auch im Beitrag von *Rüegg*, Das Recht auf Hilfe in Notlagen, Ziffer 3
12    Der Kanton GR regelt die Sozialhilfe in zwei Gesetzen.
13    A.a.O., N 36.
14    Siehe auch im Beitrag von *Hänzi*, Ziffer 3.2.2 und 3.2.4
15    Siehe der Beitrag von *Vogel*, S. 153 ff.
16    Art. 1 Abs. 2 LASI Kanton Genf; Art. 1 Abs. 1 LASV Kanton Waadt; Art. 1 Abs. 1 SPG Kanton Aargau; Art. 1 Abs. 1 SHG Kanton Bern; § 2 Abs. 4 SHG Kanton Basel-Landschaft; Art. 3 Abs. 3 SHG Kanton Glarus.
17    Art. 11 Abs. 1 Kanton Appenzell-Ausserrhoden; Art. 24 SHG Kanton Bern; § 7; SHG Kanton Luzern; Art. 1 SHG Kanton Tessin; Art. 20b SHG Kanton Uri.

Die SKOS-Richtlinien bezeichnen soziale Gerechtigkeit und die Wahrung der Menschenwürde als Grundlagen eines modernen Verständnisses von Sozialhilfe [18] und weisen auf den Zusammenhang zwischen dem Grundrecht auf Existenzsicherung nach Art. 12 BV und der Garantie der Menschenwürde in Art. 7 BV hin. [19] Danach darf jede Person um ihres Menschseins willen vom Gemeinwesen die Sicherung der baren Existenz fordern; sie hat zudem Anspruch auf ein Mitspracherecht, sodass sie nicht zum Objekt staatlichen Handelns degradiert wird. [20]

In der bundesgerichtlichen Rechtsprechung zur Sozialhilfe taucht der Begriff der Menschenwürde erstmals in einem Urteil von 1995 auf: das Recht auf Existenzsicherung wird als Element der Menschenwürde bezeichnet. [21] Ein Urteil vom 18. März 2005 hält den Ausschluss von Asylbewerbern mit asylrechtlichem Nichteintretensentscheid von der minimalen Nothilfe nach Art. 12 BV wegen Missachtung ihrer Mitwirkungspflichten nicht vereinbar mit der Menschenwürde. [22] Drei weitere höchstrichterliche Urteile befassen sich mit dem Zusammenhang zwischen der Menschenwürde und dem Recht auf Nothilfe nach Art. 12 BV. [23]

Auch einige kantonale Urteile äussern sich zur Menschenwürde im Zusammenhang mit der Sozialhilfe: Das Zürcher Verwaltungsgericht vertritt in zwei Urteilen die Auffassung, dass die Kürzung des Grundbedarfs II [24] wegen Missachtung einer Weisung nicht gegen die Wahrung der Menschenwürde verstösst. [25] Das Obergericht des Kantons Solothurn hat die Verweigerung der Kostengutsprache für die Teilnahme an der heroingestützten Behandlung für einen langjährigen polytoxikomanen Drogenkranken als Verstoss gegen die in § 14 Abs. 2 SGG SO verankerte Achtung der Menschenwürde qualifiziert. [26] Das Verwaltungsgericht des Kantons Aargau hat die Weisung an eine Sozialhilfeempfängerin, die Identität des Vaters ihres Kindes bekannt zu geben, als nicht gegen das Gebot der Menschenwürde verstossend bezeichnet. [27]

18  SKOS-Richtlinien A. 2-1/2.
19  SKOS-Richtlinien A. 3-1/2.
20  SKOS-Richtlinien A. 4-1.
21  BGE 121 I 367.
22  BGE 131 I 166.
23  Urteil des Bundesgerichtes vom 17. Mai 2006, 2P.1292006; Urteil des Bundesgerichtes vom 18. März 2005, 2P.318/2004; Urteil des Bundesgerichtes vom 16. Mai 2006, 2P.67/2006.
24  In den geltenden SKOS-Richtlinien nicht mehr enthalten.
25  Kanton Zürich, Urteil vom 20.10. 2005, VB.2005.00265; Kanton Zürich, Urteil vom 2.6.2005, VB.2005.0148.
26  Urteil des Kantons Solothurn vom 10. November 2000.
27  Urteil des Kantons Aargau vom 2. Juli 2003.

## 2.2 (Soziale und berufliche) Integration

Sozialhilfe ist Existenzsicherung und Integration: Die Sozialhilfe versteht sich als unterstes Netz der sozialen Sicherheit, das verhindert, dass Personen oder Personengruppen von der Teilnahme und Teilhabe an der Gesellschaft ausgeschlossen werden. Sie leistet damit einen wesentlichen Beitrag zur Erhaltung der Grundlagen unseres demokratischen Staates und zur Sicherung des Friedens. [28] Die SKOS-Richtlinien widmen den Massnahmen zur beruflichen und sozialen Integration zudem einen eigenen Abschnitt. [29]

In der schweizerischen Bundesverfassung fehlt eine explizite Bestimmung zur beruflichen und sozialen Integration. Weder aus dem Rechtsgleichheitsgebot (Art. 8 Abs. 1 BV) und aus dem Diskriminierungsverbot (Art. 8 Abs. 2 BV) noch aus dem Anspruch auf Hilfe in Notlagen (Art. 12 BV) lässt sich durch Auslegung ein Anspruch auf soziale und berufliche Integration ableiten. [30] Am ehesten bietet Art. 41 Abs. 1 Bst. d einen Anhaltspunkt für das als Sozialziel verankerte «Recht auf eine Beschäftigung zu angemessenen Bedingungen». [31]

Diese zwei in einem gegenseitigen Wirkungszusammenhang stehenden Prinzipien schlagen sich auch in der Sozialgesetzgebung nieder. Nicht ganz die Hälfte der kantonalen Sozialhilfegesetze befasst sich in einem bis mehreren Bestimmungen mit der sozialen und beruflichen Integration. Besonders «prominent» geschieht dies im Sozialhilfegesetz des Kantons Genf, der gleich in Art. 1 Abs. 1 die Verhinderung des sozialen Ausschlusses und die Hilfe zur sozialen und beruflichen Reintegration der «Ausgeschlossenen» als Ziel des Gesetzes nennt. Im gleichen Artikel wird in Abs. 4 noch bekräftigt, dass die finanzielle Hilfe die soziale und wirtschaftliche Integration bezwecke. Noch ausführlicher wird das Thema im Sozialhilfegesetz des Kantons Waadt behandelt. Es widmet den sozialen Integrationsmassnahmen einen ganzen Abschnitt mit zehn Artikeln. [32] Zehn weitere Sozialhilfegesetze enthalten namentlich in den allgemeinen Bestimmungen und in den Zweckartikeln Ausführungen zur Integration. [33]

---

[28]  SKOS-Richtlinien A. 3-1.

[29]  SKOS-Richtlinien D.1–D.5.

[30]  Pärli, 2004, S. 47f.

[31]  Pärli, a.a.O., S. 49.

[32]  LASV, section II, Mesures d'insertion sociale, Art. 47-56.

[33]  Art. 4 Abs. 1 SPG Kanton Aargau; Art. 1 Abs. 2 und Art. 11 Abs. 5 SHG Kanton Appenzell-Ausserhoden; Art. 2 lit. c und Art. 3 lit. e SHG Kanton Bern; § 2 Abs. 2 SHG Kanton Basel-Stadt; Art. 2 SHG Kanton Freiburg; Art. 2 lit. c SHG Kanton Jura; Art. 1 lit. c SHG Kanton Neuenburg; Art. 1-3 SHG Kanton Tessin; Art. 1 Abs. 3 SHG Kanton Wallis; SHG ZH, Art. 3a.

Die wenigen einschlägigen Bundesgerichtsurteile bejahen die Zulässigkeit von Leistungskürzungen sowie der Androhung der Leistungseinstellung bei grundsätzlicher Weigerung der hilfsbedürftigen Person, an Beschäftigungsprogrammen und Integrationsmassnahmen teilzunehmen. Diese Sanktionen verstossen weder gegen das Willkürverbot, noch sind sie unzumutbar. [34]

Nur wenige kantonale Urteile handeln von der Rechtmässigkeit von Weisungen und Auflagen an Unterstützungsbedürftige, die der beruflichen und sozialen Integration dienen, sowie den zulässigen Sanktionen bei Nichtbefolgung. Das Verwaltungsgericht des Kantons Zürich hat die Weisung, sich in einer psychiatrischen Klinik behandeln zu lassen, in casu als rechtmässig erachtet, da die Auflage in einem Sachzusammenhang mit dem Bemühen der Fürsorgebehörde stand, auf die soziale und berufliche Integration des Beschwerdeführers hinzuwirken. [35] Das Verwaltungsgericht des Kantons Solothurn hat in zwei Urteilen im Abstand von zweieinhalb Jahren betreffend dieselbe Person die Anordnung der Fürsorgebehörde, einen unterstützungsbedürftigen Lehrer in einem Sozialbetrieb anzumelden, entgegen der Auffassung des Beschwerdeführers, diese Arbeit sei ihm als ausgebildetem Lehrer nicht zuzumuten, gestützt mit der Argumentation, dass diese Tätigkeit die Chance der beruflichen Integration für den seit Jahren arbeitslosen Lehrer erhöht [36]. Ebenfalls das Verwaltungsgericht des Kantons Solothurn hat in einem weiteren Urteil die Anordnung, eine Teilzeiterwerbstätigkeit aufzunehmen, geschützt und argumentiert, diese verbessere nicht nur die wirtschaftliche Situation, sondern sei auch wesentlich für die Persönlichkeitsentfaltung, die soziale Integration und die persönliche Stabilität der hilfsbedürftigen Person.

---

**34** Urteil des Bundesgerichtes vom 14. Januar 2004, 2P.251/2003; Urteil des Bundesgerichtes vom 24. November 2004, 2P.288/2004; BGE 130 I 71.

**35** Kanton Zürich, Urteil vom 9. September 2004, VB.2004.00278.

**36** Kanton Solothurn, Urteil vom 14. April 2000; Urteil vom 28. Oktober 2002.

# 3 Das Subsidiaritätsprinzip als sozialpolitische Maxime und als grundlegendes entscheidungs- und handlungsleitendes Prinzip der Sozialhilfe

Föderalismus und Subsidiarität sind die grundlegenden entscheidungs- und handlungsleitenden Prinzipien im schweizerischen Sozialwesen. Während der Föderalismus das horizontale Strukturprinzip darstellt und die Differenzierung des schweizerischen Territoriums in Gemeinden, Kantone und Bund bewirkt, steuert das Subsidiaritätsprinzip als vertikales Strukturprinzip auf staatlicher und privater Ebene eine hierarchische Gliederung der für die Lösung eines Problems zuständigen Instanzen. [37] Dieses Prinzip, das seit 1. Januar 2008 in Art. 5a BV ausdrücklich verankert ist, gilt für sämtliche gesellschaftlichen Bereiche, in denen der Staat aufgrund eines politischen Auftrags und entsprechender gesetzlicher Grundlagen gestaltend, ordnend und steuernd tätig wird. Auch Sozialhilfeleistungen werden demnach nur gewährt, wenn die bedürftige Person sich nicht selbst helfen kann oder Hilfe von dritter Seite nicht oder nicht rechtzeitig erhältlich ist. Die Sozialhilfe ist insbesondere subsidiär gegenüber

· den Möglichkeiten der Selbsthilfe,
· Leistungsverpflichtungen Dritter,
· freiwilligen Leistungen Dritter. [38]

Die Sozialhilfe hat somit ergänzenden Charakter und verlangt, dass zunächst alle anderen Möglichkeiten der Hilfe ausgeschöpft werden, bevor staatliche Hilfeleistungen erbracht werden. [39]

Der Grundsatz der Selbsthilfe als Teil des Subsidiaritätsprinzips verpflichtet die hilfesuchende Person, alles Zumutbare zu unternehmen, um eine Notlage aus eigenen Kräften abzuwenden oder zu beheben. [40] Es müssen namentlich das vorhandene Einkommen und Vermögen und die eigene Arbeitskraft eingesetzt werden.

---

**37** Vgl. ausführlich *Geiser/Spörri*, 1987, S. 294 ff.
**38** SKOS-Richtlinien A-4.
**39** *Wolffers*, 1993. S. 71.; *Pärli*, 2005, S. 112.
**40** *Wolffers*, a.a.O.; *Pärli*, a.a.O.

Leistungsverpflichtungen Dritter sind insbesondere Leistungen der Sozialversicherungen, familienrechtliche Unterhaltsverpflichtungen, Forderungen irgendwelcher Art, Schadenersatzansprüche und Stipendien.

Als freiwillige Leistungen Dritter kommen in Frage: Leistungen von privaten oder kirchlichen Diensten und Stiftungen und freiwillige Leistungen von Angehörigen.

Angesichts der fundamentalen Bedeutung des Subsidiaritätsprinzips erstaunt es nicht, dass restlos alle Kantone das Subsidiaritätsprinzip in ihrer Sozialhilfegesetzgebung direkt oder indirekt, viele von ihnen gleich mehrfach, verankert haben. 18 Kantone regeln das Subsidiaritätsprinzip unterschiedlich ausführlich, z.T. sogar in mehr als einer Norm, in eigenen Bestimmungen, meistens im Abschnitt Allgemeine Bestimmungen. [41] Interessanterweise handelt es sich mit Ausnahme von St. Gallen bei den Gesetzen, die das Subsidiaritätsprinzip nur indirekt und eher schwach ausgestalten, durchwegs um ältere Gesetze. [42]

Die SKOS-Richtlinien äussern sich auch zu den Konsequenzen bei Verletzung des Subsidiaritätsprinzips: Wenn die unterstützte Person sich in Kenntnis der Konsequenzen ihres Entscheids ausdrücklich und wiederholt weigert, eine ihr mögliche zumutbare und konkret zur Verfügung stehende Arbeit anzunehmen oder einen ihr zustehenden bezifferbaren und durchsetzbaren Rechtsanspruch auf Ersatzeinkommen geltend zu machen, wodurch sie in die Lage versetzt würde, ganz oder teilweise für sich selber zu sorgen, ist ausnahmsweise die Einstellung von Unterstützungsleistungen für die Grundsicherheit (Gesundheit, Wohnen, Lebensunterhalt) zulässig. [43]

---

**41**   § 5 Abs. 1 SPG Kanton Aargau; Art. 3 SHiG Kanton Appenzell-Innerhoden; Art. 11 Abs. 1 SHG Kanton Appenzell-Ausserrhoden; Art. 9 SHG Kanton Bern; § 5 SHG Kanton Basel-Landschaft; § 5 SHG Kanton Basel-Stadt; Art. 5 SHG Kanton Freiburg; Art. 9 LASI Kanton Genf; Art. 2 Abs. 2 SHG Kanton Glarus; Art. 7 SHG Kanton Jura; §§ 8, 28 SHG Kanton Luzern; Art. 6 SHG Kanton Neuenburg; Art. 4 Abs. 2, 5 Abs. 1, 32 SHG Kanton Nidwalden; Art. 3, 13 SHG Kanton Obwalden; Art. 3 SHG Kanton Schaffhausen; § 9, 10 SG Kanton Solothurn; § 2 SHG Kanton Schwyz; Art. 2 SHG Kanton Tessin; Art. 3 SHG Kanton Uri; Art. 3 LASV Kanton Waadt; Art. 2 SHG Kanton Wallis.

**42**   Art. 3 Abs. 1 SHG Kanton Graubünden (1986); Art. 2 Abs. 2 KUG Kanton Graubünden (1979); Art. 2 Abs. 2 SHG Kanton St. Gallen (1998); Art. 8 SHG Kanton Thurgau (1984); §§ 16, 19 SHG Kanton Zug (1982); §§ 2 Abs. 2, 19 SHG Kanton Zürich (1981).

**43**   SKOS-Richtlinien A.8-5.

Rund ein Dutzend Urteile des Bundesgerichts befassen sich mit dem Subsidiaritätsprinzip im Rahmen der Sozialhilfe. Mehrere davon mit dem Grundsatz der Selbsthilfe, indem Leistungskürzungen oder -einstellungen als zulässig beurteilt werden in fällen, in denen sich Hilfsbedürftige weigerten eine ihnen zumutbare Arbeit anzunehmen oder an Beschäftigungs- und Integrationsmassnahmen teilzunehmen, die ihre Chance auf dem Arbeitsmarkt verbessert hätten. [44] Eine zweite Gruppe handelt von der Subsidiarität der Sozialhilfe gegenüber Leistungsverpflichtungen Dritter, namentlich Sozialversicherungen. [45] Ein Urteil von grosser praktischer Bedeutung hält den Einbezug des Einkommens eines Konkubinatspartners in die Berechnung der Hilfsbedürftigkeit für zulässig. [46]

In mehreren Dutzend letztinstanzlichen kantonalen Urteilen werden Aspekte des Subsidiaritätsprinzips abgehandelt. Am häufigsten stehen Leistungskürzungen oder –einstellungen zur Diskussion, weil Hilfsbedürftige sich weigerten, eine zumutbare Arbeit anzunehmen oder an Beschäftigungs- und Integrationsmassnahmen teilzunehmen oder nicht bereit waren eine aussichtslose, unrentable selbständige Erwerbstätigkeit aufzugeben. [47] Die zweitgrösste Gruppe von Urteilen befasst sich mit freiwilligen Leistungen Dritter, namentlich von Konkubinatspartnern, wobei die meisten dieser Urteile in den Kantonen Solothurn und Aargau ergingen. [48] Leistungsverpflichtungen Dritter hatten nur wenige Urteile zum Gegenstand. [49] Mehrere Urteile befassen sich mit mangelnder Selbsthilfe durch das Bewohnen von zu teuren Wohnungen. [50]

---

**44** Urteil des Bundesgerichtes vom 14. Januar 2004, 2P.251/2003; BGE 130 I 71 (51/2003); Urteil des Bundesgerichtes vom 6. November 2003, 2P.275/2003.

**45** Z.B. Urteil des Bundesgerichtes vom 3. August 2006, K_147-04; Urteil des Bundesgerichtes vom 13. Mai 2004, 2P.53/2004.

**46** BGE 129 I 1 (54/2002).

**47** Kanton Aargau, Urteil vom 28 Oktober 2003, 2003.00244; Kanton Schwyz, Urteil vom 10. Dezember 2004, VG SZ III 905/04; Kanton Solothurn, Urteil vom 28. Oktober 2002, OGR SO 00199915 und Urteil vom 16. Oktober 2000, OGR SO 014 750; Kanton Aargau, Urteil vom 14. Februar 2005, 2004.00259; Kanton Zürich, Urteil vom 23.Juni 2005, VB.2005.00164; Kanton Freiburg, Urteil vom 12. August 2003, VG FR 3A_01_162; Kanton Zürich, Urteil vom 18. Mai 2004, VB.2004.00143; Kanton Schwyz, Urteil vom 10. Dezember 2004, VG SZ I B 915-04; Kanton Zürich, Urteil vom 2. August 2005, VB.2005.00272; Kanton Aargau, Urteil vom 26. August 2004, AG 2004.00219; Kanton Uri, Urteil vom 21. März 2003, OG UR V 01;.

**48** Kanton Solothurn, Urteil vom 15. November 2004, VWBES_2004_9, Urteil vom 2. Juli 2003, VWBES_2003_111 und Urteil vom 21. Januar 2005, VWBES_2004_371; Kanton Aargau, Urteil vom 19. November 2003, AG 2003.00216, Urteil vom 28. April 2005, AG 2004.428 und Urteil vom 13. August 2004, AG 2004.00153; Kanton Zürich, Urteil vom 13. januar 2005, VB.20004 00419.

**49** Kanton Aargau, Urteil vom 13. Oktober 2005, AG 2005.99 und Urteil vom 20. Juni 2003, VG AG.

**50** Kanton Aargau, Urteil vom 27. Januar 2005, AG 2004.00386, Urteil vom 1. September 2005, AG 2005.139; Kanton Zürich, Urteil vom 6. April 2005, VB.2005.00020; Kanton Graubünden, Urteil vom 13. August 2004, OG GR U 03 15; Kanton St. Gallen, Urteil VG SG B 2000/120.

# 4 Weitere entscheidungs- und handlungsleitende Prinzipien für die Organe der Sozialhilfe

## 4.1 Individualisierung

Der Grundsatz der Individualisierung verlangt, dass die Hilfeleistungen jedem einzelnen Fall angepasst sind und sowohl den Zielen der Sozialhilfe im Allgemeinen als auch den Bedürfnissen der betroffenen Person im Besonderen entsprechen. Das erfordert eine professionelle und systematische Abklärung der wirtschaftlichen, persönlichen und sozialen Situation der Hilfe suchenden Person. [51] Durch diesen für die Sozialhilfe charakteristischen Grundsatz unterscheidet sich diese von der Sozialversicherung, deren typisierten Leistungen bei Vorliegen der gesetzlichen Voraussetzungen unabhängig vom tatsächlichen Bedarf erbracht werden. [52] Der Individualisierungsgrundsatz weist folgende Teilgehalte auf:

- er verpflichtet die Sozialhilfeorgane sich Klarheit über die Ursachen und Hintergründe der Notlage zu verschaffen, erst dann kann individuell geholfen werden;

- auch die Art der Hilfe richtet sich nach der besonderen Situation der hilfsbedürftigen Person; sie kann Beratung, Betreuung, und/oder wirtschaftliche Hilfe umfassen. Es muss in jedem Fall ein massgeschneidertes «Portfolio» von Massnahmen zusammengestellt werden, das geeignet erscheint, die Selbständigkeit und soziale Integration der hilfsbedürftigen Person zu fördern.

- Schliesslich muss auch das Ausmass der Hilfe dem individuellen Bedarf Rechnung tragen. Die Unterstützungsrichtlinien mit ihren pauschalierten Leistungen relativieren den Individualisierungsgrundsatz ein Stück weit, ohne ihn jedoch aufzuheben. Im Einzelfall muss von ihnen abgewichen werden, wenn aufgrund der konkreten Situation ein ausreichender Grund dafür besteht. [53]

---

[51] SKOS-Richtlinien A. 4-2.
[52] *Wolffers*, 1993, S. 73.
[53] *Wolffers*, a.a.O., mit Hinweisen.

Nicht alle kantonalen Sozialhilfegesetze haben den Grundsatz der Individualisierung explizit ausformuliert. [54]

Alle anderen erwähnen ihn, i.d.R. in den allgemeinen Bestimmungen. [55] Das Bundesgericht hat sich soweit ersichtlich in keinem einzigen Entscheid mit dem Grundsatz der Individualisierung befasst.

Letztinstanzliche kantonale Entscheide sind zwischen 2000 und 2008 lediglich drei ergangen. Einer erwähnt den Grundsatz der Individualisierung unter Bezugnahme auf die einschlägige Norm im kantonalen Sozialhilfegesetz, ohne dass die Erwähnung für den Entscheid von Bedeutung wäre. [56] In einem Entscheid des Zürcher Verwaltungsgericht wird der Sozialbehörde attestiert, in casu bei ihrer Aufforderung an die Hilfe suchende Person deren individuelle Situation sehr wohl berücksichtigt und gewürdigt und damit nicht gegen den Grundsatz der Individualisierung verstossen zu haben. [57] Das Kantonsgericht BL hält in einem Entscheid fest, dass der Grundsatz der Individualisierung mit dem Grundsatz der Subsidiarität zusammenfallen könne, wenn die Behörde wie im zu beurteilenden Fall zum Schluss komme, dass der Hilfesuchende sich aufgrund seiner Fähigkeiten und Möglichkeiten selber helfen könne und deshalb eine Unterstützung ablehne. [58]

---

[54] Eine entsprechende ausdrückliche Bestimmung fehlt in den folgenden fünf Sozialhilfegesetzen: BL, FR, GE, SG, TG.

[55] § 5 Abs. 2 SPG Kanton Aargau; Art. 8 Abs. 1 SHiG Kanton Appenzell-Innerhoden; Art. 11 Abs. 3 SHG Kanton Appenzell-Ausserhoden; Art. 25 SHG Kanton Bern; § 4 Abs. 2 SHG Kanton Basel-Stadt; Art. 3 Abs. 1 und 22 Abs. 2 SHG Kanton Glarus; Art. 3 Abs. 1 SHG Kanton Graubünden; Art. 2 Abs. 1 KUG Kanton Graubünden; Art. 6 SHG Kanton Jura § 6; SHG Kanton Luzern; Art. 4 Abs. 2 SHG Kanton Neuenburg; Art. 6 Abs. 1 SHG Kanton Nidwalden; Art. 2 Abs. 1 SHG Kanton Obwalden; Art. 4 Abs. 2 SHG Kanton Schaffhausen; § 22 SG Kanton Solothurn; § 4 Abs. 1 SHG Kanton Schwyz; Art. 17 SHG Kanton Tessin; Art. 20 lit.a SHG Kanton Uri; Art. 36 LASV Kanton Waadt; Art. 10 Abs. 4 SHG Kanton Wallis; § 2 SHG Kanton Zug; § 2 Abs. 1 SHG Kanton Zürich.

[56] Kanton Schwyz, Urteil vom 10. Dezember 2004; VG SZ I S 905-04.

[57] Kanton Zürich, Urteil vom 18. Mai 2004; VB.2004.00143.

[58] Kanton Basel-Landschaft, Urteil vom 15. September 2004; KG BL v2002319a.

## 4.2 Bedarfsdeckung und Angemessenheit

Das Bedarfsdeckungsprinzip hängt eng mit dem Individualisierungsgrundsatz zusammen und besagt, dass die Sozialhilfe einer Notlage abhelfen soll, die individuell, konkret und aktuell ist. Die Hilfe darf jedoch nicht von den Ursachen der Notlage abhängig gemacht werden. [59] Massgebend ist einzig der tatsächlich vorhandene Hilfsbedarf. [60] Sozialhilfe ist nur für die Gegenwart und für die Zukunft zu leisten, nicht jedoch für die Vergangenheit. Das bedeutet, dass ein Hilfsempfänger nicht verlangen kann, dass ihm Sozialhilfeleistungen rückwirkend, für bereits überwundene Notlagen ausgerichtet werden, auch wenn die Voraussetzungen hiefür bestanden hätten. [61] Die SKOS-Richtlinien formulieren auch noch den Grundsatz der Angemessenheit, wonach unterstützte Personen materiell nicht besser zu stellen sind als nicht unterstützte, die in bescheidenen Verhältnissen leben. [62] Genau das wird jedoch in der derzeit kontroversen öffentlichen Diskussion um die Sozialhilfe z.T. bestritten und an den neuen Richtlinien mit ihrem Anreizsystem kritisiert. Es ist mindestens nicht auszuschliessen, dass in Einzelfällen Hilfesuchende zusammen mit den Einkommens-Freibeträgen (EFB), dem Grundbedarf für den Lebensunterhalt und den situationsbedingten Leistungen über mehr Mittel verfügen als nicht unterstützte Personen in vergleichbaren Situationen mit einem sehr bescheidenen Einkommen. Mit den Einkommens-Freibeträgen verfolgt die SKOS das Ziel, die Erwerbsaufnahme oder Erhöhung des Arbeitspensums zu erleichtern und damit die Integrationschancen zu verbessern. Es soll so ein Anreiz zur möglichst umfassenden und einträglichen Erwerbstätigkeit von Unterstützten geschaffen werden, wodurch dauerhaft finanzielle Leistungen der Sozialhilfe eingespart werden können. [63] Wenn jedoch das Anreizsystem tatsächlich einen «effet pervers» bewirken würde, bestände entsprechender Handlungsbedarf.

Sieben kantonale Sozialhilfegesetze haben das Bedarfsdeckungsprinzip nicht ausdrücklich normiert. [64]

---

59   SKOS-Richtlinien A. 4–2.
60   Wolffers, a.a.O. S. 74.
61   A.a.O.
62   SKOS-Richtlinien, A. 4–2.
63   SKOS-Richtlinien E. I–2.
64   SHG BL, BS, FR, GE, TG, UR, VD.

Alle übrigen formulieren es explizit, meistens in den allgemeinen Bestimmungen oder in den Grundsätzen der wirtschaftlichen Sozialhilfe. [65] Das Prinzip der Angemessenheit wird in den SHG nicht ausdrücklich erwähnt, es ist in den Bestimmungen über den Umfang und die Bemessung der Hilfe indirekt mit dem Verweis auf die SKOS-Richtlinien enthalten.

Auch mit dem Prinzip der Bedarfsdeckung hat sich das Bundesgericht bisher nicht befasst.

Vier letztinstanzliche kantonale Entscheide befassen sich in unterschiedlichen Zusammenhängen mit dem Bedarfsdeckungsprinzip. In einem Fall hält das Verwaltungsgericht des Kantons Aargau fest, dass die Deckung von Schulden nicht dem Bedarfsdeckungsprinzip entspricht. [66] Die Übernahme von überhöhten Wohnkosten, wenn eine günstigere Wohnung zur Verfügung steht, würde gegen das Bedarfsdeckungsprinzip und die Angemessenheit der Hilfe verstossen. [67] Das Verwaltungsgericht des Kantons Graubünden hält fest, dass der Rückforderungsanspruch einer unterstützten Person zur Bildung von Rücklagen dem Bedarfsdeckungsprinzip widerspricht. Sozialhilfe soll einer individuellen, konkreten und aktuellen Notlage abhelfen und nicht zur Äufnung von Vermögen dienen. [68]

### 4.3 Ursachenbekämpfung

Der Grundsatz der Ursachenbekämpfung erscheint in den SKOS-Richtlinien lediglich im Zusammenhang mit dem Individualisierungsprinzip, wonach im Einzelfall die genauen Hintergründe der Bedürftigkeit abzuklären sind. Dreizehn Sozialhilfegesetze enthalten Normen zur Ursachenbekämpfung. [69] Sieben von ihnen be-

---

[65] § 4 Abs. 1 SPG Kanton Aargau; Art. 8 Abs. 1 SHiG Kanton Appenzell-Innerhoden; Art. 11 Abs. 4 SHG Kanton Appenzell-Ausserhoden; Art. 30 Abs. 1 SHG Kanton Bern; Art. 3 Abs. 3 und 27 SHG Kanton Glarus; Art. 2 Abs. 1 KUG Kanton Graubünden; Art. 25 SHG Kanton Jura; §§ 28, 30 SHG Kanton Luzern; Art. 4 Abs. 2 SHG Kanton Neuenburg; Art. 31 Abs. 1 SHG Kanton Nidwalden; Art. 13 SHG Kanton Obwalden; Art. 11 Abs. 1 SHG Kanton St. Gallen; Art. 4 Abs. 3 SG Kanton Schaffhausen; 22 Abs. 1; § 11 SG Kanton Solothurn; § 16 SHG Kanton Schwyz; Art. 17 Abs. 3 SHG Kanton Tessin; Art. 10 Abs. 2 SHG Kanton Wallis; § 20 Abs. 1 SHG Kanton Zug; § 15 SHG Kanton Zürich.

[66] Kanton Aargau, Urteil vom 15. Januar 2003.

[67] Kanton Zürich, Urteil vom 6. April 2005, VB 2005.0020.

[68] Kanton Graubünden, Urteil vom 16. Januar 2001, VG GR U 00 105

[69] SHG GL, GR, JU, LU, NE, OW, SZ, TI, UR, VD, VS, ZG, ZH.

schränken sich auf die Bekämpfung von Ursachen der individuellen Notlage, [70] vier Gesetze enthalten den Auftrag, die generellen Ursachen von Notlagen zu eruieren und zu bekämpfen, [71] zwei Gesetze visieren sowohl die Bekämpfung von Ursachen genereller als auch individueller Notlagen. [72]

Kein einziges Bundesgerichtsurteil hat sich mit der Ursachenbekämpfung befasst, Hingegen gibt es einige letztinstanzliche kantonale Urteile, die sich dazu äussern: Das Verwaltungsgericht des Kantons Solothurn hält die Verweigerung der Kostengutsprache für die Teilnahme an einer heroingestützten Behandlung eines langjährigen polytoxikomanen Drogenkranken nicht nur gegen die Menschenwürde sondern auch gegen das im Sozialgesetz des Kantons Solothurn verankerte Prinzip der Ursachenbekämpfung verstossend. [73] Das Verwaltungsgericht des Kantons Zürich hält fest, dass Wohnungskosten im Lichte der Ursachenbekämpfung und der Förderung der Selbsthilfe auch auf das zukünftige erzielbare Einkommen auszurichten sind, um die Möglichkeit einer fortdauernden Fürsorgeabhängigkeit zu verringern. [74] Ein weiteres Urteil stellt fest, dass die Weigerung eine Arbeitsstelle vermitteln zu lassen, gegen den Grundsatz der Subsidiarität, der Ursachenbekämpfung und der Förderung der Selbsthilfe verstösst. [75]

---

70  Art. 4 Abs. 5 SHG Kanton Glarus; Art. 2 Abs. 2 SHG Kanton Graubünden; Art. 3 KUG Kanton Graubünden; Art. 11 Abs. 2 SHG Kanton Obwalden; Art. 3 Abs. 2 SHG Kanton Schwyz; § 4 SHG Kanton Zug; § 5 SHG Kanton Zürich.

71  Art. 14 SHG Kanton Jura; § 21 SHG Kanton Luzern; Art. 1 lit b, 3, 12 SHG Kanton Neuenburg; Art. 12 SHG Kanton Tessin.

72  Art. 20 lit d (individuell), 23 Abs. 1 lit b (generell) SHG Kanton Uri; Art. 1 Abs. 4 (individuell), Art. 8 (generell) SHG Kanton Wallis.

73  Kanton Solothurn, Urteil vom 10. November 2000.

74  Kanton Zürich, Urteil vom 6. April, 2005, VB 2005.00020.

75  Kanton Zürich, Urteil vom 2. August, VB 2005.0027.

# 5 Allgemeine Pflichten der Sozialhilfeempfänger [76]

Es scheint vertretbar, im Kapitel über die Prinzipien der Sozialhilfe zwei allgemeine Pflichten der Hilfesuchenden zu behandeln. Die Eigenverantwortung kann zwar durchaus als Aspekt der Selbsthilfe und damit des Subsidiaritätsprinzips betrachtet werden. Die Tatsache, dass zwei Drittel aller Sozialhilfegesetze die Eigenverantwortung bzw. Selbsthilfe und Selbstständigkeit in unterschiedlichen Zusammenhängen explizit erwähnen und weil es sich um einen permanent «bemühten» Begriff in politischen Diskussionen über die verschiedensten Bereiche des Sozialstaates handelt, rechtfertigt es, ihm einige Überlegungen zu widmen. Dasselbe gilt für das Prinzip der Leistung und Gegenleistung, das zwar deutlich weniger auftritt in der kantonalen Sozialgesetzgebung, dafür aber in der laufenden öffentlichen Diskussion über die Sozialhilfe einen wichtigen Stellenwert einnimmt.

## 5.1 Eigenverantwortung

Während das Prinzip der Selbsthilfe als Aspekt der Subsidiarität die konkrete Verpflichtung der hilfsbedürftigen Person enthält, alles Zumutbare zu unternehmen, um eine Notlage aus eigenen Kräften abzuwenden oder zu beheben [77] und somit grösstmögliche Eigenaktivität in der aktuellen und akuten Notsituation verlangt, drückt der Begriff Eigenverantwortung eher eine übergeordnete allgemeine ethische Grundhaltung aus, die in unserer Gesellschaft vom Individuum in allen Lebenslagen erwartet wird und die zudem auch mit dem Begriff der Selbständigkeit als einem Aspekt der Menschenwürde in Zusammenhang steht. Dass es sich um ein hochrangiges Prinzip handelt, zeigt sich auch daran, dass der Grundsatz der Eigenverantwortung auch in Art. 6 BV verankert ist. So gilt es geradezu als menschenunwürdig, keine Eigenverantwortung zu übernehmen. Dass der Begriff namentlich in politischen Diskussionen überstrapaziert und gerne zur Abwehr von Ansprüchen des Individuums gegenüber der Gemeinschaft «instrumentalisiert» wird, diskreditiert nicht das unbestrittene ethische Prinzip

---

[76] Siehe auch den Beitrag von *Vogel*, Ziffer 4.2
[77] Fn 38.

sondern vielmehr die Akteure, die es «missbrauchen». Eigenverantwortung beinhaltet auch eine langfristige, lebenslange, Einstellung, während das Gebot der Selbsthilfe eher auf die kurzfristige Bewältigung einer Notlage mit eigenen Mitteln gerichtet ist.

In fünf Sozialhilfegesetzen taucht der Begriff an mindestens einer Stelle auf, vorwiegend in allgemeinen Bestimmungen. § 1 Abs. 2 SPG AG enthält einen Satz mit zwar allgemeiner aber dennoch hoher normativer Dichte: *Sozialhilfe und Prävention richten sich nach den Grundsätzen der Menschenwürde, der Eigenverantwortung, der Selbsthilfe und der Solidarität.* Das Sozialhilfegesetz des Kantons AI bezweckt neben der Verhütung und Behebung von individuellen Notlagen und der Verarmung von Personen die Stützung der *Eigenverantwortung* und Selbstständigkeit der Hilfesuchenden. [78] Nach dem Zweckartikel des SHG Bern sichert die Sozialhilfe die gemeinsame Wohlfahrt der Bevölkerung und ermöglicht jeder Person die Führung eines menschenwürdigen und *eigenverantwortlichen* Lebens. Der Begriff der Eigenverantwortung taucht noch einmal auf im Abschnitt über die Leistungsangebote der individuellen Sozialhilfe: Art. 27 Abs. 2 SHG BE postuliert, die Soziahilfe mit Weisungen zu verbinden, soweit dadurch die Bedürftigkeit vermieden, behoben oder vermindert oder *eigenverantwortliches Handeln* gefördert wird. Nach dem Sozialhilfegesetz des Kantons Graubünden *bezweckt die öffentliche Sozialhilfe Hilfe zur Selbsthilfe und die Förderung der Eigenverantwortung* [79] und das Sozialgesetz des Kantons Solothurn hält in § 1 lit. a fest: *Kanton und Gemeinden verwirklichen die verfassungsmässigen Sozialziele, indem sie die Eigenverantwortung stärken, die Selbständigkeit des Menschen erhalten, Armut und soziale Notlagen verhindern, beheben oder mindern.*

Neun weitere Sozialhilfegesetze nennen Selbsthilfe und Selbständigkeit als Zweck der Sozialhilfe. [80]

Das Bundesgericht hatte sich in drei Urteilen mit der Verpflichtung von Sozialhilfeempfängern zu Taglohnprogrammen bzw. einer Teilzeiterwerbstätigkeit zu befassen. Es hat in allen drei Fällen festgehalten, dass solche Verpflichtungen

---

[78]  Art. 1 lit a. SHG Kanton Appenzell-Innerhoden.

[79]  Art. 1 Abs. 2 SHG Kanton Graubünden.

[80]  § 2 Abs. 1 SHG Kanton Basel-Landschaft; § 2 Abs. 1 und 7 Abs. 4 SHG Kanton Basel-Stadt; Art. 4 Abs. 3 und 18 SHG Kanton Glarus; § 2 SHG Kanton Luzern; Art. 3 SHG Kanton Nidwalden; Art. 11 Abs. 1 SHG Kanton Obwalden; Art. 20 lit. f. SHG Kanton Uri; Art. 40 Abs. 2 LASV Kanton Waadt; Art. 1 Abs. 1 SHG Kanton Wallis; § 3 Abs. 2 SHG Kanton Zug.

bzw. Auflagen im Lichte der die Sozialhilfe prägenden Grundsätze der Eigenverantwortung und der Subsidiarität zulässig seien und nicht gegen Art. 12 BV verstossen. [81]

Zahlreich sind die letztinstanzlichen kantonalen Urteile, in denen der Begriff der Eigenverantwortung eine Rolle spielt. In den meisten Fällen geht es um Fragen der überhöhten Wohnungskosten, der Nichterfüllung von Auflagen, wie Verwertung von Vermögensgegenständen (namentlich Verkauf von Autos) und Teilnahme an Beschäftigungsprogrammen oder Aufnahme einer Erwerbstätigkeit, Fragen der Bemessung von Unterstützung im Zusammenhang mit Aus- Weiterbildung und Umschulungen, Verweigerung der Auskunftspflicht. [82]

## 5.2 Gegenleistung

Gegenleistung der Hilfeempfänger ist ein neuerer Begriff der in einigen Sozialhilfegesetzen zu einem eigentlichen Rechtsinstitut in der Form eines Eingliederungsvertrages ausgebaut wurde. [83] Mit Ausnahme der entsprechenden Bestimmungen im Sozialhilfegesetz des Kantons Freiburg, das 1991 erlassen wurde, sind alle anderen Bestimmungen in fünf Sozialhilfegesetzen, die entweder 2000 oder später erlassen oder in jüngster Zeit revidiert wurden.

Der Kanton Freiburg hat als Erster das Institut des Eingliederungsvertrages ins Sozialhilfegesetz aufgenommen. In diesem verwaltungsrechtlichen Vertrag wird die als Gegenleistung anerkannte Eingliederungsmassnahme bestimmt, zu deren Annahme sich der Hilfeempfänger verpflichtet. [84] Die Sozialhilfegesetze der Kantone Jura, Waadt und Genf kennen als weitere Westschweizer Gesetze den Eingliederungsvertrag und regeln ihn alle in mehreren Bestimmungen. [85] Von den Deutschschweizer Sozialhilfegesetzen kennen nur BL und ZH den Begriff der Gegenleistung und zwar in weniger ausdifferenzierter Form. Nach § 4 Abs.

---

[81]  Urteil des Bundesgerichtes vom 14. Januar 2004, 2P.251/2003; BGE 130 I 71; Urteil des Bundesgerichtes vom 6. November 2003, 2P.275/2003.

[82]  Kanton Solothurn, Urteil vom 25. Januar 2005, VWBES_2004_289; Kanton Aargau, Urteil vom 26. August 2004, AG 2004.00177; Kanton Freiburg, Urteil des Verwaltungsgerichts vom 12. August 2003; Kanton Aargau, Urteil vom 26. Oktober 2005, 2005.74; VB.2004.00333; Kanton Aargau, Urteil vom 19. November 2004, AG 2004.00284 und Urteil vom 13. Oktober 2005, AG AG 2005.99; Kanton Solothurn, Urteil vom 16. Juni 2005, VWBES_2005_152 und Urteil vom 5. September 2006, VWBES_2006_233; Kanton Zürich, Urteil vom 22. November 2004, VB.2004.00368; Kanton Schwyz, Urteil vom 10. dezember 2004, VG SZ I W 907-04.

[83]  *Pärli*, 2005, S. 113

[84]  Art. 4a-4c SHG Kanton Freiburg.

[85]  Art. 19-22 SHG Kanton Jura; Art. 56f. LASV Kanton Waadt; Art. 14-18 LASI Kanton Genf.

3 SHG BL kann die Hilfe mit Gegenleistungen verbunden werden. Das revidierte SHG ZH regelt in § 3b die Gegenleistung in drei Absätzen. Danach können die Gemeinden vom Hilfeempfänger Gegenleistungen zur Sozialhilfe verlangen, die nach Möglichkeit der Integration der Hilfeempfänger in die Gesellschaft dienen. Die Gegenleistungen werden i.d.R. zusammen mit den Sozialhilfeleistungen in besonderen Vereinbarungen festgelegt und bei der Bemessung und Ausgestaltung der Sozialhilfe werden die Arbeits- und weiteren Gegenleistungen angemessen berücksichtigt. [86] Die meisten Sozialhilfegesetze, die keine ausdrücklichen Gegenleistungen kennen, verfügen jedoch über Bestimmungen, welche die Hilfeempfänger verpflichten, an Integrations- und Beschäftigungsprogrammen teilzunehmen.

Die SKOS-Richtlinien verwenden den Begriff der Gegenleistung unglücklicherweise in einem anderen Sinn: Massnahmen oder Programme zur beruflichen und/oder sozialen Integration bauen spezifisch auf dem Prinzip von Leistung und Gegenleistung auf: Die Leistung von Unterstützten in Form von Erwerbsarbeit, gemeinnütziger Tätigkeit, Betreuung, Nachbarschaftshilfe oder beruflicher bzw. persönlicher Qualifizierung usw. wird von den Sozialhilfeorganen mit einer Gegenleistung in Form einer Zulage bei der Unterstützungsbemessung oder eines Freibetrages bei der Einkommensanrechnung honoriert. Damit werden materielle Anreize geschaffen, die zur Eigenständigkeit motivieren sollen. [87]

In der bundesgerichtlichen Rechtsprechung taucht der Begriff der Gegenleistung nicht auf. Hingegen sind u.a. die bereits zitierten Urteile zur Eigenverantwortung [88] in diesem Zusammenhang zu sehen.

Von den 17 kantonalen Entscheiden, in denen u.a. von Gegenleistungen die Rede ist, geht es in sechs Entscheiden um Gegenleistungen in der Form einer Teilnahme an Beschäftigungs- und Integrationsprogrammen. In allen Fällen wurde diese Teilnahme verweigert und die Sozialbehörde drohte mit Leistungskürzungen oder Einstellungen oder verfügte bereits solche. [89] In weiteren Fällen war die Bemessung der Unterstützung strittig. [90]

---

86   § 3b SHG Kanton Zürich (Revision vom 19. März 2007, in Kraft seit 1. Januar 2008).
87   SKOS-Richtlinien A. 4–3.
88   Fn 81
89   Kanton Schwyz, Urteil vom 10. Dezember 2004, VG SZ I S 905 -04; Kanton Zürich, Urteil vom 6. Dezember 2004 VB.2004.00333; Kanton Solothurn, Urteil des OG, WBES_2004_28; Kanton St. Gallen, Urteil vom 24. August 2000 VG SG 9_00; Kanton Zürich, Urteil vom 2. Dezember 2004, VB.2004.00412; Kanton Solothurn, Urteil des OG vom 18. November 2002.
90   Kanton Freiburg, Urteil vom 25. November 2004, 3A_04_33.; Kanton Freiburg, Urteil vom 25. November 2004, 3A_04_33, Urteil vom 14. Dezember 2005, 3A_04_144, Urteil vom 5. Dezember 2002, 3A_02_176.; Kanton Zürich, Urteil vom 3. August 2004, VB.2004.00244.

## Literaturverzeichnis

*Geiser/Spörri*, Strukturmerkmale des ambulanten Sozialwesens, in: Fehlmann/Häfeli/Wagner u.a., Handbuch Sozialwesen Schweiz, Zürich 1987.

*Mastronardi Philippe*, Menschenwürde, Art. 7 BV, in: Ehrenzeller/Mastronardi/Schweizer/Vallender, Die schweizerische Bundesverfassung, Kommentar, Zürich/Lachen 2002, *Pärli Kurt*, Verfassungsrechtliche Aspekte neuer Modelle in der Sozialhilfe, AJP 1/2004, S. 45-54.

*Pärli Kurt*, Verfassungsrechtliche Aspekte neuer Modelle in der Sozialhilfe, AJP 2004, S. 45-54. Derselbe, Die Auswirkungen des Grundrechts auf neuere Sozialhilfemodelle, in: Carlo Tschudi (Hrsg.), Das Grundrecht auf Hilfe in Notlagen, Menschenwürdige Überlebenshilfe oder Ruhekissen für Arbeitsscheue?, S. 95-114.

*Wolffers Felix*, Grundriss des Sozialhilferechts, Eine Einführung in die Fürsorgegesetzgebung von Bund und Kantonen, Bern/Stuttgart/Wien 1993.

Claudia Hänzi

# Leistungen der Sozialhilfe in den Kantonen

# Inhaltsverzeichnis

# 1 Einleitung

Für Personen, welche zur Sicherung ihrer Existenz auf Sozialhilfe angewiesen sind, stehen die individuell beziehbaren Leistungen ohne Zweifel im Mittelpunkt. Anspruchsgrundlage, Inhalt und Umfang der im Einzelfall gewährten Sozialhilfe stellen aber auch für die staatlichen Erbringer den Kern ihrer Leistungsverwaltung [1] dar. Entsprechend wird der Hauptteil der nachfolgenden Ausführungen dieser Thematik gewidmet sein. Dennoch ist zu erwähnen, dass der Begriff «Sozialhilfe» hinsichtlich des Spektrums der behördlichen Massnahmen, Interventionen und Aufgaben weiter zu fassen ist. Deshalb soll vorab ein Überblick über die sogenannte «generelle Sozialhilfe» gegeben werden. Es sei zu beachten, dass die nachfolgenden Untersuchungen sich hinsichtlich Rechtsvergleichung nur auf Kantone beziehen, in welchen eine deutschsprachige Gesetzgebung erhältlich ist. Hinsichtlich der Rechtsprechung konnten Entscheide aus der französischsprachigen Schweiz aufgenommen werden.

---

[1] Zum Begriff der Leistungsverwaltung siehe *Häfelin/Müller*, 1998, N 30.

# 2 Die generelle Sozialhilfe

## 2.1 Begriff und Inhalt

Die Terminologie hinsichtlich der Hilfsmassnahmen genereller Natur ist durchwegs nicht einheitlich, [2] sie sind jedoch anhand ihres Zwecks erkennbar: Unter «genereller Sozialhilfe» sind alle Regelungen zu verstehen, welche der Vorsorge und Ursachenbekämpfung, der Anregung und Förderung von spezifischen oder präventiven Hilfsangeboten und der Koordination der Strukturen dienen. Weiter gehören dazu Regeln über die Information bzw. Sensibilisierung der Allgemeinheit und solche, ob und wie die Leistung von Defizitdeckungen oder Betriebsbeiträgen an Institutionen erfolgt. [3] Diese Formen genereller Sozialhilfe können ihrerseits wieder in die Kategorien «vorbeugende Hilfe» und «fördernde Hilfe» unterteilt werden. Unter Erstere gehören die Sozialforschung, die Sozialplanung und die Sozialinformation, unter Letztere die Koordination und die Subventionen. [4]

Die Sozialforschung umfasst wissenschaftliche Aktivitäten, die mit systematischen Methoden in nachvollziehbarer und überprüfbarer Weise auf Erkenntnisse über soziale Regelmässigkeiten und soziale Sachverhalte abzielen. [5] In der Sozialhilfe sind die Ergebnisse aus den seit den 90er-Jahren vermehrt durchgeführten Armutsstudien von besonderer Bedeutung. [6] Sie ermöglichen Erkenntnisse über die Ursachen von Armut und liefern damit die Grundlage für eine sinnvolle Sozialplanung. Die Sozialplanung im engeren Sinne ist die gebiets- und zielgruppenbezogene Entwicklung sozialer Einrichtungen, Hilfsangebote und Programme im Hinblick auf sozial- und gesellschaftspolitische Zielvorstellungen. Im weiteren Sinne kann darunter auch die sozial bewusste Planung in Wirtschaftspolitik, Bildungswesen, Stadtplanung usw. verstanden werden. [7] Dadurch soll auf die bestehenden Bedürfnisse und Entwicklungen eingegangen und auf die neuen Problemfelder adäquat reagiert werden. Eine wirkungsvolle Prävention bzw. Ur-

---

[2]  *Wolffers*, 1993, S. 119, trifft die Unterscheidung zwischen allgemeiner und persönlicher Hilfeleistung. Im Sozialhilfe-Handbuch des Kantons Bern findet sich die Unterscheidung zwischen direkter und indirekter Sozialhilfe (RZ 2).

[3]  *Coullery*, 1993, S. 65.

[4]  *Coullery*, 1993, S. 71.

[5]  *Carigiet*, 2003, S. 292.

[6]  Beispiele für neuere Studien: *Branger* et al., 2002; *Streuli/Bauer*, 2002; *Kutzner* et al., 2004,

[7]  Carigiet, 2003, S. 300.

sachenbekämpfung kann jedoch nicht erreicht werden, wenn die Bevölkerung hinsichtlich der Gefahren nicht sensibilisiert ist bzw. über die bestehenden Hilfsangebote keine Kenntnis hat. Mit gezielter Sozialinformation soll deshalb für eine angemessene Aufklärung gesorgt werden.

Im Rahmen der fördernden Hilfe nehmen die Subventionen in der Gesetzgebung den grösseren Raum ein als die Regelungen über die Koordination. Typische Subventionen sind Beiträge oder die Übernahme von Betriebsdefiziten bei Institutionen und Diensten (Heime, Einrichtungen für Suchtkranke, Notunterkünfte, Betreuungsstätten sowie Beratungsstellen). [8] Bei der Koordination geht es schliesslich um die Herstellung einer optimal effizienten Zusammenarbeit zwischen den einzelnen – öffentlichen oder privaten – Trägern der Sozialhilfe, sei dies in vertikaler oder horizontaler Hinsicht. [9] Die nachfolgenden Ausführungen sollen einen Überblick über die Gesetzgebung in der generellen Sozialhilfe geben.

### 2.2 Die generelle Sozialhilfe in der kantonalen Gesetzgebung

#### 2.2.1 Fördernde Hilfe

Eine Durchsicht aller deutschsprachigen Sozialhilfegesetze und Verordnungen zeigt, dass Subventionen in verschiedenster Ausgestaltung an soziale Einrichtungen in allen diesen Kantonen bekannt sind. Lediglich im Sozialhilfegesetz des Kantons Freiburg finden sich keine Bestimmungen über Subventionen. Allerdings hat dieser den Bereich «Heime und Institutionen» und deren Finanzierung bzw. Förderung ausführlich in einem anderen Gesetz geregelt. [10] Im Kanton Freiburg findet sich sogar eigens ein Erlass über die Errichtung eines kantonalen Sozialfonds, welcher Komponenten der fördernden Hilfe in sich trägt. [11] Eine vertiefte Auseinandersetzung mit den einzelnen Subventionssystemen ist hier nicht möglich, da eine kaum überblickbare Vielfalt besteht, die ohne genaue Analyse der Organisation nicht exakt zu beurteilen ist. [12]

---

[8] Siehe auch die Aufzählung bei *Wolffers*, 1993, S. 120.
[9] *Coullery*, 1993, S. 67.
[10] Siehe den Erlass in der systematischen Gesetzessammlung des Kantons Freiburg (834 SGF) «spezialisierte Anstalten und Heime».
[11] Verordnung vom 5. Dezember 2006 über die Errichtung eines kantonalen Sozialfonds; 831.0.21 SGF.
[12] Siehe auch Beitrag *Anderer*, Die Interkantonale Vereinbarung für soziale Einrichtungen (IVSE) und Das Bundesgesetz über die Zuständigkeit für die Unterstützung Bedürftiger (ZUG), S. 201 ff.

Betreffend die andere Kategorie der fördernden Hilfe, die Koordination, lässt sich ebenfalls feststellen, dass alle Kantone mit deutschsprachiger Gesetzgebung Regeln dazu erlassen haben. Deutliche Unterschiede finden sich aber erwartungsgemäss in der Regelungsdichte. In den Sozialhilfegesetzen der Kantone Bern, Glarus, Nidwalden und Solothurn lässt sich z.B eine überdurchschnittlich dichte Regelung zu Koordination und Zusammenarbeit feststellen. Dabei sticht der Kanton Nidwalden besonders hervor. [13] Laut Sozialhilfegesetz sind dort zwei besondere Organe, nämlich die Sozialkonferenz (Art. 15) und die kantonale Sozialkommission (Art. 16), vorgesehen. Erstere setzt sich aus Fachpersonen der öffentlichen und der nichtstaatlichen Sozialhilfe zusammen, zweite aus Gemeindevertretern der öffentlichen Sozialhilfe. Während das erste Organ u.a. der gegenseitigen Information dient, hat das zweite Organ die Aufgabe, die behördliche Zusammenarbeit zu fördern. Ein vergleichbares Institut, welches sich ebenfalls vertieft mit Koordinationsfragen und Zusammenarbeit auseinandersetzt, findet sich nur noch im Sozialhilfegesetz des Kantons Bern (Art. 20, Kontaktgremium und Konsultationskommission).

In den Kantonen Basel-Landschaft, Basel-Stadt, Schaffhausen, Thurgau und Wallis finden sich betreffend die Koordination vergleichsweise nur wenige Regelungen. In den Sozialhilfegesetzen des Kantons Basel-Landschaft (Art. 3) und des Kantons Schaffhausen (Art. 2 Abs. 3) gibt es z.B. lediglich eine Bestimmung, die eine Zusammenarbeit zwischen öffentlichen und privaten bzw. kirchlichen Institutionen der Sozialhilfe statuiert. Es wäre nun allerdings falsch, davon auszugehen, die weniger dichte Gesetzgebung lasse den Schluss zu, es würde keine Koordination in der Sozialhilfe vorgenommen. Immerhin können sich geeignete Bestimmungen auch in Erlassen finden, die nicht zur Sozialhilfegesetzgebung im engeren Sinne gehören, und zudem darf nicht vergessen werden, dass eine effiziente Zusammenarbeit sowie eine gute Abstimmung der Vorgänge häufig ganz ohne gesetzlichen Auftrag durch die beteiligten Stellen getätigt werden oder durch eine geschickte Sozialpolitik geschehen.

---

13    Art. 2, 8, 17, 19 ff., 54 und 56 SHG Kanton Nidwalden sowie §§ 2 bis 8 SHV Kanton Nidwalden.

### 2.2.2 Vorbeugende Hilfe

Die Untersuchung der Sozialhilfegesetzgebung der Deutschschweizer Kantone ergibt auch für die vorbeugende Hilfe, dass sich in allen Kantonen Normen finden lassen, die sich entweder ganz allgemein dazu äussern oder die sich zumindest einem der genannten Teilgehalte Sozialforschung, Sozialplanung oder Sozialinformation zuordnen lassen. Auch hier zeigen sich Unterschiede bei der Regelungsdichte.

Die Kantone Freiburg, [14] Nidwalden, [15] Bern, [16] Solothurn, [17] Luzern [18] und Uri [19] fallen hierbei durch eine besonders dichte Regelung der vorbeugenden Hilfe auf. Allerdings weist neben dem Kanton Luzern nur noch der Kanton Uri wirklich für alle drei Teilgehalte entsprechende Normen auf. Interessant ist, dass gerade das Urner Sozialhilfegesetz eine Regelung zur Erstellung eines Sozialplans enthält. Gemäss der schweizerischen Sozialhilfestatistik 2004 hat der Kanton Uri gerade mal 2,8% des Fallvolumens des Kantons Basel-Stadt zu bewältigen. Dennoch statuiert das urnerische Sozialhilfegesetz, dass im Sozialplan festzuhalten ist, welche Dienste erforderlich sind, um ein umfassendes sowie fachgerechtes Sozialhilfeangebot bereitzustellen. Demgegenüber findet sich im Sozialhilfegesetz des Kantons Basel-Stadt, desjenigen Kantons mit der höchsten Sozialhilfequote und den meisten Fällen laut Statistik, [20] keine Regelung zur Sozialplanung. Überhaupt muss festgestellt werden, dass das Betreiben von Sozialplanung über die ganze deutschschweizer Sozialhilfegesetzgebung hinweg gesehen nur wenig geregelt ist. Neben dem Kanton Uri haben Bestimmungen oder zumindest Ansätze dazu nur gerade die Kantone Solothurn, Nidwalden, Freiburg, Bern, Appenzell Innerrhoden und Ausserrhoden, St. Gallen und Wallis. Allerdings gilt es auch hier klarzustellen, dass das alleinige Fehlen einer gesetzlichen Grundlage nicht zur Aussage taugt, der grössere Teil der Kantone würde keine entsprechende Planung betreiben. Es ist nicht anzunehmen, dass die Kantone ohne Planung und Strategie kostenintensive Hilfsangebote zur Verfügung stellen.

---

**14**   Art. 4 Abs. 2, Art. 21 Abs. 5, Art. 22 Abs.1 sowie Art. 22a Abs. 3 SHG Kanton Freiburg.

**15**   Art. 1 Abs. 2, Art. 2 sowie Art. 24 Abs. 1 und 2 SHG Kanton Nidwalden.

**16**   Art. 3, Art. 5 Abs. 2, Art. 6, Art. 12-15 und Art. 17 SHG Kanton Bern. Über die Sozialinformation findet sich keine ausdrückliche Regelung, allerdings heisst es in Art. 5, dass die Leistungsangebote allgemein zugänglich zu sein haben. Dies dürfte seinerseits nur bei entsprechender Information der Öffentlichkeit sicherzustellen sein.

**17**   §§ 1 lit. a, 5 Abs. 2, 20, 22 Abs. 1 lit. a, 23 und 24 Sozialgesetz (SG) sowie der ganze 2. Titel des SG.

**18**   §§ 2, 3, 20, 21 Abs. 1 und 2 SHG Kanton Luzern.

**19**   Art. 2 Abs. 1, Art. 4 Abs. 2, Art. 10, Art. 10a lit. h, Art. 12 Abs. 2, Art. 15, Art. 18, Art. 20, Art. 23 Abs. 1 und 2 SHG Kanton Uri.

**20**   BFS Sozialhilfestatistik 2006, S. 25, Tabelle 1.

Hinsichtlich der vorbeugenden Hilfe erweisen sich neben dem Kanton Uri auch die Gesetzgebungen der Kantone Bern und Solothurn als besonders erwähnenswert. Dem aufmerksamen Leser dieser modernen Gesetze [21] wird nicht entgehen, dass diese konsequent an einer wirkungsorientierten Verwaltungsführung ausgerichtet sind. [22] Die gesetzlich verankerte Pflicht zur Festlegung von strategischen Zielen, das Bereitstellen von Leistungsangeboten in einem optimalen Kosten-Nutzen-Verhältnis und letztlich die regelmässige Überprüfung des Angebotes auf dessen Wirkung und Qualität setzen eine grundlegende und eine sich regelmässig wiederholende Sozialplanung sowie Sozialforschung voraus.

Durch eine ausgesprochen rudimentäre Regelungsdichte hinsichtlich der vorbeugenden Hilfe zeichnen sich die Sozialhilfegesetzgebungen der Kantone Aargau, Basel-Landschaft, Basel-Stadt, Thurgau sowie Zug aus. Wie bereits gesagt, kann daraus kein Schluss über Quantität und Qualität vorbeugender Hilfsmassnahmen in diesen Kantonen gezogen werden.

21  So z.B. das Gesetz über die öffentliche Sozialhilfe des Kantons Bern vom 11. Juni 2001 und das Sozialgesetz des Kantons Solothurn vom 31. Januar 2007.
22  Die wirkungsorientierte Verwaltungsführung (WoV) ist die schweizerische Bezeichnung für New Public
Management. Sie ist im Kanton Bern wie im Kanton Solothurn ganzheitlich eingeführt. Das Setzen von Wir-
kungs- und Leistungszielen und deren Überprüfung stellen ein typisches Merkmal dieser Vorgehensweise
dar (Carigiet, 2003, S. 357, mit Literaturhinweisen).

# 3 Die individuelle Sozialhilfe

Unter der individuellen Sozialhilfe sind die Leistungen an Einzelpersonen zu verstehen. Sie bilden den Kern des Sozialhilferechts. Die Terminologie ist auch hier durchwegs nicht einheitlich, häufig wird jedoch zwischen persönlicher und wirtschaftlicher Hilfe unterschieden. Komponenten der persönlichen Hilfe sind im Wesentlichen die Beratung und Betreuung. Beides ist im Normalfall nicht an den Erhalt wirtschaftlicher Hilfe gebunden. Die wirtschaftliche Hilfe besteht in Geld- und Sachleistungen und dient unter Berücksichtigung der Eigenleistung der Hilfsempfänger der Sicherung einer angemessenen Existenz.

## 3.1 Die persönliche Hilfe

### 3.1.1 Begriff und Inhalt

Vereinzelt schon in den 50er-Jahren, verstärkt in den 70er-Jahren tritt in der kantonalen Sozialhilfegesetzgebung die Komponente der persönlichen Hilfe neben die materielle Hilfe. Dieser Niederschlag lässt sich auf die immer mehr an Bedeutung gewinnende Sozialarbeit zurückführen. Ende der 80er-Jahre und Anfang der 90er-Jahre geht diese Entwicklung in der kantonalen Gesetzgebung weiter, indem die wirtschaftliche Hilfe – zumindest auf theoretischer Ebene – ihre Vorrangstellung verliert und die persönliche Hilfe fortan gleichwertig danebensteht. Sozialhilfe wird im modernen Verständnis als Kombination zwischen Existenzsicherung und sozialem Fachbeistand verstanden. [23]

Das Leistungsspektrum der persönlichen Sozialhilfe ist ausgesprochen breit; zu nennen ist z.B.:

· Betreuung und Beratung
· Budgetberatung
· Durchführung von Lohnverwaltung
· Vermittlung von Dienstleistungen
· Vermittlung ärztlicher Behandlung
· Vermittlung von psychologischer Beratung
· Vermittlung von Arbeit
· Vermittlung von Wohnraum
· Vermittlung stationärer Unterbringung
· Schuldensanierung
· Hilfe bei der Geltendmachung von Ansprüchen

---

23  *Coullery*, 1993, S. 63 ff.

Hinsichtlich der Anspruchsvoraussetzungen ist davon auszugehen, dass eine persönliche Notlage von einer gewissen Schwere vorliegen muss. Somit besteht kein Anspruch auf Beratung und Betreuung bei Problemlagen, die der Betroffene selbst bewältigen kann. Allerdings ist hierbei das subjektive Empfinden des Einzelnen in die Betrachtung miteinzubeziehen. [24] Die Hilfe wird meist niederschwellig angeboten bzw. ist ohne formelles Verfahren zugänglich. [25] Die Art und Weise sowie das Ausmass der Hilfe werden regelmässig von der Behörde oder dem Sozialdienst selbst bestimmt. [26] Trotz der genannten Gleichwertigkeit zwischen materieller und persönlicher Hilfe lässt sich in der Praxis ohne Weiteres feststellen, dass Zweites auf den Sozialämtern fast durchwegs eine sekundäre Rolle spielt. Dies liegt nicht nur an der häufig in den Sozialämtern fehlenden Kapazität, sondern auch daran, dass die heutige Armutsverwaltung, sei es bei der Fallführung oder im individuellen Beratungsgespräch, von einer finanziellen Dominanz geprägt ist und das öffentliche Verständnis sich auch danach richtet. Wer auf das Sozialamt geht, kommt ausgesprochen selten nur wegen einer persönlichen Problemlage, sondern hat im Normalfall mit finanziellen Schwierigkeiten zu kämpfen. [27]

### 3.1.2 Die persönliche Hilfe in der kantonalen Gesetzgebung

Es finden sich in allen deutschsprachigen Sozialhilfegesetzen Bestimmungen über die persönliche Hilfe. Im Gesamtüberblick ergeben sich auch hier Unterschiede in der Gesetzgebungsdichte. Hinsichtlich des Leistungskatalogs weisen von 21 Kantonen 11 eine einfache, allgemeingehaltene Formulierung auf. Danach können Personen in einer entsprechenden Notlage um persönliche Hilfe nachsuchen, worunter Beratung und Betreuung sowie vereinzelt die Vermittlung von Dienstleistungen oder der Anschluss an spezialisierte Institutionen zu verstehen ist. [28] Demgegenüber finden sich in der Sozialhilfegesetzgebung der Kantone Appenzell Innerrhoden, St. Gallen, Schaffhausen, Uri und Zug bereits etwas ausführlichere Leistungskataloge. Zur persönlichen Hilfe gehören hier insbesondere auch ärztliche oder therapeutische Untersuchungen oder Behandlungen, [29] Mithilfe bei der Suche nach Arbeit und Wohnraum, [30] Vermittlung von Spezialberatung und -betreuung, Hilfe beim Einbringen von Leistungen, auf die ein An-

---

24  *Wolffers*, 1993, S. 123.
25  § 7 Abs. 2 SPV Kanton Aargau oder § 12 Abs. 2 SHG Kanton Zürich.
26  Art. 12 Abs. 2 SHG Kanton Obwalden oder § 15 SHG Kanton Zug.
27  *Maeder/Nadai*, 2004, S. 75 sowie *Leu et al.*, 1997, S. 272ff.
28  So in den Kantonen Bern, Basel-Landschaft, Basel-Stadt, Freiburg, Graubünden, Luzern, Nidwalden, Aargau, Appenzell Ausserrhoden, Solothurn und Wallis.
29  Art. 7 Abs. 2 SHV Kanton Appenzell Innerrhoden.
30  Art. 8 Abs. 1 lit. b SHG Kanton St. Gallen.

spruch besteht, [31] und die Einkommensverwaltung. [32] Noch ausführlichere Leistungskataloge finden sich in der Sozialhilfegesetzgebung der Kantone Glarus, Obwalden, Schwyz, Thurgau und Zürich. Neben dem bereits Genannten gehören hier auch Leistungen dazu wie das Erstellen eines Hilfsplans, das Vermitteln zwischenmenschlicher Kontakte, die Budgetberatung und Schuldensanierung, [33] die Vermittlung von pflegerischer und psychologischer Behandlung, Vermittlung von Heim- und Klinikplätzen sowie Erholungs- und Kuraufenthalten, Vermittlung von Haushaltanleitung und Zusammenarbeit mit Berufsberatung und Arbeitsamt. [34] Es fällt hierbei auf, dass die Regelungen in den Kantonen Obwalden, Schwyz und Zürich eine hohe Übereinstimmung untereinander aufweisen.

Persönliche Hilfe im Rahmen des Sozialhilferechts erfolgt grundsätzlich im gegenseitigen Einvernehmen. Hilfsmassnahmen gegen den Willen der betroffenen Person sind nur durch die Anordnung vormundschaftlicher Massnahmen möglich. Entsprechend finden sich in vielen Kantonen bei den Regelungen über die persönliche Hilfe Kann-Formulierungen, [35] einzelne haben die Freiwilligkeit sogar ausdrücklich festgeschrieben. [36] Die Freiwilligkeit der Inanspruchnahme schliesst jedoch nicht prinzipiell aus, dass eine gewisse Mitwirkung oder Pflichterfüllung bei Annahme eingefordert werden darf. Obwohl das Erteilen von Auflagen und Weisungen meist an die Gewährung materieller Sozialhilfe gebunden wird, finden sich doch Ausnahmen in einzelnen Gesetzen. [37] Die Hilfeleistung erfolgt bei Personen in wirtschaftlich schwierigen Verhältnissen unentgeltlich. Die kostenlose Inanspruchnahme ist, auch wenn es in der Praxis meist so sein wird, jedoch nicht eine zwingende Regel. Da die Leistung von persönlicher Hilfe nicht an den Bezug von materieller Hilfe geknüpft ist, kann diese auch von einer Person in gesicherten wirtschaftlichen Verhältnissen in Anspruch genommen werden. Im Sozialhilfegesetz des Kantons Basel-Stadt findet sich z.B. in § 4 die Formulierung «Wer bedürftig ist, hat Anspruch auf unentgeltliche Beratung». Im schaffhausischen Sozialhilfegesetz (§ 19) wurde die Formulierung gewählt, dass die persönliche Hilfe grundsätzlich unentgeltlich erfolge, was ebenfalls Ausnahmen zulässt. Schliesslich haben der Kanton Schwyz sowie der Kanton Zürich in ih-

---

31 Art. 19 Abs. 3 lit. b und Art. 20 SHG Kanton Schaffhausen.

32 Z.B. § 18 SHG Kanton Zug.

33 Art. 20 Abs. 1 SHG Kanton Glarus.

34 Art. 6 SHV Kanton Obwalden; § 16 SHV Kanton Schwyz; § 1 Abs. 1 SHV Kanton Thurgau sowie § 11 SHV Kanton Zürich.

35 So in Art. 19 SHG Kanton Glarus, Art. 12 SHG Kanton Obwalden und Art. 19 SHG Kanton Schaffhausen.

36 So in § 7 SPV Kanton Aargau und § 18 SHV Kanton Schwyz.

37 Siehe auch Art. 25 Abs. 1 SHG Kanton Uri, in welchem steht, dass die um persönliche Hilfe nachsuchende Person der Behörde oder dem Sozialdienst gegenüber auskunfts- und mitwirkungspflichtig ist. Oder § 15 Abs. 2 SHG Kanton Zug, in welchem zu lesen ist, dass persönliche Hilfe auch in Empfehlungen und Ermahnungen bestehen kann.

ren Verordnungen die deckungsgleiche Bestimmung, durch welche gilt, dass die aufgesuchte Stelle nicht verpflichtet ist, die Kosten einer über die gewöhnliche Beratung hinausgehende Hilfeleistung zu übernehmen, für die der Hilfesuchende selbst aufkommen könnte. [38] Stete Unentgeltlichkeit findet sich bei wörtlicher Auslegung nur in § 26 des solothurnischen Sozialgesetzes, wobei auch hier bei entsprechender Interpretation Ausnahmen denkbar sind. Viele der deutschsprachigen Sozialhilfegesetze und Verordnungen äussern sich allerdings gar nicht zur Kostenlosigkeit der persönlichen Hilfe.

### 3.1.3 Die Rechtsprechung zur persönlichen Hilfe

In der Rechtsprechung hat die persönliche Hilfe fast keine Bedeutung. Erfahrungsgemäss gibt es wohl auf Ebene der erstinstanzlichen Verfahren hin und wieder Rügen von betroffenen Personen, sie erhielten nicht die notwendige Beratung und Betreuung, um die individuelle Notlage nachhaltig überwinden zu können. Derlei dürfte jedoch in einer hohen Zahl der Fälle formlos erledigt werden oder wird im Rahmen eines Beschwerdeverfahrens allenfalls beiläufig behandelt. Wie erwartet findet sich in der verfügbaren Rechtsprechung der kantonalen Verwaltungsgerichte nur gerade ein Entscheid, in welchem die Verweigerung von ausreichender persönlicher Hilfe eine zu behandelnde Rüge dargestellt hätte. [39] Es gibt in der Rechtsprechung des Kantons Freiburg allerdings verschiedene Entscheide, in denen die persönliche Hilfe als Teilgehalt der Sozialhilfe ausdrücklich erwähnt wird. Das Gericht führt darin zudem aus, dass die wirtschaftliche Hilfe zur persönlichen Hilfe subsidiär sei, also ein Anspruch auf wirtschaftliche Hilfe erst dann bestehe, wenn die gewährte persönliche Hilfe, z.B. in Form von Information und Beratung, nicht ausreiche, um mit den eigenen Mitteln zurechtzukommen. [40] In einem Entscheid des Regierungsrates des Kantons Obwalden vom 7. Januar 2002 wird ausgeführt, dass persönliche Hilfe nur im Einvernehmen mit der betroffenen Person erfolgen kann, die Hilfestellung ihr letztlich also nicht aufgezwungen werden darf. Vergleichbare Ausführungen finden sich u.a. auch in Entscheidungen des Verwaltungsgerichts des Kantons Zürich. [41]

---

[38]  § 20 Abs. 2 SHV Kanton Schwyz und § 13 SHV Kanton Zürich.

[39]  Kanton Freiburg, Urteil vom 20. März 2003, 3A 03 11.

[40]  Vgl. auch die Entscheide des Verwaltungsgerichts des Kantons Freiburg vom 6. Februar, 3A 02 176, vom 20. März 2003, 3A 03 11, vom 25. November 2004, 3A 04 33 sowie vom 14. Dezember 2005, 3A 04 144.

[41]  Kanton Zürich, Urteil vom 9. September 2004, VB.2004. 00278 sowie vom 12. Mai 2005, VB.2005.00067.

### 3.2. Die wirtschaftliche Hilfe

### 3.2.1 Stellenwert

Der Aufbau einer gesamtschweizerischen Sozialhilfestatistik war ein Projekt, dessen Realisierung sich über Jahre dahinzog. [42] Nun liegen erste umfassende Daten vor. Daraus ist zu entnehmen, dass im Jahre 2006 rund 245'000 Personen auf Leistungen der Sozialhilfe angewiesen waren. [43] Dies liegt etwas unter der Anzahl invalider RentenbezügerInnen, welche im Januar 2006 in der Schweiz lebten. [44] Wenn auch die Ausgaben zwischen diesen Instituten nicht in jeder Hinsicht vergleichbar sind, so lässt sich dennoch sagen, dass die wirtschaftliche Sozialhilfe mittlerweile ein wichtiges Standbein der sozialen Sicherheit darstellt. Werden die Leistungen der Sozialversicherungen weiterhin verknappt, wird die Bedeutung der Sozialhilfe als unterstes Sicherungsnetz noch weiter wachsen.

Die Zusammensetzung der auf Unterstützung angewiesenen Personengruppen widerspiegelt die Vielfalt der wirtschaftlichen Existenzrisiken, welche nicht oder nur begrenzt durch die Sozialversicherungen aufgefangen werden. Risikogruppen bei den Erwachsenen sind u.a. Personen, häufig ausländischer Staatszugehörigkeit, mit mangelnden Berufsqualifikationen (insbesondere working poor), kinderreiche Familien, Geschiedene und Alleinerziehende. [45] In der sozialpolitischen Diskussion wurde wiederholt die Frage aufgeworfen, ob die klassische Sozialhilfe mit ihrer stigmatisierenden Wirkung und ihren besonderen Begleiterscheinungen wie Rückerstattungs- [46] oder Verwandtenunterstützungspflicht [47] das richtige Gefäss für die Existenzsicherung solcher Risikogruppen darstellt. Im Rahmen dieser Überlegung werden deshalb seit einigen Jahren andere Modelle gesucht und auch umgesetzt. Eines der bekanntesten stellt hierbei das Tessiner Modell dar, das Bedarfsleistungen an einkommensschwache Familien sicherstellen will und welches mittlerweile auch in anderen Landesteilen Nachahmung gefunden hat. [48]

---

[42] Eine erste Pilotstudie des Bundesamtes für Statistik stammt aus der ersten Hälfte der 90er-Jahre (Rüst, 1994).

[43] Bundesamt für Statistik, Sozialhilfestatistik 2006, S. 12.

[44] Bundesamt für Sozialversicherung, IV-Statistik 2006, S. 14, Tabelle 6.1.1.

[45] *Bundesamt für Statistik*, Sozialhilfestatistik 2004, S. 15f.

[46] Siehe auch den Beitrag von *Vogel*, Ziffer 6.

[47] Siehe auch den Beitrag von *Anderer*, Die familienrechtliche Unterstützungspflicht - Verwandtenunterstützung, Ziffer 5 und 6.

[48] Vgl. zu den verschiedenen Modellansätzen *Stutz/Bauer*, 2002, zum Tessiner Modell insbesondere S. 35f.

### 3.2.2 Anspruchsvoraussetzungen

Die Anspruchsvoraussetzungen sind in allen Kantonen grundsätzlich die gleichen. [49] Die gewählten Formulierungen sind oft ähnlich oder gar deckungsgleich und lehnen an die Formulierung des Artikels 2 ZUG [50] an:

*«Bedürftig ist, wer für seinen Lebensunterhalt nicht hinreichend oder nicht rechtzeitig aus eigenen Mitteln aufkommen kann.»* [51]

Im Sozialhilferecht gilt stets eine finale Betrachtungsweise, dies im Gegensatz zur kausalen im Sozialversicherungsrecht. Damit kommt es auf die Ursache der Bedürftigkeit nicht an, [52] was zählt, ist lediglich, ob objektiv eine Notlage besteht und ob die davon betroffene Person die Möglichkeit hat, sie aus eigener Kraft in nützlicher Zeit abzuwenden. [53] In den kantonalen Gesetzen wird sowohl der Begriff «Notlage» wie auch der Begriff «Bedürftigkeit» als Anspruchsvoraussetzung verwendet. Die Begriffe sind kaum voneinander abzugrenzen und dürften im Rahmen des Sozialhilferechts als Synonyme gelten. Dieser Betrachtungsweise folgte auch das bernische Verwaltungsgericht mit Bezug auf Art. 29 der Kantonsverfassung und erwog, dass der Begriff «Notlage» nicht zu eng ausgelegt werden dürfe, «Bedürftigkeit» müsse genügen. [54] Bedürftig im Sinne des ZUG ist, wer für seinen Lebensunterhalt nicht selbst aufzukommen vermag und so auf ein menschenwürdiges Dasein verzichten muss. [55]

Als weitere Anspruchsvoraussetzung neben die Bedürftigkeit tritt die Subsidiarität. Der Begriff ist in einer Mehrheit der Deutschschweizer Gesetze ausdrücklich verankert. [56] Leistungen sind danach nur zu gewähren, wenn die bedürftige

---

[49]  Siehe auch den Beitrag von *Rüegg*, Das Recht auf Hilfe in Notlagen, 3.6.2 (Vorliegen einer Notlage) und 3.6.3 (Subsidiarität) sowie 3.7 (Zusammenfassung der Anspruchsvoraussetzungen).

[50]  Bundesgesetz über die Zuständigkeit für die Unterstützung Bedürftiger vom 24. Juni 1977 (ZUG, SR 851.1). Zum ZUG und dessen Bedeutung siehe auch den Beitrag von *Anderer*, Die Interkantonale Vereinbarung für soziale Einrichtung und das Bundesgesetz über die Zuständigkeit für die Unterstützung Bedürftiger (ZUG), Ziffer 2.

[51]  Vgl. auch die Formulierungen in Art. 23 Abs. 2 SHG Kanton Bern, Art. 3 SHG Kanton Freiburg, § 19 SHG Kanton Zug, § 14 SHG Kanton Zürich sowie § 3 SHG Kanton Basel-Stadt, welche die Grundformulierung etwas erweitert haben.

[52]  BGE 121 I 367, S. 375.

[53]  Die Bedeutungslosigkeit der Ursache ist z.B. ausdrücklich genannt in Art. 24 Abs. 2 SHG Kanton Freiburg oder Art. 3 Abs. 3 SHG Kanton Glarus.

[54]  *Amstutz*, 2002, S. 162, mit weiteren Verweisen.

[55]  *Thomet*, 1994, S. 52.

[56]  Vgl. z.B. Art. 3 SHG Appenzell Innerrhoden; Art. 9 SHG Kanton Bern; §§ 5 SHG Kanton Basel-Stadt und Basel-Landschaft; Art. 2 SHG Kanton Glarus; § 8 SHG Kanton Luzern; Art. 5 SHG Kanton Nidwalden; § 9 SG Kanton Solothurn oder § 2$^{bis}$ SHG Kanton Zug.

Person sich nicht selbst helfen kann und wenn Hilfe von dritter Seite nicht oder nicht rechtzeitig erhältlich ist. Letzteres verdeutlicht, dass Leistungen auch bevorschussend zu erbringen sind, z.B. wenn Gelder der Sozialversicherungen während einer gewissen Zeit noch nicht verfügbar sind. [57] Die betroffene Person hat keine Wahl zwischen Sozialhilfe und anderen Hilfsquellen. [58]

Die Hilfe ist insbesondere subsidiär gegenüber:

· Möglichkeiten zur Selbsthilfe: Die Hilfe suchende Person hat alles Zumutbare zu unternehmen, um die Notlage selbst abzuwenden, sei dies durch Verbrauch von Vermögen oder Einkommen oder durch den Einsatz der eigenen Arbeitskraft.

· Leistungsverpflichtungen Dritter: Es kommen hier Ansprüche sowohl privater als auch öffentlich-rechtlicher Art in Frage.

· Freiwillige Leistungen Dritter: Diese zählen nur, soweit sie auch erbracht werden. [59]

### 3.2.3 Rechtsprechung zu den Anspruchsvoraussetzungen

Eine Durchsicht der für das vorliegende Projekt gesammelten Urteile der kantonalen Gerichte ergibt, dass die Rechtsprechung hinsichtlich Bedürftigkeit und Subsidiarität sich im untersuchten Zeitraum nicht verändert hat und grundsätzlich dem oben Erwähnten entspricht. Soweit sich feststellen lässt, haben die Kantone bzw. deren Gemeinden Werte und Richtlinien über die Zusammensetzung und Höhe des jeweiligen Existenzminimums aufgestellt. Darauf ist später noch näher einzugehen. Wer dieses staatlich definierte Budget selbst nicht bewältigen kann, gilt grundsätzlich als bedürftig. [60] Dabei wird konsequent ins Feld geführt, dass Leistungen der Sozialhilfe stets nur für eine aktuelle Notlage, also für die Gegenwart, allenfalls für die Zukunft zu erbringen sind und nicht für die Vergangenheit. [61] Die Sozialhilfe erstreckt sich damit prinzipiell nicht auf bereits überwundene Notlagen, selbst wenn die gesetzlichen Voraussetzungen für den Bezug von Hilfe bereits zu einem früheren Zeitpunkt gegeben gewesen wären. Anderes gilt nur, wenn Schulden wegen säumigen Verhaltens der Behörden

---

57 Vgl. z.B. die Formulierungen in § 14 SHG Kanton Zürich; Art. 3 SHG Kanton Uri; Art. 2 SHG Kanton St. Gallen; Art. 3 SHG Kanton Obwalden und § 5 SPG Kanton Aargau.

58 Insbesondere sind auch freiwillig erbrachte Leistungen Dritter für den eigenen Bedarf zu verwerten (Urteil des Bundesgerichts vom 13. Oktober 2000, 2P.127/2000).

59 Siehe zum Ganzen SKOS-Richtlinie A.4.1, Ausgabe 2005.

60 Kanton Zürich, Urteil vom 8. März 2004, VB.2003.00414; Kanton Uri, Urteil vom 21. März 2003, OGV01 8; Kanton Bern, Urteil vom 6. November 2001, 21258U, sowie Kanton Basel-Landschaft, Urteil vom 15. September 2004, 810 04 44/215.

61 Siehe zum Bedarfsdeckungsprinzip SKOS-Richtlinie A.4, Ausgabe 2005.

entstanden sind oder wenn auf dem Rechtsmittelweg zurückliegende Ansprüche zugesprochen werden. [62] Das zürcherische Verwaltungsgericht macht allerdings eine Ausnahme bei der rückwirkenden Zusprechung von Ansprüchen, wenn der Beschwerdeführer die für die Prüfung der Bedürftigkeit notwendigen Unterlagen erst dem Verwaltungsgericht vorlegt, dies aber bei der Vorinstanz verweigert hat. [63] Bei der Beurteilung, welche Eigenmittel zur Deckung des jeweiligen Existenzminimums anzurechnen sind, wird die Voraussetzung der Notlage mit der Subsidiarität verknüpft. [64] Der Begriff der Subsidiarität geht indes weiter. Subsidiarität spielt nicht nur hinsichtlich der Verwertung von Einkommen und Vermögen oder bei der Geltendmachung von Ansprüchen eine wichtige Rolle, sondern auch bei der Nutzung sowie Verwertung der eigenen Arbeitskraft. Dabei wird das Prinzip der Selbsthilfe nicht nur bei der Erteilung von Auflagen zur Suche und Aufnahme einer Erwerbstätigkeit zur Rechtfertigung hinzugezogen, sondern auch bei der Einstellung der Sozialhilfe wegen Verweigerung einer zumutbaren und verfügbaren Arbeit. [65] In diesem Sinne hat sich die Rechtsprechung des Bundesgerichts, welches die Anspruchsvoraussetzungen auf Hilfe in Notlagen als nicht erfüllt betrachtet, wenn jemand sich verweigert, eine zumutbare, aktuell verfügbare und den Lebensunterhalt sichernde Arbeit anzunehmen, auch in den Kantonen durchgesetzt. [66]

### 3.2.4 Formen der wirtschaftlichen Hilfe

In der deutschsprachigen Sozialhilfegesetzgebung der Kantone werden nachfolgende Formen der wirtschaftlichen Sozialhilfe verankert:

· Bargeldauszahlung
· Überweisung
· Gutscheine
· Sachleistungen
· Kostengutsprachen
· Darlehen

---

[62] Kanton Aargau, Urteil vom 25. Juni 2004, AG.2004.00046; Kanton Bern, Urteil vom 27. April 2001, 21117U; Kanton Graubünden, Urteil vom 16. April 2002, U 01 132.

[63] Kanton Zürich, Urteil vom 2. Dezember 2004, VB.2004.00412; Ähnlich Kanton Waadt, Urteil vom 17. Oktober 2005, TA PS.2005.0102, in welchem ausgeführt wird, dass Verzögerung bei der Hilfeleistung infolge nicht beigebrachter Informationen zu Lasten des Gesuchstellers geht. Mitwirkungspflicht hinsichtlich Offenlegung der notwendigen Angaben wird deutlich bejaht im Bundesgerichtsurteil vom 3. Juli 2000, 2P.36/2000.

[64] Zu der Anrechenbarkeit der jeweiligen Eigenmittel siehe unten, S. 139 ff.

[65] Siehe auch den Beitrag von *Vogel*, 4.2 (Minderung der Bedürftigkeit).

[66] Vgl. Urteil des Bundesgerichts 2P.147/2002, bestätigt in BGE 130 I 71, und Kanton Solothurn, Urteil vom 9. Oktober 2003, VWBES.2003.229, Kanton Schwyz, Urteil vom 10. Dezember 2004, 915-04, Kanton Zürich, Urteil vom 6. Dezember 2004, VB.2004.00333 (demgegenüber noch kritische Äusserungen in Kanton Zürich, Urteil vom 11. Mai 2000, VB.2000.00125).

In den meisten Gesetzen wird nicht ein vollständiger Katalog aufgeführt, oft werden nur die üblichsten Formen genannt, oder es wird nur darauf verwiesen, dass nach den individuellen Umständen zu entscheiden ist. Welche Form jeweils gewählt wird, bemisst sich entsprechend dem Grundsatz der Individualisierung also nach den Bedürfnissen und Besonderheiten im Einzelfall. Zweck und Nutzen der einzelnen Formen müssen gegenüber den Persönlichkeitsrechten abgewogen werden, das Verhältnismässigkeitsprinzip [67] ist hierbei massgebend. Auf die Wünsche des Einzelnen ist so weit wie möglich Rücksicht zu nehmen, weswegen ihm ein angemessenes Mitspracherecht zusteht [68]

### 3.2.4.1 Bargeldauszahlung und Überweisung

Die Abhängigkeit von Sozialhilfe beschränkt die davon betroffene Person in keiner Weise in ihrer Rechts- und Handlungsfähigkeit [69]. Eine solche Einschränkung ist nach wie vor nur über vormundschaftliche Massnahmen möglich. Ausdruck dieser vollen Rechts- und Handlungsfähigkeit ist grundsätzlich auch die selbständige und eigenverantwortliche Gestaltung der Lebensführung. Die Förderung dieser Selbständigkeit und Eigenverantwortung ist darüber hinaus als Zielsetzung in vielen Sozialhilfegesetzen zu finden. [70] Dies lässt sich mit der Gewährung von wirtschaftlicher Sozialhilfe in Form von Geldleistungen am besten erreichen. Dass Geldleistungen das Prinzip darstellen und ein Abweichen davon nur in Ausnahmefällen stattfinden soll, dies ist zum Zeitpunkt dieser Untersuchung bereits in einigen Sozialhilfegesetzen ausdrücklich verankert. [71] Auch ohne gesetzliche Grundlage dürfte sich diese Form der Sozialhilfe in der Praxis mittlerweile durchgesetzt haben, zumal der Bedarf einer Unterstützungseinheit ohnehin in Franken berechnet wird und diese Form für die einzelne Behörde auch einfach zu handhaben ist.

---

67 Siehe auch den Beitrag von *Vogel*, 2.4 (Verhältnismässigkeit).

68 Vgl. zu Individualisierung und Mitsprache z.B. Art. 8 SHG Kanton Appenzell Innerrhoden; § 7 SHG Kanton Luzern; Art. 67 SHG Kanton Nidwalden; Art. 2 SHG Kanton Obwalden; § 5 SPG Kanton Aargau; § 16 und § 148 SG Kanton Solothurn; § 4 SHG Kanton Schwyz; Art. 20 SHG Kanton Uri sowie *Wolffers*, 1993, S. 133f. Man beachte zudem die Ausführungen im Beitrag von *Breitschmid*, 1.3 (Ermittlung des Sachverhaltes und Mitwirkungspflichten) sowie diejenigen im Beitrag von *Vogel*, 4.1 (Auskunfts-, Informations- und Mitwirkungspflicht).

69 Siehe auch den Beitrag von *Vogel*, 3.1 (Rechts- und Handlungsfähigkeit).

70 Vgl. z.B. § 2 SHG Kanton Basel-Landschaft; Art. 1 SHG Kanton Bern; § 1 und 147 Abs. 1 SG Kanton Solothurn; § 3 SHG Kanton Zug.

71 § 9 SPG sowie § 8 SPV Kanton Aargau; Art. 32 SHG Kanton Bern; § 9 SHG Kanton Basel-Landschaft; § 10 SHG Kanton Basel-Stadt; Art. 10 SHG Kanton St. Gallen; Art. 22 SHG sowie § 1 SHV Kanton Schaffhausen; § 17 SHG Kanton Schwyz; Art. 28 SHG Kanton Uri; § 11 SHV Kanton Zug; § 16 SHG und 18 SHV Kanton Zürich.

Hinsichtlich der Auszahlungsmodalitäten lässt sich bei Durchsicht der Sozialhilfege-setzgebung erkennen, dass in vielen Gesetzen noch von «Bargeld» die Rede ist. [72] Die Barauszahlung am Schalter dürfte demnach noch immer recht häufig vorkom-men. Dieses Vorgehen mag wohl fördern, dass die hilfsbedürftige Person regel-mässig auf dem Sozialdienst erscheint und so der oft wichtige persönliche Kontakt mit Betreuungspersonen erhalten bleibt. Die Auszahlung von Bargeld durch eine Gemeindebehörde, insbesondere wenn dies noch am öffentlichen Schalter der Gemeindekasse erfolgt, macht aber Armut und wirtschaftliche Abhängigkeit nach aussen sichtbar. Aus Sicht des Persönlichkeits- und Datenschutzes ist dies als pro-blematisch zu werten und dürfte für die betroffene Person nicht zuletzt auch ein Sicherheitsdefizit darstellen. Die Forderung nach vermehrter bargeldloser Bank- oder Postüberweisung ist keine neue. Sie wurde bereits Anfang der 90er-Jahre ge-stellt und findet sich auch seit längerem in den Richtlinien der SKOS. [73] Dennoch führen lediglich die Sozialhilfegesetze der Kantone Bern, Glarus und Luzern die bargeldlose Überweisung ausdrücklich als Form der Geldleistung auf. [74] Für alle Sozialhilfe beziehenden Personen, bei denen kein Hinweis auf die Gefahr einer Zweckentfremdung der Mittel besteht, sollte dies als Standardvorgehen gelten. Nur wenn es die missbräuchliche Verwendung der Mittel rechtfertigt, erscheint es angebracht, ratenweise Barauszahlungen zu tätigen oder gewisse Geldleistungen durch andere Formen der wirtschaftlichen Hilfe zu ersetzen. [75]

In der Rechtsprechung finden sich kaum Entscheide, die sich mit der Problematik von Bargeldauszahlungen beschäftigen. Möglicherweise liegt dies daran, dass Verwaltungsgerichte mit ihrer auf Rechtsverletzungen eingeschränkten Kognition sich damit nur befassen würden, wenn ein ausdrücklicher Rechtsanspruch auf eine bargeldlose Überweisung der Hilfe besteht. Meist dürfte die Thematik zu-dem lediglich ein Gegenstand von Aufsichtsbeschwerden sein. [76] Immerhin fin-det sich ein Entscheid des Verwaltungsgerichts des Kantons Zürich, in welchem die Überweisung auf ein Postscheckkonto als gerechtfertigt angesehen wird, weil keine Gründe für das persönliche Erscheinen der Klientin zweimal pro Monat bei der Behörde mehr ersichtlich seien. [77]

---

[72] Siehe Art. 5 SHV Kanton Appenzell Innerrhoden; Art. 32 SHG Kanton Bern; § 29 SHG und § 13 SHV Kanton Luzern; Art. 8 SHV Kanton Obwalden; § 1 SHV Kanton Schaffhausen; § 17 SHG Kanton Schwyz; § 3 SHV Kanton Thurgau; Art. 28 SHG Kanton Uri; Art. 10 SHG und § 11 SHV Kanton Wallis; § 21 SHG Kanton Zug; § 16 SHG Kanton Zürich.

[73] *Mäder/Nef*, 1990, S. 104 sowie SKOS-Richtlinie A.7, Ausgabe 2000.

[74] Art. 32 SHG Kanton Bern; Art. 24 SHG Kanton Glarus; § 29 SHG Kanton Luzern.

[75] Andere Formen der Hilfeleistung nur bei Gefahr der Zweckentfremdung einzusetzen, wurde bereits von *Wolffers*, 1993, S. 128, vertreten.

[76] Darauf lässt das Urteil des Verwaltungsgerichts des Kantons Solothurn vom 27. September 2001 schliessen, in welchem auf die Forderung einer Kontoüberweisung nicht eingetreten wurde.

[77] Kanton Zürich, Urteil vom 23. Dezember 2004, VB.2004.00318.

### 3.2.4.2 Gutscheine

Entsprechend den obigen Ausführungen ist die Abgabe von Warengutscheinen nach Lehrmeinung nur gerechtfertigt, wenn besondere Umstände dies rechtfertigen. Sie erweisen sich ohnehin auch nur für bestimmte einmalige Leistungen wie z.B. für den Bezug von Mahlzeiten (z.B. in einer Gassenküche) oder für Übernachtungsgelegenheiten (z.B. Gutscheine für Notschlafstellen) als geeignet. Da durch diese Form der wirtschaftlichen Sozialhilfe die missbräuchliche Verwendung der Mittel eingeschränkt werden soll, sind Gutscheine für einen uneingeschränkten Bezug von Waren über einen bestimmten Geldbetrag nicht sinnvoll. Die Einschränkung der Wahlmöglichkeit und die Einlösbarkeit der Gutscheine lediglich für bestimmte Dinge können einen diskriminierenden Effekt haben, soweit die Abhängigkeit von der Sozialhilfe für Dritte erkennbar wird. [78] Dem entgegenwirken will die Regelung in § 18 des zürcherischen Sozialhilfegesetzes, die verlangt, eine Diskriminierung des Hilfesuchenden durch eine andere Form der Hilfeleistung möglichst zu vermeiden. [79] Die Lehre sieht es im Übrigen als einen Verstoss gegen die Rechtsgleichheit, wenn eine ganze Personengruppe generell von Geldleistungen ausgeschlossen wird und z.B. nur Gutscheine erhält, um damit von vornherein einer Zweckentfremdung vorzubeugen. Der Personenkreis wird dabei regelmässig zu weit gezogen, was das Vorgehen sachlich ungerechtfertigt und letztlich als unverhältnismässig erscheinen lässt. [80]

Die gesammelte kantonale Rechtsprechung äussert sich während des untersuchten Zeitraumes nicht zu der Gewährung von Sozialhilfe in der Form von Gutscheinen.

### 3.2.4.3 Sachleistungen

Für die Abgabe von Sachleistungen gilt ebenfalls das bereits Gesagte. Es ist davon auszugehen, dass die Bedeutung von Sachleistungen während einiger Zeit, ausser bei der Bereitstellung von Unterkünften im Asylbereich, in der Sozialhilfe lediglich noch einen untergeordneten Charakter gespielt haben dürfte. Dies nicht nur, weil die unmittelbare Abgabe von Gütern sich auf die Dauer nicht mit dem im Grundrecht auf persönliche Freiheit verankerten Selbstbestimmungsrecht

---

[78] *Wolffers*, 1993, S. 129, mit einem Verweis auf das Vorgehen der Stadt Thun in den 80er-Jahren, den Asylbewerberinnen und -bewerbern zwei Drittel der Sozialhilfe in Form des sog. «Asylanten-Batzens» auszurichten, und auf das dazu von J.P. Müller und S. Müller verfasste unveröffentlichte Rechtsgutachten vom 16. März 1986.

[79] § 18 SHV Kanton Zürich: *«Bietet ein Hilfesuchender keine Gewähr für die zweckentsprechende Verwendung von Bargeld, können Zahlungen direkt an Dritte geleistet oder Gutscheine und Naturalien abgegeben werden. Eine Diskriminierung des Hilfesuchenden ist möglichst zu vermeiden.»*

[80] *Amstutz*, 2002, S. 298, mit Verweis auf die amerikanische Rechtsprechung.

verträgt, [81] sondern vor allem auch, weil der Unterhalt der dafür notwendigen Strukturen aufwendiger und teurer ist, als der bedürftigen Person einfach Geld auszuhändigen. Bei der Gefahr einer Zweckentfremdung lässt sich zudem durch die Abgabe einer Kostengutsprache oder bei grösseren Anschaffungen durch die direkte Begleichung der Rechnung häufig die gleiche Schutzfunktion erreichen, ohne dass das Gut vom Sozialamt selbst zur Verfügung gestellt oder vermittelt wird. In diesem Sinne kann auch das Grundprinzip der Verhältnismässigkeit gewahrt werden.

Die Abgabe von Sachleistungen hat in letzter Zeit durch das vom eidgenössischen Parlament am 19. Dezember 2003 verabschiedete Entlastungsprogramm 03 [82] und durch die in diesem Rahmen auf den 1. April 2004 in Kraft getretenen Sparmassnahmen für den Asylbereich eine neue Bedeutung gewonnen. [83] Die einschneidendste Massnahme war hierbei der Ausschluss von Personen mit einem rechtskräftigen Nichteintretensentscheid auf ihr Asylgesuch aus dem regulären Sozialhilfesystem. Seither erhalten diese Personen lediglich noch eine minimale Nothilfe auf Basis von Art. 12 Bundesverfassung. Die Sozialdirektorenkonferenz (SODK) hat im Hinblick auf die Umsetzung dieser Massnahme Empfehlungen abgegeben, in denen zu lesen ist, dass Nothilfe Nahrung, Hygieneartikel, Kleider, Unterkunft, medizinische Notfallversorgung sowie eine situationsbezogene, vor allem auf die Rückkehr zentrierte Beratung enthalte. Die Gewährung in Sachleistung wurde dabei ausdrücklich propagiert. [84] Diese Haltung dürfte der Ansicht des Bundesgesetzgebers entgegengekommen sein. Dieser hat sich gegen die Schaffung allzu attraktiver Hilfen oder Parallelstrukturen zu den bestehenden Asylstrukturen ausgesprochen, da er darin einen Anreiz zum Verbleib der illegal anwesenden Personen sieht. [85] Aus diesen Gründen sahen sich einige Kantone veranlasst, spezielle Zentren an abgelegenen Orten einzurichten, an denen die um Nothilfe ersuchenden Personen teilweise in natura mit Nahrung, Kleidung

---

81  *Müller*, 1999, S. 42: Die freie Lebensgestaltung ist Teil des Grundrechts auf persönliche Freiheit. Wird durch die unmittelbare Abgabe von Gütern die Wahlfreiheit absolut eingeschränkt, so erscheint dies nicht zulässig.

82  Bundesgesetz über das Entlastungsprogramm 2003, AS 2004, 1633 bis 1647.

83  Siehe auch den Beitrag von *Rüegg*, Das Recht auf Hilfe in Notlagen, 2.6 (Exkurs: Nothilfe im Asyl- und Ausländerrecht).

84  Vgl. die an der Sitzung vom 19. März 2004 verabschiedeten Empfehlungen der Sozialdirektorenkonferenz.

85  In der Botschaft des Bundesrates zum Entlastungsprogramm 03 ist zu lesen, dass er sich durch einen Ausschluss der betroffenen Personen von der regulären Sozialhilfe eine abschreckende Wirkung bzw. eine Anhebung der Glaubwürdigkeit des schweizerischen Asylsystems erhofft (BBl 2003, 5690). Dementsprechend wurden die Kantone durch das Bundesamt für Migration aufgefordert, für die vom Ausschluss Betroffenen Lösungen zu suchen, die sich *«von der ordentlichen Sozialhilfe in zeitlicher und sachlicher Hinsicht unterscheiden und vor allem der Tatsache Rechnung tragen, dass die begünstigten Personen die Schweiz umgehend selbständig zu verlassen haben»* (Kreisschreiben Asyl 76.1, Ziffer 5).

und Hygieneartikeln versorgt werden. [86] Es bestehen wohl Lehrmeinungen, die es als verfassungsmässig unzulässig halten, Sachleistungen dafür einzusetzen, dass ganze Personengruppen von der Geltendmachung ihres Unterstützungsanspruchs abgeschreckt werden. [87] Im Rahmen der obigen Veränderungen in der schweizerischen Asylpolitik hat das Bundesgericht sich zu dieser Problematik allerdings im bestehenden Leitentscheid nicht geäussert. [88] In der kantonalen Rechtsprechung des untersuchten Zeitraumes hat die Sozialhilfe in Form von Sachleistungen zudem ebenfalls keine Bedeutung gehabt.

### 3.2.4.4  Kostengutsprachen

Sollen Leistungen Dritter zugunsten einer unterstützten Person sichergestellt werden, so erteilen die Sozialhilfebehörden in der Regel eine Kostengutsprache. [89] Das Vorgehen ist gängig bei ärztlichen Behandlungen – allen voran Zahnbehandlungen [90] – und soweit der Eintritt in eine stationäre Einrichtung oder der Antritt einer Therapie zur Diskussion [91] steht. Diese Form der Hilfeleistung ist aber auch denkbar bei grösseren Anschaffungen oder Reparaturen. Die Kostengutsprache macht aus dem Hilfesuchenden für ein bestimmtes Geschäft eine zahlungskräftige Person und dient somit auch den Interessen des Leistungserbringers. Gleichzeitig kann durch die Kostengutsprache die Höhe der Ausgaben begrenzt werden. Das rechtliche Konstrukt lehnt sich an den obligationenrechtlichen Vertrag zulasten bzw. zugunsten eines Dritten an. [92] Die hier geltenden Regeln wären bei einer allfälligen Beurteilung subsidiär massgebend. [93] Mitunter wird zwischen der Erteilung einer definitiven und einer subsidiären Kostengutsprache unterschieden. Bei der ersten Variante verpflichtet sich die Sozialhilfebehörde direkt und verbindlich gegenüber dem Leistungserbringer. Bei der subsidiären Kostengutsprache wird die Leistung nur erbracht, wenn sich eindeutig herausge-

---

[86] Der Kanton Bern hat z.B. Mitte Mai 2004 für Asylsuchende mit einem rechtskräftigen Nichteintretens- und Wegweisungsentscheid ein Minimalzentrum auf dem Jaunpass, später auf der Stafelalp eröffnet. Der Zentrumsbetrieb auf der Stafelalp wurde Ende Januar 2006 wieder eingestellt (Medienmitteilung des Kantons Bern vom 24. Februar 2006).

[87] *Amstutz*, 2002, S. 299.

[88] BGE 131 I 166.

[89] So z.B. ausdrücklich in Art. 33 SHG Kanton Nidwalden oder § 16 SHG Kanton Zürich.

[90] SKOS-Richtlinie B.4.2, Ausgabe 2005.

[91] Vgl. z.B. die genannten Anwendungsfälle in Art. 9 SHV Kanton Appenzell Innerrhoden oder in § 9 SPV Kanton Aargau sowie § 4 SHV Kanton Thurgau.

[92] Art. 111 und 112 OR.

[93] Auch *Wolffers*, 1993, S. 131f., weist auf diese Verwandtschaft hin.

stellt hat, dass sie nicht anderweitig übernommen wird. [94] Der Gesuchsteller ist hier verpflichtet, die Leistungserbringung durch einen Dritten abzuklären. [95]

Wie bei allen Formen der Sozialhilfe, bei denen nicht unmittelbar Geld entrichtet wird, gilt auch bei der Kostengutsprache wegen der Gefahr einer Persönlichkeitsrechtsverletzung eine gewisse Zurückhaltung bei der Anwendung. Je nach Falllage macht auch die Kostengutsprache die Abhängigkeit von der Sozialhilfebehörde nach aussen sichtbar.

Im Vergleich zu den anderen Formen der Sozialhilfe findet sich über die Kostengutsprache eine dichtere Gesetzgebung. Die Mehrheit der Kantone hat die Kostengutsprache ausdrücklich geregelt. Teilweise sind die Bestimmungen recht ausführlich. [96] Vergleichsweise reicher ist auch die Rechtsprechung dazu. Ein Schwerpunkt bildet hierbei der jeweilige Ermessensspielraum der Behörde in den üblichen Anwendungsfällen, weiter die Problematik der verspätet eingereichten Gesuche sowie die Legitimation Dritter hinsichtlich der Gesuchstellung. Die besondere Form der Hilfeleistung bei Erteilung einer Kostengutsprache vermag richtigerweise an den Grundregeln des Ermessens bei der Beurteilung der ersuchten Hilfeleistung nichts zu ändern: Geht es bei der Beurteilung der Leistungserbringung durch einen Dritten nämlich um Leistungen, die Teil des Grundrechtes auf Hilfe in Notlagen darstellen, so steht der Behörde kein Ermessen bei der Gewährung zu. Exemplarisch sind hier Fälle, in denen es um notwendige zahnärztliche oder ärztliche Behandlungen geht, insbesondere auch solche betreffend den Antritt einer Suchtmitteltherapie. Letztere kann Teilgehalt des grundrechtlich geschützten Existenzminimums sein, nämlich dann, wenn sie für ein menschenwürdiges Dasein des Einzelnen unverzichtbar ist. [97] Konsequenterweise müsste die Zugehörigkeit einer Leistung zum Schutzbereich des Grundrechts auf Hilfe in Notlagen auch bei der Frage durchdringende Wirkung zeigen, ob die Kostengutsprache bei zu später Gesuchseinreichung abgelehnt werden

---

94  Siehe auch den Beitrag von *Vogel*, 3.1 (Rechts- und Handlungsfähigkeit).

95  Unterscheidungen finden sich ausdrücklich in Art. 10 SHV Kanton Appenzell Innerrhoden geregelt, § 2 Abs. 2 SHV Kanton Schaffhausen, § 5 SHV Kanton Thurgau, § 11 Abs. 3 SHV Kanton Zug, § 19 SHV Kanton Zürich. Zu Letzterem insb. die Ausführungen im Urteil des zürcherischen Verwaltungsgerichtes vom 23. Juni 2005, VB.2005.00027.

96  Vgl. die §§ 5, 9 und 10 SHV Kanton Appenzell Innerrhoden; Art. 11 SHV Kanton Obwalden; §§ 2, 3, 4 SHV Kanton Schaffhausen; §§ 9 und 14 SPG sowie 9 und 16 SPV Kanton Aargau oder § 16 SHG und §§ 19, 20 sowie 21 SHV Kanton Zürich.

97  So z.B. die Erwägungen im Kanton Glarus, Urteil vom 12. Juni 2001, VG.2000.00131 mit Verweis auf die solothurnische Rechtsprechung. Hierzu z.B. Kanton Solothurn, Urteil vom 10. November 2000, VWG/IDI/00/30.

kann. Im Sinne eines Mittels zur Kostensteuerung soll der Sozialhilfebehörde mit dem Werkzeug der Gutsprache zwar die Möglichkeit eingeräumt werden, bei Planung und Inhalt einer Hilfeleistung mitzuwirken und vorab zu den Auslagen Stellung zu nehmen. Somit besteht grundsätzlich auch keine Pflicht, vertretbare, aber unbewilligte Kosten im Nachhinein einfach übernehmen zu müssen. [98] Das darf bei Leistungen, die von Art. 12 Bundesverfassung erfasst sind, aber nicht absolut gelten. Da bei diesem Grundrecht Schutzbereich und Kerngehalt zusammenfallen, [99] kann die Übernahme unverzichtbarer Auslagen nicht mit der Begründung abgelehnt werden, diese seien vorgängig nicht gutgesprochen worden. Selbst wenn eine gesetzliche Grundlage für die Verweigerung bestünde, wäre die Zweck-Mittel-Relation nicht verhältnismässig. In der untersuchten Rechtsprechung der Kantone Bern und Zürich zeigt sich diese Relativierung der Kostengutsprache in ihrer Funktion als Ausgabensteuerungsinstrument als etabliert. [100] Aus der Rechtsprechung der anderen Kantone lassen sich zu dieser Fragestellung keine Schlüsse ziehen.

Was denn die Legitimation Dritter zur Einreichung eines Gesuchs auf Erteilung einer Kostengutsprache betrifft, so finden sich im untersuchten Zeitraum interessante Ausführungen in der Rechtsprechung des Kantons Aargau. Danach kann z.B. eine Institution nur dann ein Gesuch einreichen, wenn die unterstützte Person dazu ihr Einverständnis gegeben hat. Ein direktes Forderungsrecht des Dritten, analog zu Art. 112 Obligationenrecht, könne nur bejaht werden, wenn entweder eine entsprechende rechtliche Regelung bestehe oder wenn die Sozialhilfebehörde dem Dritten eine Zusicherung abgegeben hat, auf die dieser sich nach dem Vertrauensgrundsatz berufen könne. Diese Erwägungen decken sich nicht nur mit den Regeln über die Stellvertretung und mit dem Umstand, dass subsidiäre und definitive Kostengutsprache sich unterscheiden, sondern trägt auch dem Grundsatz Rechnung, dass der Anspruch auf Hilfeleistung persönlicher Natur ist und sinnvollerweise nicht gegen den Willen des Betroffenen ausgerichtet werden kann. [101] Im Übrigen will Sozialhilfe die Existenz des Einzelnen sichern und nicht primär das finanzielle Überleben von Institutionen sicherstellen. [102]

---

[98] *Wolffers*, 1993, S. 131.
[99] *Müller*, 1999, S. 178. u.a., bestätigt in BGE 130 I 71 und BGE 131 I 172.
[100] Kanton Bern, Urteile vom 6. und 31. März 2003, 21499U und 21634U sowie Urteile des Kantons Zürich vom 20. Dezember 2001, VB.2001.00343, vom 5. März 2004 VB.2004.00019, und vom 19. Mai 2004, VB.2004.00088.
[101] So auch Art. 21 SHG Kanton Glarus, Art. 21 SHG Kanton Schaffhausen.
[102] Siehe zur Problematik Kanton Aargau, Urteile vom 15. Januar 2003 und 9. April 2003.

### 3.2.4.5 Darlehen

In den gesetzlichen Grundlagen der Kantone Appenzell Ausserrhoden, Glarus, Nidwalden, Obwalden, Solothurn, Thurgau und Zug finden sich ausdrückliche Regelungen über die Gewährung eines Darlehens im Rahmen der Sozialhilfe. Das Darlehen gehört zu den neueren Formen der Hilfeleistung.[103] Es wird regelmässig nur in Ausnahmefällen gewährt. Weil sozialhilferechtliche Darlehen wie andere auch zurückzuzahlen sind, ist es den Behörden nicht erlaubt, sämtliche Hilfeleistungen in Darlehensform zu gewähren, ansonsten die Grundsätze über die Rückerstattung der Sozialhilfe unzulässigerweise umgangen und die bedürftige Person nur noch in grössere Not gedrängt würde. Entsprechend soll es nur bei vorübergehenden Notlagen, also bei Personen in finanziellen Engpässen, die jedoch gute Aussichten haben, das Darlehen innert nützlicher Frist zurückzuzahlen, gewährt werden.[104] Das sozialhilferechtliche Darlehen wird in der kantonalen Gesetzgebung teilweise als Form der persönlichen Hilfe, teilweise als solche der wirtschaftlichen Hilfe angesehen.[105] Obwohl es ein Instrument der Sozialhilfe darstellt, muss es sich dabei nicht zwingend um ein zinsloses Darlehen handeln.[106] Verzinsung, Rückzahlbarkeit sowie allfällige Sicherheiten sind wie bei Darlehen aus privater Hand vertraglich zu regeln.

Die Rechtsprechung erweist sich auch zu der Hilfsform des Darlehens im untersuchten Zeitraum als nicht besonders reich. Immerhin finden sich aber Entscheide, in welchen bestätigt wird, dass ein Darlehen lediglich in den oben definierten Ausnahmefällen gewährt werden kann und somit die ordentliche wirtschaftliche Hilfe auch bei vorübergehender Notlage prinzipiell vorgeht.[107] Zwei Entscheide aus dem Kanton Solothurn führen zudem aus, dass es im Ermessen der jeweiligen Sozialhilfebehörde ist, ob dem Antrag einer um Hilfe ersuchenden Person auf Gewährung eines Darlehens zuzustimmen ist. Immerhin trage sie auch das Risiko der ausbleibenden Rückzahlung.[108]

---

[103] *Coullery*, 1993, S. 68.

[104] *Wolffers*, 1993, S. 132.

[105] Art. 33 SHG Kanton Nidwalden sowie Art. 24 lit. f SHG Kanton Glarus ordnen das Darlehen bei der wirtschaftlichen Hilfe ein. Art. 8 SHV Kanton Obwalden sowie § 17 SHG Kanton Zug ordnen das Darlehen bei der persönlichen Hilfe ein.

[106] § 17 SHV Kanton Zug sowie Art. 8 SHV Kanton Obwalden erwähnen die Möglichkeit der Verzinsung ausdrücklich. Demgegenüber spricht Art. 24 lit. f SHG Kanton Glarus nur von zinslosen Darlehen.

[107] So Kanton Obwalden, Regierungsratsbeschluss vom 7. Januar 2002, Nr. 362, und Kanton Zürich, Urteil vom 29. November 2000, VB.2000.00343.

[108] Kanton Solothurn, Urteile vom 16. Oktober 2000, VWG/IDI/00/33, und vom 31. Januar 2005, VWBES.2004.314.

### 3.2.5 Bemessung der wirtschaftlichen Hilfe

#### 3.2.5.1 Berechnungsgrundsätze und -massstäbe

Anders als bei den auf eidgenössischer Ebene geregelten Sozialversicherungen ist die Sozialhilfe hinsichtlich der Bemessung nicht einheitlich ausgestaltet. Dies weil die Sozialhilfe ein vorwiegend kantonales Leistungsfeld darstellt. [109] Kleinster gemeinsamer Nenner hinsichtlich der zu erbringenden Leistung stellt hier der allgemeingültige Art. 12 Bundesverfassung, also das Grundrecht auf Hilfe in Notlagen, dar. [110] Die damit garantierten Leistungen sind jedoch lediglich hinsichtlich des Inhaltes, nämlich Nahrung, Kleidung, Obdach, medizinischer Grundversorgung und Zugang zu persönlicher Hilfe und Betreuung, definiert, ein detailliertes, teilweise auf Frankenbeträgen basierendes Berechnungssystem findet sich hier nicht. Diese im Vergleich mit den Sozialversicherungen rudimentäre Definition des Leistungsumfangs widerspiegelt sich auch heute noch in der kantonalen Sozialhilfegesetzgebung. In einer Vielzahl der gesetzlichen Grundlagen finden sich zu Höhe und Inhalt der Leistungen lediglich Umschreibungen derart, dass mit der Sozialhilfe ein menschenwürdiges Dasein zu ermöglichen ist bzw. dass mit der wirtschaftlichen Hilfe der notwendige Lebensunterhalt oder eine angemessene Existenz zu decken ist. [111] Teilweise finden sich Aufzählungen über Teilgehalte des notwendigen Lebensunterhaltes. [112] Ausnahmen in der Gesetzgebung bilden die Kantone Basel-Landschaft, Freiburg und Graubünden. Bei ihnen sind auf Verordnungsstufe pro Haushaltsgrösse abgestufte Pauschalen in Frankenbeträgen aufgeführt, welche zur Deckung des Grundbedarfs für den Lebensunterhalt exklusive Wohnkosten, Gesundheitskosten und Sonderleistungen dienen. [113]

Trotz der deutlichen Unterschiede haben sich im Verlaufe der Zeit einzelne Bemessungsgrundsätze herausgebildet, die allgemeingültigen Charakter haben. In der oben genannten, rudimentären Umschreibung des Leistungsumfanges ist der

---

[109] Im Asylbereich definiert der Bund pauschale Ansätze für die Rückvergütung, der durch die Kantone erbrachten Leistungen. Allerdings zwingen diese Ansätze die Kantone nicht, den Asylsuchenden diese Pauschalen voll auszubezahlen. Grundsätzlich ist es im bestehenden System möglich, Rückstellungen zu bilden, indem die Asylsuchenden kostengünstig untergebracht und verpflegt werden.

[110] Vgl. insbesondere die detaillierten Ausführungen von *Amstutz*, 2002, S. 177 ff., sowie diejenigen im Beitrag von *Rüegg*, Das Recht auf Hilfe in Notlagen, Ziff. 3.6 (Konkretisierung der Ansprüche aus Art. 12 BV).

[111] Siehe § 3 SPV Kanton Aargau; Art. 1 SHG Kanton Appenzell Innerrhoden; Art. 1 und Art. 30 SHG Kanton Bern; Art. 3 SHG Kanton Glarus; Art. 2 ABKUG Kanton Graubünden; Art. 31 SHG Kanton Nidwalden; Art. 13 SHG Kanton Obwalden; Art. 1 SHG Kanton St. Gallen; Art. 4 und 22 SHG Kanton Schaffhausen; § 16 SHG Kanton Schwyz; § 8 SHG Kanton Thurgau; Art. 28 SHG Kanton Uri; § 20 SHG Kanton Zug.

[112] Siehe Art. 24 SHG Kanton Glarus; § 9 SHV Kanton Nidwalden; Art. 10 SHV Kanton Obwalden; § 2a SHV Kanton Thurgau.

[113] § 9 SHV Kanton Basel-Landschaft, Art. 2 VOSHG Kanton Freiburg sowie Art. 3 ABKUG Kanton Graubünden.

Grundsatz verankert, dass Hilfe bedarfsorientiert und angemessen auszurichten ist. Der zu deckende Bedarf berechnet sich stets nach der Formel «Lebensbedarf minus Eigenmittel gleich Hilfe». [114] Die Messgrösse für den anrechenbaren Lebensbedarf bildet heute das soziale Existenzminimum [115] Dieses umfasst nicht nur die Gewährung der notwendigen Güter für das Überleben (absolutes Existenzminimum), sondern soll zusätzlich eine Teilhabe am wirtschaftlichen und sozialen Leben gewährleisten. [116] Damit zeigt sich auch die Relativität des Leistungsumfangs. Dieser orientiert sich grundsätzlich am Lebensstandard der jeweiligen Wohnbevölkerung, wobei es als angemessen gilt, wenn die Referenzgruppe jeweils die Bevölkerung in wirtschaftlich bescheidenen Verhältnissen darstellt. [117] Die Zielsetzung, dass die Selbstverantwortung sowie Selbständigkeit des Hilfesuchenden erhalten und eine wirtschaftliche Unabhängigkeit hergestellt werden soll, bedeutet weiter, dass der Umfang der Hilfeleistung sich von Fall zu Fall entsprechend den individuellen Bedürfnissen verändern kann. [118]

### 3.2.5.2 Unterstützungsrichtlinien

Der Gleichbehandlungsgrundsatz sowie das Willkürverbot und nicht zuletzt eine zeitlich sinnvolle Bewältigung der Fallzahlen bedingen, dass die rudimentäre Gesetzgebung in Form von Richtlinien, in welchen die einzelnen Aufwandpositionen mit Richtwerten beziffert werden, eine Konkretisierung enthält. Eine Vielzahl der Kantone orientieren sich hierbei an den Empfehlungen der Schweizerischen Konferenz für Sozialhilfe (SKOS).

---

114 *Wirz/Alfirev-Bieri*, 1999, S. 15. Die «Lebenskosten» als Ausgangspunkt bzw. das Bedarfsdeckungsprinzip schliessen eigentlich aus, dass die Kosten für die Beerdigung einer Person Teil der Sozialhilfe sein können (so auch Art. 3 Abs. 2 lit. g ZUG). Es gilt jedoch eine differenzierte Betrachtung: Die unmittelbaren Kosten für ein schickliches Begräbnis ist Sache des Gemeinwesens (siehe Art. 52 Abs. 2 aBV, heute verankert in Art. 7 BV). Die übrigen Aufwendungen, mit welchen sich Hinterbliebene konfrontiert sehen (z.B. Blumen, Trauerkleidung, Todesanzeige, Trauerzirkular), können im Einzelfall im Rahmen der situationsbedingten Leistungen von der Sozialhilfe übernommen werden (Kanton Waadt, Urteil vom 20. Oktober 2003, TA PS.2000.0178, ebenso Sozialhilfehandbuch Kanton Solothurn B.03). Die Bedürftigkeit der Hinterbliebenen ist selbstverständlich Voraussetzung (Kanton Waadt, Urteil vom 30. April 2004, TA PS.2003.0189).

115 Art. 15 Abs. 1 SHG Kanton Appenzell Ausserrhoden; § 3 SPV Kanton Aargau; Art. 30 SHG Kanton Bern; § 7 SHG Basel-Stadt; Art. 23 SHG Kanton Glarus; § 30 SHG Kanton Luzern; Art. 10 SHV Kanton Obwalden; § 9 SHV Kanton Schaffhausen; § 16 SHG Kanton Schwyz; Art. 10 SHG Kanton Wallis und § 15 SHG Kanton Zürich.

116 SKOS-Richtlinie A.6, Ausgabe 2005; Siehe auch den Beitrag von Rüegg, 4.1 (Gewährung des sozialen Existenzminimums durch die Kantone).

117 *Gerfin* empfiehlt in seiner Evaluation der SKOS-Richtlinien das unterste Einkommensdezil der jeweiligen Wohnbevölkerung. Dieser Referenzwert wurde in den neusten SKOS-Richtlinien berücksichtigt. Vorher orientierten sich die Richtlinien am untersten Einkommensquantil (Richtlinie B.2, Ausgabe 2000).

118 Vgl. dazu auch die situationsbedingten Leistungen in den SKOS-Richtlinien, Kapitel C, Ausgabe 2005.

### 3.2.5.2.1  Die SKOS und ihre Richtlinien

Die Schweizerische Konferenz für Sozialhilfe (SKOS) ist ein privatrechtlicher Verein, welcher seine Arbeit bereits 1905 aufgenommen hat. Ziel der Gründer war es schon damals, eine Vernetzung und Vereinheitlichung der Sozialhilfe herzustellen. Die SKOS zählte per Ende 2005 rund 1089 Mitglieder. Dazu gehören im Wesentlichen ein paar Bundesämter, alle 26 Kantone, viele Gemeinden und Gemeindeverbände sowie deren öffentliche Sozialdienste, private Sozialhilfeorganisationen, das Fürstentum Liechtenstein und einzelne Privatpersonen sowie sympathisierende Organisationen, die nicht im Bereich der Sozialhilfe wirken. Letztere beiden sind aber lediglich Passivmitglieder ohne Stimmrecht. [119] In ihrem Vorstand sind neben den Vertretern für Gemeinde, Städte und Regionen alle Kantone sowie gewichtige Hilfswerke [120] vertreten. Das Potenzial dieser Mitgliederstruktur ist kaum zu übersehen, entsprechend erfolgreich haben sich die seit 1957 herausgegebenen Richtlinien [121] in der ganzen Schweiz etabliert und auch Eingang in die Gesetzgebung gefunden, wie nachfolgend gezeigt wird.

Die von der SKOS empfohlenen Unterstützungsrichtwerte basierten ursprünglich nicht auf einem reinen Warenkorb, sondern auf einer Mischrechnung aus Lohnstatistiken, Haushaltsrechnungen des BIGA, Teilindizes des Landesindex der Konsumentenpreise, Angaben von Budgetberatungsstellen und Erfahrungen aus der Sozialhilfepraxis. [122] Mittlerweile spricht die SKOS von einem eigenen Index, den sie vom Bundesamt für Statistik ermitteln lässt und der vom Landesindex der Konsumentenpreise abgeleitet wird. [123] Trotz der wissenschaftlichen Unterlegung und Objektivierung [124] stellen die Richtlinien hinsichtlich Inhalt und Höhe schon angesichts der genannten Mitgliederstruktur dieses Verbands auch einen politischen Konsens dar. [125]

In den Richtlinien wird bei der Definition des Lebensunterhaltes unterteilt in eine materielle Grundsicherung und in situationsbedingte Leistungen. [126] Diesem gegenübergestellt werden das Einkommen und die finanziellen Ansprüche gegenüber Dritten, zudem definieren die Richtlinien eine Vermögensgrenze, ab-

---

119  Vgl. Punkt 4 der Statuten der SKOS.

120  Vgl. Caritas, SRK, Pro Juventute, Pro Infirmis, Pro Senectute, Internationaler Sozialdienst.

121  Die ersten Richtlinien von 1957 beinhalteten lediglich gewisse Unterstützungsgrundsätze. Ein wirkliches Arbeitsinstrument, in welchem auch Frankenbeträge genannt wurden, ist erst 1963 erschienen.

122  *Wolffers*, 1993, S. 137.

123  SKOS-Richtlinie B.2, Ausgabe 2005.

124  Insbesondere erfolgt durch die Evaluation von Gerfin.

125  So auch *Buhmann*, 1988, S. 76 ff., die im Zusammenhang mit den SKOS-Richtlinien von einer politisch festgesetzten Armutsgrenze spricht.

126  Kapitel B und C der SKOS-Richtlinien, Ausgabe 2000 und 2005.

gestuft nach der jeweiligen Zusammensetzung der Unterstützungseinheit. [127] Die Empfehlungen der SKOS gehen jedoch über die Darstellung eines Berechnungssystems hinaus. Mittlerweile sind darin neben einem Anreizsystem [128] zur beruflichen und sozialen Integration auch allerlei Empfehlungen zu vielen Praxisproblemen enthalten. [129]

### 3.2.5.2.2 Gesetzliche Verankerung der SKOS-Richtlinien

Die Richtlinien der Schweizerischen Konferenz für Sozialhilfe haben nicht nur eine grosse Bedeutung in der Praxis der Sozialämter bekommen, sondern haben mittlerweile auch Einlass in die kantonale Gesetzgebung gefunden. In 16 Kantonen mit deutschsprachiger Gesetzgebung wird auf die Richtlinien der SKOS explizit verwiesen. Allerdings zeigen sich hinsichtlich Verbindlichkeit und Erlassstufe, auf welcher die Verankerung erfolgt ist, deutliche Unterschiede. Auf Gesetzesstufe findet sich der Verweis lediglich in den Kantonen Basel-Landschaft, Basel-Stadt, Freiburg, Glarus, Luzern, Solothurn sowie Uri. [130] Die Kantone Aargau, Bern, Graubünden, Nidwalden, Schwyz, Thurgau, Wallis, Zug und Zürich haben den Hinweis in den jeweiligen Verordnungen zu den Sozialhilfegesetzen angebracht. [131] Die Verankerung auf Ebene der Sozialhilfegesetze spricht wohl für einen erhöhten politischen Konsens sowie für eine gewisse Dauerhaftigkeit, lässt jedoch keine eindeutigen Rückschlüsse hinsichtlich der effektiven Anwendungspflicht zu. Relevant ist der Grad der möglichen Abweichung. Sowohl in den Gesetzen wie auch in den jeweiligen Verordnungen finden sich in sieben der genannten Kantone Formulierungen dahingehend, dass das zuständige Departement oder der Regierungsrat bei Erlass allfälliger Weisungen sich an den SKOS-Richtlinien

---

[127] Kapitel E. und F der SKOS-Richtlinien, Ausgabe 2005.

[128] Kapitel C, D und E der SKOS-Richtlinien, Ausgabe 2005. Über das neue Anreizsystem soll einerseits Verhalten, welches der sozialen oder beruflichen Integration dient, gefördert werden (Gewährung von Integrationszulagen), anderseits soll dadurch Erwerbsarbeit in der Sozialhilfe lohnenswert gemacht werden (Gewährung von Einkommensfreibeträgen). Die Anreize sind finanzieller Natur und führen zu einer Erhöhung der frei verfügbaren Mittel zugunsten der unterstützten Person. Dieses Anreizsystem zeigt jedoch nicht nur positive Auswirkungen. Je nach Anwendung in den einzelnen Kantonen, kann es zu Schwelleneffekten bei Eintritt in die Sozialhilfe und beim Austritt kommen. Diese führen mitunter dazu, dass Sozialhilfe Beziehende während der Unterstützung besser gestellt sind als vergleichbare Haushalte mit Einkommen knapp über der Sozialhilfegrenze. Für Niedriglohnverdienende entsteht dadurch eine Motivation zum Eintritt, für unterstützte Personen eine solche zum Verbleib in der Sozialhilfe. Diese kontraproduktiven Effekte sind jedoch vermeidbar. Siehe zum Ganzen: Knupfer/Pfister/Bieri, 2007, S. 8ff.

[129] Z.B. enthalten in Kapitel A und H der SKOS-Richtlinien, Ausgabe 2005.

[130] § 6 SHG Kanton Basel-Landschaft; § 7 SHG Kanton Basel-Stadt; Art. 23 SHG Kanton Glarus; § 30 SHG Kanton Luzern; § 152 SG Kanton Solothurn; Art. 28 SHG Kanton Uri.

[131] § 10 SPV Kanton Aargau; Art. 6 SHV Kanton Bern; Art. 1 ABKUG Kanton Graubünden; § 10 SHV Kanton Nidwalden; § 5 SHV Kanton Schwyz; § 2a SHV Kanton Thurgau; Art. 5 RSHG Kanton Wallis; § 9 SHV Kanton Zug; § 17 SHV Kanton Zürich.

zu orientieren habe, oder diese werden als wegweisend bezeichnet. [132] Etwas verbindlicher zeigt sich demgegenüber die in acht Kantonen gewählte Regelung, dass die SKOS-Richtlinien in der Regel oder grundsätzlich verbindlich seien, soweit Gesetz oder Verordnung keine Ausnahme vorsähen. [133]

Von den Kantonen mit deutschsprachiger Gesetzgebung finden sich innerhalb der Datengrundlage lediglich noch fünf Kantone, in denen sich weder im Gesetz noch in einer Verordnung ein Verweis auf die Richtlinien der SKOS finden lässt. Es sind dies beide Appenzell sowie die Kantone Obwalden, St. Gallen und Schaffhausen. Allerdings zeigt sich auch bei diesen ein namhafter Einfluss der SKOS-Richtlinien.

Bezüglich der beiden Kantone Appenzell lässt sich zumindest im Inventar des Bundesamtes für Statistik über die bedarfsabhängigen Sozialleistungen nachlesen, dass bei der Bestimmung der Anspruchsgrenze die SKOS-Richtlinien sowohl in Appenzell Innerrhoden wie auch in Appenzell Ausserrhoden mitberücksichtigt werden. Da beide Kantone Appenzell für das vorliegende Projekt keine Gerichtsentscheide zur Verfügung gestellt haben, lässt sich hinsichtlich der Praxis keine Auswertung über die effektive Anwendung machen.

Der Regierungsrat des Kantons St. Gallen hat bis dato seine Kompetenz (Art. 11 SHG), Richtlinien von Fachorganisationen für verbindlich zu erklären, nicht ausgeschöpft. Entsprechend steht es in der Autonomie der Gemeinden, Berechnung und Höhe von Sozialhilfeleistungen zu bestimmen. Die sankt-gallische Konferenz für Sozialhilfe (KOS) und die Vereinigung der St. Galler Gemeindepräsidentinnen und Gemeindepräsidenten lehnen sich in den von ihnen herausgegebenen Empfehlungen allerdings an die SKOS-Richtlinien an, mehr als Referenzwert kommt ihnen aber nicht zu. [134] Demgegenüber zeigt sich trotz fehlender gesetzlicher Verankerung im Kanton Obwalden, dass die SKOS-Richtlinien durch konstante Praxis eine nennenswerte Bedeutung erlangt haben. [135]

---

132 So etwa in § 6 SHG Kanton Basel-Landschaft; § 7 SHG Kanton Basel-Stadt; § 30 SHG Kanton Luzern; § 10 SHV Kanton Nidwalden; § 5 SHV Kanton Schwyz; Art. 28 SHG Kanton Uri; Art. 5 RSHG Kanton Wallis.

133 So etwa in § 10 SPV Kanton Aargau; Art. 6 SHV Kanton Bern; Art. 17 VOSHG Kanton Freiburg; Art. 23 SHG Kanton Glarus; Art. 1 ABKUG Kanton Graubünden; § 152 SG Kanton Solothurn; § 2a SHV Kanton Thurgau; § 17 SHV Kanton Zürich.

134 Siehe zum Ganzen die schriftliche Antwort der sankt-gallischen Regierung auf die Interpellation Fässler sowie die Urteile des Verwaltungsgerichts Kanton St. Gallen vom 17. September 2002, B 2002/61, und 21. August 2001, B 2001/100 und der Projektbericht des Departements des Innern des Kantons St. Gallen «Das grosse Inventar der Sozialberatungsangebote».

135 Kanton Obwalden, Regierungsratsbeschlüsse vom 30. Oktober und 13. November 2001 (Nr. 203 und 234) sowie vom 7. Januar 2002 (Nr. 361 und 362).

Das Departement des Innern des Kantons Schaffhausen hat zur Bemessung der Sozialhilfe eigene Richtlinien erlassen. Diese weisen hinsichtlich Aufbau und Inhalt eine deutliche Übereinstimmung mit den SKOS-Richtlinien auf; es wird eingangs dieser schaffhausischen Richtlinien explizit auf die Anlehnung an die SKOS-Richtlinien aufmerksam gemacht. [136]

### 3.2.5.2.3 Konsens in föderaler Vielfalt

Angesichts der obigen Auswertung kann kaum von der Hand gewiesen werden, dass die SKOS als privatrechtlicher Branchenverband die Zurückhaltung des Gesetzgebers erfolgreich kompensiert und im Kernbereich der Sozialhilfe eine Vereinheitlichung sowie einen Konsens herzustellen vermochte. Über die Qualität der gemeinsamen Basis, insbesondere über den Stand der Rechtsgleichheit für eine auf Sozialhilfe angewiesene Person, lässt sich anhand der obigen Feststellungen allerdings keine Schlussfolgerung ziehen. Wenn die Richtlinien der SKOS mittlerweile auch den Referenzwert in der Sozialhilfe schlechthin darstellen, so lassen sich trotz gesetzlicher Verankerung immer noch bedeutende Unterschiede in der Umsetzung in den einzelnen Kantonen feststellen. Diese reichen von fixen Kürzungen bei der materiellen Grundsicherung [137] über Einschränkungen bei den situationsbedingten Leistungen [138] bis hin zu Vorbehalten bei der Anpassung an die Teuerung. [139] Durch die letzte Revision der Richtlinien, bei der als zentrale Änderung die Einführung eines Anreizsystems zur beruflichen und sozialen Integration erfolgte, dürfte die Umsetzungsvielfalt zumindest hinsichtlich dieses neuen Instrumentes sogar noch zugenommen haben. [140] Letztlich kann nur eine vertiefte Analyse der gesetzlichen Grundlagen Antworten darauf liefern, welches Leistungsniveau in der ordentlichen Sozialhilfe in den einzelnen Kantonen gilt.

---

[136] Schaffhauser Richtlinien für die Bemessung der Sozialhilfe für das Jahr 2005 sowie diejenigen für das Jahr 2007.

[137] § 10 SPV Kanton Aargau legt z.B. eine Kürzung von 5% des Grundbedarfs fest.

[138] Gemäss § 2a SHV Kanton Thurgau findet die minimale Integrationszulage (C.3 der SKOS-Richtlinien) keine Anwendung. Im Kanton Solothurn ist die Benützung eines privaten Motorfahrzeuges stark eingeschränkt (§ 93 SV).

[139] § 17 SHV Kanton Zürich.

[140] C.2, C.3 und E.I.2 der SKOS-Richtlinien, Ausgabe 2005.

### 3.2.5.3 Anrechenbare Ausgaben im Rahmen der materiellen Grundsicherung

#### 3.2.5.3.1 Grundbedarf für den Lebensunterhalt

Für den Grundunterhalt gelten in allen Kantonen Pauschalbeträge, welche die üblichen Aufwendungen des Lebensunterhaltes decken. Dies ist praxisfreundlich und dient einer möglichst einheitlichen Behandlung der Hilfesuchenden. Im pauschalisierten Grundbedarf für den Lebensunterhalt finden sich im Wesentlichen folgende Haushaltspositionen abgedeckt: Nahrungsmittel, Getränke, Tabakwaren, Bekleidung, Energieverbrauch ohne Wohnnebenkosten, laufende Haushaltsführung, kleine Haushaltsgegenstände, Gesundheitspflege ohne Selbstbehalte und Franchisen, übliche Verkehrsauslagen, Nachrichtenübermittlung, Unterhaltung und Bildung sowie Körperpflege. Die jeweiligen Pauschalen sind in einer Äquivalenzskala nach jeweiliger Haushaltsgrösse abgestuft. Die zivilrechtlichen Verhältnisse innerhalb des Haushaltes sind hierbei unbeachtlich, relevant ist lediglich die Tatsache der gemeinsamen Haushaltsführung und der sich hierbei üblicherweise ergebenden wirtschaftlichen Vorteile. Die unterschiedliche Verbrauchsstruktur von Kindern spielt für die Grundpauschale keine Rolle mehr. [141]

Die hier geprüfte Rechtsprechung zum Grundbedarf für den Lebensunterhalt enthält keine Hinweise auf Abweichungen zum oben Gesagten. Ganz allgemein ist sie wenig reichhaltig, was auf eine gute Akzeptanz und wenig Praxisprobleme hinweist. Hin und wieder problematisch ist die Frage, welche Leistungen mit dem Grundbedarf für den Lebensunterhalt bereits abgegolten und welche zusätzlich zu übernehmen sind. Streitpunkte sind hierbei die Kosten für die Haltung von Haustieren, [142] Abgrenzungen zwischen Pauschale und Wohnnebenkosten (z.B. Heizstrom) [143] und Pauschale und Erwerbsunkosten (z.B. Verkehrsauslagen) [144] sowie die Frage, ob die Aufwendungen für die Stellensuche (Telefonate, Porti, Reisekosten) speziell zu vergüten oder bereits durch den Grundbedarf gedeckt sind. [145]

---

[141] Kapitel B der SKOS-Richtlinien, Ausgabe 2005.

[142] Kanton Waadt, Urteil vom 20. März 2003, TA PS.2002.0178, in welchem ausgeführt wird, dass die Kosten für die Haltung eines Hundes mit dem Grundbedarf für den Lebensunterhalt abgedeckt seien (siehe auch B.2 der SKOS-Richtlinie, Ausgabe 2005) und deshalb der monatliche Geldbeitrag des Vaters der unterstützten Person für die Hundehaltung vollumfänglich ins Budget als Einnahme einzurechnen sei.

[143] Kanton Aargau, Urteil vom 21. Juli 2004, AG 2004.00115, S. 12.

[144] Kanton Zürich, Urteil vom 8. März 2004, VB.2004.00009, S. 6.

[145] Kanton Aargau, Urteile vom 13. August 2004, AG 2004.00153, und vom 13. Oktober 2005, AG 2005.00146. In beiden wird davon ausgegangen, dass die Ausgaben für Telefon und Porti, welche für Bewerbungen anfallen, durch den Grundbedarf im Regelfalle abgedeckt sind.

### 3.2.5.3.2 Zuschläge zum Grundbedarf

Gemäss den SKOS-Richtlinien aus dem Jahre 2000 wurde der Grundbedarf für den Lebensunterhalt (Grundbedarf I) um einen besonderen Zuschlag, den Grundbedarf II, ergänzt. Während der Grundbedarf I die Aufwendungen für eine menschenwürdige Existenz abdeckte, bezweckte der Grundbedarf II die regional differenzierte Erhöhung der Grundpauschale auf ein Niveau, das eine Teilhabe am sozialen und gesellschaftlichen Leben erleichtert. Ziel war es, die soziale Integration bzw. die Wiedereingliederung zu erreichen, indem der auf Unterstützung angewiesenen Person durch diesen Zusatz eine Wahlmöglichkeit bei den Gütern bzw. eine Teilnahme an sportlichen oder kulturellen Anlässen oder ein besserer Zugang zur Bildung finanziell ermöglicht wurde. Der Grundbedarf II war allen Haushaltungen zu gewähren, soweit keine besonderen Gründe dagegen sprachen. [146] Die Höhe des Grundbedarfs II entsprach im Mittel 10% des Grundbedarfs I, war in den SKOS-Richtlinien jedoch nicht als fixer Betrag aufgeführt, sondern als eine jeweils pro Haushaltsgrösse abgestufte Bandbreite von +/-5% des Mittelwertes. Damit sollte den regionalen Unterschieden hinsichtlich des Lebensstandards Rechnung getragen werden. [147] Damit stand es in der Kompetenz der Behörden, die Höhe jeweils pro Anwendungsgebiet festzulegen. [148] Der Grundbedarf II ist mit der Revision der Richtlinien verschwunden. [149]

Eine weitere Komponente zur Erhöhung des Grundbedarfs I bildete der sogenannte «Zuschlag zum Grundbedarf I». Dieser stand Haushalten zu, in welchen mehr als zwei Personen im Alter über 16 Jahren lebten. Der Zuschlag zum Grundbedarf stellte eine Relativierung der beim Grundbedarf I bestehenden Äquivalenzskala dar. Dies wurde für nötig erachtet, weil sich bei einem Haushalt mit mehreren Personen in einem Alter über 16 Jahre die Ausgabenpositionen nicht mehr in demselben Verhältnis reduzieren lassen, da die individuellen Ausgaben z.B. für Bekleidung, Körperpflege, Verkehrsauslagen, Sport und Bildung, zunehmen würden. Im Weiteren sollten Jugendliche über 16 Jahre mit dem gewährten

---

146 Mitunter bestand die Praxis, bei Überbrückungshilfen während der durch die Arbeitslosenversicherung verfügten Einstelltage keinen Grundbedarf II auszubezahlen, was aber bei Beginn einer dauerhaften Unterstützung nicht Geltung haben darf (Kanton Zürich, Urteil vom 10. Oktober 2005, VB.2005.00265).

147 Vgl. zum Grundbedarf II die SKOS-Richtlinie B.2.4, Ausgabe 2000, sowie Kanton Waadt, Urteil vom 5. Juni 2003, TA PS 2003/0014, 2c/cc.

148 Kanton Zürich, Urteil vom 2. Juni 2005, VB.2005.00148 zur Festsetzung von Beträgen mit kantonsweiter Geltung infolge Sparmassnahmen; Kanton Zürich, Urteil vom 5. Dezember 2002, VB.2002.00309, E. 4b zur Autonomie jeder einzelnen Gemeinde, den Betrag für ihren Zuständigkeitsbereich festzusetzen. Im Kanton St. Gallen ist infolge der fehlenden Verbindlichkeit der SKOS-Richtlinien sogar die generelle Verweigerung des Grundbedarfs II möglich (Kanton St. Gallen, Urteil vom 21. August 2001, SG 5-01).

149 Im Kanton Aargau blieb er erhalten, weil die Richtlinien vor der Revision in Anwendung geblieben sind (§ 10 Abs. 3 SPV Kanton Aargau).

Zuschlag die Möglichkeit erhalten, einen Teil ihrer Ausgaben eigenverantwortlich zu verwalten. [150] Der Zuschlag zum Grundbedarf ist ebenfalls mit der Revision der Richtlinien dahingefallen. [151]

Während der Zuschlag zum Grundbedarf in der untersuchten Rechtsprechung nicht von Bedeutung ist, erweist sich diese für den Grundbedarf II als wesentlich reicher. Dabei stehen nicht besondere Anwendungsprobleme im Mittelpunkt, sondern zentral ist die Tatsache, dass der Grundbedarf II bei Pflichtverletzungen häufig und rasch gestrichen wird. Dies, weil er in der Stufenfolge der Kürzungsmöglichkeiten gleich nach dem Streichen der situationsbedingten Leistungen folgt und durch diese Sanktion kein Eingriff in das absolute Existenzminimum geschieht. [152]

### 3.2.5.3.3  Wohnkosten

Der Anspruch auf Obdach ist Teil des Grundrechtes auf Hilfe in Notlagen. [153] Der Anspruch umfasst mehr als ein blosses Dach über dem Kopf, welches vor Witterungseinflüssen schützt. Es besteht Anspruch auf ein menschenwürdiges Obdach, also auf eine Unterkunft, in welcher der Einzelne in zumutbarer Weise seinen Grundbedürfnissen nach Bewegung, Luft und Licht, Wärme, Schlaf, Körperhygiene und privater Rückzugsmöglichkeit nachgehen kann. Die Unterkunft hat über eine ausreichende Grundausstattung zu verfügen, insbesondere bezüglich einer genügenden Belüftung, Beleuchtung, Beheizbarkeit und genügender sanitärer Anlagen. Ob eine Unterkunft zumutbar ist, bemisst sich nach der Lage im Einzelfall, wobei auch die Dauer der Notlage von Relevanz ist. [154] Die Verhältnisse auf dem Wohnungsmarkt sind mitzuberücksichtigen. [155] Dabei stellt sich oft die Frage, welche Wohnungsgrösse und welcher Mietzins für eine bestimmte Unterstützungseinheit angemessen sind. [156] Im Rahmen der ordentlichen Sozial-

---

150 Vgl. zum Zuschlag zum Grundbedarf die SKOS-Richtlinie B.2.3, Ausgabe 2000.

151 Nicht so im Kanton Aargau, weil die Richtlinien vor der Revision in Anwendung geblieben sind (§ 10 Abs. 2bis SPV Kanton Aargau).

152 Kanton Aargau, Urteil vom 14. Februar 2005, AG 2004.00259, E. 4a; Kanton Basel-Stadt, Urteil vom 20. August 2003, 788–2002 und Urteil vom 7. September 2000, 660–2000; Kanton Zürich, Urteil vom 2. April 2004, VB.2004.00020, Urteil vom 18. März 2005, VB.2005.00036 und Urteil vom 29. September 2005, VB. 2005.00312, S. 4; Kanton Schwyz, Urteil vom 10. Dezember 2004, Nr. 905-041; Kanton Bern, Urteil vom 5. März 2003, Nr. 21576U BE05.03, S. 13.

153 *Müller*, 1999, S. 166 mit Verweis auf BGE 121 I, S. 371.

154 *Amstutz*, 2002, S. 235 f., im Weiteren die konkretisierenden Ausführungen auf S. 212 ff.

155 So z.B. ausdrücklich geregelt in § 11 SHV Kanton Basel-Landschaft, Art. 11 Abs. 2 VOSHG Kanton Freiburg.

156 Dabei können auch die erhöhten Platzbedürfnisse von selbständig Erwerbenden eine Rolle spielen (Kanton Zürich, Urteil vom 2. August 2004, VB.2004.00247, E. 2.4, Abweisung).

hilfe [157] ist im Unterstützungsbudget meist der vertraglich vereinbarte Mietzins anzurechnen, soweit dieser im ortsüblichen Rahmen liegt. [158] Denkbar wäre aber auch die Regelung, dass Sozialhilfeempfangende angehalten sind, grundsätzlich nur Wohnungen zu beziehen, die günstig und damit unterhalb des ortsüblichen Rahmens liegen. [159] In der Praxis gelten vielerorts Richtlinien über die jeweils zulässige Höhe von Mietzinsen pro Unterstützungseinheit. [160] Diese berechtigen allerdings nicht dazu, die Übernahme einer hohen Miete zu verweigern, wenn nachgewiesen ist, dass auf dem lokalen Wohnungsmarkt keine günstigere, angemessene Wohnung angeboten wird. [161]

Familien steht meist eine Familienwohnung zu, [162] Einzelpersonen ist auch eine Einzimmer-Wohnung oder ein Untermietverhältnis zumutbar. [163] Von jungen Erwachsenen, insbesondere soweit sie sich noch in Ausbildung befinden, wird erwartet, dass sie bei ihren Eltern verbleiben oder sich eine günstige und einfache Wohngelegenheit suchen. [164]

---

[157] Bei der Sozialhilfe an Asylsuchende ist es üblich, die einzelnen Personen oder Familien in speziellen Zentren unterzubringen oder diesen direkt Wohnungen zuzuweisen; zumutbares Obdach wird also konkret zur Verfügung gestellt.

[158] Siehe SKOS-Richtlinie B.3, Ausgabe 2005 zudem ist die Ortsüblichkeit z.B. ausdrücklich geregelt in Art. 8 ABKUG Kanton Graubünden.

[159] So z.B. noch die Regelung in § 4 SHV Kanton Solothurn, wie sie bis Ende 2005 galt: *«Generell werden Mietzinse nur im Rahmen einer nach Familienzahl angepassten Grösse und höchstens bis zur ortsüblichen Höhe vergütet.»*

[160] Vgl. z.B. die Tabelle über die Wohnkostengrenzen in den Unterstützungsrichtlinien 2007 der Stadt Basel oder das Sozialhilfehandbuch Luzern (B.3), das Sozialhilfehandbuch Solothurn (M.03) und das Sozialhilfehandbuch Bern (Stichwort «Mietzins»), in welchen den einzelnen Behörden aufgetragen wird, die ortsüblichen Mittelwerte zu bestimmen.

[161] Kanton Waadt, Urteil vom 19. Juli 2004, TA PS 2003.0154, in welchem allerdings ausgeführt wird, die effektiven Kosten seien nur unter der Bedingung weiterhin zu übernehmen, dass die betroffene Person die Wohnungssuche weiterführt und die bisherige Wohnung bei Erfolg möglichst rasch verlässt.

[162] Eine 5- bis 6-Zimmer-Wohnung wurde für eine siebenköpfige Familie als angemessen gesehen (Kanton Solothurn, Urteil vom 15. Juni 2000, VWG/IDI/oo/o5, E. 5. Eine 2-Zimmer-Wohnung wurde für eine Familie Asylsuchender mit vier Erwachsenen und zwei Kindern als zu klein, eine 3-Zimmer-Wohnung jedoch für genügend erachtet (Kanton Basel-Landschaft, Urteil vom 5. Februar 2003, E. 4). Eine 3- bis 4-Zimmer-Wohnung erschien für einen alleinerziehenden Elter mit zwei verschiedengeschlechtlichen Kindern angemessen (Kanton Aargau, Urteil vom 17. Dezember 2004, 2004.00352, S. 6). Bestehende Besuchsrechtsregelungen sind bei der Wohnungsgrösse zu berücksichtigen, allerdings sei es nicht Aufgabe der Sozialhilfe, ideale Verhältnisse für die Kinderbetreuung (z.B. ein Zimmer pro Kind) herzustellen (Kanton Aargau, Urteil vom 31. März 2004, 2003.00359, S. 12).

[163] *Wolffers*, 1993, S. 142. Eine einzelne Person habe keinen Anspruch auf eine 4-Zimmer-Wohnung (Kanton Thurgau 17. Dezember 2003, S. 6f.).

[164] Kapitel H.11 der SKOS-Richtlinien, Ausgabe 2005. Wobei anzumerken ist, dass es fraglich erscheint, ob die Ansicht, von jungen, volljährigen Erwachsenen könne verlangt werden, in den elterlichen Haushalt zurückzukehren, nicht gegen die Niederlassungsfreiheit verstösst.

Der Bezug von wirtschaftlicher Hilfe kann mit Weisungen verbunden werden, so auch mit der Auflage, eine günstigere Wohnung zu suchen und in eine solche umzuziehen. [165] Im Einzelfall ist zu prüfen, ob der Umzug angesichts der Grösse und Zusammensetzung einer Familie, [166] des Alters und der Gesundheit der Betroffenen [167] sowie deren Verwurzelung und sozialen Integration zumutbar erscheint. [168] Auflagen in Verfügungen sind im Verwaltungsrecht ganz generell nur zulässig, soweit sie nicht sachfremd sind bzw. einem gesetzlich bestimmten Ziel dienen. [169] In diesem Sinne kann der Umzug in eine günstigere Wohnung nur verlangt werden, wenn dadurch auch eine relevante Kosteneinsparung zu erreichen ist. [170] Wird der Umzug in eine günstigere Wohnung innerhalb einer verhältnismässigen Frist [171] verweigert, so kann auf einen angemessenen Mietzinsansatz gekürzt werden. [172] Die einzelnen Personen sind bei ihren Bemühungen um eine günstigere Wohnung zu unterstützen. Die Behörde ist dabei nicht gehalten, eine konkrete Wohnung zur Verfügung zu stellen, sondern lediglich, adäquate Hilfestellung – z.B. durch Verweis auf Angebote – zu geben. Erst bei Verlust der Wohngelegenheit ohne Anschlusslösung ist eine Notunterkunft bereitzustellen. [173]

---

**165** Siehe den Beitrag von *Vogel*, 5.2.3 (Wohnungswechsel).

**166** Insbesondere können sich bauliche Eigenschaften einer Wohnung (z.B. eine gefährliche Treppe) für Kinder als ungünstig erweisen und deshalb dem Umzug entgegenstehen, auch wenn diese Wohnung besonders günstig wäre (Kanton Waadt, Urteil vom 10. November 2004, TA PS.2003.0227).

**167** Umzug wird trotz schwerer Essstörung und der Wahrscheinlichkeit, dass der Wohnungswechsel eine leichte Verschlechterung der Krankheit auslösen kann, für zumutbar erachtet (Kanton Obwalden, RRB vom 7. Januar 2002, Nr. 361, E. 3.2). Wohnungssuche wurde trotz phasenweise intensiv auftretender Depression für zumutbar erachtet (Kanton Aargau, Urteil vom 1. September 2005, 2005.139, S. 8 f.). Das Vorliegen von POS bei einem Kinde und das damit verbundene Bedürfnis auf ein stabiles Lebensumfeld zur Verbesserung der Beeinträchtigung können einem Umzug entgegenstehen (Kanton Bern, Urteil vom 4. November 2002, Nr. 21480U, S. 8).

**168** Der längere Verbleib in einer Wohnung stellt keinen Grund dar, von Unzumutbarkeit auszugehen (Kanton Thurgau 17. Dezember 2003, S. 6f.). Ebenso reichen das Aufwachsen und die spätere berufliche Aktivität in einem Quartier nicht unbedingt aus, um eine berücksichtigbare Verwurzelung anzunehmen (Kanton Zürich, Urteil vom 29. März 2005, VB.2005.00053, S. 3 f.).

**169** *Häfelin/Müller*, 1998, N 733.

**170** Kanton Solothurn, Urteil vom 17. Dezember 2003, VWBES_2003_299, S. 4.

**171** Insbesondere ist auch auf eine allfällige Kündigungsfrist Rücksicht zu nehmen (Kanton St. Gallen, Urteil vom 25. Oktober 2000, SG 8-00); Kanton Solothurn, Urteil vom 24. Oktober 2000, VWG/IDI/00/23, E. 4c); allerdings hat die unterstützte Person den Nachteil zu tragen, wenn sie die angesetzte Frist zur Suche einer Wohnung nicht nutzt und zu spät mit ihrer Suche beginnt (Kanton Waadt, Urteil vom 9. Dezember 2004, TA PS.2004.0076).

**172** Kanton Waadt, Urteil vom 26. Mai 2003, TA PS.2003.0015.

**173** Kanton Schwyz, Urteil vom 28. September 2005, 880-05, E. 3.3; Kanton Zürich, Urteil vom 23. Dezember 2004, VB.2004.00318, E. 7.2.

Längerfristig unterstützte Personen haben grundsätzlich keinen Anspruch auf Erhalt ihres Wohneigentums. Allerdings ist der Verbleib im Eigenheim zulässig, wenn die anrechenbaren Wohnkosten (Hypothekarzins ohne Amortisation [174]) mit der Marktmiete einer angemessenen Mietwohnung vergleichbar sind. [175] Soweit sich Mehrkosten ergeben, ist zu prüfen, ob diese nicht durch eine Grundpfandsicherheit zu Gunsten des unterstützenden Gemeinwesens abgesichert werden können. [176] Kann die Liegenschaft zu annehmbaren Kosten weiterhin von der unterstützten Person bewohnt werden, ist auf eine Verwertung zu verzichten. Es kann ebenfalls von einer solchen abgesehen werden, wenn eine Ablösung von der Sozialhilfe kurzfristig möglich erscheint, das Wohneigentum einen bedeutenden Teil der Alterssicherung darstellt oder wenn ein zu geringer Erlös zu erwarten ist. [177] Allerdings erscheint es in solchen Fällen angezeigt, Alternativlösungen wie das Weiter- oder Untervermieten der Liegenschaft zu prüfen. Ist der Erhalt von Grundbesitz sinnvoll, so ist empfohlen, eine Rückerstattungspflicht mit einer Grundpfandsicherung zu vereinbaren. [178]

Die Untersuchung der Rechtsprechung im gewählten Zeitabschnitt bestätigt die obigen Ausführungen, wie den Verweisen entnommen werden kann. Auf gewisse Besonderheiten ist jedoch nachfolgend zusätzlich hinzuweisen.

Lehre und Praxis erläutern, dass überhöhte Mietkosten gekürzt werden können, wenn die Annahme eines «konkreten Angebots» auf zumutbaren günstigeren Wohnraum verweigert wird. Die Wohnungskosten dürfen dabei um die Differenz zwischen der bewohnten teuren und abgelehnten günstigeren Wohnung gekürzt werden. [179] Der Wortlaut wird in der Praxis jedoch nicht eng ausgelegt. Als Verweigerung gilt auch, wenn die unterstützten Person keine oder nur ungenügende Suchbemühungen unternimmt, und es kann hierbei eine Herabsetzung auf den

---

[174] Kanton St. Gallen, Urteil vom 9. November 2004, B 2004-137, E. 2d.

[175] Oder so sogar der Umzug in eine teurere Mietwohnung verhindert werden kann (Kanton Waadt, Urteil vom 14. Juli 2000, TA PS.2000.0007.

[176] SKOS-Richtlinie B.3, Ausgabe 2005.

[177] Kanton Zürich, Urteil vom 23. Dezember 2004, VB 2004.00318.

[178] SKOS-Richtlinie E.2.2, Ausgabe 2005.

[179] *Wolffers*, 1993, S. 143, so auch zitiert in Kanton Solothurn, Urteil vom 17. Dezember 2003 VWBES_2003_299, S. 3 und 4.

ortsüblichen Mietpreis für eine angemessene Wohnung erfolgen. [180] Weiter ist zu erwähnen, dass die vertragliche Abmachung einer Mindestmietdauer oder von langen Kündigungsfristen nicht dazu berechtigt, nicht umziehen zu müssen. Die unterstützte Person ist aufgefordert, einen Nachmieter zu suchen. [181] Zu relativieren ist auch die Regel, dass eine überhöhte Anfangsmiete in jedem Falle bis zur Verfügbarkeit einer günstigeren Lösung zu übernehmen ist. Wer in eine zu teure Wohnung zieht, obwohl er aus früherer Erfahrung weiss, dass es in der Gemeinde sozialhilferechtliche Beschränkungen in der Höhe der Mietkosten gibt, und davon ausgehen muss, bald wieder Hilfe zu benötigen, handelt gegen Treu und Gauben und verdient keinen Schutz. [182] Zudem ist die Sozialhilfebehörde nicht verpflichtet, die Erhöhung der Mietkosten infolge eines eigenmächtig vorgenommenen Umzugs einer unterstützten Person zu übernehmen. [183] Kommt es zu einem längeren Unterbruch der Sozialhilfe, so kann demgegenüber bei erneuter Unterstützung nicht ohne Weiteres an eine alte Weisung angeknüpft und eine sofortige Kürzung der Wohnkosten vorgenommen werden. [184] Weiter weist die untersuchte Rechtsprechung darauf hin, dass die Pflicht, überhöhte Wohnkosten zu vermeiden, den Behörden nicht erlaubt, zu bestimmen, wo eine unterstützte Person zu wohnen hat. Es können im Rahmen der ordentlichen Sozialhilfe [185] nicht einfach rechtsverbindlich Wohnungen zugewiesen werden, im Rahmen der

**180** Bundesgerichtsurteil vom 7. September 2004, 2P.207/2004; Kanton Solothurn, Urteil vom 19. September 2003, VWBES_2003_191, S. 4 f.; Kanton Aargau, Urteil vom 17. Dezember 2004, 2004.00352, S. 1of.; Kanton Waadt, Urteil vom 27. August 2003, TA PS.2003.0015, und Kanton Zürich, Urteil vom 24. Februar 2005, VB.2004.00507. Letztgenannter Entscheid hält darüber hinaus fest, dass die Pflichtverletzung bei mangelnder Wohnungssuche nie mit einer Kürzung des Grundbedarfs gestraft werden könne, da Wohnungskosten und Grundbedarf zwei zu unterscheidende Komponenten der materiellen Grundsicherung darstellen würden. Die Ortsüblichkeit lässt sich anhand vergleichbarer, ausgeschriebener Mietobjekte ermitteln (Kanton Schaffhausen, Urteil vom 20. Juni 2003, 60_2003_17, E. 2).

**181** Kanton Zürich, Urteil vom 29. März 2005, VB.2005.00053, S. 3 f., und Urteil vom 23. August 2002, VB.2002.00113, E. 4c; Kanton Aargau, Urteil vom 13. Oktober 2005, 2005.99, S. 16 f.; Kanton Graubünden, Urteil vom 3. Juni 2003, U 03 18, E. 2c.

**182** Kanton Aargau, Urteil vom 14. Mai 2004, 2004.00098, S. 9 ff. Im Gegenzug gilt aber, dass die Gemeinde sich auf ihre Zusicherung, die Mietkosten einer bestimmten Wohnung würden den Sozialhilfenormen entsprechen, behaften lassen muss (Kanton Waadt, Urteil vom 17. März 2005, PS TA.2004.0297).

**183** Kanton Basel-Stadt, Urteil vom 12. August 2004, 679–2004, S. 3f., und Kanton Zürich, Urteil vom 6. April 2005, VB.2005.00020, S. 3 f. Letztgenannter Entscheid führt aus, dass es sich in einem solchen Falle nicht um eine Kürzung handle, weshalb auch das spezifische Kürzungsverfahren nicht einzuhalten sei, sondern es handle sich um eine Verweigerung von Mehrkosten. Beachte zum Kürzungsverfahren in Zürich Urteil vom 7. April 2000, VB.2000.00085, E. 2d.

**184** Kanton Zürich vom 4. Juni 2002, VB.2002.00127, E. 3b, und Kanton Solothurn, Urteil vom 20. Dezember 2005, VWBES_2005_307, S. 10.

**185** Anders bei der Sozialhilfe an Asylsuchende.

ortsüblichen Preise besteht also eine Wahlfreiheit [186]. Abschliessend ist noch zu erwähnen, dass es trotz Abschiebeverbot mitunter für zulässig erachtet wird, dass eine Person ihre Suchbemühungen nach einer günstigeren Wohnung auf umliegende Gemeinden oder die Region auszuweiten hat. [187]

### 3.2.5.3.4 Wohnnebenkosten

Sozialhilferechtlich zu übernehmen sind neben den Wohnungskosten die vertraglich vereinbarten Nebenkosten bzw. bei erhaltenswertem Wohneigentum die offiziellen Gebühren sowie die absolut nötigen Reparaturkosten. Kosten für Heizung und Warmwasser sind nach effektivem Aufwand zu vergüten, sofern sie nicht über die Wohnnebenkosten mit dem Vermieter abgerechnet werden. [188]

In der kantonalen Rechtsprechung des untersuchten Zeitraumes haben die Nebenkosten keine relevante Bedeutung aufgewiesen. [189]

### 3.2.5.3.5 Medizinische Grundversorgung

Die medizinische Grundversorgung ist ein Teil des Grundrechts auf Hilfe in Notlagen. Gemeint ist damit der Zugang zu einer grundlegenden medizinischen Versorgung und nicht ein Recht auf Gesundheit. Die medizinische Grundversorgung umfasst demnach grundsätzlich nur Behandlungen, die der Erhaltung des Lebens, der Abwehr ernsthafter Gesundheitsschäden und der Vermeidung unzumutbaren Leidens dienen. [190] Die medizinische Grundversorgung in der Schweiz ist durch die obligatorische Krankenversicherung abgedeckt. [191] Versicherte Personen in bescheidenen wirtschaftlichen Verhältnissen erhalten von den Kantonen Beiträge zur Deckung ihrer Krankenversicherungsprämien [192]. Damit gelten die Kosten für die obligatorische Krankenversicherung prinzipiell nicht als Sozi-

---

186 Kanton Schwyz, Urteil vom 22. Dezember 2000, 909-00, E. 3e und 3f; Kanton Graubünden, Urteil vom 10. Oktober 2000, U 00 75, E. 3b; Kanton Schwyz, Urteil vom 30. Juni 2005, 852-05, E. 5.2, 5.3 und 6. Abweichend jedoch Kanton Thurgau, Urteil vom 4. Juli 2001, V140, S. 6 f., wobei die Zuweisung einer fixen Wohnung nicht gegen das Grundrecht auf Hilfe in Notlagen verstösst, da die Gewährung eines Obdachs hier auch konkret erfolgen kann. Ebenfalls ist eine Abweichung im Kanton Waadt festzustellen, Urteil vom 10. November 2004, TA PS.2003.0227, demzufolge die betroffene Person wegen ihrer Pflicht, den Sozialhilfebezug möglichst zu senken, verpflichtet ist, die günstigere Wohnung zu nehmen, auch wenn die teurere im Rahmen der zulässigen Mietzinsrichtlinien liegt.

187 Kanton Aargau, Urteil vom 19. November 2004, 2004.00284, S. 7, und Kanton Zürich, Urteil vom 23. Dezember 2004, VB.2004.00318, E. 7.2. Siehe dazu auch die Ausführungen im Beitrag von *Vogel*, 3.2.2 (Ausgewählte Grundrechte).

188 SKOS-Richtlinie B.3, Ausgabe 2005.

189 Problematisch waren allenfalls Abgrenzungsprobleme zu den mit dem Grundbedarf bereits abgegoltenen Stromkosten, vgl. Fussnote 131.

190 *Amstutz*, 2002, S. 237 und 244.

191 Kanton Basel-Stadt, Urteil vom 17. Januar 2005, 702-2004, E. 2b.

192 Art. 65 KVG, SR 832.10, Prämienverbilligung durch die Kantone.

alhilfe, sondern stellen ein Leistungsfeld des Sozialversicherungsrechts dar. [193] In diesem Sinne ist auch eine Weiterverrechenbarkeit nach Zuständigkeitsgesetz ausgeschlossen. [194] Jener Teil der Prämien, den bedürftige Personen allenfalls selbst bezahlen müssen, ist aber als Aufwandposition im Unterstützungsbudget zu berücksichtigen, ebenso wie die Kosten für Selbstbehalte und Franchisen [195] Trotz des Versicherungsobligatoriums gibt es nach wie vor Personen, die keinen Versicherungsschutz haben. Hier soll die Sozialhilfebehörde um die Anmeldung besorgt sein. [196]

Die unerlässliche medizinische Grundversorgung umfasst auch die nötigsten Zahnbehandlungen. Soweit kein Versicherungsschutz besteht, hat die Sozialhilfebehörde die Kosten zu übernehmen. [197] Soweit grössere zahnärztliche Behandlungen vorzunehmen sind, ist es regelmässig angezeigt, Kostenvoranschläge einzuholen, anhand deren auch das Behandlungsziel festgelegt wird. [198] Für Notfallbehandlungen gilt dies jedoch nicht. [199] Notfallbehandlungen sollen Patienten schmerzfrei und kaufähig machen, was mit einfachen, teilweise provisorischen Mitteln zu erreichen ist. Eine einfache und zweckmässige Sanierung besteht demgegenüber in der Entfernung nicht erhaltenswürdiger Zähne und Wurzelreste, in der Erhaltung strategisch wichtiger Zähne, im Legen von Füllungen und in der zur Erhaltung der längerfristigen Kaufähigkeit nötigen Lückenversorgung mit teilprothetischen Methoden. Kronen- und Brückenversorgung fallen dabei regelmässig nicht unter den Begriff der einfachen Sanierung, solange die Ge-

**193** Kanton Schaffhausen, Urteil vom 30. Dezember 2002, 60_2002_43, S. 5.

**194** *Thomet*, 1994, N 76.

**195** Kanton Solothurn, Urteil vom 19. September 2000, VWG/IDI/00/28, E. 3a, und Urteil vom 2. Juli 2003, VWBES_2003_111.

**196** SKOS-Richtlinie B.4 und H.8, Ausgabe 2005.

**197** Da die nötigsten Zahnbehandlungen einen Teil des Grundrechts auf Hilfe in Notlagen darstellen, ist es regelmässig nicht erlaubt, der bedürftigen Person eine Kostenbeteiligung aufzuerlegen (Kanton Zürich, Urteil vom 11. März 2003, VB.2002.00417, E. 3). Anders läge der Fall wohl, wenn eine Zahnbehandlung nötig würde, weil eine unterstützte Person trotz Wissens um die Gefahr eine angemessene Mundhygiene unterlässt.

**198** *Wolffers*, 1993, S. 146. Das Fehlen einer vorgängigen Kostengutsprache berechtigt im Übrigen nicht ohne Weiteres, die Behandlungsauslagen zu verweigern. Soweit eine Behandlung notwendig, einfach wirtschaftlich und zweckmässig ist, muss sie von der Sozialhilfe im Rahmen der Existenzsicherung jedenfalls übernommen werden. Dies gilt jedoch nicht für Kosten, die sich als unnötig herausgestellt haben (Kanton Bern, Urteil vom 6. März 2003, Nr. 21499U, und Kanton Zürich, Urteil vom 5. März 2004, VB.2004.00019, E. 3.3).

**199** SKOS-Richtlinie B.4.2, Ausgabe 2005.

bissfront nicht davon betroffen ist. [200] Die Kosten sind jedenfalls zum SUVA-Tarif oder zum Sozialtarif des jeweiligen Kantons zu übernehmen. [201] Gemäss SKOS-Richtlinien hat die Sozialhilfe auch für die jährliche Zahnkontrolle und Dentalhygienebehandlung aufzukommen. [202]

Die Rechtsprechung im untersuchten Zeitraum erweist sich hinsichtlich der ärztlichen Behandlungen angesichts der recht umfassenden Leistungsabdeckung durch die obligatorische Krankenversicherung erwartungsgemäss als nicht besonders ergiebig. Behandlungen, welche im Rahmen des Leistungskatalogs der Grundversicherung keine Deckung finden, werden grundsätzlich nur in Ausnahmefällen übernommen. [203] Solche Ausnahmen werden bei Therapien gegen Suchtmittelerkrankungen gemacht. [204] Die Aufnahme einer Suchttherapie ist regelmässig vorgängig durch eine Kostengutsprache bewilligen zu lassen, [205] zumal auch die Notwendigkeit und Angemessenheit einer Therapie geprüft werden soll.

---

[200] SKOS-Richtlinie H.2., Ausgabe 2005 und Kanton Zürich, Urteil vom 28. April 2000, VB.2000.00104, E. 2c. Das Verwaltungsgericht Graubünden befand, dass der Bedürftige sich auch bei einer Zahnsanierung mit Lösungen von teilweise provisorischem Charakter abzufinden habe, da ihm zuzumuten sei, später einmal eine definitive Sanierung selbst zu bezahlen. Die Behandlung erfolgte in diesem Falle jedoch während eines Strafvollzuges (Kanton Graubünden, Urteil vom 28. September 2001, U 01 76, E. 3b).

[201] SKOS-Richtlinie B.4.2, Ausgabe 2005.

[202] *Amstutz*, 2002, S. 247, Fussnote 434, rechnet die Übernahme dieser Auslagen nicht ohne Weiteres zum Leistungsumfang des Grundrechts auf Hilfe in Notlagen. Angesichts der Tatsache, dass in der Schweiz Personen in wirtschaftlich bescheidenen Verhältnissen aus finanziellen Gründen häufig auf regelmässige Zahnkontrollen verzichten, könne es nicht von vornherein als grob stossend oder sozial unhaltbar gelten, wenn einem Sozialhilfeabhängigen die Kosten der Zahnkontrolle und Dentalhygiene nicht einmal pro Jahr übernommen würden.

[203] Keine Übernahme von Spitalkosten, welche nicht durch die Grundversicherung gedeckt sind (Kanton Basel-Stadt, Urteil vom 10. Dezember 2002, 663–2002, ebenso keine Kostenübernahme bei einer alternativmedizinischen Behandlung (Kanton Zürich, Urteil vom 15. Oktober 2002, VB.2002.00254, E. 2a und 2c). Keine Übernahme der Kosten für das ärztlich verschriebene Medikament «Viagra» gegen erektile Dysfunktion. Keine Rolle spielt allerdings der Umstand, dass gewisse Aufwendungen für die Gesundheit (Ankauf einer Brille) im Ausland getätigt wurden (Kanton Waadt, Urteil vom 11. September 2003, TA PS.2001.0169).

[204] Der in einem Spital durchgeführte Drogenentzug stellt eine Pflichtleistung der Krankenkasse dar, ebenso gilt dies unter bestimmten Voraussetzungen für Substitutionsbehandlungen bei Opiatabhängigkeit (santésuisse, 2007, S. 326). Bei Zweitem ergeben sich aber erhöhte Selbstbehalte, die jedoch von der Sozialhilfe zu übernehmen sind (so auch im Kanton Graubünden, Urteil vom 16. April 2002, U 01 132, E. 2a und 2b). Die nach dem Entzug folgende Rehabilitationstherapie muss dann aber häufig zu einem grossen Teil über die Sozialhilfe finanziert werden, wobei Art und Umfang sowie Notwendigkeit vorgängig zu prüfen sind (Kanton Zürich, Urteil vom 19. Mai 2004, VB. 2004.00088, E. 3.3, Abweisung einer stationären Therapie). Bei Schwerstsüchtigen stellt sich die Frage, ob ihnen die Teilnahme an einer Therapie zwecks Wahrung der Menschenwürde zusteht (so ausgeführt im Kanton Solothurn, Urteil vom 10. November 2006, VWG/IDI/00/30, E. 4a).

[205] Siehe oben unter 3.2.4.4. und Kanton Zürich, Urteil vom 16. November 2000, VB.2000.00302, E. 2b.

Die Rechtsprechung zu den zahnärztlichen Behandlungen erweist sich infolge des geringeren Grundversicherungsschutzes als etwas reicher. Die obigen Erläuterungen sind jedoch nicht weiter zu ergänzen.

### 3.2.5.3.6 Sozialversicherungen

Sozialversicherungsrechtliche Mindestbeiträge gelten in der Praxis nicht als Sozialhilfe im engeren Sinne. Sie unterliegen insbesondere nicht der Rückerstattungspflicht und lösen auch keine Verwandtenunterstützungspflicht aus. [206] In Art. 11 der AHVG (SR 831.10) und Art. 3 IVG (SR 831.20) können die Mindestbeiträge, deren Bezahlung für einen obligatorisch Versicherten eine grosse Härte bedeutet, mit einem begründeten Gesuch erlassen werden. Der Wohnsitzkanton bezahlt für diese Personen hernach den Mindestbeitrag, wobei die Wohnsitzgemeinden zur Mittragung herangezogen werden können. Organisatorisch kann die Bezahlung der Mindestbeiträge tatsächlich über die Sozialhilfebehörden erfolgen, was aber nichts daran ändert, dass die Auslagen nicht der Sozialhilfe im engeren Sinne zuzuschlagen sind, sondern eher Leistungen der Sozialversicherungen darstellen. Dies ändert jedoch nichts an der Pflicht der Sozialhilfebehörden, unabhängig von der jeweiligen Organisation dafür besorgt zu sein, dass bedürftige Personen den mindestnotwendigen Versicherungsschutz geniessen. [207]

### 3.2.5.4 Anrechenbare Ausgaben im Rahmen situationsbedingter Leistungen

Situationsbedingte Leistungen haben ihre Ursache in der besonderen gesundheitlichen, wirtschaftlichen und familiären Lage einer unterstützten Person. Sofern die Aufwendungen für solche Leistungen in einem sinnvollen Verhältnis zum zu erzielenden Nutzen stehen, sind sie zu gewähren. Massgebend für die Beurteilung ist, ob die Selbständigkeit und soziale Einbettung einer bedürftigen Person erhalten bzw. gefördert wird oder ob grösserer Schaden abgewendet werden kann. Die Gewährung der zusätzlichen Kosten hängt damit also von der besonderen Lebenssituation der Person ab und soll zum individuellen Hilfsprozess passen. Dies wiederum erfordert eine Beurteilung der Berechtigung zu situationsbedingten Leistungen durch entsprechende Fachpersonen. Dennoch soll der gesamte Budgetbetrag inkl. der situationsbedingten Leistungen einer unterstützten Person stets noch in einem angemessenen Verhältnis zur Lebenssitua-

---

206 SKOS-Richtlinie B.I, Ausgabe 2005. Anders demgegenüber die Meinung von Wolffers, 1993, S. 147, der von einer Pflichtleistung der Gemeinde ausgeht, was u.U. durch die Sozialhilfebehörde zu erledigen ist.

207 So auch *Wolffers*, 1993, S. 147; gleichlautend die Erwägungen in einem unveröffentlichen Entscheid des Departementes des Innern des Kantons Solothurn vom 24. Juli 2007.

tion von Personen mit niedrigem Einkommen stehen. [208] Die situationsbedingten Leistungen sollen also nicht zu unhaltbar hohen Unterstützungsbeiträgen an einzelne Personen oder Familien führen.

Zu den situationsbedingten Leistungen werden z.B. krankheits- und behinderungsbedingte Spezialauslagen, Erwerbsauslagen, Auslagen für die Fremdbetreuung von Kindern, Mehrkosten für Schulbildung, Kurse und Ausbildung, Steuern, Aufwendungen für Urlaub und Erholung oder der Wegzug aus einer Gemeinde gezählt. Der Katalog ist jedoch nicht abschliessend, weswegen je nach individueller Falllage andere Komponenten hinzutreten können. [209] Infolge der Revision der SKOS-Richtlinien gehören heute als Teil des neu eingeführten Anreizsystems auch Zulagen, die für spezielle Integrationsbemühungen gewährt werden, zu den situationsbedingten Leistungen. [210]

### 3.2.5.4.1 Krankheits- und behinderungsbedingte Spezialauslagen

Bei krankheits- und behinderungsbedingten Spezialauslagen handelt es sich um Kosten für Leistungen, die nicht durch die Grundversicherung bzw. durch die sozialhilferechtliche medizinische Grundversorgung abgedeckt sind, im konkreten Einzelfall aber sinnvoll und nutzbringend sind. Darunter fallen z.B. Zusatzversicherung nach VVG, soweit dies die günstigere Lösung darstellt [211] als die direkte Übernahme der Behandlungskosten, medizinische Sonderleistungen z.B. aus dem Bereich der Komplementär- oder Alternativmedizin sowie krankheits- oder behinderungsbedingte Folgekosten. [212] Bei längerfristiger Unterstützung ist angesichts der guten Abdeckung durch die Grundversicherung regelmässig wenig Spielraum für die Übernahme von Prämien für Zusatzversicherungen. [213] Ist die Unterstützung nur von kurzer Dauer, z.B. nur für wenige Monate, oder stellt sie

---

208 SKOS-Richtlinie C.I, Ausgabe 2005.

209 SKOS-Richtlinie C.I.1 bis C.I.8, Ausgabe 2005.

210 SKOS-Richtlinie C.2 und C.3, Ausgabe 2005.

211 Kanton Solothurn, Urteil vom 23. Februar 2006, VWBES_2005_395, E. 5c, mit welchem eine Rückweisung an die Vorinstanz erfolgte zwecks Prüfung, ob die Zahnzusatzversicherung im Vergleich zu den anzunehmenden Behandlungskosten lohnenswerter erscheint.

212 SKOS-Richtlinie C.I.1, Ausgabe 2005. Als Beispiel Kanton Thurgau, Urteil vom 10. April 2002, V 78, E. 2b. In diesem Urteil wurde das Dazumieten eines Autoparkplatzes als situationsbedingte Leistung zugesprochen, weil ein an Autismus erkranktes Kind auf ein Spezialvelo angewiesen war, welches zu breit war, um an einem gewöhnlichen Platz hingestellt zu werden.

213 So z.B. Kanton Obwalden, RRB vom 30. Oktober 2001, Nr. 203, E. 3., in welchem sowohl der Versicherungszusatz «ganze Schweiz», die Taggeldversicherung als auch die Unfallversicherung für Tod und Invalidität abgelehnt wurden. Abweisend auch Kanton Aargau, Urteil vom 19. November 2004, 2004.00284, E. 3a und 3b.

eine Bevorschussung im Hinblick auf eine Leistung Dritter dar, so ist zu prüfen, ob es verhältnismässig erscheint, die hilfesuchende Person zu weitreichenden Änderungen bei ihrer Versicherung zu zwingen. Auch wenn eine medizinische Behandlung bereits begonnen hat, die Zusatzversicherung diese übernimmt oder eine nutzbringende Behandlung durch Fachpersonen längerfristig sicherstellt, kann die Übernahme der Zusatzkosten ebenfalls angezeigt sein. [214] In der Praxis kommen neben den Zusatzversicherungen nach VVG hin und wieder Fälle vor, in denen Diätzulagen ausgerichtet werden müssen. [215] Relativ häufig zur Diskussion stehen auch spezielle Transportkosten wegen Krankheit oder Behinderung, allen voran Auslagen für ein Privatfahrzeug [216] Zu übernehmen ist jedenfalls stets nur die günstigste zumutbare Transportart, weswegen die möglichen Alternativen jeweils zu prüfen sind. [217]

### 3.2.5.4.2  Erwerbsauslagen

Erwerbsauslagen sind Aufwendungen, die bei der Erzielung eines Einkommens anfallen. Dies sind z.B. Kosten für die Fahrten zwischen Wohn- und Arbeitsort, für auswärtige Verpflegung, für Berufskleider, Berufswerkzeuge und Fachliteratur, für eine angemessene Weiterbildung [218] für auswärtige Kinderbetreuung [219] oder für ein Arbeitszimmer bei Selbständigerwerbenden. [220] Vor der Revision der SKOS-Richtlinien wurde zwischen pauschalen und individuellen Erwerbsunkosten unterschieden. Die Pauschale wurde nun zugunsten des neuen Anreizsystems

---

214  Vgl. auch Handbuch Sozialhilfe Kanton Bern, Stichwort Krankenversicherungsprämien/-ausstände (Fortsetzung).

215  Kanton Basel-Landschaft, Urteil vom 4. Februar 2004, 2002/319 Nr. 18, bei welchem eine Diätzulage für eine an Zöliakie (Glutenunverträglichkeit) erkrankte Person zugesprochen wurde.

216  Kanton Schwyz, Urteil vom 14. April 2000, 817/00, E. 2d und 2e, in welchem trotz gesundheitlicher Beeinträchtigung die Benutzung der öffentlichen Verkehrsmittel als zumutbar erachtet wurde. Kanton Obwalden, RRB vom 30. Oktober 2001, Nr. 203, E. 3., in welchem erwogen wurde, dass der Beschwerdeführerin wegen ihrer gesundheitlichen Beeinträchtigung nur die Zusatzkosten für ein Mobility-Abonnement, aber nicht für einen eigenen Personenwagen zu gewähren sind. Als nicht ausreichend erwies sich auch das Bedürfnis, die eigenen Kinder jederzeit ins Spital fahren zu können, zumal diese trotz Komplikationen nach der Geburt mittlerweile normal entwickelt seien (Kanton Solothurn, Urteil vom 15. Oktober 2003, VWBES_2003_237, E. 4c). Siehe auch die Ausführungen im Beitrag von Vogel, 5.2.2 (Autobenutzungsverbot).

217  *Wolffers*, 1993, S. 149.

218  Siehe weiter unten, S. 133.

219  Anders als *Wolffers*, 1993, S. 151, will die SKOS-Richtlinie C.1.2, Ausgabe 2005, die Auslagen für die Fremdbetreuung der Kinder von Erwerbstätigen nicht als Gewinnungskosten, sondern separat behandelt wissen. Siehe zur Thematik unten, S. 50.

220  *Wolffers*, 1993, S. 151.

fallengelassen, [221] zu übernehmen sind nur noch die effektiven Mehrkosten. [222] Heute wie damals gilt, dass diese auszuweisen sind und nicht bereits über den Grundbedarf gedeckt sein dürfen. [223] Die Analyse der gesammelten Entscheide ergibt, dass auch hier die Übernahme der Kosten eines Privatfahrzeugs [224] Anlass zu Beschwerden gegeben hat sowie die Übernahme von Erwerbsauslagen bei selbständig Erwerbenden. Für die Motorfahrzeuge gilt, dass die Kostenübernahme sich nur rechtfertigt, wenn der Arbeitsort nicht in zumutbarer Weise mit öffentlichen Verkehrsmitteln erreicht werden kann bzw. wenn die Erledigung einer bestimmten Erwerbstätigkeit nur mit einem Auto möglich ist. [225] Trifft dies nicht zu, hat die unterstützte Person die Betriebskosten des Autos selbst zu übernehmen, was sie meist durch Einsparungen beim Grundbedarf tun wird. Die Lehrmeinung, dass dies nicht ohne Weiteres eine zweckwidrige Verwendung der Hilfe darstelle und eine Kürzung um die Betriebskosten des Autos gegen den Grundsatz der Verhältnismässigkeit verstosse, [226] hat sich nicht generell durchgesetzt. Namentlich in den Kantonen Aargau und Solothurn wird die Benutzung eines Personenwagens, auch eines leihweise zur Verfügung gestellten, nicht geduldet. Liegen keine beruflichen oder gesundheitlichen Gründe vor, werden die Betriebskosten bzw. bei Leihe der Wert der Naturalleistung zum Abzug gebracht. [227] Es liegt hier also nicht mehr in der Dispositionsfreiheit des Einzelnen, den Grundbedarf für den Betrieb eines Personenwagens zu verwenden.

---

[221] Bei der alten SKOS-Richtlinie C.3, Ausgabe 2000, wird ausgeführt, dass die Pauschale von Fr. 250.– für eine volle Erwerbstätigkeit auch eine Anreizkomponente enthält, was mit Einführung des neuen Anreizsystems bereinigt werden musste. In der Praxis ist die Anreizfunktion dieser Pauschale wenig wahrgenommen worden. So wurde in Kanton Solothurn, Urteil vom 15. Juni 2000, VWG/IDI/00/05, E. 10, auch entschieden, dass die Erwerbsunkostenpauschale nicht mit dem «Motivationszuschlag» von Fr. 400.– bei Teilnahme an einem Integrationsprojekt verrechnet werden dürfe, weil diese nicht demselben Ziel dienen würde.

[222] Vgl. SKOS-Richtlinie C.3, Ausgabe 2000 mit der SKOS-Richtlinie C.I.2, Ausgabe 2005. Im Kanton Aargau sind die Pauschalen in Anwendung geblieben, weil die revidierten SKOS-Richtlinien nicht übernommen wurden (§ 21 SPV Kanton Aargau).

[223] Kanton Freiburg, Urteil vom 28. März 2000, 3A 99 9, E. 4d; Kanton Zürich, Urteil vom 8. März 2004, VB.2003.00414, E. 4.2.1.

[224] Siehe auch im Beitrag von Vogel, 5.2.2 (Autobenutzungsverbot).

[225] Möglich ist z.B. eine Entschädigung pro gefahrenen Kilometer (Kanton Zug, Urteil vom 28. Dezember 2005, V 2005 91, E. 3c), wobei der Entschädigungsanspruch sich immer nur auf ein günstiges Fahrzeug bezieht (Kanton Zürich, Urteil vom 18. März 2004, E. 2.2.1).

[226] So insbesondere *Wolffers*, 1993, S. 150.

[227] § 10 Abs. 5 lit. c SPV Kanton Aargau sowie § 93 SV Kanton Solothurn. Bei letzterem Kanton sind bei begründetem Gebrauch die Mehrkosten zu vergüten (Kanton Solothurn, Urteil vom 11. Februar 2003, E. 3).

Grundsätzlich sind auch selbständig erwerbende Personen zu unterstützen. Die Selbständigkeit bedingt in gewissen Fällen, dass Erwerbsunkosten in erhöhtem Masse auszurichten sind. [228] Gemäss den SKOS-Richtlinien geht es in erster Linie um die (ergänzende) Sicherstellung des Lebensunterhaltes. Kleininvestitionen können dabei übernommen werden, bei Betriebskosten ist Zurückhaltung geboten. [229] Dabei ist zu klären, ob der Betrieb wirtschaftlich überlebensfähig ist und in absehbarer Zeit die Lebenshaltungskosten des Führenden deckt. [230] Soweit es um die Verhinderung einer sozialen Desintegration geht, muss zumindest sichergestellt sein, dass der erzielte Ertrag den Betriebsaufwand deckt. [231]

### 3.2.5.4.3 Fremdbetreuung von Kindern

Bei erwerbstätigen Eltern fallen häufig Kosten für die Fremdbetreuung der Kinder während der Arbeitszeit an. [232] Als situationsbedingte Leistungen können diese Auslagen im Unterstützungsbudget aufgerechnet werden, vorausgesetzt, sie stehen in einem vertretbaren Verhältnis zum erzielten Erwerbseinkommen. [233] Die Voraussetzung der Erwerbstätigkeit wird in der Gerichtspraxis nicht für absolut genommen. Es kann auch angezeigt sein, Fremdbetreuungskosten zu übernehmen, während der Elter ein Studium absolviert. [234] Die Notwendigkeit der Fremdbetreuung ist abzuklären bzw. es sind auch kostenlose Lösungen zu prüfen. [235] Zum Wohle und Schutze des Kindes kann es trotz fehlender Erwerbs-

---

**228** Kanton Zürich, Urteil vom 3. August 2005, VB.2005.00251, E. 2. und E. 3.

**229** SKOS-Richtlinie H.7, Ausgabe 2005.

**230** Es ist nicht Aufgabe der Sozialhilfe, defizitäre Betriebe auszufinanzieren. Entsprechend darf die Selbständigkeit nicht als aussichtslos erscheinen, die Wirtschaftlichkeitsprognose muss einen Aufwärtstrend nachweisen (Kanton Aargau, Urteil vom 26. Oktober 2005, 2005.74, S. 7; Kanton Solothurn, Urteil vom 21. Juli 2005, VWBES_2005_178, S. 4; Kanton Zürich, Urteil vom 5. Juli 2000, VB.2000.00177, E. 5; Kanton Waadt, Urteile vom 29. August 2002, vom 20. März 2003, vom 25. November 2004, TA PS.2002.0070, TA PS.2002.0178, TA PS.2002, TA PS.2004.0037. Die Kosten einer allfällig notwendigen Betriebsanalyse sind dem individuellen Unterstützungskonto anzurechnen, da diese auch zum Nutzen der unterstützten Person sei (Kanton Zürich, Urteil vom 14. September 2000, VB.2000.00259, E. 4b). Es sind nur Erwerbsunkosten im Budget anzurechnen, soweit diese auch wieder erwirtschaftet werden (Kanton Schwyz, Urteil vom 29. Januar 2004, 952/03, E. 5.2). Es kann nicht sein, dass ein Selbständiger auf sein Gehalt verzichtet und sich selbst zum Bedürftigen macht, um dem Geschäft genügend liquide Mittel zur Schuldentilgung zu verschaffen (Kanton Waadt, Urteil vom 16. November 2004, TA PS.2004.0106).

**231** Kanton Zürich, Urteil vom 3. August 2005, VB.2005.00251, S. 3.

**232** Zur Thematik «Arbeitspflicht versus Elternpflicht» siehe auch den Beitrag von Vogel, 4.2. (Minderung der Bedürftigkeit).

**233** SKOS-Richtlinie C.I.3, Ausgabe 2005, sowie Kanton Solothurn, Urteil vom 21. April 2006, E. 3. und 4.

**234** Kanton Zürich, Urteil vom 8. Dezember 2005, VB.2005.00366, E. 4.2.2.

**235** Mitunter kann es zumutbar sein, dass ältere Geschwister stundenweise auf die jüngeren aufpassen, z.B. eine 14-jährige auf ihre 8-jährige Schwester, oder es sollen mit Eltern von Schulkameraden Abmachungen getroffen werden, insbesondere da die Sozialhilfe nicht die Aufgabe hat, Idealverhältnisse in der Kinderbetreuung herzustellen (Kanton Aargau, Urteil vom 28. Oktober 2003, 2003.00244, S. 8 ).

tätigkeit ebenfalls angezeigt sein, eine Fremdbetreuung einzurichten. [236] Die Errichtung von Kindesschutzmassnahmen kann für nicht bedürftige Eltern zu finanziellen Schwierigkeiten führen, da Eltern gemäss Art. 276 Abs. I ZGB auch für sie in erster Linie aufzukommen haben. Können die hier entstehenden Kosten nicht mehr getragen werden, [237] hat die Sozialhilfe subsidiär für den Unterhalt und die Unterbringung aufzukommen, die Eltern sind dann soweit zumutbar auf die Leistung eines Beitrages zu verpflichten. [238]

### 3.2.5.4.4 Schule, Kurse, Aus- und Weiterbildung

Grundsätzlich gilt, dass es nicht die Aufgabe der Sozialhilfe ist, eine ungenügende Stipendiengesetzgebung zu überbrücken. Entsprechend zurückhaltend zeigen sich Sozialhilfebehörden bei der Übernahme solcher Kosten. [239] Dennoch sind sie nicht ohne Bedeutung und sind in den Richtlinien der SKOS auch besonders ausgeführt. Die Grundkosten, welche zur Erfüllung der gesetzlichen Schulpflicht entstehen, sind im Grundbedarf bereits enthalten. Situationsbedingt können jedoch Aufwendungen, z.B. für Schullager, Musikunterricht, Instrumentenmiete oder Nachhilfe- bzw. Sonderunterricht, entstehen. Je nach Standort der Bildungsstätte können sich Mehrkosten auch im Zusammenhang mit Transport und auswärts eingenommenen Mahlzeiten ergeben. [240] Soweit sich keine Ansprüche aus dem Stipendienrecht oder anderen Ausbildungsbeihilfen [241] ergeben, das Kindswohl aber dafür spricht, sind die Auslagen zu übernehmen. [242] Die Sicherstellung einer guten Ausbildung hat in jedem Falle auch präventiven Charakter, weil dies eine wichtige Voraussetzung zur Ausübung einer existenzsi-

---

[236] SKOS-Richtlinie C.I.3 sowie F.3.3, Ausgabe 2005.

[237] Entscheidend bei der Frage der Kostenübernahme durch das Gemeinwesen sind alleine die finanziellen Verhältnisse der Eltern und deren Leistungsfähigkeit. Probleme beim Pflegevertrag, die Höhe des Tagesansatzes für die Pflegeleistung oder die mangelnde Kooperation der Eltern angesichts der vormundschaftlichen Weisung, das Kind in Tagespflege zu geben, können aus sozialhilferechtlicher Sicht keine Rolle spielen. Unverständlich deshalb Kanton Solothurn, Urteil vom 28. November 2005, VWBES_2005_350.

[238] *Honsell/Vogt/Geiser*, Basler Kommentar, Art. 289, RZ 10: Es erfolgt zugunsten des Gemeinwesens eine Legalzession des Unterhaltsanspruchs nach Art. 289 Abs. 2 ZGB. Der Elternbeitrag kann dabei aber nicht durch die Sozialhilfekommission hoheitlich angeordnet werden, auch das Gemeinwesen ist bei Widerstand der Eltern auf den Gerichtsweg verwiesen.

[239] *Wolffers*, 1993, S. 148, sowie Kanton Waadt, Urteile vom 11. September 2001, TA PS. 2001.0098, und 11. Oktober 1999, TA PS.1998.0172.

[240] Es ist hierbei jedoch insbesondere auch für Absolventinnen und Absolventen einer Vorlehre oder Berufslehre nicht ohne Weiteres gerechtfertigt, die Ansätze für gewöhnliche Erwerbsunkosten auszurichten (Kanton Bern, Urteil vom 20. März 2002, Nr. 21325U, S. 12 f.).

[241] Insbesondere ist auch eine mögliche Unterhaltsforderung gegenüber den Eltern zu prüfen (Kanton Wallis, Urteil vom 16. Dezember 2004, A1 04 97, E. 12.).

[242] SKOS-Richtlinie C.I.4, Ausgabe 2005.

chernden Erwerbstätigkeit darstellt. In einigen Sozialhilfegesetzen ist denn auch ausdrücklich verankert, dass Kindern und Jugendlichen eine angemessene Ausbildung zu ermöglichen ist. [243] Die Sozialhilfe trägt prinzipiell die Kosten in einer staatlichen oder staatlich subventionierten Institution. In besonderen Fällen kann jedoch auch die Übernahme von Kosten einer Privatschule angezeigt sein. [244]

Die Auswertung der gesammelten Gerichtsentscheide ergibt, dass die Aus- und Weiterbildung bzw. Umschulung von Erwachsenen das hauptsächliche Problemfeld darstellt. Generell werden Zweitausbildungen oder Umschulungen nur dann über die Sozialhilfe finanziert, wenn mit der bereits vorhandenen Ausbildung kein existenzsicherndes Einkommen erzielt werden kann oder andere triftige Gründe (z.B. gesundheitliche Probleme) eine Umschulung rechtfertigen. Persönliche Neigungen stellen hierbei keine ausreichende Rechtfertigung für die Finanzierung einer Zweitausbildung über die Sozialhilfe dar. [245] Für die Abklärung ist auf Einschätzungen von Fachpersonen zurückzugreifen. [246] Zudem sind Ausbildungswege zu favorisieren, die innert nützlicher Frist zur wirtschaftlichen Selbständigkeit führen. [247] Die Praxis geht namentlich bei Doktoraten [248] oder Nachdiplomstudien [249] von Ausbildungen aus, die nicht über Sozialhilfe zu fi-

---

[243] So z.B. in Art. 34 Abs. 2 SHG Kanton Glarus, Art. 28 Abs. 2 SHG Kanton Uri und § 15 Abs. 3 SHG Kanton Zürich.

[244] Dies kann z.B. für den Besuch der Rudolf-Steiner-Schule sein, sofern das Kind in einer anthroposophischen Familie aufwächst (Kanton Solothurn, Urteil vom 15. Juni 2000, VWG/IDI/00/05, E. 7, mit Verweis auf *Wolffers*, 1993, S. 148f.) oder wenn der Abschluss einer Privatschule, welcher den Anschluss an eine öffentliche Bildungsinstitution ermöglicht, bevorsteht, der sofortige Wechsel an eine staatliche Schule lediglich verzögernd wirkt und auch nicht im Sinne des Kindswohls ist (Kanton Solothurn, unveröffentlichter Entscheid des Departementes des Innern vom 7. Juni 2006).

[245] *Wolffers*, 1993, S. 149. Als Beispiele: Kanton Graubünden, Urteil vom 25. Februar 2005, U 04 98, in welchem die Umschulung zur Sozialarbeiterin nicht gewährt wurde, da die Person als Büroangestellte genügend Einkommen erwirtschaften konnte. Ebenso keine Umschulung vom Betriebsökonom zum Sekundarschullehrer (Kanton Zürich, Urteil vom 24. März 2005, VB.2004.00472, E. 1 und 2).

[246] Kanton Basel-Landschaft, Urteil vom 13. Oktober 2004, 810 04 114/248, S. 4.

[247] Kanton Zürich, Urteil vom 22. November 2004, VB.2004.00368, E. 2 und 3, in welchem gerügt wurde, dass vor der Umschulung vom Hilfskoch zum Sozialarbeiter keine adäquaten, kürzeren Ausbildungswege geprüft worden seien. Ähnlich im Kanton Zürich, Urteil vom 29. August 2000, VB. 2000.00159, E. 3.

[248] Kanton Zürich, Urteil vom 18. Januar 2002, VB. 2002.00370, E. 3 und Urteil vom 13. Juli 2000, VB.2000.00172, E. 2c und 2d und Kanton Freiburg, Urteil vom 14. März 2000, 3A 99 234, E. 4.

[249] Kanton Solothurn, Urteil vom 15. Juli 2004, VWBES_2004_133, E. 3b.

nanzieren sind. [250] Bei der Finanzierung von Bildungskursen steht vor allem im Mittelpunkt, ob durch die Absolvierung die Vermittelbarkeit der Person auf dem Arbeitsmarkt steigt. [251]

### 3.2.5.4.5 Steuern

Aus den Mitteln der Sozialhilfe sind grundsätzlich weder laufende Steuern noch Steuerrückstände zu begleichen. Das Bezahlen der Steuern gehört offensichtlich nicht zum Lebensbedarf einer Person. Entsprechend dem Subsidiaritätsprinzip ist für die betroffene Person auf einen Steuererlass oder auf Stundung und Teilerlass zu drängen. Die Behörde hat hierbei eine adäquate Unterstützung zu leisten. [252] Die Steuerregelung ist allerdings in den einzelnen Kantonen sehr unterschiedlich. Es kann durchaus vorkommen, dass trotz Bedürftigkeit wegen mangelnden Einkommens Steuern anfallen. Die SKOS vertritt heute die Meinung, diese seien regelmässig aus dem Einkommensfreibetrag zu begleichen. [253] In einigen Sozialhilfegesetzen ist ausdrücklich festgehalten, dass die Sozialhilfe nicht für die Bezahlung der Steuern verwendet werden darf. Die untersuchte Gerichtspraxis bestätigt diese Lehrmeinung grundsätzlich, [254] wobei allerdings eine Unterscheidung zwischen üblicher Einkommensbesteuerung und Quellenbesteuerung angebracht ist. Letztere wird direkt vom Gehalt abgezogen, womit es nicht zu einer Steuerschuld kommt, deren Stundung oder Erlass beantragt werden kann, sondern zu einer tatsächlichen Verminderung der verfügbaren Mittel. [255]

---

[250] Wobei ein Hochschulstudium, selbst bei Verzögerung wegen Eheproblemen und Mutterschaft, durchaus eine sinnvolle Basisausbildung darstellen kann, deren Finanzierung sich aus Sicht der Sozialhilfe im Einzelfalle als sinnvoll erweist (Kanton Waadt, Urteil vom 17. Juli 2003, TA PS.2001.0167).

[251] Steigerung der Vermittelbarkeit durch Computerkurse bei einer PTT-Betriebsassistentin bejaht (Kanton Zürich, Urteil vom 12. Juli 2001, VB.2001.00122, E. 3e, 3f und 3g). Verneint bei einem Deutschkurs für einen Taxifahrer, weil nicht die sprachlichen Defizite, sondern die gesundheitlichen Probleme die Vermittelbarkeit einschränken würden (Kanton Zürich, Urteil vom 12. August 2005, VB.2005.00250). Die Finanzierung des Basiskurses «Wohnberater» wurde gewährt, die Fortsetzung, welche für Kaderfunktionen und Selbständigkeit qualifizieren sollte, wurde jedoch abgelehnt, weil der Basiskurs für die Erlangung einer existenzsichernden Anstellung ausreiche (Kanton Solothurn, Urteil vom 16. Juni 2005, VWBES_2005_152, S. 4). Abgelehnt auch Weiterbildungskurse, welche vorwiegend dem Erhalt der eigenen, nicht lukrativen Firma dienen (Kanton Zürich, Urteil vom 23. Dezember 2004, VB.2004.00318, E. 6). Übernahme der Kosten eines Ausbildungskurses zum Pflegehelfer beim Roten Kreuz (Kanton Waadt, Urteil vom 18. September 2003, TA PS.2003.0067).

[252] *Wolffers*,1993, S.151.

[253] SKOS-Richtlinie C.I.5, Ausgabe 2005.

[254] Zu finden waren lediglich Entscheide aus dem Kanton Solothurn, welche das Erwähnte bestätigen (Kanton Solothurn, Urteile vom 2. Juli 2003 VWBES_2003_111, E. 6, vom 21. Januar 2005, VWBES_2004_371, E. 5a, und Urteil vom 15. November 2004, VWBES_2004_9, E. 11).

[255] Kanton Waadt, Urteil vom 27. September 2000, TA PS.1998.0209, in welchem zudem ausgeführt wird, dass die Aufrechnung des Quellensteuerabzuges bei der Sozialhilfeberechnung gegen den Gleichbehandlungsgrundsatz verstösst.

### 3.2.5.4.6. Urlaub und Erholung

Urlaubs- und Erholungsaufenthalte können ohne Weiteres auch bei auf Sozialhilfe angewiesenen Personen angemessen sein. Dies ist gemäss SKOS dann angezeigt, wenn langfristig unterstützte Personen nach Kräften erwerbstätig sind,
Betreuungsaufgaben wahrnehmen oder andere vergleichbare Eigenleistungen
erbringen. Für die Finanzierung sind jedenfalls auch Fonds und Stiftungen an-
zufragen. [256] Angesichts der Tatsache, dass die Sozialhilfe bei jeder Kostenstei-
gerung und vor allem in letzter Zeit im Rahmen der Missbrauchsdebatte unter
Druck gerät, ist anzunehmen, dass die Behörden ihr grosses Ermessen bei der
Gewährung von Urlauben ausschöpfen und sich in grösster Zurückhaltung üben.
Die Gerichtspraxis im untersuchten Zeitraum ist jedenfalls nicht von Bedeutung
und bestätigt lediglich die obigen Ausführungen. [257]

### 3.2.5.4.7 Wegzug aus der Gemeinde

Die zusätzlichen Kosten, die mit einem Umzug verbunden sind, stellen wegen
des nur vereinzelt auftretenden Ereignisses eine situationsbedingte Leistung dar.
Das Ermessen der Behörde ist hierbei jedoch eingeschränkt. Auf die Vergütung
der Umzugskosten besteht grundsätzlich ein Anspruch. [258] Dies bedeutet jedoch
nicht, dass der Umzug durch die unterstützte Person nicht kostengünstig zu or-
ganisieren ist. [259] Die Leistungspflicht der Behörden schützt im Speziellen auch
die Niederlassungsfreiheit des Einzelnen. [260] Sie umfasst meist:

· Grundbedarf für den Lebensunterhalt im bisherigen Umfang für einen
  Monat ab Wegzug,
· Umzugsaufwendungen,
· ersten Monatsmietzins bis zur Höhe der am neuen Wohnort anerkannten
  Kosten. [261]

256 SKOS-Richtlinie C.I.6, Ausgabe 2005.
257 Kanton Aargau, Urteil vom 18. Oktober 2000, E. 3 und 4, wobei die Verweigerung von Urlaubsgeld bestä-
    tigt wurde, da der Gesuchsteller weder erwerbstätig noch eine anerkennenswerte andere Eigenleistung
    erbrachte und auch keine Kinder zu betreuen hatte.
258 Grundsätzlicher Anspruch mit Pflicht zur kostengünstigen Organisation bestätigt im Kanton Zürich,
    Urteil vom 9. Mai 2003, VB.2003.00080, E. 1 und 2.
259 Kanton Solothurn, Urteil vom 6. September 2005, VWBES_2005_271, E. 2.
260 Asylsuchende Personen haben jedoch kaum Umzugsmöglichkeiten, die Unterkünfte werden in der
    Regel behördlich zugewiesen. Personen mit einer B-Bewilligung, welche auf Sozialhilfe angewiesen sind,
    können meist den Kanton nicht wechseln, weil ihnen der Zuzugskanton infolge ihrer Bedürftigkeit die
    B-Bewilligung verweigern wird.
261 Soweit der alte Mietvertrag nicht fristgerecht gekündigt wurde, kann von der Wegzugsgemeinde nicht
    verlangt werden, beide Mietzinse zu übernehmen. Es liegt in der Eigenverantwortung der unterstützten
    Person, die Kündigungsfristen einzuhalten (Kanton Schwyz, Urteil vom 27. April 2004, 876/04, E. 4.6).

Diese Regelung dient in erster Linie dazu, der umziehenden Person genügend Zeit zu verschaffen, ihren Anspruch auf Unterstützung am neuen Wohnort abklären zu lassen. Sofort erforderliche Einrichtungsgegenstände sowie in Ausnahmefällen die Übernahme von Mietzinskautionen können die Leistungen ergänzen, unterliegen aber einem weiteren Ermessen [262].

Die hier ausgeführte Regelung basiert auf den SKOS-Richtlinien; es wäre deshalb interessant, ob diese schweizweite Anwendung findet. Die durchgeführte Untersuchung lässt hierbei jedoch keine Schlüsse zu.

### 3.2.5.4.8 Schulden

Sozialhilfeleistungen orientieren sich am Bedarfsdeckungsprinzip, sie werden generell nur zur Deckung aktueller und allenfalls zukünftiger Notlagen erbracht. [263] Schulden, die in der Vergangenheit entstanden sind, können deshalb nicht über die Sozialhilfe ausgeglichen werden. [264] Diesem Prinzip entspricht auch, dass die Gesetzgebung über die Schuldbetreibung und Konkurs Leistungen der Sozialhilfe zu den unpfändbaren Vermögenswerten zählt. [265] Der Grundsatz gilt indes nicht absolut. Ausnahmen sind einerseits dann zu machen, wenn die Verschuldung mit einem säumigen Verhalten der Behörde zusammenhängt, [266] und die Übernahme von Schulden ist weiter angezeigt, wenn durch die Nichtbezahlung nur eine erneute Notlage entstünde, die wiederum durch die Sozialhilfe zu beheben wäre. [267] Es ist im Einzelfall also eine Interessenabwägung vorzunehmen, wobei die Notlage des Betroffenen im Zentrum steht und keinesfalls die Interessen der Gläubiger. [268] In der Praxis erweisen sich häufig Mietzinsausstände [269] wegen drohender Obdachlosigkeit oder Leistungsaufschüben beim Krankenversicherer Mietzinsausstände [270] und unbezahlte Krankenkassenprämien [271] we-

---

262 Zum Ganzen siehe auch SKOS-Richtlinie C.1.7, Ausgabe 2005.

263 Zum Bedarfsdeckungsprinzip siehe auch SKOS-Richtlinie A.4, Ausgabe 2005.

264 So auch Kanton Solothurn, Urteil vom 2. Juli 2003, VWBES_2003_111, E. 6b, und Kanton Waadt, Urteil vom 8. Juli 2003, TA PS.2002.0112.

265 Art. 92 Abs. 1 Ziff. 8 des Bundesgesetzes über Schuldbetreibung und Konkurs vom 11. April 1889 (SR 281.1). Siehe zudem das Bundesgerichtsurteil vom 20. Juli 2005, 2B.68/2005, E. 3.

266 Kanton Bern, Urteil vom 27. April 2001, 21117U, E. 4a.

267 *Wolffers*, 1993, S. 152.

268 Kanton Freiburg, Urteil vom 16. November 2005, 3A 05 182.

269 Kanton Schwyz, Urteil vom 22. Dezember 2000, 909/00, E. 3g.

270 Kanton Schwyz, Urteil vom 24. November 2000, 885/00, E. 2c.

271 Anders bei unbezahlten Stromrechnungen. Die Stromkosten sind einerseits mit dem Grundbedarf bereits abgedeckt. Andererseits löst der in solchen Fällen regelmässig erfolgende Einbau von mit Bargeld zu betreibenden Zähleruhren durch den Elektrizitätslieferanten keine dringliche Notlage aus, auch wenn die Tarife zum Zwecke der Schuldentilgung hier höher angesetzt sind (Kanton Aargau, Urteil vom 15. Januar 2003, E. 1a und 2d; Kanton Schwyz, Urteil vom 28. September 2005, 880/05, E. 5.3).

gen Leistungsaufschüben beim Krankenversicherer als über Sozialhilfe tilgbare Schulden. [272] Im Gegensatz zu den Mietzinsausständen ist jedoch Zurückhaltung bei der Übernahme von Amortisationspflichten bei Hypothekarschulden angezeigt. Dies schon angesichts der Tatsache, dass eine derartige Schuldentilgung auf eine Vermögensanhäufung hinauslaufen kann. [273]

### 3.2.5.4.9 Weitere Hilfen

Da die Sozialhilfe im Sinne des Individualisierungsgrundsatzes sich an den Erfordernissen des Einzelfalles ausrichtet, kann der Katalog möglicher situationsbedingter Leistungen nie abschliessend ausfallen. Die Behörde hat hier im Rahmen ihres Ermessens immer wieder neu zu entscheiden und sich dabei vom zu erzielenden Nutzen und einem sinnvollen Verhältnis zum finanziellen Aufwand leiten zu lassen. [274] Aus der Praxis bekannt sind Mehrauslagen durch die Ausübung von Besuchs- und Kontaktrechten oder die Übernahme der Kosten für Hausrats- und Haftpflichtversicherung, [275] wobei gewisse Kantone die Regelung haben, dass diese Auslagen über den Grundbedarf zu bezahlen sind. [276] Ebenso können sich im Einzelfall besondere Auslagen im Zusammenhang mit der Stellensuche ergeben. [277] Gemäss der vorhandenen Rechtsprechung scheint hierbei ein häufiger Streitpunkt die Übernahme von Kosten zur Einlagerung von Hausrat zu sein. Soweit der Hausrat Teil eines menschenwürdigen Daseins darstellt, ist die Kostenübernahme angezeigt. [278] Fraglich ist allerdings, wie lange die Lagerkosten zu übernehmen sind, sollte eine Person nicht das Notwendige, um eine

---

[272] Kanton St. Gallen, Urteil vom 9. November 2004, B 2004/137, E. 2d.

[273] Die Möglichkeit, eine Stundungsvereinbarung mit der Bank zu finden, geht vor, allerdings können sich auch hier Ausnahmen ergeben, sollte sich der Erhalt des Wohneigentums aufdrängen. Hierbei wäre eine Sicherstellung durch eine Grundpfandverschreibung zu prüfen.

[274] *Wolffers*, 1993 S. 152 f.

[275] SKOS-Richtlinie C.I.8; Kanton Solothurn, Urteil vom 20. Dezember 2005, VWBES_2005_307, E. 7cc; Kanton Thurgau, Urteil vom 19. April 2000, V92, E. 2d.

[276] So z.B. § 10 Abs. 5 lit. d SPV Kanton Aargau. Der Kanton Basel-Landschaft bezahlt offenbar die Prämien für Hausrats- und Haftpflichtversicherung nur bei Asylsuchenden separat, ordentlich Unterstützte haben diese aus dem Grundbedarf zu decken (Kanton Basel-Landschaft, Urteil vom 5. Februar 2003, R.B.20030205, E. 3a).

[277] Kanton Aargau, Urteil vom 13. August 2004 (2004.00153), E. 3a und 3b, wobei hier ausgeführt wurde, dass die Übernahme besonderer Auslagen im Zusammenhang mit der Stellensuche durchaus auch Belohnungscharakter haben könne. Allerdings wurden dem Beschwerdeführer keine besonderen Auslagen vergütet, weil erwogen wurde, die gemachten Aufwendungen würden sich im Rahmen des Normalen bewegen und seien deshalb durch den Grundbedarf bereits gedeckt.

[278] Die Einlagerung von übermässig viel Hausrat ist damit nicht ohne Weiteres über Sozialhilfe zu bezahlen (Kanton Zürich, Urteil vom 4. September 2002, VB.2002.00229). Zudem ist es nicht die Aufgabe der Sozialhilfe, hohe Lagerkosten zu übernehmen, die in erster Linie durch den Widerstand gegen eine Exmission entstanden sind (Kanton Bern, Urteil vom 26. März 2001, Nr. 21163U, E. 4).

Anschlusslösung zu finden, tun [279] oder gar kein ernsthaftes Interesse daran haben, wieder in eine eigene Wohnung zu ziehen. [280]

### 3.2.5.5 Anrechenbare Einnahmen

*eigene Mittel.*

Wie bereits ausgeführt, ergibt sich der Anspruch auf Sozialhilfe aus der Formel «Bedarf minus Eigenmittel Die konsequente Anwendung des Subsidiaritätsgrundsatzes indiziert dabei, dass das ganze verfügbare Einkommen den anrechenbaren Ausgaben gegenübergestellt wird. Dieser Grundsatz wird erst seit kurzem durch die Berücksichtigung von Freibeträgen im Rahmen des neuen Anreizsystems in den SKOS-Richtlinien im eigentlichen Sinne durchbrochen. [281]

Als anrechenbare Einkommensbestandteile gelten alle geldwerten Einkünfte der unterstützten Person sowie freiwilligen Zuwendungen. Dies gilt auch für die Mittel des Ehegatten, soweit keine gerichtliche Trennung vorliegt. [282] In der Sozialhilfegesetzgebung einzelner Kantone finden sich spezielle Regelungen oder Aufzählungen über die anrechenbaren Eigenmittel [283]. Ohne Weiteres anrechenbar sind jedenfalls das Netto-Erwerbseinkommen aus selbständiger oder unselbständiger Erwerbstätigkeit, [284] wobei auch Naturalbezüge, Trinkgelder, 13. Monatslohn oder Gratifikationen miteinzubeziehen sind. [285] Konsequenterweise sind auch sämtliche Ersatzeinkommen wie AHV- und IV-Renten, Ergänzungsleistungen, Arbeitslosenunterstützung oder andere Taggelder von Versicherungen anzurechnen. Ebenso familienrechtliche Unterhalts- und Unterstützungsbeiträge (Alimente, Verwandtenunterstützung), Stipendien und andere Ausbildungsbeihilfen (wobei die Aufwendungen für die Ausbildung ausgabeseitig zu berücksichti-

---

[279] Beschränkung von Umfang und Dauer bei Pflichtversäumnis bejaht in Kanton Waadt, Urteil vom 9. Oktober 2003, TA PS.2002.0118.

[280] Nach über zwei Jahren Bezahlung der Lagerkosten wurde die Leistung in einem Falle eingestellt, weil der Beschwerdeführer in der Vergangenheit keine Wohnung bezogen hatte und in naher Zukunft auch keine beziehen würde (Kanton Zürich, Urteil vom 25. Juni 2004, VB.2004.00197, E. 3.2 und 3.3).

[281] SKOS-Richtlinie E.I, Ausgabe 2005.

[282] SKOS-Richtlinie F.3.2, Ausgabe 2005. Grundsätzlich werden alle Einkünfte der Familienmitglieder bei der Berechnung der Bedürftigkeit angemessen miteinbezogen (Kanton Aargau, Urteil vom 13. August 2004, 2004.00153, E. 4a).

[283] Siehe § 11 SPV Kanton Aargau; § 7 SHG Kanton Basel-Landschaft; § 5 und 8 SHG Kanton Basel-Stadt; § 1 ARSHG und § 13 VOSHG Kanton Freiburg; Art. 2 Abs. 2 KUG Kanton Graubünden; § 5 SHV Kanton Schaffhausen; § 6 SHV Kanton Schwyz; § 16 SHV Kanton Zürich.

[284] Bei selbständiger Erwerbstätigkeit ist der jeweils erzielte Gewinn massgebend, nicht etwa die Bruttoeinnahmen, andernfalls müssten die Geschäftsauslagen aufgerechnet werden (Kanton Aargau, Urteil vom 14. Februar 2004, 2004.00259, E. 3c cc).

[285] Bezüglich des 13. Monatslohns und allfälliger Gratifikationen wurde vor der Revision der SKOS-Richtlinien empfohlen, diese bei Vorliegen von sinnvollen Verwendungswünschen im Sinne eines Anreizes zu überlassen, vgl. SKOS-Richtlinie E.I.2, Ausgabe 2000.

gen sind) und Einkommen aus beweglichem Vermögen (z.B. Zinsen, Gewinnaus-
schüttungen, Verkaufserlöse [286] sowie Miet- und Pachterträge). [287] Die Aufzählung ist nicht abschliessend.

Mündige Kinder mit eigenem Erwerb, die mit ihren Eltern in einem Haushalt
zusammenleben, haben grundsätzlich nur für ihre Auslagen aufzukommen. Eine
allfällige Verpflichtung zur Verwandtenunterstützung kann ohne Zustimmung der
Betroffenen nicht durch Anrechnung der jeweiligen Erwerbseinkommen in einem
gemeinsamen Haushaltsbudget eingefordert werden. Einerseits sieht Art. 328
Abs. 1 ZGB eine Leistungspflicht nur bei günstigen wirtschaftlichen Verhältnissen
vor, und der Anspruch ist zivilrechtlicher Natur, darf also auch nur über ein Zivil-
gericht eingefordert werden und nicht durch Erlass einer verwaltungsrechtlichen
Verfügung. [288] Einkünfte von minderjährigen Kindern können demgegenüber
grundsätzlich ins Haushaltsbudget aufgenommen werden. Jedoch gilt dies nicht
uneingeschränkt. Die Bestimmungen über das Kindsvermögen in Art. 318 ff. ZGB
sind zu beachten. Die SKOS empfiehlt deshalb, die Einkommen Minderjähriger
im Gesamtbudget nur bis zur Höhe des auf diese Person entfallenden Anteils
anzurechnen, wobei ein allfälliger Überschuss ins Kindsvermögen fällt. [289] Bei
erwerbstätigen Jugendlichen spricht sie sich für die Erstellung eines eigenen
Budgets aus. [290]

Die untersuchte Praxis bestätigt im Wesentlichen das Gesagte. Vermehrt zu Beschwerden Anlass haben offenbar die Themen «hypothetisches Einkommen» und
«Zuwendungen Dritter» gegeben. Lehre und Praxis gehen grundsätzlich davon
aus, dass hypothetisches Einkommen, [291] also dasjenige, welches bei pflichtge-
mässer Verwertung der eigenen Leistungsfähigkeit erwirtschaftet werden könnte,
nicht aufgerechnet werden kann. Auf die Verletzung der Pflicht, die eigene Arbeitskraft zu verwerten, ist mit Kürzungen des Grundbedarfs zu reagieren. [292]

286 Auch der Erlös aus dem Verkauf von Geschäftsvermögen stellt anrechenbares Einkommen dar (Kanton
    Luzern, Urteil vom 31. Oktober 2000, A 00 260, E. 2).
287 Zum Ganzen auch *Wolffers*, 1993, S. 153 f.
288 BSK-ZGB I, *Koller*, Art. 328/329 ZGB, N 36.
289 So angewandt im Kanton Solothurn, Urteil vom 5. Juli 2001, anders jedoch im Kanton Graubünden, Urteil
    vom 16. Januar 2001, U 00 105, E. 7, wo das Gericht wegen mangelnder Geltung der SKOS-Richtlinien sich
    für eine volle Anrechnung der Kinderrente und der Ergänzungsleistungen aussprach.
290 SKOS-Richtlinie E.I.3, Ausgabe 2005.
291 Wozu gemäss *Wolffers*, 1993, S. 153, ebenso nicht einbringbare Forderungen Dritter gehören.
292 Kanton Solothurn, Urteil vom 21. August 2006, VWBES_2006_201, E. 2; Kanton Waadt, Urteil vom
    11. August 2005, TA PS.2005.0075, und Kanton Zürich, Urteil vom 8. Dezember 2000, VB. 2000.00348,
    E. 2c, 2d und 2e. In Letzterem wird insbesondere ausgeführt, dass die Anrechnung hypothetischen Ein-
    kommens auf den dem Sozialhilferecht fremden Vorwurf hinauslaufe, die Bedürftigen hätten ihre Notlage
    selbst verschuldet. Anders sei es lediglich bei Vorliegen von Rechtsmissbrauch.

Davon zu unterscheiden ist jedoch der Fall, wenn die unterstützte Person Einkommen erzielt, diesen Umstand und/oder die Höhe der erzielten Einkünfte aber pflichtverletzend verschweigt. Hier ist die Anrechnung eines geschätzten Einkommens zulässig. [293] Freiwillige Leistungen Dritter sollen gemäss Lehre und Praxis nicht angerechnet werden, wenn sie von bescheidenem Umfang sind, ausdrücklich zusätzlich zu den Fürsorgeleistungen erbracht werden (oft mit einer besonderen Zweckbestimmung) und bei einer Anrechnung entfallen würden. [294] Dies findet jedoch keine Anwendung, wenn eine unterstützte Person sich nach Kürzung der Unterstützungsleistung wegen überhöhter Mietkosten die ungedeckten Auslagen von dritter Seite finanzieren lässt. Eine Anrechnung der monatlichen Zuwendung auf das bereits gekürzte Budget ist durchaus zulässig, zumal dies nicht dem Verwendungszweck widerspricht [295] und es auch kaum angehen kann, dass eine unterstützte Person sich den Grundbedarf von der öffentlichen Hand abgelten lässt und gleichzeitig den Luxus über Dritte finanziert. [296]

### 3.2.5.6 Einbezug des Vermögens

Sozialhilferechtlich zählt auch das bei einer gesuchstellenden Person vorhandene Vermögen zu den eigenen Mitteln. Dieses ist bei der Bedürftigkeitsprüfung mitzuberücksichtigen. [297] Zum Vermögen gehören insbesondere Bargeld, Bank- und Postcheckguthaben, Aktien, Obligationen, Forderungen, Wertgegenstände, [298] Liegenschaften [299] und Versicherungen. [300] Entsprechend dem Subsidiaritätsprinzip sind diese Mittel innert einer angemessenen Frist zu verwerten und

---

[293] Kanton Solothurn, Urteil vom 3. Januar 2000, E. 3a, und Urteil vom 21. August 2006, VWBES_2006_201, E. 2. Vergleichbar auch die Praxis, bei Verzicht auf einbringbare Unterhaltsansprüche einen angemessenen Betrag einnahmeseitig aufzurechnen (SKOS-Richtlinie F.3.2, Ausgabe 2005).

[294] *Wolffers*, 1993, S. 154, und Kanton Zürich, Urteil vom 12. Mai 2005, VB.2005.00067, E. 3.

[295] Kanton Zürich, Urteil vom 21. Mai 2003, VB.2003.00109.

[296] Kanton Solothurn, Urteil vom 6. Januar 2000, VWG/IDI/99/49, E. 4.

[297] § 11 SPG Kanton Aargau; § 5 SHG Kanton Basel-Stadt; Art. 1 ARSHG Kanton Freiburg; § 5 SHV Kanton Schaffhausen; § 6 SHV Kanton Schwyz; § 16 SHV Kanton Zürich.

[298] Z.B. Autos (Kanton Waadt, Urteil vom 10. September 2003, TA PS.2002.0179).

[299] Zum sozialhilferechtlichen Umgang mit Wohneigentum siehe weiter oben in diesem Beitrag, 3.2.5.3.3.

[300] Lebensversicherungen zählen mit ihrem Rückkaufswert zu den liquiden Eigenmitteln. Von der Verwertung ist abzusehen, soweit in absehbarer Zeit mit einer IV-Berentung zu rechnen ist oder der Ablauf der Versicherung unmittelbar bevorsteht. Lebensversicherungen im Rahmen der gebundenen Selbstvorsorge können jedoch nicht ohne Weiteres zu den liquiden Mitteln gezählt werden, da diese Verfügungsbeschränkungen unterliegen (SKOS-Richtlinie E.2.3, Ausgabe 2005, und Kanton Waadt, Urteil vom 10. September 2003, TA PS.2003.0021). Ebenso soll die Anzehrung von auslösbaren bzw. ausgelösten Freizügigkeitsguthaben (2. Säule) nur ausnahmsweise erfolgen, da dieses primär der Sicherung der gewohnten Lebenshaltung im Alter dient (SKOS-Richtlinie E.2.5, Ausgabe 2005). Ausnahme bejaht im Urteil des Bundesgerichtes vom 13. Mai 2004, 2P.53/2004.

für den eigenen Lebensunterhalt zu verwenden. [301] Regelmässig wird der unterstützten Person aber ein Schonvermögen zugestanden. Von der Verwertung ausgenommen sind jedenfalls Vermögenswerte, auf die auch bei einer Schuldbetreibung nicht zugegriffen werden darf. [302] Darüber hinaus wird den Betroffenen meist auch ein Vermögensfreibetrag belassen, um die Eigenverantwortung zu stärken und den Willen zur Selbsthilfe zu fördern. [303]

Von der Verwertung des Vermögens kann abgesehen werden, wenn für den Hilfsempfänger und seine Angehörigen eine Härte entstehen würde, wenn die Verwertung unwirtschaftlich wäre oder aus anderen Gründen unzumutbar ist. [304] Diesfalls wird jedoch soweit möglich eine angemessene Sicherstellung, z.B. durch eine Rückerstattungsvereinbarung, eine Grundpfandverschreibung oder Forderungsabtretung, verlangt. [305] Zurückhaltung geboten ist auch beim Vorbezug von Alterskapitalien der beruflichen Vorsorge. Dieses Kapital soll grundsätzlich zweckbestimmt zur Sicherung des Lebensabends eingesetzt werden. [306] Dies gilt auch für Kapitalien der gebundenen Selbstvorsorge. [307] Ebenso wird Zurückhaltung bei Leistungen aus Genugtuung und Integritätsentschädigung empfohlen. Eine Anrechnung soll hier nur erfolgen, soweit die Vermögensfreibetragsgrenze nach der Gesetzgebung über die Ergänzungsleistungen überschritten wird. Da der Person ein immaterieller Schaden widerfahren ist, soll ihr auch ein gewisser

301 Ausdrücklich z.B. in § 11 Abs. 3 SPG Kanton Aargau, § 7 SHG Kanton Basel-Landschaft und § 8 SHG Kanton Basel-Stadt. Ablehnung der Sozialhilfe bestätigt im Kanton Graubünden, Urteil vom 7. März 2000, U 99 165, E. 2b, weil das Defizit aus dem Verzehr des Barvermögens bestritten werden könne. Ablehnung auch im Kanton Zürich, Urteil vom 23. Dezember 2004, VB.2004.00318, E. 4.3.3, da der Beschwerdeführerin zuzumuten sei, die Vermögenswerte ihrer GmbH zu verwerten. Selbstverständlich zu verbrauchen sind auch die Versicherungsleistungen infolge eines Diebstahls von Luxusgütern (Kanton Basel-Landschaft, Urteil vom 29. März 2000, E. 4. und 5.).

302 *Wolffers*, 1993, S. 155, sowie ausdrücklich geregelt in Art. 5 ABKUG Kanton Graubünden.

303 SKOS-Richtlinie E.2.1, Ausgabe 2005 sowie § 11 Abs. 4 SPV Kanton Aargau oder § 16 SHV Kanton Basel-Landschaft. Anderslautend demgegenüber § 2b Abs. 3 SHV Kanton Thurgau: «... Eigenes Vermögen wird voll angerechnet.»

304 SKOS-Richtlinie E.2.1, Ausgabe 2005, sowie § 11 Abs. 5 SPV Kanton Aargau, Art. 34 SHG Kanton Bern, Art. 10 Abs. 4 SHG Kanton Obwalden, § 19 SHG Kanton Zug, § 16 SHV Kanton Zürich. Auf die Verwertung angemessener Motorfahrzeuge ist bei Bedarf aus gesundheitlichen oder beruflichen Gründen zu verzichten (Kanton Aargau, Urteil vom 20. Juni 2003, E. 3).

305 Art. 17 SHG Kanton Appenzell Innerrhoden; Art. 34 Abs. 2 SHG Kanton Bern; § 12 SHG Kanton Basel-Stadt; Art. 29 SHG Kanton Glarus; § 153 SG Kanton Solothurn; § 15 SHV Kanton Schwyz; Art. 29 SHG Kanton Uri; § 19 SHG Kanton Zug; § 19 und 20 SHG Kanton Zürich.

306 So angewandt im Kanton Zürich, Urteil vom 12. April 2001, VB.2000.00411, E. 2d, anders und entgegen der SKOS-Richtlinie demgegenüber Kanton Basel-Landschaft, Urteil vom 20. November 2002, E. 2a und E. 3.

307 SKOS-Richtlinie E.2.5, Ausgabe 2005.

Ausgleich zugestanden werden. [308] Demgegenüber gehört der Rückkaufswert von Lebensversicherungen zu den verwertbaren Eigenmitteln. Davon abgesehen wird häufig nur, wenn der Ablauf der Versicherung unmittelbar bevorsteht oder in absehbarer Zeit mit Leistungen der Invalidenversicherung zu rechnen ist. Nicht wirtschaftlich ist auch ein Rückkauf, wenn das zu erwartende Versicherungskapital wesentlich höher liegt als der Rückkaufswert. [309] Beim Vorhandensein von Kindsvermögen gelten die Bestimmungen des ZGB. [310] Die Erträge aus dem Kindsvermögen sowie Abfindungen, Schadenersatz und ähnliche Leistungen dürfen für die laufenden Bedürfnisse und den Unterhalt des Kindes verwendet werden. Für die Verwendung des übrigen Kindsvermögens muss gemäss Art. 320 ZGB die Zustimmung der Vormundschaftsbehörde vorliegen. [311]

Unterbleibt die Verwertung, so erfolgt eine Einschränkung der Sozialhilfe, mitunter eine Anrechnung des mutmasslichen Erlöses. [312]

Die untersuchte Praxis zeigt keine wesentlichen Veränderungen des oben Ausgeführten auf.

### 3.2.6 Unterstützung in familienähnlichen Wohn- und Lebensgemeinschaften

#### 3.2.6.1 Begriffe

Unter dem Begriff der familienähnlichen Wohn- und Lebensgemeinschaft lassen sich verschiedene Arten von Haushaltungen subsumieren. Darunter fallen allerlei Wohngemeinschaften von der Studenten-WG bis hin zum Konkubinat. In der Sozialhilfe versteht man darunter Paare oder Gruppen, welche die Haushaltsfunktionen (Wohnen, Essen, Waschen, Reinigen, Telefonieren usw.) gemeinsam ausüben und finanzieren, ohne ein Ehepaar oder eine Familie zu bilden. [313] Dem kann entnommen werden, dass es im Wesentlichen um das Zusammenleben in einem Haushalt geht. Geschlechtliche Beziehungen oder eine längerfristige ge-

---

[308] SKOS-Richtlinie E.2.1, Ausgabe 2005, ausdrücklich geregelt in § 11 Abs. 3 SPV Kanton Aargau.

[309] *Wirz/Alfirev-Bieri*, 1999, S. 32.

[310] Art. 318-327 ZGB.

[311] *Häfeli*, 2005, S. 99, für die Sozialhilfe, insbesondere für die Beurteilung einer Rückerstattungsverpflichtung, bestätigt im Kanton Zürich, Urteil vom 15. August 2005, VB.2005.00097, E. 4 und 5.

[312] § 11 Abs. 4 SPG Kanton Aargau; § 7 SHG Kanton Basel-Landschaft; § 8 SHG Kanton Basel-Stadt. In diesem Zusammenhang interessant die Regelung von Art. 32 SHG i.V. m. § 12 SHV Kanton Nidwalden. Danach sollen Vermögenswerte, auf die verzichtet wurde, entsprechend der Verordnung über die Ergänzungsleistungen als eigene Mittel angerechnet werden.

[313] SKOS-Richtlinie F.5.1, Ausgabe 2005.

meinsame Lebensplanung stellen keine Voraussetzungen dar. [314] Allerdings unterscheidet sich die Wohn- und Lebensgemeinschaft von der blossen Untermiete, da hierbei der Haushalt getrennt geführt wird. Die Grenzziehung ist mitunter schwierig. [315] Es ist jedenfalls auf den konkreten Einzelfall abzustellen. [316] In der Sozialhilfepraxis und bei der Berechnung der Unterstützung zeigen sich innerhalb dieser Wohn- und Lebensgemeinschaften Unterschiede zwischen blossen Wohn- und Wirtschaftsgemeinschaften und Konkubinaten.

### 3.2.6.2  Wohn- und Wirtschaftsgemeinschaften

Darunter fallen sämtliche Gruppen, die gemeinsam ohne die Basis einer längerfristigen geschlechtlichen Beziehung und ohne das Vorhandensein gemeinsamer Kinder einen Haushalt führen und finanzieren. [317] Dies trifft z.B. auf Geschwister, Studenten-WGs, Kolleginnen oder Freunde zu. Diese Gemeinschaften dürfen nicht als Unterstützungseinheit erfasst werden, insbesondere haben alle Personen innerhalb dieses Kollektivs die jeweils auf sie entfallenden Kosten selbst zu tragen. Einkommen und Vermögen dieser Personen dürfen nicht zusammengerechnet werden. Für jede Person ist damit ein eigenes Unterstützungskonto zu führen. Demgegenüber finden die Äquivalenzskala und das Kopfteilungsprinzip Anwendung, d.h., für die Errechnung des jeweiligen Unterstützungsbedarfs wird auf den Grundbedarf des Gesamthaushaltes abgestellt. [318] Danach wird dieser auf die Anzahl Köpfe aufgeteilt. [319] Kinder bis zum elften Lebensjahr werden bei der Mietzinsberechnung regelmässig nur mit einem Faktor von 0,5 einbezogen. [320] Abweichende bzw. individuelle Regelungen sind zu suchen, soweit innerhalb des gemeinsamen Haushaltes die Nutzung der Infrastruktur ungleich verteilt ist, z.B. weil jemand Räumlichkeiten für eine selbständige Erwerbstätigkeit

---

314  Kanton Zürich, Urteil vom 18. Oktober 2001, VB.2001.00224, E. 3d, 3e und 3f.

315  Kanton Solothurn, Urteil vom 25. Januar 2005, VWBES_2004_289, E. 3., in welchem das Gericht die Annahme einer Untermiete abwies. Ebenso Kanton Waadt, Urteil vom 27. August 2003, TA PS.2003.0046, in welchem ebenfalls ausgeführt wurde, das Wohnverhältnis unterscheide sich von einem Untermietverhältnis.

316  *Wolffers*, 1993, S. 158.

317  Das gemeinsame Haushalten muss tatsächlich geschehen. Das blosse Innehaben einer Adresse bei einer Drittperson reicht nicht zur Annahme einer solchen Gemeinschaft aus (Kanton Waadt, Urteil vom 13. Dezember 2004, TA PS.2004.0193). Dies ist auch noch nicht der Fall, wenn an dieser Adresse hin und wieder übernachtet wird und einem dort die Wäsche gemacht wird (Kanton Waadt, Urteil vom 26. Juli 2004, TA PS.2003.0207). Ebenfalls ist das Bestehen verwandtschaftlicher Bande kein ausreichendes Indiz, die bestehenden Verhältnisse sind effektiv abzuklären (Kanton Waadt, Urteil vom 18. August 2003, TA PS.2003.0034).

318  Kanton Waadt, Urteil vom 27. Dezember 2004, TA PS.2004.0191.

319  Kanton Waadt, Urteil vom 20. November 2002, TA PS.2002.0036.

320  SKOS-Richtlinie F.5.1, B.2.1 und B.2.2, Ausgabe 2000. Gemäss F.5.1 der Richtlinien von 2005 mit Änderungen vom Dezember 2007 werden Kinder voll gezählt.

nutzt. [321] Nach den alten SKOS-Richtlinien galt es zudem zu berücksichtigen, dass bei Erwachsenen, die in einer familienähnlichen Gemeinschaft leben, aber nur teilweise eine Wirtschaftsgemeinschaft bilden, pro Person der Grundbedarf II für den Einpersonenhaushalt zu gewähren war. [322]

Führt eine unterstützte Person innerhalb dieses Haushaltes für eine oder mehrere Personen, die nicht unterstützt werden, den Haushalt, hat sie einen Anspruch auf eine Entschädigung für die erbrachte Dienstleistung. [323] Diese ist beim Unterstützungsbudget als Einkommen aufzurechnen. Dazu gehören Tätigkeiten wie Einkaufen, Kochen, Waschen, Bügeln, Reinigung und Unterhalt der Wohnung sowie die Betreuung von Kindern der nicht unterstützten Person. Die Entschädigung richtet sich nach der Zeit, die für die Haushaltsführung aufgewendet werden muss. Die SKOS empfiehlt eine Entschädigung für Haushalte von zwei Personen ohne Kinderbetreuung von Fr. 550.– bis Fr. 900.–. [324] In einigen Erlassen der Kantone hat die Berücksichtigung eines solchen Entgeltes für die Haushaltsführung mittlerweile eigens eine gesetzliche Grundlage erhalten. [325] Grundsätzlich ist auch hier auf die effektiv vorliegende Aufgabenteilung Rücksicht zu nehmen, dies schon deshalb, weil Entschädigungen für Dienstleistungen nur geschuldet sind, wenn eine Leistung auch tatsächlich erbracht wird. [326] Allerdings ist es für die zuständige Behörde aus naheliegenden Gründen kaum möglich, die Verhältnisse eindeutig festzustellen. Deswegen darf auf gewisse äussere Indizien und Anhaltspunkte abgestellt werden. [327] Ebenfalls ist von Bedeutung, welche wirtschaftlichen Verhältnisse beim Nutzniesser der Haushaltsführung vorliegen. Für diesen muss die Haushaltsführungsentschädigung bezahlbar sein, ansonsten der Haushalt u.U. in seiner Gesamtheit unterhalb des Existenzminimums zu liegen kommt. [328]

**321** *Wolffers*, 1993, S. 159.

**322** SKOS-Richtlinie B.2.4, Ausgabe 2000, sowie Kanton Thurgau, Urteil vom 10. April 2002, V78, E. 2d, in welchem aber entschieden wurde, dass eigentlich eine Familie und keine blosse Wohngemeinschaft vorliege, entsprechend der tiefere Ansatz für den Grundbedarf II Anwendung finde.

**323** Kanton Waadt, Urteil vom 20. November 2002, TA PS.2002.0036. Ebenso Bundesgerichtsurteil vom 26. Februar 2004, 2P.48/2004.

**324** SKOS-Richtlinie F.5.2, Ausgabe 2000.

**325** § 13 SPV Kanton Aargau; Art. 16 SHG Kanton Appenzell Innerrhoden; § 8 SHG und § 7 SHV Kanton Basel-Landschaft; § 9 SHG Kanton Basel-Stadt; § 27 SHV Kanton Nidwalden; § 5 Abs. 2 SHV Kanton Schaffhausen; § 16 Abs. 3 SHV Kanton Zürich.

**326** Kanton Schwyz, Urteil vom 21. Dezember 2005, 937/05, E. 3.2.

**327** Kanton Zürich, Urteil vom 3. August 2004, VB.2004.00244, E. 2.3.

**328** Kanton Schwyz, Urteil vom 30. Juni 2005, 842/05, E. 5.3, in welchem die individuelle Leistungsfähigkeit des Schuldners anhand der Erstellung einer betreibungsrechtlichen Bedarfsrechnung beurteilt wurde. Sowie Kanton Aargau, Urteil vom 23. September 2004, 2004.00240, E. 2c, in welchem das Gericht wohl die Leistungsfähigkeit für relevant hielt, jedoch nicht, ob die Entschädigung tatsächlich ausgerichtet wird.

### 3.2.6.3 Konkubinate

Das Konkubinat stellt eine eheähnliche Lebensgemeinschaft dar, also eine grundsätzlich auf Dauer angelegte, nach dem Willen der Partner aber jederzeit formlos auflösbare und ihrem Inhalt nach nicht zum Voraus festgelegte Wohn-, Tisch- und Bettgemeinschaft. [329] Noch unter dem alten Ehe- und Scheidungsrecht galt, dass ein Konkubinat zur Aufhebung des nachehelichen Unterhaltes führen konnte, wenn anzunehmen war, dass der neue Partner der berechtigten Person Beistand und Unterstützung leistete wie ein Ehegatte. Dabei galt nach Bundesgericht die Vermutung, dass dies nach einer Dauer des Konkubinates von fünf Jahren der Fall ist. [330] Diese Rechtsprechung hat auch Einfluss auf das Sozialhilferecht gezeigt. [331] Analog einem geschiedenen und unterhaltspflichtigen Ehegatten soll das Gemeinwesen von seiner Unterstützungspflicht entlastet werden, wenn eine solche qualifizierte Lebensgemeinschaft vorliegt. Entsprechend soll nach heutigen Grundsätzen ein Konkubinatspaar, bei dem beide Partner unterstützt werden, materiell nicht bessergestellt werden als ein unterstütztes Ehepaar. Leben die Partner in einem stabilen Konkubinat und wird nur eine Person unterstützt, so geht die Praxis heute davon aus, dass es gerechtfertigt ist, wenn das Einkommen und Vermögen des nicht unterstützten Konkubinatspartners angemessen berücksichtigt wird. Auch hier wird von einer Zeitdauer von fünf Jahren ausgegangen oder wenn die Partner mit einem gemeinsamen Kind zusammenleben. [332] Die untersuchte Praxis zeigt, dass hinsichtlich der Methode, wie und in welcher Höhe diese Anrechnung erfolgen soll und wann von einem qualifizierten Konkubinat auszugehen ist, Differenzen unter den Kantonen bestehen. Im Kanton Solothurn hat sich z.B. seit einigen Jahren die Praxis manifestiert, dass in Abweichung zum Gesagten ein stabiles Konkubinat bereits nach zwei Jahren Zusammenlebens angenommen werden darf. Dies mit der Begründung, im Unterschied zum Eherecht, wo der nacheheliche Unterhalt gänzlich verlustig gehen kann, bestehe im Sozialhilferecht jederzeit die Möglichkeit, nach Auflösung einer Beziehung eine Neubeurteilung der Hilfe zu veranlassen. [333] Das Bundesgericht hatte gegen diese

---

**329** *Hausheer/Spycher*, 1997, S.554, Rz 10.07.

**330** *Sutter/Freiburghaus*, 1999, S. 326, N 24.

**331** Und zwar nicht nur auf das Sozialhilferecht im engeren Sinne, sondern z.B. auch auf die Gewährung von Alimentenbevorschussung (Bundesgerichtsurteil vom 6. November 2002, BGE 129 I 1, sowie § 33 SPG Kanton Aargau).

**332** Vgl. zum Ganzen SKOS-Richtlinie F.5.I, Ausgabe 2005. Zum Kriterium «gemeinsames Kind» beachte man insbesondere das Urteil des Bundesgerichtes vom 12. Januar 2004, 2P.218/2003, E. 3.3.2.

**333** Kanton Solothurn, Urteil vom 2. Juli 2003, VWBES_2003_111, und Urteil vom 15. November 2004, VWBES_2004_9, E. 3. und 5.

Praxis nichts einzuwenden. [334] Ebenfalls restriktiv und letztlich gestützt durch die Solothurner Entscheide erscheint die Praxis im Kanton Thurgau. Auch hier gilt nicht mehr die Annahme eines stabilen Konkubinates, sondern mit Verweis auf einen Entscheid des Bundesgerichts einzig der Umstand, ob das Auftreten des Paares und die Wirkung nach aussen den Schluss zulassen, es könne von einer gefestigten und dauerhaften Beziehung ausgegangen werden. [335] Interessant demgegenüber die Gerichtspraxis im Kanton Waadt. Auch hier hat die Frist von fünf Jahren eine untergeordnete Bedeutung, es muss aber erwiesen sein, dass eine dauerhafte Beziehung, geprägt von Solidarität, besteht und dass die Partner ihre besondere Verbundenheit sichtbar leben. Rein äusserliche Indizien reichen für die Annahme einer solchen nicht aus. [336] Auch hinsichtlich der Methode, wie das jeweilige Einkommen des nicht unterstützten Konkubinatspartners mitzuberücksichtigen ist, erweist sich der Kanton Solothurn ebenfalls als restriktiv. Gemäss der geltenden Praxis wird hier das volle Nettoeinkommen dem jeweils für den ganzen ehe- und familienähnlichen Haushalt errechneten Ausgabebudget angerechnet. [337] Allerdings fällt auf, dass das solothurnische Verwaltungsgericht ohne Begründung auch schon von dieser Berechnungspraxis abgewichen ist. Während das Gericht in einem Entscheid aus dem Jahre 2005 noch der Berechnungsmethode der Verwaltungsbehörden folgte, [338] wendet es in einem Entscheid aus dem Jahre 2006 für den nicht bedürftigen Konkubinatspart-

---

[334] Bundesgerichtsurteil vom 12. Januar 2004, 2P.242/2003.

[335] Kanton Thurgau, Urteil vom 26. Januar 2005, V16, E. 3c und 3d, mit Verweis auf BGE 129 I 1. Das Verwaltungsgericht führte im Übrigen aus, dass den um Sozialhilfe Ersuchende die Pflicht treffe, Einsicht in die wirtschaftlichen Verhältnisse des Konkubinatspartners zu verschaffen. Könne er oder sie dies nicht, sei dies als «konkubinatsinternes» Problem zu sehen und nicht als eines der öffentlichen Hand. Die Hilfeleistung wurde diesfalls mangels genügender Unterlagen dann nicht gewährt. Aufgrund des Entscheides Kanton Thurgau, Urteil vom 15. Januar 2003, V3/4 muss angenommen werden, dass schon das Zusammenleben mit einem Partner, unabhängig von der Dauer, als qualifizierendes Moment betrachtet wird, was allerdings der Rechtsprechung des Bundesgerichtes zuwiderlaufen dürfte (BGE 129 I 7).

[336] Kanton Waadt, Urteile vom 23. Juni 2004, TA PS.2004.0044, und 4. August 2004, TA PS.2002.0080, in welchen ausgeführt wird, dass getrennte Paare oder Geschiedene, die bis zur Einrichtung einer Anschlusslösung noch unter dem gleichen Dach leben, nicht als Konkubinate angesehen werden können. Immerhin sei aber das Bestehen einer Wirtschaftsgemeinschaft abzuklären. Relativierung der Frist von fünf Jahren, dennoch Ablehnung des Bestehens eines gefestigten Konkubinates, da die HIV-Infektion des einen den anderen auf eine Familienbildung verzichten liess, beim einen Partner keine Bereitschaft bestand, eine freiwillige Beistandschaft über den anderen zu übernehmen, und es auch schon zu einer vorübergehenden Trennung gekommen sei (Urteil vom 8. Mai 2003, TA PS.2003.0040). Interessant auch, dass die Geburt eines gemeinsamen Kindes alleine nicht ausreicht, um ein gefestigtes Konkubinat annehmen zu können (Urteil vom August 2002, TA PS.2002.0031).

[337] Solothurner Sozialhilfehandbuch, K.04.

[338] Kanton Solothurn, Urteil vom 21. Januar 2005, VWBES_2004_371, E. 3 und 4, in welchem das Verwaltungsgericht ausdrücklich ausführte, das Budget sei nach sozialhilferechtlichen Kriterien wie bei einem unterstützten Ehepaar zu erstellen, womit die Steuerausgaben keine Berücksichtigung finden könnten.

ner die Berechnungsgrundsätze der Schuldbetreibungs- und Konkursbehörden an und nimmt in das Budget entgegen der vorangegangenen Rechtsprechung auch Auslagen für Steuern auf. [339] Eine mit der Verwaltungspraxis der Solothurner Behörde vergleichbare Berechnungspraxis, allerdings unter Berücksichtigung der Steuern, wurde auch vom Verwaltungsgericht Zürich gestützt, [340] eine volle Berücksichtigung der Einkünfte des Lebenspartners erfolgt auch im Kanton Freiburg. [341] Anders demgegenüber die Entscheide im Kanton Aargau. Das Gericht lehnte hier mit Berufung auf den Grundsatz der Rechtsgleichheit eine völlige Gleichbehandlung mit Ehepaaren ab. Es könne wohl eine Berücksichtigung der Einkünfte des Partners durch Aufrechnung eines angemessenen Betrages erfolgen, eine Gleichstellung nehme aber auf die Tatsache, dass ein Konkubinat eben gerade keine Ehe sei, ungenügend Rücksicht. [342] Ebenfalls ein angemessener Betrag anstelle der gesamten Einkünfte wird laut der untersuchten Gerichtsentscheide auch im Kanton Schaffhausen aufgerechnet. [343]

Soweit sich ein Konkubinat noch nicht als stabil erweist, wird in diesen Gemeinschaften das Kopfteilungsprinzip angewendet, und soweit die Umstände zutreffen, ein Haushaltsführungsbeitrag als Einkommen ins Unterstützungsbudget aufgenommen. [344]

---

[339] Kanton Solothurn, Urteil vom 5. September 2006, VWBES_2006_233, E. 3c. Es bleibt anzufügen, dass die Berücksichtigung von Steuern angemessen ist, da der nicht bedürftige Konkubinatspartner nicht wie eine unterstützte Person auf einen Steuererlass hoffen kann. Dies gilt auch für die Krankenkassenprämien und allfällige Verbilligungen dafür. Unerklärt allerdings der Grund, weshalb für den nicht unterstützten Partner die betreibungsrechtlichen Ansätze Geltung haben sollen.

[340] Kanton Zürich, Urteil vom 13. Januar 2005, VB.2004.00419, E. 3.3, in welchem sogar die AHV-Rente der nicht unterstützten Person aufgerechnet wurde. Die Vorinstanz ist im Übrigen zum Schluss gelangt, dass die Einkünfte der Konkubinatspartnerin (AHV- und BVG-Rente) zu bescheiden wären, um damit noch den Partner zu unterstützen.

[341] Kanton Freiburg, Urteil vom 20. März 2003, 3A 03 11.

[342] Kanton Aargau, Urteil vom 19. November 2003, 2003.00216, E. 2a, aa, bb, und cc sowie Urteil vom 28. April 2005, 2004.428, E. 3.1.

[343] Kanton Schaffhausen, Urteil vom 1. November 2002, 60/2002/4, E. 2b, 2d und 2e.

[344] SKOS-Richtlinie F.5.1 und F.5.2, Ausgabe 2005, bestätigt im Bundesgerichtsurteil vom 26. Februar 2004, 2P.48/2004.

# Literaturverzeichnis

*Amstutz Kathrin*, Das Grundrecht auf Existenzsicherung, Bedeutung und inhaltliche Ausgestaltung des Art. 12 in der neuen Bundesverfassung, Diss. Bern 2002.

*Branger Katja* et al., Wohlstand und Wohlbefinden, Lebensstandard und soziale Benachteiligung in der Schweiz, Neuchâtel 2002.

*Buhmann Brigitte I.*, Wohlstand und Armut in der Schweiz, Diss. Basler ökonomische Studien, Grüsch 1988.

*Bundesamt für Sozialversicherungen*, Statistiken zur Sozialen Sicherheit, IV-Statistik 2006, Tabellenteil, Bern 2006.

*Bundesamt für Statistik [BFS]*, Die Schweizerische Sozialhilfestatistik 2004, Erste gesamtschweizerische Ergebnisse, Neuchâtel 2006, ‹http://www.bfs.admin.ch/bfs/portal/de/index/themen/13/22/publ.Document.77005.pdf› (zuletzt besucht am 16. Juli 2008).

*Bundesamt für Statistik [BFS]*, Die Schweizerische Sozialhilfestatistik 2006, Neuchâtel 2007.

*Coullery Pascal*, Das Recht auf Sozialhilfe, Diss. Bern/Stuttgart/Wien 1993.

*Carigiet Erwin* et al., Wörterbuch der Sozialpolitik, Zürich 2003.

*Departement des Innern Kanton Schaffhausen*, Schaffhauser Richtlinien für die Bemessung der Sozialhilfe für das Jahr 2005, Schaffhausen 2005.

*Dass.*, Schaffhauser Richtlinien für die Bemessung der Sozialhilfe für das Jahr 2007, Schaffhausen 2007.

*Departement des Innern Kanton St. Gallen*, Das grosse Inventar der Sozialberatungsangebote, Projektbericht, St. Gallen 2006.

*Gerfin M.*, Evaluation der Richtlinien der SKOS, Schlussbericht zu Handen der SKOS, Bern 2004.

*Gesundheits- und Fürsorgedirektion Kanton Bern*, Sozialhilfe im Kanton Bern, Bern 2000.

*Häfeli Christoph*, Wegleitung für Vormundschaftliche Organe, 4. Auflage, Zürich 2005.

*Häfelin Ulrich/Müller Georg*, Grundriss des Allgemeinen Verwaltungsrechts, 3., vollständig überarbeitete Auflage, Zürich 1998.

*Hausheer Heinz/Spycher Annette*, Handbuch des Unterhaltsrechts, Bern 1997.

*Honsell Heinrich* et al., Basler Kommentar zum Zivilgesetzbuch I, 3. Auflage, Basel 2006.

*Kantonales Sozialamt Luzern*, Luzerner Handbuch zur Sozialhilfe, Empfehlungen zur Anwendung der SKOS-Richtlinien 2005 für die Bemessung der wirtschaftlichen Sozialhilfe im Kanton Luzern, Littau 2006.

*Konferenz der Sozialdirektoren [SODK]*, Empfehlungen zur Nothilfe für Personen mit rechtskräftigem Nichteintretensentscheid (NEE) vom 19. März 2004, Bern 2004.

*Kutzner Stefan* et al., Working poor in der Schweiz – Wege aus der Sozialhilfe: eine Untersuchung über Lebensverhältnisse und Lebensführung Sozialhilfe beziehender Erwerbstätiger, Zürich 2004.

*Leu Robert E.* et al., Lebensqualität und Armut in der Schweiz, 2. Auflage, Bern 1997.

*Mäder Anne/ Nef Ursula*, Vom Bittgang zum Recht: zur Garantie des sozialen Existenzminimums in der schweizerischen Fürsorge, 2. Auflage, Bern/Stuttgart/Wien 1990.

*Maeder Christoph./ Nadai Eva*, Organisierte Armut. Sozialhilfe aus wissenssoziologischer Sicht, Konstanz 2004.

*Müller Jörg Paul*, Grundrechte in der Schweiz im Rahmen der Bundesverfassung 1999, der UNO-Pakte und der EMRK, 3. Auflage, Bern 1999.

*Regierungsrat Kanton St. Gallen*, Keine Verbindlichkeit der SKOS-Richtlinien, schriftliche Antwort der Regierung vom 3. September 2002 auf die Interpellation Fässler vom 19. Februar 2002, St. Gallen 2002.

*Rüst Hanspeter*, Projekt Sozialhilfestatistik: Schlussbericht Nationales Forschungsprojekt 29, Bern 1994.

*santésuisse*, Handbuch der schweizerischen Krankenversicherung 2007, Solothurn 2007.

*Schweizerische Konferenz für Sozialhilfe [SKOS]*, Richtlinien für die Ausgestaltung und Bemessung der Sozialhilfe, 3. Ausgabe, Bern 2000.

*Dies.*, Richtlinien für die Ausgestaltung und Bemessung der Sozialhilfe, 4. Ausgabe, Bern 2005.

*Dies.*, Statuten (Stand: Juli 2006), Bern 2006.

*Streuli Elisa/Bauer Tobias*, Working Poor in der Schweiz: Konzepte, Ausmass und Problemlagen aufgrund der Daten der Schweizerischen Arbeitskräfteerhebung, Neuchâtel 2002.

*Stutz Heidi/Bauer Tobias*, Modelle zu einem garantierten Mindesteinkommen: sozialpolitische und ökonomische Auswirkungen, Bern 2002.

*Sutter Thomas/Freiburghaus Dieter*, Kommentar zum neuen Scheidungsrecht, Zürich 1999.

*Thomet Werner*, Kommentar zum Bundesgesetz über die Zuständigkeit für die Unterstützung Bedürftiger (ZUG), 2., überarbeitete Auflage, Zürich 1994.

*Wirz Toni/Alfirev-Bieri Charlotte*, Habe ich Anspruch auf Sozialhilfe?, Rechte und Pflichten, Richtlinien und Berechnungsbeispiele, Zürich 1999.

*Wolffers Felix*, Grundriss des Sozialhilferechts, Eine Einführung in die Fürsorgegesetzgebung von Bund und Kantonen, Bern/Stuttgart/Wien 1993.

Urs Vogel

# Rechtsbeziehungen
## Rechte und Pflichten der unterstützten Person und der Organe der Sozialhilfe

# Inhaltsverzeichnis

# 1 Vorbemerkungen

Die Massnahmen der Sozialhilfe sichern die Teilhabe und Teilnahme aller Personen an der Zivilgesellschaft in der Schweiz. Daher ist das oberste Prinzip und damit auch Ziel der Sozialhilfe, die Existenz zu garantieren und gleichzeitig die Integration in die Gesellschaft zu fördern. [1] Damit dieses Ziel in der Sozialhilfe erreicht werden kann, entsteht zwischen der Hilfe suchenden Person und den staatlichen Organen eine wechselseitige Beziehung, die beiden Parteien sowohl Rechte wie Pflichten auferlegt. Diese Rechte und Pflichten sind in ganz unterschiedlichen Gesetzen geregelt. Es finden sich Normen in der Bundesverfassung (BV) oder den Kantonsverfassungen, im Bundesgesetz über die Zuständigkeit Unterstützung Bedürftiger (ZUG), in den kantonalen Sozialhilfegesetzen und Sozialhilfeverordnungen sowie in den kantonalen Verfahrensgesetzen, die das konkrete Verfahren der Sozialhilfegewährung regeln. So haben zum Beispiel die staatlichen Organe aus der Bundesverfassung die Pflicht, bei Vorliegen einer materiellen Mangellage für die notwendigen Subsistenzmittel zu sorgen; [2] demgegenüber haben aus den kantonalen Sozialhilfegesetzen die leistungsempfangenden Personen alles Zumutbare zu unternehmen, um ihre eigene Leistungsfähigkeit zu steigern und wieder selber für den materiellen Unterhalt aufkommen zu können. Sie sind dabei zu einer aktiven Mitgestaltung verpflichtet. [3]

Diese Konstellation der gegenseitigen Rechte und Pflichten führt dazu, dass die leistungsempfangende Person durch die Tätigkeit der Sozialhilfeorgane in ihrer Persönlichkeit tangiert wird und sich unter Umständen Eingriffe in ihre Grundrechte aus der Bundesverfassung oder den kantonalen Verfassungen gefallen lassen muss. Grundrechtseingriffe bei den klassischen Freiheitsrechten sind zulässig, soweit sie auf einer gesetzlichen Grundlage basieren, durch ein öffentliches Interesse gerechtfertigt sind, der Eingriff verhältnismässig ist und der Kerngehalt des Grundrechtes gewahrt bleibt. [4]

---

1   SKOS-Richtlinien 2005, A.I; siehe z.B. § 1 Abs. 1 SPG Kanton Aargau; § 2 Abs. 1 und 2 SHG Kanton Basel-Stadt; Art. 2 und 3 SHG Kanton Bern.

2   Art. 12 BV; *Wolffers*, 1993, S. 126; an Stelle vieler: Art. 9 und 10 Abs. 2 SHG Kanton St. Gallen; Kanton Aargau, Urteil vom 19.11.2004, BE.2004.00153, E. 2a-c (Umschreibung der Grundsicherung).

3   Art. 1 Abs. 3 SHG Kanton Wallis (… aktiv am Erhalt oder der Wiedererlangung ihrer Selbstständigkeit mitzuwirken …); Art. 12 SHG Kanton St. Gallen (Pflicht zur Arbeit); Art. 28 Abs. 2 lit. b und c SHG Kanton Bern (Pflicht zur Arbeit und Teilnahme an Integrationsmassnahmen).

4   Art. 36 BV; *Schweizer Rainer*, in: Ehrenzeller/Mastronardi/Schweizer/Vallender, Art. 36 BV N 7.

Im Rahmen der Gestaltung dieser wechselseitigen Rechtsbeziehungen und damit verbunden auch der teilweisen Einschränkung von Grundrechten wenden die staatlichen Organe die Normen der jeweiligen kantonalen Sozialhilferechte an und üben dabei eine hoheitliche Verwaltungstätigkeit im Sinne der Leistungsverwaltung aus, [5] wobei die besondere Tätigkeit der Sozialhilfeorgane auch Elemente der Eingriffsverwaltung beinhaltet. Dabei sind insbesondere auch die Normen der jeweiligen kantonalen Verfahrensgesetze und -verordnungen zu beachten.

Ausgehend von den allgemeinen Rechtsgrundsätzen der Verwaltungstätigkeit, die den Sozialhilfeorganen Pflichten auferlegen, werden in einem ersten Teil die Berücksichtigung der Grundrechte in der Sozialhilfe untersucht und in einem zweiten Teil die gesetzlichen Grundlagen bezogen auf die Pflichten der leistungsempfangenden Person analysiert und dargestellt.

---

[5]  *Häfelin/Müller/Uhlmann*, 2006, N 23 und N 30ff.

## 2 Verfassungsmässige Rechtsgrundsätze

In ihrer Tätigkeit haben die Sozialhilfeorgane als rechtsanwendendes staatliches Organ die in der Bundesverfassung formulierten Grundsätze des rechtsstaatlichen Handelns zu beachten. Von den in Lehre und Praxis entwickelten fünf Grundprinzipien [6] stehen in der Sozialhilfepraxis der Grundsatz der Gesetzmässigkeit, der Grundsatz der Rechtsgleichheit, der Grundsatz von Treu und Glauben und der Grundsatz der Verhältnismässigkeit im Vordergrund. Zudem sind die Verfahrensgarantien aus Art. 29 BV zu beachten. Alle diese Grundsätze dienen im Besonderen der Verwirklichung des Rechtsstaates und garantieren ein faires Verfahren. [7] Diese Prinzipien gelten jedoch nicht nur einseitig für die Behörde, sondern im Besonderen beim Prinzip des Verhaltens nach Treu und Glauben auch für die leistungsempfangende Person.

Die Verletzung dieser Grundprinzipien stellt eine Verletzung von Bundesrecht dar, kann im kantonalen Verwaltungsbeschwerdeverfahren gerügt und im Verfahren vor Bundesgericht mit der Beschwerde in öffentlich-rechtlichen Angelegenheiten geltend gemacht werden. [8]

### 2.1 Das Gesetzmässigkeitsprinzip (Art. 5 Abs. 1 BV)

Jede Verwaltungstätigkeit bedarf einer ausdrücklichen gesetzlichen Grundlage. Damit werden die Vorausschaubarkeit des Handelns der Verwaltung und die Rechtssicherheit des Bürgers gewährleistet. Im Weiteren werden damit die rechtsgleiche Behandlung aller und der Schutz der Freiheit des Einzelnen vor staatlichen Eingriffen erreicht. Letztlich dient dieser Grundsatz der demokratischen Legitimation des Verwaltungshandelns. [9] In der Sozialhilfe liegt die materielle Gesetzgebungskompetenz grundsätzlich bei den Kantonen. [10] Der Bund regelt die materielle Sozialhilfe einzig bezogen auf die Auslandschweizer/innen und Flüchtlinge. [11] Auf Bundesebene werden im Weiteren die Zuständigkeit für die Ausrichtung der materiellen Unterstützung, der Kostenersatz unter den Kantonen und die Ausnahmen geregelt. [12]

---

[6]   *Häfelin/Müller/Uhlmann*, 2006, N 363.

[7]   *Häfelin/Müller/Uhlmann*, 2006, N 363; *Wolffers*, 1993, S. 102.

[8]   Art. 82 i.V. mit Art. 97 Abs. 1 lit. a BGG; weitergehende Ausführungen im Beitrag von Breitschmid, 2.2.3.

[9]   BGE 120 I 1 E. 3.1.

[10]  Art. 115 BV.

[11]  Bundesgesetz vom 21. März 1973 über Fürsorgeleistungen an Auslandschweizer (ASFG); Art. 80–87 AsylG; Art. 2–19 AsylV 2.

[12]  Siehe das Bundesgesetz über die Unterstützung Bedürftiger vom 24. Juni 1977 (ZUG).

Erforderlich ist, dass sich jeder Verwaltungsakt auf einen generell-abstrakten Rechtssatz stützt. Er muss genügend präzise ausformuliert sein, damit der Bürger sein Verhalten danach ausrichten und die Folgen abschätzen kann. [13]

Je nach Stärke des Eingriffs oder der Leistung hat die generell-abstrakte Norm in der Verfassung, in einem Gesetz oder in einer Verordnung zu stehen. [14] Sozialhilfe beinhaltet sowohl Leistungen als auch Eingriffe. Die Grundzüge des Sozialhilferechtes sind somit aufgrund des Eingriffscharakters in einem formellen Gesetz [15] zu regeln, welches mindestens die Unterstützungskriterien, die Arten der Hilfeleistungen, die Form der Hilfeleistung, die Rechte und Pflichten sowie die grundlegenden Verfahrensvorschriften umfasst. Die verschiedenen Sozialhilfegesetze der Kantone unterscheiden sich teilweise sehr stark bezüglich Differenzierungsgrad und Regelungsdichte. Die neuere Generation von Sozialhilfegesetzen trägt dem Umstand des Eingriffscharakters insoweit Rechnung, als auf Stufe Gesetz präziser und umfassender normiert wird [16] und damit auch die Ziele der Sozialhilfe besser verfolgt werden können. So hat z.B. die Normierung der Rückerstattungspflicht von rechtmässig bezogener Sozialhilfe auf Stufe Gesetz [17] zu erfolgen, da ohne diese gesetzliche Grundlage kein Eingriff in die Eigentumsfreiheit [18] der ehemals leistungsempfangenden Person erfolgen könnte. Ebenso ist die Abtretung von Forderungen gegenüber Dritten [19] (z.B. Versicherungsansprüche, [20] Haftpflichtansprüche etc.) auf Stufe Gesetz zu regeln, soweit sie nicht aus übergeordneten Gesetzen an das Gemeinwesen [21] übergehen oder ein direkter Rückforderungsanspruch entsteht. [22] Im Weiteren sind die Grundzüge des Verfahrens und des Vollzuges ebenfalls auf der Stufe des formellen Gesetzes

---

[13] BGE 109 Ia 273 E. 4d; *Hangartner Yvo*, in: *Ehrenzeller/Mastronardi/Schweizer/Vallender*, Art. 5 BV N 11; So z.B. § 11 Abs. 2 SHG Kanton Luzern, der die Hilfsbedürftigen explizit zur Mitteilung von Änderungen in den wirtschaftlichen Verhältnissen verpflichtet.

[14] Dabei können die im Rahmen von Art. 164 BV entwickelten Grundsätze als Orientierungspunkte für die kantonale Gesetzgebung berücksichtigt werden (siehe dazu auch *Sutter-Somm Karin*, in: *Ehrenzeller/Mastronardi/Schweizer/Vallender*, Art. 164 BV, N 4 ff.).

[15] Für die Einschränkung von Grundrechten vgl. Art. 36 Abs. 1 BV.

[16] Z.B. SPG Kanton Aargau; SHG Kanton Solothurn oder SHG Kanton Wallis; dagegen eher rudimentär SHG Kanton Obwalden, teilweise auch SHG Kanton Zürich.

[17] § 25 SHG Kanton Schwyz; Art. 34 und 35 SHG Kanton Uri; eine vollständige Zusammen- stellung siehe auch weiter unten unter 6.1 in diesem Beitrag, Fn 214–217.

[18] Art. 26 BV; *Müller*, 1999, S. 606.

[19] § 12 Abs. 3 SPG Kanton?; Art. 32 SHG Kanton Uri; § 12 Abs. SHG Kanton Basel-Stadt; Art. 26 Abs. 3 SHG Kanton Schaffhausen.

[20] Art. 22 Abs. 2 ATSG; noch unter altem Sozialversicherungsrecht BGE 131 V 242 E. 2.2.

[21] Z.B. Art. 289 Abs. 2 ZGB; Art. 329 Abs. 3 ZGB; BSK-ZGB I *Breitschmid* Art. 289 N 9 ff.

[22] Art. 22 Abs. 2 ATSG; *Kieser*, 2003, Art. 22 N 29–34.

zu regeln. [23] Weitergehende Präzisierungen sind in den Verordnungen zu regeln wie Höhe der Leistungen, [24] die Detailorganisation [25] oder Ausführungsbestimmungen zum Vollzug. [26]

Es liegt in der Natur der Sache, dass das Gesetz nicht alle konkreten Fragen behandeln kann. Die Normen sind daher so zu gestalten, dass ein gewisser Entscheidungsspielraum geschaffen wird. Dies führt zu einem Spannungsfeld zur oben ausgeführten Forderung der Präzision. Dieser Spielraum ist jedoch für die Sozialhilfeorgane für die Berücksichtigung besonderer Umstände im Einzelfall notwendig, [27] gilt es doch in Beachtung des Individualisierungsprinzips [28] die Hilfe den Bedürfnissen der leistungsempfangenden Person und deren sozialem und beruflichem Umfeld anzupassen. Zu enge Normierungen würden dies verunmöglichen. Die Sozialhilfeorgane haben das Ermessen pflichtgemäss auszuüben, d.h., die allgemeinen Grundsätze der Verfassung sind zu beachten. [29] Ermessensfehler können durch die Betroffenen auf dem verwaltungsinternen Beschwerdeweg angefochten werden, einer gerichtlichen Beurteilung unterliegen jedoch nur die qualifizierten Ermessensfehler wie Ermessensmissbrauch [30] oder Ermessensüberschreitung. [31]

## 2.2 Die Rechtsgleichheit (Art. 8 BV)

Der Grundsatz der Rechtsgleichheit gilt umfassend. Er ist auf sämtliche Staatsorgane in sämtlichen Funktionen (Rechtssetzung, Rechtsanwendung, Rechtspre-

---

23 In der Regel sind die kantonalen Verwaltungsrechtspflegegesetze anwendbar.

24 Sehr detailliert in § 93 SV Kanton Solothurn oder Art. 2a–2g SHV Kanton Thurgau.

25 §§ 4–7 SHV Kanton Nidwalden.

26 Art. 7 ff. ARSHG Kanton Freiburg; § 36 f. SHV Kanton Thurgau; § 8 ff. SHV Kanton Schaffhausen.

27 So insbesondere bei der Beurteilung der Fragestellung, wie die Hilfe auszugestalten ist, siehe dazu Kanton Glarus, Verwaltungsgerichtsentscheid vom 12. Juni 2001 [VG.2000.00131], E. III 2b (Verschiedene Stufen des Ermessens in der Sozialhilfe: «Muss-, Soll- und Kann-Hilfen»).

28 Sehr klare gesetzliche Normierung in § 5 Abs. 2 SPG Kanton Aargau; Art. 2 SHG Kanton Bern; Art. 10 Abs. 4 SHG Kanton Wallis; § 2 Abs. 1 SHG Kanton Zürich; Art. 11 Abs. 3 und 4 SHG Kanton Appenzell Ausserhoden; *Wolffers*, 1993, S. 73; weitergehende Ausführungen im Beitrag von *Häfeli*, Ziffer 4.1

29 Insbesondere sind das Rechtsgleichheitsgebot, das Verhältnismässigkeitsprinzip und die Pflicht zur Wahrung des öffentlichen Interesses zu befolgen. Sinn und Zweck der gesetzlichen Ordnung müssen beachtet werden *(Häfelin/Müller/Uhlmann, 2006, N 441)*.

30 Ermessensmissbrauch: *«... Formell hält sich die Sozialhilfebehörde an den Entscheidungsspielraum, den der Rechtssatz einräumt. Der Entscheid ist aber nicht nur unzweckmässig oder unangemessen, sondern unhaltbar. Er steht im Widerspruch zu Verfassungsprinzipien oder zu Sinn und Zweck des Gesetzes ...»* (Häfelin/ Müller/Uhlmann, 2006, N 464).

31 Ermessensüberschreitung: *«...Eine Ermessensüberschreitung liegt vor, wenn das Ermessen in einem Bereich ausgeübt wird, in dem der Rechtssatz kein Ermessen einräumt ...»* (Häfelin/Müller/Uhlmann, 2006, N 467).

chung) und auf allen Ebenen anzuwenden. [32] Rechtsgleichheit verbietet rechtsungleiche Behandlung und willkürliche Entscheide. Der Einzelne kann sich gegenüber dem staatlichen Organ auf diesen Grundsatz als verfassungsmässiges Recht, d.h. auf ein individuell einklagbares Grundrecht, berufen. [33]

Der Anspruch auf materielle Gleichbehandlung wird vom Bundesgericht wie folgt definiert:

*... Der Gesetzgeber verletzt das Gebot der Rechtsgleichheit, wenn er rechtliche Unterscheidungen trifft, für die ein vernünftiger Grund in den zu regelnden Verhältnissen nicht ersichtlich ist, oder Unterscheidungen unterlässt, die sich aufgrund der Verhältnisse aufdrängen.* [34]

*...Die Rechtsgleichheit ist insbesondere verletzt, wenn Gleiches nicht nach Massgabe seiner Gleichheit gleich oder Ungleiches nicht nach Massgabe seiner Ungleichheit ungleich behandelt wird.* [35]

Bei der Rechtsanwendung ist von den Sozialhilfeorganen speziell auf die Rechtsgleichheit zu achten, wenn der Rechtssatz einen Ermessensspielraum offen lässt. So hat die Behörde gleiche tatsächliche Situationen auch rechtlich im Ermessen gleich zu behandeln, wenn sachlich kein Unterscheidungsgrund vorliegt. [36] Die Diskussion der Rechtsgleichheit hat sich insbesondere am Thema des Konkubinates entzündet. Es besteht eine reiche Entscheidpraxis sowohl des Bundesgerichts [37] als auch der kantonalen Gerichte. [38]

---

**32**  *Schweizer Rainer,* in: *Ehrenzeller/Mastronardi/Schweizer/Vallender,* Art. 8 BV, N 14 f; Müller, 1999, S. 396.

**33**  *Müller,* 1999, S. 395; *Häfelin/Müller/Uhlmann,* 2006, N 491.

**34**  BGE 106 Ib 188 E. 4a mit Hinweisen; 110 Ia 7 E. 2b.

**35**  BGE 101 Ia 200 E. 6 mit Hinweisen; 123 II 9 E. 3a; 127 I 202 E. 3f; 129 I 125 E. 5; Häfelin/Müller/Uhlmann, 2006, N 495; Kanton Waadt, Urteil vom 27. September 2000, PS 1998.0209. (Der vom Arbeitgeber gesetzlich abgezogene Quellensteuerbetrag als Einkommen in der Berechnung der Sozialhilfe anzurechnen verstösst gegen den Grundsatz der Gleichbehandlung mit nicht quellensteuerpflichtigen Personen.)

**36**  BGE 125 I 163 E. 1a; *Schweizer Rainer,* in: *Ehrenzeller/Mastronardi/Schweizer/Vallender,* Art. 8 BV N 42.

**37**  BGE 129 I 1 ff. (Konkubinat und Alimentenbevorschussung; Urteil des Bundesgerichtes vom 26. Februar 2004 E. 2.4, 2P.48/2004 (Anrechnung im nicht stabilen Konkubinat); Urteil des Bundesgerichtes vom 12. Januar 2004 E. 3.2, 2P.218/2003; (Entstehen eines gegenseitigen Beistehens bei langdauerndem Konkubinat; Berücksichtigung in der Sozialhilfe).

**38**  Kanton Aargau, Urteil vom 28. April 2005, WBE.2004.428, S. 9 f. (Rechtsgleichheit gebietet, dass das Einkommen des Konkubinatspartners nur angemessen berücksichtigt wird); Kanton Solothurn, Urteil vom 15. November 2004, VWBES 2004 9, S. 4 (Vergleich mit Einstellung der Unterhaltszahlung des geschiedenen Ehemannes bei Vorliegen eines Konkubinates); Kanton Zürich, Urteil vom 13.1.2005, VB.2004.00419, S. 3 ff. (Gleichbehandlung mit Ehepaaren, Anrechnung des Einkommens nach Ermessen); Kanton Schaffhausen, Urteil vom 1. November 2002, 60/2002/4, S. 7 f. (Angemessene Anrechnung des Einkommens als rechtsgleiche Auslegung bei einem stabilen Konkubinat); Kanton Schwyz, Urteil vom 30. Juni.2005, 842/05 und 843/05, S. 10 f. (nicht stabiles Konkubinat).

Willkürliche Entscheidungen als Verletzung der Rechtsgleichheit liegen dann vor, wenn ein Entscheid offensichtlich unhaltbar ist. In der Praxis wird Willkür vor allem bei offensichtlichen Gesetzesverletzungen, [39] bei groben Ermessensfehlern, bei offensichtlicher Missachtung eines allgemeinen Rechtsgrundsatzes oder des Grundgedankens des Gesetzes und bei Entscheidungen, die an einem inneren, nicht auflösbaren Widerspruch leiden, [40] angenommen.

### 2.3 Grundsatz von Treu und Glauben (Art. 5 Abs. 3, Art. 9 BV)

Die staatlichen Behörden und die Privaten haben in ihren Rechtsangelegenheiten und ihrem Verhalten einander gegenseitig mit Rücksicht zu begegnen. [41]

In der Praxis wird unterschieden zwischen Vertrauensschutz, [42] Verbot des widersprüchlichen Verhaltens [43] und dem Verbot des Rechtsmissbrauchs. [44]

Der Vertrauensschutz beinhaltet, dass der Bürger in seinem berechtigten Vertrauen auf behördliche Zusicherungen [45] und Verhalten [46] der Behörden geschützt wird. So muss sich der Bürger z.B. auf erlassene Verfügungen und Entscheide verlassen können. [47]

Etwas schwieriger gestaltet sich das Problem der unrichtigen behördlichen Auskunft, d.h., die Auskunft steht in einem Widerspruch zu einem materiellen Rechtssatz. Damit das Vertrauen in eine unrichtige Auskunft [48] geschützt wird, müssen folgende Voraussetzungen vorhanden sein:

---

**39** Kanton Freiburg, Urteil vom 28. März 2000, 3A 99 9, E. 3c (vollständiger Entzug der Sozialhilfe entbehrte in der konkreten Situation jeglicher gesetzlichen Grundlage).

**40** *Häfelin/Müller/Uhlmann*, 2006, N 524 ff.

**41** *Müller*, 1999, S. 485 f.

**42** Kanton Zürich, Urteil vom 3. Oktober 2001, VB.2001.00242, E. 2b–d (Voraussetzungen des Vertrauensschutzes bezüglich Aussagen des Sozialsekretärs, Abgrenzung zu Missverständnis).

**43** *Häfelin/Müller/Uhlmann*, 2006, N 707 ff.

**44** *Hangartner Yvo*, in: *Ehrenzeller/Mastronardi/Schweizer/Vallender*, Art. 5 BV N 39.

**45** BGE 130 I 60 E. 8.1.

**46** Kanton Aargau, Urteil vom 9. April 2003, [SKOS-MH-03], S. 7 ff. (Vertrauensschutz in Verhalten der Gemeinde); AGVE 1995, S. 187.

**47** Kanton Aargau, Urteil vom 1. September 2005, WBE.2005.159, S. 9 ff. (rückwirkende Kürzung einer verfügten Alimentenbevorschussung); Kanton Solothurn, Urteil vom 25. Mai 2000, VWG/IDI/00/10 S.?? (Aufhebung einer Verfügung und Rückforderung wegen mangelhafter Abklärung durch die Behörde); Kanton Zürich, Urteil vom 8. November 2006, VB.2005.00148, S. 10 f. (Anpassung einer Verfügung aufgrund einer Praxisänderung im Kanton [Kürzung Grundbedarf II]).

**48** Kanton Basel-Landschaft, Urteil vom 2. März 2005, 810 04 33/40, S. 6 ff. (Zusicherung eines Mitarbeiters einer Sozialbehörde zur Übernahme eines Trainingslagers); Kanton Zürich, Urteil vom 23. August 2002, VB.2002.00113 E. 6 (unverbindliche Auskunft betreffend Darlehen).

- Die Auskunft muss geeignet sein, Vertrauen zu begründen (d.h. sie muss inhaltlich genau bestimmt sein).
- Die Behörde muss für die Auskunft zuständig sein.
- Es muss eine vorbehaltlose Auskunft sein.
- Die Unrichtigkeit der Auskunft darf für den Bürger nicht erkennbar sein.
- Der Bürger muss im Vertrauen auf die unrichtige Auskunft eine unwiderrufliche und irreversible nachteilige Disposition getroffen haben.
- Es darf zwischen dem Zeitpunkt der Auskunft und der getroffenen irreversiblen nachteiligen Disposition keine Änderung in der Rechtslage stattgefunden haben.

Mit dem Verbot des widersprüchlichen Verhaltens wird ausgedrückt, dass die Behörde den gegenüber einem Bürger eingenommenen Standpunkt nicht mehr ohne Grund wechseln darf, aber auch der Bürger sich nicht plötzlich anders verhalten darf, als er der Behörde zugesichert hat. [49]

Rechtsmissbrauch liegt insbesondere dann vor, wenn ein Rechtsinstitut zweckwidrig zur Verwirklichung von Interessen verwendet wird, die dieses Institut nicht schützen will. [50]

### 2.4 Die Verhältnismässigkeit (Art. 5 Abs. 2, Art. 36 Abs. 3 BV)

Der Grundsatz der Verhältnismässigkeit fordert, dass die Verwaltungsmassnahmen ein geeignetes und notwendiges Mittel darstellen, um das zu verwirklichende Ziel zu erreichen. Sie müssen zudem in einem vernünftigen Verhältnis zu den allfälligen Beschränkungen der Grundrechte stehen, die dem Bürger auferlegt werden. [51]

---

**49** Kanton Bern, Urteil vom 4. Juli 2000, Nr. 20846U, S. 16 ff. (Umgehung einer gegenüber der Behörde unterzeichneten Abtretungserklärung).

**50** § 15 Abs. 3 SPV Kanton Aargau; Kanton Aargau, Urteil vom 27. Januar 2005, BE.2004.00386, S. 12 (keine Bemühungen zum Beziehen einer günstigeren Wohnung); Kanton Bern, Urteil vom 20. Dezember 2000, Nr. 21051/21052/U, S. 6 ff. (Höhe eines Unterhaltsvertrages allein im Hinblick auf Erwirkung einer Alimentenbevorschussung); Kanton Luzern, GSD vom 3. Juli 06, LGVE 2006 II Nr. 17 (rechtsmissbräuchlicher Vermögensverzicht); Kanton St. Gallen, Urteil vom 16. August 2005, B/2005/18 (Entledigung von Vermögen zur Umgehung der Rückerstattungspflicht); Kanton Zürich, Urteil vom 11. Mai 2000, VB.2000.00125] E. 3e (Anforderungen an den Beweis des Rechtsmissbrauchs).

**51** *Häfelin/Müller/Uhlmann*, 2006, N. 581.

Seine Rechtsgrundlage findet der Grundsatz der Verhältnismässigkeit unmittelbar in der Verfassung. Er kann aber nur zusammen mit der Geltendmachung eines verfassungsmässigen Rechts (z.B. Verstoss gegen Treu und Glauben, Hilfe in Notlagen etc.) gerügt werden.

In der Lehre und Rechtsprechung wird dieser Grundsatz differenziert und enthält drei verschiedene Elemente, welche kumulativ vorhanden sein müssen:

· Eignung [52] (ist die Massnahme geeignet, ist sie zweckmässig?)
· Erforderlichkeit (ist sie notwendig, ist es der geringste mögliche Eingriff?). Dieses Element erstreckt sich auf sachliche, zeitliche, räumliche und personelle Beziehungen und Aspekte.
· Verhältnismässigkeit von Eingriffszweck und Eingriffswirkung (besteht ein vernünftiges Verhältnis zwischen den Interessen?).

Die konkrete Prüfung der Verhältnismässigkeit spielt im Sozialhilfebereich z.B. bezüglich der Mitwirkungspflicht, [53] der Befolgung von Weisungen der Behörde, [54] bei Sanktionen [55] und Disziplinarmassnahmen eine bedeutende Rolle. [56]

### 2.5 Verfahrensgarantien [57] (Art. 29 BV)

In der Bundesverfassung sind die Garantien für ein rechtsstaatliches Verfahren in Art. 29 BV explizit im Kapitel der Grundrechte formuliert. [58]

Im Vordergrund dieser Bestimmung steht die formelle Rechtsverweigerung. [59] Diese liegt vor, wenn Form- oder Verfahrensgrundsätze verletzt werden und da-

---

52  BGE 130 I 16 E. 5; Kanton Aargau, Urteil vom 26. August 2004, BE.2004.00219, S. 8 (Zweckmässigkeit einer Auflage zur Teilnahme in einem Beschäftigungsprogramm) ).

53  Kanton Basel-Stadt, Urteil vom 1. Februar 2002 [721-2001] S. 7ff (Verweigerung von Auskünften); Kanton St. Gallen, Urteil vom 9. November 2004, B 2004/137 E. 2c (Verpflichtung zur Annahme einer Arbeit einer alleinerziehenden Mutter).

54  Kanton Graubünden, Urteil vom 10. Oktober 2000, U 00 75 E. 2 ff. (Mitwirkungs- und Schadenminderungspflicht).

55  Kanton Luzern vom 22. Mai 2001, A 00 198/acb, S. 6 ff. (Entzug von Leistungen); Kanton Waadt, Urteil vom 26. November 2004, PS. 2004.0198 (Verstoss gegen das Verhältnismässigkeitsprinzip, wenn Leistungen aufgrund nicht eingereichter Unterlagen, welche für die Berechnung der Hilfe keine Bedeutung haben, eingestellt werden).

56  *Wolffers*, 1993, S.105.

57  Siehe dazu ausführlicher im Beitrag von Breitschmid, Ziffer?.

58  *Reinhold Hotz*, in: *Ehrenzeller/Mastronardi/Schweizer/Vallender*, Art. 29 BV N. 6 ff.

59  Teilgehalte der formellen Rechtsverweigerung sind: Rechtsverweigerung, Rechtsverzögerung, überspitzter Formalismus, Verletzung des rechtlichen Gehörs, Nichtgewährung der unentgeltlichen Rechtsverbeiständung.

mit die leistungsbeantragende Person ihre Rechtsansprüche nicht durchsetzen kann. Eine formelle Rechtsverweigerung liegt unter anderem vor, wenn

· eine Gerichts- oder Verwaltungsbehörde untätig bleibt oder ihr Handeln über die Gebühr verzögert, obwohl sie zur Tätigkeit verpflichtet wäre, [60]
· eine Behörde unrichtig zusammengesetzt ist,
· das rechtliche Gehör (Anhörung, Mitwirkung im Verfahren, [61] Akteneinsicht, [62] Begründung der Verfügung [63]) verletzt wird.
· die Behörde überspitzt formalistisch handelt.

In der Praxis der Sozialhilfe ist insbesondere die nicht in einem formellen Verfahren verfügte Nichtgewährung von Sozialhilfe mit dem Hinweis auf Eigenleistungen der Klientel (z.B. selbstständiges Geltendmachen der Verwandtenunterstützung etc.) teilweise verbreitet und sehr kritisch zu beurteilen.

Aus Art. 29 BV kann aber auch im Rahmen des Gebotes der Fairness eine Pflicht für die Sozialhilfebehörden zur Aufklärung [64] der leistungsempfangenden Person über die Rahmenbedingungen der Gewährung von sozialer Hilfe abgeleitet werden.

Die Einhaltung der Verfahrensgarantien ist in der Sozialhilfe ein zentraler Aspekt, führt eine Verletzung dieser Garantien doch oft zu einer für die Klientel nachteiligen Situation (z.B. Auszahlungsstopp ohne formelle Verfügung). [65]

---

**60** *Müller*, 1999, S. 504 ff.; BGE 125 V 188 E. 2a; Kanton Aargau, Urteil vom 27. September 2004, BE.2004.00230, E. 4c (Dauer von 3 Monaten zur Bearbeitung einer Beschwerde stellt keine Rechtsverzögerung dar); Kanton Solothurn, Urteil vom 31. Januar 2005, VWBES.2004.314 E. 1 (Reagieren auf ein Erstgesuch um Sozialhilfe nach mehreren Monaten stellt eine Rechtsverzögerung dar); Kanton Uri, Urteil vom 21. März 2003, OGV01 8 E. 2 (Behandlungsdauer einer Beschwerde von 8 Monaten in einer komplexen Angelegenheit vor dem Regierungsrat stellt keine Rechtsverzögerung dar).

**61** BGE 133 I 98 E. 2.2; 127 I 54 E. 2b; 126 I 19 E. 2a; Kanton Zürich, Urteil vom 8. November 2006, VB.2005.00134, S. 4 (Unrichtige Sachverhaltsabklärung und Verletzung des rechtlichen Gehörs); Kanton Aargau, Urteil vom 13. August 2004, BE.2004.00153, S. 7 ff. (Verhinderung der Mitwirkung); Kanton Bern, Urteil vom 5. März 2003, Nr.21576U, S. 9 ff. (Stellungnahme zu allen Beweiserhebungen); Kanton Basel-Landschaft, Urteil vom 4. Februar 2004, 2002/319 Nr. 18, S. 6 ff. (Verfügen ohne Reaktion auf Stellungnahme der betroffenen Person).

**62** Kanton Aargau, Urteil vom 13. Oktober 2005, WBE.2005.99, S. 7 ff. (genügende Akteneinsicht).

**63** Kanton Nidwalden, RRB vom 6. Juli 2004 [Nr. 571], S. 2 f. (keine genügende Begründung); Kanton Aargau, Urteil vom 15. Januar 2003, [SKOS-KP-03], S. 8 ff. (keine Auseinandersetzung mit den Vorbringen im Rahmen des rechtlichen Gehörs); Kanton Aargau, Urteil vom 13. Oktober 2005, WBE.2005.99 E. 1.2 (Anforderung an den Umfang der Begründung); Kanton Obwalden, RRB Nr. 234 vom 13. November 2001 E. 2 (kein Verweis auf die angewendete Rechtsnorm im Entscheid).

**64** BGE 124 I 185 E. 3a; *Häfelin/Müller/Uhlmann*, 2006, N 1656.

**65** Siehe dazu ausführlicher im Beitrag von *Breitschmid*, 1.1–1.7.

# 3 Die Rechte der unterstützten Person

## 3.1 Rechts- und Handlungsfähigkeit

Der Umstand, dass eine Person Leistungen der Sozialhilfe bezieht, hat auf die Rechts- und Handlungsfähigkeit der betroffenen Person grundsätzlich keine Auswirkung. [66] Sie übt nach wie vor in allen Lebensbereichen ihre Rechte aus, die ihr aus der Rechtsordnung zustehen (Vertragsfähigkeit, Prozessfähigkeit, Elternrechte etc.). Sozialhilfeorgane sind daher nicht berechtigt, im Namen der betroffenen Person Rechte und Pflichten zu begründen. So dürfen z.B. keine Kündigungen von Mietverhältnissen oder von Zusatzversicherungen bei den Krankenkassen vorgenommen werden, ohne dass die betroffene Person ausdrücklich einwilligt. Im Gegenzug können sich daher auch die Gläubiger von unterstützten Personen nicht direkt mit ihren Forderungen an die Sozialhilfeorgane wenden. [67] Eine Ausnahme dazu bildet die Möglichkeit der Kostengutsprache, die in den Kantonen auf Stufe Gesetz oder Verordnung vorgesehen ist. [68] Diese können als subsidiäre oder definitive Gutsprache ausgestaltet sein. Bei der subsidiären [69] Kostengutsprache werden die Kosten primär durch die betroffene Person selber gedeckt und das Sozialhilfeorgan verpflichtet sich nur für den Ausfall, bei der definitiven Kostengutsprache wird direkt das Sozialhilfeorgan verpflichtet. [70]

Sollte eine Beschränkung der Handlungsfähigkeit für die Erreichung der Ziele aus der Sozialhilfe notwendig sein, so obliegt diese ausschliesslich den vormundschaftlichen Organen, gestützt auf die Normen des ZGB. [71] Die Sozialhilfeorgane sind berechtigt, entsprechende Gefährdungsmeldungen bei den zuständigen vormundschaftlichen Organen einzureichen. [72]

---

66  BSK-ZGB I *Bigler-Eggenberger*, Art. 11 N. 9ff; *Wolffers*, 1993, S. 93.

67  Wolffers, 1993, S. 93.

68  Generell Kostengutsprache möglich: Art. 5 Abs. 3 SHV Kanton Appenzell-Innerhoden; § 16 Abs. 3 SHG Kanton Zürich; § 9 Abs. 1 SPG Kanton Aargau; nur ausnahmsweise durch Kostengutsprache: § 32 Abs. 2 SHG Kanton Bern; § 17 Abs. 1 SHG Kanton Schwyz; Ausrichtung an Gläubiger, wenn drohende Zweckentfremdung: § 9 Abs. 2 SHG Kanton Basel-Landschaft; § 10 Abs. 2 SHG Kanton Basel-Stadt; den Umständen entsprechend: § 28 Abs. 3 SHG Kanton Uri; § 22 Abs. 1 SHG Kanton Schaffhausen.

69  Siehe z.B. § 19 Abs. 2 SHV Kanton Zürich; § 11 Abs. 3 SHV Kanton Zug; § 11 Abs. 2 SHV Kanton Obwalden; siehe auch Kanton Zürich, Urteil vom 8. November 2006, VB.2005.00027 E. 2 und 3 (Voraussetzungen für eine subsidiäre Kostengutsprache)).

70  Siehe z.B. § 19 Abs. 1 SHV Kanton Zürich; § 9 Abs. 1 und 5 SPV Kanton Aargau; siehe auch: Kanton Thurgau, Urteil vom 19. Mai 2004, V172 (Ablehnung einer Kostengutsprache, weil vermögend); Kanton Aargau, Urteil vom 9. April 2003, [SKOS-MH-03] (Voraussetzungen, Zeitpunkt und Folgen des verspäteten Gesuchs).

71  *Schnyder/Murer*, 1984, systemat. Teil N 27 ff.

72  Siehe z.B. Art. 369 Abs. 2 ZGB; § 69 Abs. 1 EG ZGB Basel-Landschaft.

*Menschenwürde -*

## 3.2 Grundrechte der Bundesverfassung

### 3.2.1 Grundsatz

Mit der nachgeführten Bundesverfassung wurde im Jahre 2000 ein ganzer Katalog von Grundrechten in der Schweiz erstmals explizit gesetzlich normiert. [73] Als zentraler Ausgangspunkt und im Sinne einer Basis für alle nachfolgenden konkreten Grundrechte formuliert Art. 7 der Bundesverfassung den Anspruch auf Achtung der Menschenwürde. Menschenwürde ist jener normative Kern, den jede Person an Respekt und Schutz im Staat voraussetzungslos fordern kann und der in diesem Sinne das elementarste Gegengewicht zur Arroganz der Macht darstellt. [74]

Dieser Grundsatz wird in den kantonalen Sozialhilfegesetzen zum Teil wiederholt und bekräftigt. [75] Um diese Würde zu garantieren, ist der Mensch auf die minimalsten Erfordernisse in der Existenzsicherung angewiesen. Er braucht einen untersten Lebensstandard, der es ihm ermöglicht, am Leben der Gesellschaft teilzunehmen. [76] Massstab sind die herrschenden gesellschaftlichen Lebensgewohnheiten in der Umgebung der hilfeempfangenden Person. Ist die Person aus eigener Kraft nicht in der Lage, dieses Existenzminimum zu erreichen, so hat der Staat die Aufgabe, subsidiär einzugreifen. Dabei ist den Betroffenen jedoch aus diesem gleichen Grundsatz der Menschenwürde ein grösstmögliches Mitgestaltungsrecht [77] einzuräumen.

Die verfassungsmässigen Grundrechte sind gewährleistet und stehen den sozialhilfeempfangenden Personen grundsätzlich ungeschmälert zu. [78] Die besondere Rechtsstellung der leistungsbeziehenden Person lässt aber Eingriffe in diese

---

[73] Vor Inkrafttreten der nachgeführten Bundesverfassung bestanden, neben bereits verstreut in der BV formulierten Grundrechten, viele dieser Grundrechte bereits als ungeschriebene, von der Rechtsprechung entwickelte Grundrechte.

[74] *Müller*, 1999, S. 1 f.

[75] In folgenden Kantonen ist die Menschenwürde speziell noch genannt: § 1 Abs. 2 SPG Kanton Aargau; Art. 24 SHG Kanton Bern (gegenseitige Verpflichtung); Art. 2 Abs. 4 Kanton Basel-Landschaft; § 4 Abs. 2 SHG Kanton Schwyz; Art. 20 lit. b SHG Kanton Uri; Art. 6 Abs. 1 SHG Kanton Schaffhausen; Art. 4 Abs. 1 SHG Kanton Glarus; § 7 SHG Kanton Luzern; Art. 11 Abs. 1 SHG Kanton Appenzell-Ausserhoden.

[76] BGE 121 I 367 E. 2d; *Amstutz*, 2002, S. 71 ff.; *Bigler-Eggenberger*, in: *Ehrenzeller/Mastronardi/Schweizer/Vallender*, Art. 12 BV N. 8.

[77] § 7 SHG Kanton Luzern; § 4 SHG Kanton Schwyz (Angemessenes Mitspracherecht); § 5 Abs. 3 SPG Kanton Aargau; siehe auch Kanton Basel-Landschaft, Urteil vom 4. Februar 2004, 2002/319 Nr. 18 E. 2 d·f (Vorgängige Äusserung und Anhörung als Ausdruck der Menschenwürde).

[78] *Wolffers*, 1993, S. 94.

Grundrechte in unterschiedlichem Umfang zu, soweit eine gesetzliche Grundlage besteht, der Eingriff verhältnismässig ist und der Kerngehalt des Grundrechtes nicht ausgehöhlt wird. [79] Somit sind die Grundlagen für die Einschränkung der Grundrechte auf Stufe der kantonalen Sozialhilfegesetze [80] zu normieren.

Neben den Einschränkungen der Grundrechte in der Sozialhilfe lassen sich zum Schutz der Grundrechte aber unter Umständen auch gewisse positive Leistungen aus den Sozialhilfegesetzen ableiten. [81]

### 3.2.2 Ausgewählte Grundrechte

Im Folgenden soll untersucht werden, welche Grundrechte beim Bezug von Sozialhilfe tangiert sein können, und in welcher Form. Dabei wird analog der Systematik der Bundesverfassung vorgegangen.

Eingriffe in das *Recht auf Leben und die persönliche Freiheit* [82] sind im Rahmen der Sozialhilfe nur in einem ganz bestimmten Bereich möglich. Die Hauptbereiche dieses Grundrechtes (Garantie des Lebens, der Bewegungsfreiheit, der körperlichen Integrität und des Verbotes der unmenschlichen Behandlung) sind von den Entscheidungen der Sozialhilfeorgane nicht direkt betroffen. [83] Das Grundrecht der persönlichen Freiheit umfasst aber auch den Anspruch der einzelnen Person, die wesentlichen Aspekte ihres Lebens selber zu gestalten. [84] Durch die Kompetenz der Sozialhilfebehörden, aus Sinn und Zweck der Sozialhilfe die betroffene Person zu verschiedenen positiven Handlungen anzuweisen, um die Bedürftigkeit zu reduzieren, kann In diesem Bereich der individuellen Selbstbestimmung aber das Grundrecht tangiert werden. [85]

Der *Schutz der Kinder und Jugendlichen* [86] garantiert die Förderung der Entwicklung derselben und normiert damit einen individuellen Anspruch der unmün-

---

[79]  Art. 36 BV.

[80]  An Stelle vieler: Art. 20 SHG Kanton Appenzell-Ausserhoden (Arbeit annehmen); §14 Abs. 1 lit. c SHG Kanton Basel-Stadt (Auskunftspflicht); Art. 28 Abs. 2 lit. c SHG Kanton Bern (Arbeitspflicht).

[81]  Siehe unter Ziff. 3.2.2 nachfolgend z.B. bei Religionsfreiheit, Niederlassungsfreiheit oder Informationsfreiheit.

[82]  Art. 10 BV.

[83]  Anders z.B. die Vormundschaftsbehörden (z.B. Art. 397a ZGB).

[84]  Art. 10 Abs. 2 BV; *Müller*, 1999, S. 42 ff.

[85]  Urteil des Bundegerichtes 2P.147/2002 vom 4. März 2003, E. 3.5.2 (Pflicht zur Annahme einer Arbeit und persönliche Freiheit); Kanton Zürich, Urteil vom 12. Mai 2005, VB.2005.00067 E.3 (Grenze der Einflussnahme auf die persönliche Lebensgestaltung); Kanton Schwyz, Urteil vom 30. Juni 2005, 852/05, E. 3.3, 3.4 und 5.3 (Persönliche Freiheit und Wohnungswahl).

[86]  Art. 11 BV.

digen Personen auf Bildung. [87] In der Sozialhilfe ist insbesondere bei der Beurteilung von situationsbedingten Leistungen dieses Grundrecht [88] zu beachten. Mithin kann dies zu einer Verpflichtung zur Übernahme von bestimmten Kosten führen. [89]

Zentral in der Sozialhilfe ist der grundrechtliche Anspruch auf *Hilfe in Notlagen*. Dieses Recht garantiert im Sinne eines Sozialrechtes die Ausübung der wirtschaftlichen, politischen, sozialen und kulturellen Rechte aller Personen in der Schweiz. [90] An dieser Stelle wird nicht näher auf dieses Grundrecht eingegangen. [91]

Das Recht auf *Schutz der Privatsphäre* [92] mit den Schutzbereichen Privat- und Familienleben, Wohnung, Post- und Fernmeldeverkehr sowie des Schutzes vor Missbrauch der Daten wird in der Praxis der Sozialhilfe in verschiedenen Situationen tangiert. Das Grundrecht schützt den Anspruch jeder Person, vom Staat nicht an der freien Gestaltung ihres Lebens und ihres Kontaktes mit anderen Personen gehindert zu werden, und verlangt die Respektierung eines persönlichen Geheimbereiches. [93] So wurde in einem Schwyzer Entscheid ausgeführt, dass ein Hotelzimmer als selbstgewählter Wohnungsersatz im Rahmen der Mietzinsrichtlinien zu bezahlen ist, da als Ausdruck der persönlichen Freiheit die persönliche Wahl zu respektieren ist, obwohl das Hotelzimmer den Anforderungen einer Familienwohnung nicht genügt und eine Notwohnung der Gemeinde zur Verfügung gestanden hätte. [94] Damit die Organe der Sozialhilfe in der Lage sind, die persönlichen Verhältnisse, die Bedürftigkeit und die Leistungsvoraussetzungen abzuklären, können Hausbesuche ein geeignetes Mittel darstellen. [95] Gegen den Willen einer Person kann jedoch der Hausbesuch ohne gesetzliche Grundlage

---

[87]   *Reusser/Lüscher*, in: *Ehrenzeller/Mastronardi/Schweizer/Vallender*, Art. 11 BV N 12.

[88]   Z.B. SKOS-Richtlinien, C.I.3 und C.I.4

[89]   Es sind keine Entscheidungen der Kantone gestützt auf diese Bestimmung im Sozialhilfebereich zu finden; vgl. aber aus dem Bereich des Schulrechtes die zurückhaltende Interpretation von positiven Leistungen Urteil des Bundesgerichtes vom 7. Mai 2007, 2P.276/2005 (Übernahme von Transportkosten für den Besuch eines Untergymnasiums).

[90]   *Bigler-Eggenberger*, in: *Ehrenzeller/Mastronardi/Schweizer/Vallender*, Art. 12 BV N 7.

[91]   Siehe dazu ausführlich im Beitrag von Rüegg, Das Recht auf Hilfe in Notlagen, 3.1–3.7.

[92]   Art. 13 BV.

[93]   *Breitenmoser*, in: *Ehrenzeller/Mastronardi/Schweizer/Vallender*, Art. 13 BV N 10.

[94]   Kanton Schwyz, Urteil vom 30. Juni 2005, 852/05, E. 5.3 (Hotelzimmer).

[95]   *Wolffers*, 1993, S. 96; *Müller*, 1999, S. 127 f.

nicht durchgesetzt werden. [96] Im Zusammenhang mit der Einsetzung von Sozialinspektoren erhält diese Bestimmung eine aktuelle Bedeutung, können doch auch diese mangels Rechtsgrundlage keinen Eintritt erzwingen. Können ohne Hausbesuch jedoch die Leistungsvoraussetzungen nicht geklärt werden, können entsprechende Weisungen erlassen werden, unter Berücksichtigung der Verhältnismässigkeit. [97] Können trotz Hausbesuch als Folge fehlender Angaben und Kooperation seitens der Klientel (z.B. bezüglich des Unterstützungswohnsitzes oder der Anzahl Personen im gleichen Haushalt) die Leistungsvoraussetzungen nicht genügend geklärt werden, kann unter Umständen keine wirtschaftliche Hilfe ausgerichtet oder diese nur in einem begrenzten Mass gewährt werden.

Einen weiteren Teil des Schutzes der Privatsphäre stellt der *Schutz vor Missbrauch der persönlichen Daten* dar. [98] Gemäss dem eidgenössischen und den kantonalen Datenschutzgesetzen gelten Massnahmen der sozialen Hilfe als besonders schützenswerte Personendaten. [99] In verschiedenen Sozialhilfegesetzen ist zudem die Schweigepflicht und damit der Schutz der persönlichen Daten gesetzlich normiert. [100] Da in der Sozialhilfe, je nach Situation, aber auch eine vernetzte Kommunikation zwischen verschiedenen Sozialhilfeorganen und anderen Amtsstellen erforderlich sein kann, ist der Datenaustausch im Sinne der Amtshilfe [101] vielfach explizit vorbehalten oder gar zwingend [102] formuliert. Bei Miteinbezug von Dritten (z.B. Vermieter, Arbeitgeber etc.) in das Verfahren der Sozialhilfe haben die Sozialhilfeorgane Daten nur soweit bekannt zu geben, als es verhältnismässig ist. [103] Für weitergehende Ausführungen wird auf den Beitrag Breitschmied, Verfahren und Rechtsschutz, 3.1–3.5, verwiesen.

---

**96** In den kantonalen Sozialhilfegesetzen finden sich keine gesetzlichen Grundlagen, die einen Hausbesuch gegen den Willen der betroffenen Person ermöglichen würden.

**97** In den wenigsten Fällen dürfte jedoch der Zwang zu einem Hausbesuch für die Feststellung der Bedürftigkeit verhältnismässig sein.

**98** Art. 13 Abs. 2 BV.

**99** Art. 3 lit. c. Ziff. 3 DSG CH oder z.B. Art. 2 lit. d Ziff. 2 DSG SH; Art. 2 lit. d Ziff. 3 DSG ZH.

**100** Siehe z.B. Art. 31 SHG Kanton Appenzell-Ausserrhoden; § 45 SPG Kanton Aargau; § 28 Abs. 1 SHG Kanton Basel-Stadt; Art. 15 SHG Kanton Wallis; § 5 SHG Kanton Schwyz; § 19 SHG Kanton Solothurn; sehr ausführlich Art. 7 SHG Kanton Schaffhausen; sogar mit Zeugnisverweigerungsrecht § 7 Abs. 1 SHG Kanton Zug.

**101** Siehe für die Voraussetzungen der Amtshilfe: *Wermelinger*, 2004, S. 173ff.

**102** Siehe z.B. Art. 70 SHG Kanton Nidwalden; § 46 SPG Kanton Aargau; § 28 Abs. 2 SHG Kanton Basel-Stadt; Art. 6 Abs. 3 SHG Kanton Appenzell-Innerrhoden; Art. 5 Abs. 2 und 3 SHG Kanton Glarus; Urteil des Bundesgerichtes vom 1. Februar 2007, 2A.692/2006 E. 4.2 (Zulässigkeit der Bekanntgabe von Daten an die Fremdenpolizei im Rahmen eines Aufenthaltsbewilligungsverfahrens); demgegenüber aber: Kanton Obwalden, RRB vom 13. November 2001, Beschluss: Nr. 234 E. 3.2 (Verletzung des DSG, wenn ohne laufendes fremdenpolizeiliches Verfahren Sozialhilfeentscheide betreffend ausländische Personen der Fremdenpolizei zugestellt werden).

**103** Kanton Thurgau, Urteil vom 4. Juli 2001, V 140, S. 6 ff. (Mitteilung an Vermieterin, dass keine Kostengutsprache geleistet wird, verletzt die Persönlichkeit nicht).

Das *Recht auf Ehe und Familie* [104] ist auch allen von der Sozialhilfe unterstützten Personen umfassend gewährleistet. Es besteht auch dann, wenn die unterstützte Person nicht in der Lage ist, für die Familie aufzukommen. [105] So wäre es unzulässig, eine Person anzuweisen, ein Scheidungsverfahren einzuleiten, auch wenn dies die persönliche und wirtschaftliche Situation des Bedürftigen verbessern würde. Hingegen ist die Verpflichtung zur Einleitung von Eheschutzmassnahmen zur verbindlichen Regelung der Unterhaltsleistungen von getrennt lebenden Ehegatten und deren Kinder durchaus zulässig und kein Verstoss gegen das Recht auf Ehe, denn damit werden die Rechtsgültigkeit und der Bestand der Ehe in keiner Weise beeinträchtigt. [106] Ebenso darf in besonderen Situationen mit Weisungen in die innere Arbeitsauffteilung (Erwerbsarbeit und Haushalt) eingegriffen werden. [107]

Das Grundrecht der *Glaubens- und Gewissensfreiheit* [108] beinhaltet die Freiheit, einen selbstgewählten Glauben unbeeinflusst praktizieren zu können. [109] Die Sozialhilfeorgane haben die Auswirkungen dieses Grundrechtes im Rahmen der Bemessung der materiellen Hilfe zu beachten, wie z.B. die Beachtung von ernährungsbedingten Mehrkosten bei einer streng religiösen Ernährung. [110] Im Weiteren sind Wünsche der betroffenen Person bezüglich Wahl einer geeigneten Betreuungsinstitution mit religiösem Hintergrund zu berücksichtigen, wenn dadurch keine unverhältnismässigen Mehrkosten entstehen. So wäre die Finanzierung einer Schulung von Kindern in privaten Institutionen kaum durch die Sozialhilfe zu finanzieren, da das öffentliche Angebot für die Betroffenen kostenlos ist. Zurückhaltung ist zudem bei Sekten und sektenähnlichen Gemeinschaften geboten, wenn diese die persönliche Freiheit in einer Art beschränken, welche mit dem Grundrecht aus Art. 10 Abs. 2 BV und dem schweizerischen ordre public unvereinbar ist. [111]

---

104  Art. 14 BV; zum Umfang siehe: *Müller*, 1999, S. 102 f; *Reusser*, in: *Ehrenzeller /Mastronardi/Schweizer/ Vallender*, Art. 14 BV N 11 ff.

105  *Wolffers*, 1993, S. 97 f.

106  Kanton Aargau, Urteil vom 13. Oktober 2005, WBE.2005.99 E. 5, S. 10 ff. (Eheschutzmassnahmen zur Regelung des Unterhaltes).

107  Kanton St. Gallen, Urteil vom 9. November 2004, B 2004/137 E.2c (Kein Verstoss gegen die Ehefreiheit, wenn die Ehefrau zur Aufnahme einer Erwerbstätigkeit verpflichtet wird).

108  Art. 15 BV.

109  *Cavelti*, in: *Ehrenzeller/Mastronardi/Schweizer/Vallender*, Art. 15 BV N 3 f.

110  *Amstutz*, 2002, 192 f.

111  *Wolffers*, 1993, S. 97; sinngemäss übertragbar Urteil vom Bundesgericht vom 28. April 2003, 2P.296/2002 E. 4.1 ff.

Um das Grundrecht der *Meinungs- und Informationsfreiheit* [112] zu gewährleisten, sind im Grundbedarf für den Lebensunterhalt die Kosten für Informationsbeschaffung wie Zeitungen, Radio/TV etc. enthalten. [113] Dass sich daraus auch positive Ansprüche auf die raschen Veränderungen im Informationsbereich wie Finanzierung von Computer (Hardware) oder Internet (Anschlussgebühren) ableiten lassen, wird durch das Grundrecht nicht abgedeckt und lässt sich somit nicht durchsetzen.

Ganz zentral im Sozialhilfebereich ist die *Niederlassungsfreiheit*. [114] Sie schützt Schweizerinnen und Schweizer in der freien Wahl des Wohnortes und vor der Rückschiebung in den Heimatkanton bei Bedürftigkeit. [115] Mit dem Inkrafttreten des Abkommens über den freien Personenverkehr mit der EG(EU!?) und ihren Mitgliedsstaaten haben die Bürger von EG-Staaten nach Erteilen der Aufenthaltsbewilligung einen Anspruch, der jenem der Niederlassungsfreiheit weitgehend entspricht. [116] Im interkantonalen Verhältnis wird als Konsequenz das Verbot der Abschiebung im ZUG geregelt, [117] für das innerkantonale Verhältnis haben verschiedene Kantone in ihren Sozialhilfegesetzen das Verbot der Abschiebung explizit festgehalten und teilweise mit finanziellen Konsequenzen bei Zuwiderhandlungen verbunden. [118] In der praktischen Arbeit der Sozialhilfeorgane hat die Niederlassungsfreiheit die Auswirkung, dass einerseits die Wohnsitznahme einer bedürftigen Person in der Gemeinde nicht verhindert werden darf und andererseits eine Person nicht zur Aufgabe ihres Wohnsitzes gezwungen werden darf, sei dies durch Entzug der Sozialhilfe oder Verweigerung der Übernahme von Wohnkosten ohne genügenden Rechtsgrund. [119] Nicht auf dieses Grundrecht kann sich berufen, wer innerhalb der gleichen Region aus zumutbaren Gründen zum Wohnungswechsel angehalten oder innerhalb der gleichen Gemeinde sogar

---

112  Art. 16 BV.
113  SKOS-Richtlinie B.2-1.
114  Art. 24 BV.
115  *Müller*, 1999, S. 151 f; Cavelti, in: Ehrenzeller/Mastronardi/Schweizer/Vallender, Art. 24 BV N 6.
116  *Schefer*, 2005, S. 107.
117  Art. 10 ZUG; *Thomet*, 1994, N 157.
118  Art. 26 SHG Kanton Bern; Art. 7 SHG Kanton Uri; Art. 10 SHG Kanton Luzern; §53 Abs. 2 SPG Kanton Aargau; Art. 9 SHG Kanton Schaffhausen; Art. 25 SHG Kanton St. Gallen; Art. 8 SHG Kanton Glarus; Art. 38 SHG Kanton Nidwalden; § 40 SHG Kanton Zürich.
119  Kanton Aargau, Urteil vom 19. November 2004, BE.2004.00284, S. 6 ff. (Zulässigkeit einer Weisung, sich nicht nur am aktuellen Wohnsitz für eine günstigere Wohnung umzusehen); Kanton Zürich, Urteil vom 5. Dezember 2002, VB.2002.00309 E. 3 f. (Weisung, die Wohnungssuche auf den Bezirk auszudehnen, wenn in der Gemeinde keine entsprechende gefunden wird, stellt keine Abschiebung dar).

verpflichtet wird, [120] denn die Niederlassungsfreiheit wird durch das Kriterium der wirtschaftlichen Leistungsfähigkeit auch bei nicht Sozialhilfe beziehenden Personen faktisch eingeschränkt. [121] Andererseits kann aber die Berücksichtigung der Niederlassungsfreiheit dazu führen, dass die Transportkosten vom Wohnort zum Arbeitsort voll als situationsbedingte Leistungen anzuerkennen sind. [122]

Ein weiteres Grundrecht, dasjenige der *Eigentumsfreiheit*, [123] wird von der Arbeit der Sozialhilfeorgane betroffen. Grundsätzlich ist bei Sozialhilfe beziehenden Personen die Eigentumsfreiheit gewährleistet. Sie ist Voraussetzung für eine freiheitliche und unabhängige Lebensgestaltung. [124] Als Konsequenz ist Sozialhilfe beziehenden Personen bei Eintritt in die Sozialhilfe und bei der Ablösung von einer laufenden Sozialhilfe ein gewisser minimaler Vermögensfreibetrag zuzugestehen wie auch sicherzustellen, dass Sachwerte, welche zu einer minimalen Lebensführung gehören, erhalten bleiben. Der Katalog der unpfändbaren Vermögenswerte aus dem Schuldbetreibungsrecht steht somit auch unterstützten Personen zu. [125] In den SKOS-Richtlinien werden analog den Vermögensfreigrenzen in der Sozialversicherung eigene Vermögensfreigrenzen abgestuft nach Grösse der Unterstützungseinheit normiert. [126] Einzelne Kantone weichen in ihren Gesetzen oder Verordnungen von diesen Freigrenzen ab. [127] Weitergehende Vermögenswerte fallen in der Sozialhilfe unter die eigenen Mittel und sind grundsätzlich zu verwerten oder werden im Fall der Nichtrealisierbarkeit mit Pfandrechten oder Rückerstattungsverpflichtungen belegt. [128] Fallen aber Vermögenswerte oder Zuwendungen Dritter während der Dauer der Unterstützung an, so gilt dieses Recht der Vermögensbildung nicht und diese Einnahmen werden voll an die Unterstützung angerechnet.

---

[120] Wäre allenfalls unter dem Gesichtspunkt von Art. 13 BV zu prüfen (siehe Fn 82); Kanton Zürich, Urteil vom 24. Februar 2005, VB.2004.00507, S. 4 ff. (Ausführungen über Anforderungen an die Zumutbarkeit des Wohnungswechsels); Kanton Thurgau vom 4. Juli 2001, V 140, S. 7 (Zurverfügungstellen einer Wohnung in der gleichen Gemeinde tangiert die Niederlassungsfreiheit nicht).

[121] *Müller*, 1999, S. 164.

[122] SKOS-Richtlinie C.1-4/5; *Wolffers*, 1993, S. 98.

[123] Art. 26 BV.

[124] *Müller*, 1999, S. 594; *Vallender*, in: *Ehrenzeller/Mastronardi/Schweizer/Vallender*, Art. 26 N 13.

[125] *Wolffers*, 1993, S. 100.

[126] SKOS-Richtlinie E.2.1 (empfohlene Vermögensfreibeträge): Fr. 4000.- für eine Einzelperson, Fr. 8000.- für ein Ehepaar, für jedes minderjährige Kind Fr. 2000.-, jedoch max. Fr. 10 000.- pro Familie.

[127] Z.B. § 11 Abs. 4 SPV Kanton Aargau: Fr. 1500.- pro Person, maximal Fr. 4500.- pro Unterstützungseinheit.

[128] Siehe z.B. § 11 Abs. 3 SPG Kanton Aargau; § 8 Abs. 1 SHG Kanton Basel-Stadt; Art. 17 SHG Kanton Appenzell-Innerhoden; Art. 34 Abs. 1 SHG Kanton Bern; § 7 SHG Kanton Basel-Landschaft; Art. 29 SHG Kanton Uri; § 29 SHG Kanton Glarus; § 19 Abs. 2 i.V. mit § 29 SHG Kanton Zug; Kanton Zürich, Urteil vom 18. März 2004, VB.2003.00407, S. 4 (Verpflichtung zur Unterzeichnung bei nicht realisierbaren Vermögenswerten).

Mit der *Wirtschaftsfreiheit* [129] stehen als Schutzobjekt die Vertragsfreiheit und die umfassende Gewährleistung der freien wirtschaftlichen Betätigung, insbesondere auch die freie Wahl der beruflichen Betätigung, im Zentrum. [130] Der Grundsatz der Selbsthilfe und die Subsidiarität der Leistungen aus dem Sozialhilfegesetz führen dazu, dass für Sozialhilfe beziehende Personen eine Pflicht zur Aufnahme einer Erwerbstätigkeit entsteht und damit das Grundrecht der Wirtschaftsfreiheit eingeschränkt wird. [131] Diese Pflicht wird regelmässig durch Weisungen der Sozialhilfeorgane im Einzelfall konkretisiert und findet ihre Grenze bei der Zumutbarkeit der konkreten Arbeit. Einzelne Kantone haben diese Pflicht explizit auf Gesetzes- oder Verordnungsstufe normiert. [132]

### 3.3 Rechte aus den kantonalen Sozialhilfegesetzgebungen

#### 3.3.1 Grundsatz

Die aus den allgemeinen verwaltungsrechtlichen Grundprinzipien und den Grundrechten fliessenden Rechte werden in verschiedenen kantonalen Sozialhilfegesetzen auf die konkrete Situation der Unterstützungspraxis und für das spezielle Sozialhilfeverfahren ausformuliert und können so von den Hilfe suchenden Personen auch konkreter eingefordert werden. Im Folgenden wird auf eine Auswahl dieser normierten Rechte eingegangen.

#### 3.3.2 Ausgewählte Rechte

Personen, welche Sozialhilfe beantragen, befinden sich in einer Notsituation, sei dies im persönlichen Lebensgestaltungsbereich oder in Bezug auf die wirtschaftlichen Mittel. *Rechtzeitige Hilfeleistung* ist daher ein Grundzweck der Sozialhilfe. Abklärungen und Beurteilung der Bedürftigkeit benötigen Zeit, was teilweise mit der Erforderlichkeit des raschen Handelns in Kollision gerät. Bedürftig ist, «wer nicht rechtzeitig oder in ausreichendem Mass» über die erforderlichen Mittel verfügt. Daraus ergibt sich der Anspruch auf Leistung der Hilfe zur rechten Zeit [133] was naturgemäss einen Ermessensspielraum beinhaltet. Darüber hinaus ver-

---

[129] Art. 27 BV.

[130] *Müller*, 1999, S. 644 und 650; *Vallender*, in: Ehrenzeller/Mastronardi/Schweizer/Vallender, Art. 27 N 7 ff.

[131] *Wolffers*, 1993, S. 100.

[132] Z.B. Art. 20 SHG Kanton Appenzell-Ausserhoden; § 14 lit. e SPV Kanton Aargau; Art. 28 Abs. 2 lit. c SHG Kanton Bern; weitergehende Ausführungen siehe weiter unten in diesem Beitrag unter 4.2.

[133] Kanton Schwyz, Urteil vom 29. Januar 2004, 952/03 E. 4.5 (Abhängigmachen der Leistung bis zum Vorliegen einer generellen Abtretung über alle künftigen Lohnforderungen verstösst gegen das Gebot der Rechtzeitigkeit).

pflichten einige Kantone mit gesetzlichen Formulierungen explizit die Sozialhilfe-Organe zur Leistung von rechtzeitiger Hilfe. [134]

Die Inanspruchnahme von Leistungen der Sozialhilfe beruht auf dem Prinzip der Freiwilligkeit. Gegen den Willen von Personen darf Sozialhilfe nicht geleistet werden, es sei denn, eine gesetzliche Regelung ermächtige die Behörde zur Leistung von Hilfe auch gegen den Willen der Person. Das Vormundschafts-recht sieht als einziges Recht dies bei der persönlichen Fürsorge im Bereich der Führung von Vormundschaften und bei der fürsorgerischen Freiheitsentziehung explizit vor. [135] Der Grundsatz der Freiwilligkeit ist in wenigen Kantonen auch auf Gesetzesstufe detaillierter ausformuliert, was jedoch lediglich eine deklaratorische Wirkung beinhaltet. [136]

Zentraler ist die Normierung der Mitsprache. Generell aus der Achtung der Menschenwürde [137] ist das Recht der um Unterstützung nachsuchenden Person auf Einbezug in die Gestaltung der Hilfe abzuleiten. Sozialhilfe kann nur greifen, wenn die betroffenen Personen im Sinne der Ressourcenorientierung einbezogen werden und damit das Ziel der zielgerichteten Ablösung im Sinne der Wahrung der Eigenverantwortung erreicht werden kann. In den meisten kantonalen Sozialhilfegesetzen ist das Mitspracherecht explizit geregelt. [138] Dieses Mitspracherecht ist jedoch nicht ein einseitiges Recht, sondern enthält als Gegenstück die Verpflichtung zur aktiven Mitwirkung. [139] Das Mitspracherecht erstreckt sich auf alle Bereiche, welche im Rahmen der Unterstützung tangiert werden, und kann teilweise mit dem Anspruch auf rechtliches Gehör zusammenfallen. [140] Demge-

---

134  Z.B. § 6 Abs. 2 SHG Kanton Schaffhausen; Art. 10 Abs. 2 SHG Kanton St. Gallen; Art. 4 Abs. 2 SHG Kanton Glarus; § 24 Abs. 2 SHG Kanton Thurgau (Pflicht des Fürsorgers zur Soforthilfe); Art. 8 Abs. 2 SHG Kanton Luzern; § 4 SHG Kanton Zürich.

135  Siehe dazu Art. 406 und Art. 397a ff. ZGB.

136  Art. 28 Abs. 5 SHG Kanton Uri; Art. 21 Abs. 1 SHG Kanton Schaffhausen; Art. 21 Abs. 1 SHG Kanton Glarus; Art. 67 Abs. 1 SHG Kanton Nidwalden; § 12 Abs. 1 SHG Kanton Zürich (in Bezug auf die persönliche Hilfe); § 18 SHV Kanton Schwyz.

137  Siehe ausführlich weiter oben in diesem Beitrag unter 3.2.1.

138  § 5 Abs. 3 SHG Kanton Aargau; § 4 Abs. 2 SHG Kanton Basel-Stadt; Art. 8 Abs. 2 SHG Kanton Appenzell-Innerhoden; § 4 Abs. 3 SHG Kanton Basel-Landschaft; § 4 Abs. 2 SHG Kanton Schwyz; Art. 20 lit. c SHG Kanton Uri; § 24 Abs. 3 SHG Kanton Thurgau; § 7 SHG Kanton Luzern; Art. 3 Abs. 1 SHG Kanton Graubünden; Art. 2 Abs. 2 SHG Kanton Obwalden; § 3 Abs. 1 SHG Kanton Zug; Art. 67 Abs. 3 SHG Kanton Nidwalden; § 3 Abs. 1 SHG Kanton Zürich; § 16 SG Kanton Solothurn.

139  Siehe dazu ausführlich weiter unten in diesem Beitrag unter 4.1; siehe auch z.B. Art. 3 Abs. 1 ARSHG Kanton Freiburg.

140  Kanton Solothurn, Urteil vom 19. September 2003, VWBES.2003.191 E.4 (allfällige Kürzung von Leistungen muss vorbesprochen werden).

genüber steht aber auch dem Gemeinwesen ein Mitspracherecht bei Entscheidungen der unterstützten Person zu, wenn diese Entscheidungen Auswirkungen auf die Leistung von materieller Sozialhilfe haben. [141]

Die unterstützte Person geniesst den Schutz vor *Pfändungen, Abtretungen und Verrechnungen* von Sozialhilfeleistungen. Im Zwangsvollstreckungsrecht ist die Unpfändbarkeit von Sozialhilfeleistungen auf Bundesebene generell vorgesehen, [142] in den kantonalen Sozialhilfegesetzen wird dieser Schutz ausgedehnt und verstärkt. [143] Insbesondere darf die Sozialhilfe nicht mit geschuldeten Steuern verrechnet werden. In der Praxis ergeben sich Probleme mit Minussaldo bei Bank- und Postkonti. Wird die Sozialhilfe auf ein Konto mit Minussaldo überwiesen, wird die Bank, gestützt auf den Bankvertrag mit der betroffenen Person, diese Zahlung verrechnen. Unter Umständen erhält damit die unterstützte Person nicht die notwendigen Mittel zur Lebensführung. Als Konsequenz ist keine Zahlung auf ein Konto zu leisten, welches einen Minussaldo aufweist, um Problemen in der Rückabwicklung vorzubeugen. Zulässig jedoch ist die Verrechnung von laufenden Sozialhilfeleistungen mit zu viel respektive unrechtmässig bezogenen Sozialhilfeleistungen, soweit nicht das grundrechtlich geschützte Existenzminimum respektive die in den kantonalen Sozialhilfegesetzen festgesetzten Grenzen der Kürzung unterschritten werden. [144]

Für Beispiele aus den kantonalen *Verfahrensrechten* wird auf den Beitrag Breitschmid, Verfahren und Rechtsschutz, verwiesen.

---

[141] So zum Beispiel bei der Wahl einer Therapieeinrichtung: Kanton Schwyz, Urteil vom 20. März 2003, VB.2003.00048 E. 4a; Mitsprache der Behörde bei der Wahl von Weiterbildungen: Kanton Zürich, Urteil vom 23. Dezember 2004, VB.2004.00318 E. 6.

[142] Art. 92 Ziff. 8 SchKG.

[143] § 11 SHG Kanton Basel-Stadt; Art. 9 SHG Kanton Appenzell-Innerhoden; Art. 39 Abs. 2 SHG Kanton Bern; § 10 SHG Kanton Basel-Landschaft; Art. 25 SHG Kanton Schaffhausen; Art. 25 SHG Kanton Glarus; § 22 SHG Kanton Zug; Art. 35 SHG Kanton Nidwalden; § 17 SHG Kanton Zürich.

[144] Kanton Zürich, Urteil vom 5. September 2002, VB.2002.00223 E. 4 (die Grenzen der Verrechnung definiert das Bedarfsdeckungsprinzip).

# 4 Pflichten der unterstützten Person

## 4.1 Auskunfts-, Informations- und Mitwirkungspflicht

Die Sozialhilfeorgane haben die konkrete Situation des Einzelfalls gestützt auf das Individualisierungsprinzip [145] abzuklären. Sie sind dabei auf die aktive Mitwirkung der Antrag stellenden Person angewiesen. Die Informations- und Mitwirkungspflicht ergibt sich aus dem generellen Sinn und Zweck der Sozialhilfe. Sie ist mehr oder weniger umfassend in den meisten Kantonen in der Gesetzgebung speziell normiert. [146]

Die Personen sind zur wahrheitsgemässen Auskunft [147] verpflichtet, persönliches Erscheinen vor der Behörde oder Abklärungsstelle kann verlangt werden. Der Informationsanspruch der Behörde erstreckt sich auf alle rechtserheblichen Tatsachen, welche die Behörde für die Klärung des Anspruches benötigt. [148] Sie kann sich dabei auch im Einzelfall ermächtigen lassen, bei Drittpersonen oder anderen Stellen Auskunft einzuholen. Schriftlichkeit einer solchen Ermächtigung ist anzuraten. In Einzelfällen können auch weitergehende Untersuchungen (z.B. ärztliche) als Bedingung für die Abklärung der Verhältnisse verlangt werden. [149]

---

**145** Z.B. § 2 As. 1 SHG Kanton Zürich; § 5 Abs. 2 SPG Kanton Aargau.

**146** Art. 14 SHG Kanton Obwalden; § 3 SHG Kanton Zürich; § 30 Abs. 1 SHG Kanton Glarus; § 2 SPG Kanton Aargau; Art. 18 SHG Kanton Appenzell-Ausserhoden; § 14 Abs. 1 SHG Kanton Basel-Stadt; § 13 Abs. 1 SHG Kanton Appenzell-Innerhoden; Art. 28 Abs. 1 SHG Kanton Bern; § 11 Abs. 2 lit. a SHG Kanton Basel-Landschaft; Art. 12 Abs. 1 SHG Kanton Wallis; Art. 30 Abs. 1 SHG Kanton Uri; Art. 23 Abs. 1 SHG Kanton Schaffhausen; Art. 16 Abs. 1 lit. a SHG Kanton St. Gallen; § 17 SG Kanton Solothurn; Art. 24 Abs. 1 SHG Kanton Freiburg; § 25 Abs. 1 SHG Kanton Thurgau; § 11 Abs. 1 SHG Kanton Luzern; § 3 und 23 Abs. 1 SHG Kanton Zug; Art. 12 SHV Kanton Obwalden; § 4 KUG Graubünden; Art. 38 und 40 LASV Kanton Waadt; Art. 7 Abs. 1 LAP Kanton Genf.

**147** Kanton Genf, Urteil vom 16. August 2005, ATA/555/2005 (Pflicht zur Angabe von bestehenden Bankkonten).

**148** Urteil des Bundesgerichtes vom 11. Mai 2000, 2P.12/2000 E. 4b (Kürzung von Sozialhilfe, weil Kindsmutter den Namen des Kindsvaters nicht angibt); Kanton Aargau, Urteil vom 20. Juni 2003, [SKOS-IK-03] E. 2 (Anrechnung hypothetische Alimente bei Weigerung, den Namen des Vaters bekannt zu geben); Kanton St. Gallen, Urteil vom 17. September 2002, B 2002/136 E.2b (Verweigerung der Auskunft über Einkommen aus selbstständiger Tätigkeit); Kanton Solothurn, Urteil vom 21. April 2006, VWBES.2006.16 E. 5b (Pflicht zur Angabe des Bezuges von Alimenten); Kanton Solothurn, Urteil vom 31. Januar 2005, VWBES.2004.314 E. 3 (Weisung, alle erforderlichen Unterlagen der Selbstständigkeit beizubringen); Kanton Waadt, Urteil vom 27. Juli 2004, PS.2001.001 (Nichtberücksichtigung des Mietzinses in der Berechnung der Sozialhilfe, wenn die Quittungen für die Barmietzinszahlungen an den Vermieter nicht eingereicht werden); Kanton Waadt, Urteil vom 29. Dezember 2005, PS. 2005.0272 (Nichtberücksichtigung von Erwerbsunkosten und Selbstbehalten der Krankenkasse, wenn die Unterlagen nicht beigebracht werden und die Rückerstattung nicht gefordert wird).

**149** § 23 lit. b SHV Kanton Zürich; § 14 lit. b SPV Kanton Aargau; § 9 Abs. 2 lit. b SHV Kanton Schwyz; Kanton Zürich, Urteil vom 23. August 2001, VB 2001.00236 E. 3a-e (Vertrauensärztliche Untersuchung).

Neben der Mitwirkung hat die unterstützte Person auch nachträglich alle sich verändernden Verhältnisse, soweit sich diese auf die Berechnung des Anspruches auswirken, unaufgefordert der Behörde mitzuteilen. [150] Sinnvollerweise werden die betroffenen Personen auf diese Verpflichtung schriftlich aufmerksam gemacht. Verschiedene Sozialhilfebehörden lassen dazu die Klientel anlässlich des Erstgespräches oder im Zusammenhang mit der Berechnung des Budgets eine Erklärung unterschreiben. Kommt die unterstützte Person dieser nachträglichen Informationspflicht nicht nach, kann die Behörde Sanktionen ergreifen. [151]

Der Mitwirkungs- wie Informationspflicht sind aber auch aus dem Grundsatz der Verhältnismässigkeit [152] Grenzen gesetzt. So wäre es z.B. unzulässig,

· wenn die Erfüllung der Pflicht in keinem Verhältnis zur beantragten Leistung steht (z.B. ärztliche Untersuchung bei einer kurzfristigen Überbrückung bis zum Eintreffen anderer Leistungen),

· wenn die Behörde die Informationen wesentlich einfacher selber beschaffen kann (z.B. mit dem Gesuch um Amtshilfe bei einer anderen Amtsstelle),

· wenn die Mitwirkungspflicht für die Hilfe suchende Person selber oder nahe Verwandte strafrechtliche Folgen nach sich ziehen würde.

Kommt die Antrag stellende Person den Mitwirkungspflichten nicht nach, so kann der Anspruch auf Sozialhilfe in der Regel nicht richtig festgestellt werden. [153] Der betroffenen Person sind Nachfristen zur Erfüllung ihrer Pflicht anzusetzen.

[150] § 18 SHG Kanton Zürich; § 10 SHG Kanton Nidwalden; Art. 28 Abs. 2 SHG Kanton Bern; Art. 19 SHG Kanton Appenzell-Ausserrhoden; § 17 lit. f SG Kanton Solothurn; § 14 Abs. 2 SHG Kanton Basel-Stadt; § 13 Abs. 3 SHG Kanton Appenzell-Innerrhoden; Art. 12 Abs. 1 SHG VS; Art. 30 Abs. 2 SHG UR; Art. 23 Abs. 4 SHG SH; Art. 16 Abs. 2 SHG Kanton St. Gallen; Art. 30 Abs. 2 SHG Kanton Glarus; Art. 24 Abs. 3 SHG Kanton Freiburg; § 11 Abs. 2 SHG Kanton Luzern; Art. 23 Abs. 2 SHG Kanton Zug.

[151] Kanton Zürich, Urteil vom 25. Februar 2005, VB.2004.00249 E. 4 (Pflicht, Einkommen der Ehefrau zu melden); Kanton Basel-Stadt, Urteil vom 23. März 2004, 720-2003 E. 3 (Pflicht zur Mitteilung einer IV-Anmeldung); Kanton Waadt, Urteil vom 26. Januar 2004, PS. 2003.0130 (Pflicht des unterstützten Ehemannes, das nachträgliche Einkommen der Ehefrau zu melden); Kanton Waadt, Urteil vom 12. September 2003, PS.2003.0074 (keine Verletzung der Informationspflicht, wenn der Unterstützte, dem Fr. 500.- der wirtschaftlichen Sozialhilfe gestohlen wurden, diesen Betrag von seinem Onkel erhält); Kanton Waadt, Urteil vom 27. Januar 2003, PS.2002.0149 (Pflicht zur Meldung der Heirat und Zusammenzug mit dem Mann; Hilfe kann für zukünftige neue Sozialhilfebedürftigkeit bereits vorgängig gekürzt werden); Kanton Genf, Urteil vom 25. Januar 2005, ATA/35/2005 (keine Verletzung der Informationspflicht, wenn der nachträgliche Erhalt von Stipendien, welche zusammen mit der Behörde beantragt wurden, in der irrigen Annahme, dass die Behörde direkt vom Stipendienamt informiert worden sei, von der unterstützten Person nicht sofort gemeldet wird).

[152] Siehe weiter oben in diesem Beitrag unter 2.4; *Wolffers*, 1993, S. 107.

[153] Siehe aber Kanton Waadt, Urteil vom 22. Januar 2004, PS 2002.0115 (hypothetische Annahme eines Einkommens analog der steuerrechtlichen Gesetzgebung zur Feststellung des Unterstützungsbedarfs, wenn die unterstützte Person die Unterlagen nicht beibringt).

Eine Rückweisung respektive Ablehnung des Antrages oder Einstellung der Hilfe wegen fehlender Grundlagen kann nur in Ausnahmefällen beschlossen werden, [154] der Grundsatz der Verhältnismässigkeit ist streng zu beachten. [155]

## 4.2 Minderung der Bedürftigkeit

*"Schadens"minderg.*

Grundsätzlich sind die Hilfesuchenden verpflichtet, ihre Bedürftigkeit zu mindern. [156] Diese Minderungspflicht lässt sich aus dem Prinzip der Subsidiarität der staatlichen Leistung respektive der Pflicht zur Selbsthilfe ableiten, ist aber auch in einigen kantonalen Rechtsgrundlagen [157] explizit normiert. Eine Konkretisierung dieser Pflicht findet sich in verschiedenen Sozialhilfegesetzen in der Pflicht zur Aufnahme einer Arbeit. [158] Einher mit dieser Pflicht zur Annahme geht auch die Verpflichtung, sich entsprechend darum zu bemühen [159] und genügend Bewerbungen nachzuweisen. [160]

[154] Kanton Zürich, Urteil vom 3. Februar 2005, VB.2004.00428 E.2 und 3 (Einstellung nicht möglich, wenn trotz Verletzung der Mitwirkungspflicht der Anspruch festgestellt werden kann); Kanton Zürich, Urteil vom 2. Dezember 2004, VB.2004.00412 E. 3.2 (beharrliche Verweigerung der Mitwirkung und erhebliche Zweifel an Bedürftigkeit); Kanton Freiburg, Urteil vom 12. August 2003, 3A 01 162 E. 2d und 3 (Keine Leistung bei völligem Untätigbleiben des Antragstellers); Kanton Waadt, Urteil vom 27. Dezember 2002, PS.2001.0163 (keine Leistungen, wenn Lohnabrechnungen nicht beigebracht werden und so der Anspruch nicht berechnet werden kann).

[155] Kanton Waadt, Urteil vom 26. Juli 2004, PS. 2003.0207 (keine Sanktionen möglich, wenn die Informationspflicht in einem Bagatellfall verletzt wurde).

[156] Siehe aber Kanton Waadt, Urteil vom 10. November 2004, PS.2003.0227 (keine Verletzung der Minderungspflicht, wenn die unterstützte Person sich weigert, eine billigere Wohnung zu beziehen, wenn sie in einer teureren, aber noch den Richtlinien entsprechenden Wohnung lebt).

[157] Art. 20 Abs.1 SHG Kanton Appenzell-Ausserrhoden; § 11 Abs. 1 SHG Kanton Basel-Landschaft; § 11 Abs. 3 SHG Kanton Wallis.

[158] § 14 Abs. 3 SHG Kanton Basel-Stadt; § 11 Abs. 2 lit. d und e SHG Kanton Basel-Landschaft; § 28 Abs. 2 SHG Kanton Glarus; § 3 SHG Kanton Nidwalden; Art. 28 Abs. 2 lit.c SHG Kanton Bern; Art. 12 Abs. 1 SHG Kanton St. Gallen; Art. 8b SHG Kanton Thurgau; § 148 Abs. 2 SG Kanton Solothurn; siehe auch weiter unten in diesem Beitrag unter 5.2.1; Kanton Genf, Urteil vom 26. Oktober 2004, ATA/840/2004 (Verpflichtung zur Aufgabe der selbstständigen Tätigkeit, welche nicht genügend einbringt); Kanton Genf, Urteil vom 23. Juli 2002, A/38/2002-HG (Pflicht zur Annahme einer temporären Stelle, auch wenn jemand selbstständig erwerbend ist).

[159] Kanton Waadt, Urteil vom 7. Juni 2005, PS.2005.0056 (Kürzung der Unterstützung möglich, wenn wiederholt die Termine bei der Arbeitsvermittlung nicht eingehalten werden und keine ärztlichen Zeugnisse für die Verhinderung beigebracht werden); Kanton Waadt, Urteil vom 21. April 2005, PS.2005.0018 (freiwillige Arbeit, unbezahlte Arbeit innerhalb der Familie entbindet nicht von der Pflicht, sich um eine bezahlte Tätigkeit zu bemühen und entsprechend sich bei der Arbeitsvermittlung einzuschreiben).

[160] Generell lässt sich keine allgemein gültige Zahl bezüglich Bewerbungen festlegen, siehe dazu BGE 124 V 234; Kanton Aargau, Urteil vom 13. Oktober 2005, WBE.2005.146 E. 5.3 und 5.4 (zwei bis vier Bewerbungen im Monat genügten in diesem Fall nicht).

Die Zumutbarkeit [161] der Aufnahme einer Arbeit ist im Einzelfall abzuklären. Insbesondere sind zu beachten:

· Angemessenheit hinsichtlich der Fähigkeiten und Kompetenzen der betroffenen Person, aber durchaus auch minderqualifizierte Arbeit
· Angemessenheit hinsichtlich des Gesundheitszustands der betroffenen Person
· Keine Verhinderung der Wiederbeschäftigung im angestammten Beruf
· Distanz von Wohn- zum Arbeitsort
· Entlöhnung, wobei ein nicht Existenz deckender Lohn kein Hindernis ist, eine Arbeitsaufnahme zu verlangen [162]

Erwerbstätigkeit und Elternschaft, insbesondere bei alleinerziehenden Personen, sind speziell zu beurteilen. [163] Es liegt nicht im Belieben der bedürftigen Person, ob sie ihr Kind selber versorgen und betreuen möchte. Vielmehr ist massgebend, ob aus Gründen des Kindeswohls eine zwingende Betreuung durch die um Unterstützung nachsuchende Person notwendig ist. [164] In der Sozialhilfepraxis wird der Grundsatz vertreten, dass bei einer alleinerziehenden Person die Aufnahme einer Erwerbstätigkeit oder die Mitwirkung bei einem Integrationsprogramm vor dem dritten Altersjahr des Kindes nicht verlangt werden kann, bei mehreren Kindern, bis das Letzte eingeschult wurde. [165] Teilweise kann die Aufnahme einer Erwerbstätigkeit und damit verbunden die Übernahme der Fremdbetreuungskosten aber auch dazu führen, dass keine signifikante Verbesserung der wirtschaftlichen Eigenversorgung erreicht werden kann. Trotzdem ist im Sinne der längerfristigen Sicherung der Integration in die Arbeitswelt eine solche Tätigkeit zumutbar und kann verlangt werden.

---

161 Art. 8g SHV Kanton Bern; BGE 130 I 71 E. 5.3 mit weiteren Hinweisen; Kanton Solothurn, Urteil vom 18. November 2002 [7;13] E. 3 (Zumutbarkeit beurteilt sich analog Arbeitslosenversicherung).

162 BGE 130 I 71 E. 5.4.

163 Kanton St. Gallen, Urteil vom 9. November 2004, B 2004/137 E.2c (Verpflichtung einer Ehefrau zur Aufnahme einer Erwerbstätigkeit); Kanton Basel-Landschaft, Urteil vom 13. Oktober 2004, 810 04 114/248 E. 5e (Prüfung der Auswirkung der erhöhten Betreuungsbedürftigkeit eines 15-jährigen Kindes auf das Arbeitspensum).

164 BGE 121 III 441 E. 3b.aa.

165 Siehe dazu SKOS-Richtlinien C.1.3 und C.2-2. Damit finden die vom Bundesgericht in Scheidungsrecht entwickelten Grundsätze keine Anwendung. Danach wird einer Person, die Kinder zu bereuen hat, keine Teilzeiterwerbstätigkeit zugemutet, bevor das jüngste Kind 10 Jahre alt ist und keine Vollzeiterwerbstätigkeit, bevor das jüngste Kind das 16. Altersjahr erreicht hat. Vgl. dazu PraxKomm *Schwenzer*, Art. 125 ZGB N 59 mit Hinweisen.

Im Weiteren kann zur Minderung der Bedürftigkeit auch verlangt werden, dass sich die betroffene Person bei der IV zur Abklärung anmeldet, [166] soweit eine solche Anmeldung aufgrund der Umstände sinnvoll erscheint. Subsidiär hat auch die unterstützende Behörde die Möglichkeit, diese Anmeldung zu machen. [167]

## 4.3 Zweckdienliche Nutzung und Abtretung von Forderungen

Sozialhilfe ist entsprechend der generellen Zweckausrichtung der Sozialhilfe für die Bestreitung des Lebensunterhaltes zu verwenden. Verschiedene Kantone regeln in ihren gesetzlichen Grundlagen explizit den Hinweis auf die zweckentsprechende Verwendung [168] und ermächtigen die Behörden zu entsprechenden Auflagen und Weisungen, die dieses Ziel sichern sollen. [169] Aber auch ohne explizite Regelung im Gesetz kann mit dem Hinweis auf die generelle Zielsetzung der Sozialhilfe die zweckdienliche Nutzung verlangt werden.

Wirtschaftliche Sozialhilfe wird in der Regel in Geld ausgerichtet. [170] Was eine zweckdienliche Nutzung der ausbezahlten finanziellen Leistungen beinhaltet, ist im Einzelfall zu beurteilen. Grundsätzlich ist es Sache der unterstützten Person, zu entscheiden, wie die Gelder konkret eingesetzt werden, ob damit teurere oder billigere Lebensmittel eingekauft oder das Geld teilweise für kulturelle Bedürfnisse oder Freizeitbeschäftigungen verwendet wird. Die Handlungsfähigkeit und damit auch die Entscheidungsfreiheit in der Lebensgestaltung der unterstützten Person wird durch den Sozialhilfebezug generell nicht eingeschränkt. [171] Die Sozialhilfeorgane haben daher nur mit Zurückhaltung in diesen Bereich einzugreifen, wenn objektiv tatsächlich eine erhebliche Zweckentfremdung vorhanden ist, so z.B. bei Nichtbezahlen des Mietzinses oder der Krankenkassenprämien oder massivem Alkoholabusus. Besteht keine Gewähr, dass die Sozialhilfeleistungen entsprechend dem Zweck verwendet werden, kann im Einzelfall auch eine Ausrichtung an eine Drittperson in Erwägung gezogen werden [172] oder es können

---

166 Kanton Basel-Landschaft, Urteil vom 30. Juni 2004, 810 03 272/126] E. 2a-c (Zulässigkeit der Weisung zur IV-Anmeldung).

167 Art. 66 IVV.

168 Z.B. § 21 SHG Kanton Zürich; Art. 7 SHG Kanton Appenzell-Innerhoden; § 11 Abs. 2 lit. f SHG Kanton Basel-Landschaft.

169 Z.B: Art. 29 Abs. 3 SHG Kanton Luzern; Art. 28 Abs. 2 lit. d SHG Kanton Glarus; Art. 34 Abs. 1 SHG Kanton Nidwalden; § 14 lit. d SPV Kanton Aargau.

170 Siehe z.B. § 11 Abs. 1 SHV Kanton Zug; weitergehende Ausführungen siehe im Beitrag von *Hänzi*, 3.2.4.

171 Siehe weiter oben in diesem Beitrag unter 3.1 und Fn 85.

172 Analog der Sozialversicherungsleistungen: Art. 20 ATSG; siehe auch § 10 Abs. 2 SHG Kanton Basel-Stadt; Art. 39 Abs. 1 SHG Kanton Bern; § 9 Abs. 2 SHG Kanton Basel-Landschaft; § 1 Abs. 2 SHV Kanton Schaffhausen.

Leistungen im Sinne von Kostengutsprachen direkt an die Leistungserbringer ausbezahlt werden (Vermieter, Krankenkasse etc.). Die Abgabe von Gutscheinen [173] (z.B. für Lebensmittelgeschäfte) ist nur im Notfall zu erwägen, beinhaltet diese Form der Unterstützung doch eine massive Beschränkung und weist die Person gegenüber Dritten als Sozialhilfe empfangende Person aus.

Die Leistung von materieller Hilfe kann von der Abtretung von Forderungen gegenüber Dritten abhängig gemacht werden. [174] Dies macht insbesondere dann Sinn, wenn z.B. strittige Forderungen bestehen oder materielle Leistungen Dritter aus Vertrag auf einen späteren Zeitpunkt vereinbart wurden. Im Bereich der Bevorschussung von sozialversicherungsrechtlichen Leistungen hat sich mit dem Inkrafttreten des allgemeinen Teils des Sozialversicherungsrechtes (ATSG) die bis anhin bundesrechtlich nicht einheitlich geregelte Situation verbessert. Die Abtretung von Nachzahlungen der Sozialversicherungen gegenüber der öffentlichen Sozialhilfe ist zulässig. [175] Die Verrechnung der entsprechenden Zahlungen ist zeitperiodengerecht vorzunehmen. [176]

Nach wie vor strittig ist die Frage, ob die Auszahlung von Nachzahlungen direkt von den Sozialhilfeorganen ohne Abtretungserklärung gefordert werden kann. Soweit ein eindeutiges Rückforderungsrecht in den gesetzlichen Grundlagen normiert ist, [177] wird die Drittauszahlung – auch ohne formelle Abtretung durch die betroffene Person – vom Bundesgericht geschützt. [178] Als Folge dieser Unsicherheit haben die meisten Kantone ihre Sozialhilfegesetze entsprechend angepasst und ein entsprechendes Rückforderungsrecht gesetzlich vorgesehen.

173 Siehe dazu z.B. die gesetzliche Formulierung in Art. 32 Abs. 2 SHG Kanton Bern, die explizit nur ausnahmsweise Gutscheine erlaubt.

174 Kantonale Normen, z.B.: § 12 SPG Kanton Aargau; § 10 SHG Kanton Appenzell-Innerhoden; Art. 34 Abs. 2 SHG Kanton Bern; § 11 Abs. 2 lit. c SHG Kanton Basel-Landschaft; § 12 Abs. 1 SHG Kanton Basel-Stadt; Art. 26 Abs. 1 SHG Kanton Glarus; Kanton Genf, Urteil vom 23. Juli 2003, A/1181/2002-HG (Behörde kann Leistungen verweigern, wenn keine Forderungsabtretung unterschrieben wird).

175 Art. 22 Abs. 2 lit. a ATSG.

176 Kanton Waadt, Urteil vom 22. November 2003, PS 2001.0047 (Rückforderung nur für die unterstützte Zeitperiode); Kanton Waadt, Urteil vom 15. Januar 2004, PS. 2002.0038 (Behörde muss die Forderung nachweisen können).

177 Z.B. Art. 26 Abs. 2 SHG Kanton Glarus; § 37 Abs. 3 SHG Kanton Luzern; Art. 13 SHG Kanton St. Gallen; Art. 26 Abs. 1 SHG Kanton Schaffhausen; Art. 27 Abs. 1 lit. a SHG Kanton Zürich; Urteil Zürich, Urteil vom 15. September 2005, VB.2005.00269 E. 2 (genügende gesetzliche Grundlage im SHG Kanton Zürich zur direkten Geltendmachung der Nachzahlung).

178 BGE 123 V 31 E. 5; Kieser, 2003, Art. 22 N. 31.

# 5 Auflagen und Weisungen

## 5.1 Grundsätzliches

In der Mehrzahl der kantonalen Sozialhilfegesetzgebungen ist die Kompetenz der Behörden, die Hilfe mit Auflagen und Weisungen zu verbinden, vorgesehen. [179] Diese dienen entweder vorbeugend der richtigen Verwendung der materiellen Hilfe oder zur Verbesserung der Lage der Hilfe suchenden Person. [180]

Weisungen sind Nebenbestimmungen der konkreten Verfügung über die Gewährung von wirtschaftlicher Hilfe. Sie streben eine konkrete Verhaltensänderung der betroffenen Person an und greifen somit je nach Situation unterschiedlich stark in die Grundrechte der betroffenen Person ein. Weisungen können beinhalten:

· sich bei der IV abklären zu lassen,
· regelmässig Arbeitsbemühungen nachzuweisen,
· Weiterbildungskurse zu besuchen,
· die materielle Leistung in einer bestimmten Form zu verwenden,
· Wirtshausverbot,
· etc.

Sinn und Zweck der Sozialhilfe ist die Förderung der wirtschaftlichen und persönlichen Selbständigkeit des Sozialhilfeempfängers unter Einhaltung des Grundsatzes der Subsidiarität. Auflagen und Weisungen können daher zur Förderung der richtigen Verwendung der materiellen Hilfe von den Sozialhilfeorganen unter Berücksichtigung des Verhältnismässigkeitsprinzips auferlegt werden. Die Tauglichkeit von Weisungen oder Auflagen ist im konkreten Einzelfall zu prüfen. Sie müssen in einem engen Sachzusammenhang zur Hilfsbedürftigkeit oder deren Ursachen stehen und geeignet sein, die konkrete Situation im Hinblick auf eine

---

[179] Art. 28 Abs. 1 SHG Kanton Glarus; § 13 Abs. 1 SPG Kanton Aargau; § 21 SHG Kanton Zürich; Art. 27 Abs. 2 SHG Kanton Bern; §21bis SHG Kanton Zug.

[180] Kanton Zürich, Urteil vom 25. Oktober 2001, VB.2001.00250 E. 4b (Weisung Darlehen für den Lebensunterhalt und nicht für Ferien zu verwenden).

Ablösung von der Sozialhilfe [181] zu bewirken. Die Weisungen sind in Form einer anfechtbaren Verfügung zu erlassen und können auf dem vorgesehenen verwaltungsrechtlichen Weg angefochten werden. [182]

Weisungen unterliegen wie jede andere Einschränkung von Rechten oder Pflichten der Begründungspflicht. [183] Durch die angemessene Begründung einer Verfügung soll dem Betroffenen insbesondere die Möglichkeit gegeben werden, sich über die Tragweite eines Entscheides Rechenschaft zu geben und in voller Kenntnis der Gründe ein Rechtsmittel zu ergreifen. [184] Die Begründung eines Entscheides ist folglich so abzufassen, dass der Betroffene ihn gegebenenfalls sachgerecht anfechten kann. In diesem Sinne müssen wenigstens kurz die Überlegungen genannt werden, von denen sich die Behörde hat leiten lassen und auf welche sich ihr Entscheid stützt. [185] Ein Hinweis auf die allgemeinen gesetzlichen Grundlagen des Weisungsrechts alleine genügt diesen Anforderungen nicht.

Adressat der Weisung ist die unterstützungsbedürftige Person, nicht aber Angehörige oder andere Drittpersonen. [186]

Werden Auflagen oder Weisungen einer Verfügung nicht eingehalten, so führt dies nicht ohne weiteres zum Wegfall der materiellen Hilfe. Die Behörde hat im Einzelfall zu entscheiden, welche Sanktionen gegenüber dieser Pflichtverletzung getroffen werden. [187]

---

**181** BGE 131 I 166; Kanton Zürich, Urteil vom 23. August 2001, VB 2001.00236 E. 3a-e (zweckwidrige Anordnung einer vertrauensärztlichen Untersuchung für fremdenpolizeiliche an Stelle von sozialhilferechtlichen Zwecken); Kanton Zürich, Urteil vom 6. Juni 2005, 2004.00567 E. 3.6 (unverhältnismässige Auflage); Kanton Zürich, Urteil vom 2. März 2007, VB.2006.00529 E.3 und 4 (Auflage, den Namen der Tagesmutter bekannt zu geben, ist rechtmässig); Kanton Solothurn, Urteil vom 13. Dezember 2005, VWBES.2005.356 S. 4 (Auflage an eine schwerstpflegebedürftige Person, sich wirtschaftlich zu verhalten); Kanton Zürich, Urteil vom 23. Juni 2005, VB.2005.00164 E. 2.2 (unverhältnismässig, wenn von einem Künstler eine ordentliche Buchhaltung verlangt wird).

**182** Kanton Solothurn, Urteil vom 4. Juli 2006, VWBES.2006.89 E. 2 (Auflagen sind unabhängig von der restlichen Verfügung anfechtbar); Kanton Zürich, Urteil vom 25.Oktober 2001, VB.2001.00250 E. 4a (Weisung, ein Darlehen für den Lebensunterhalt zu verwenden, ist anfechtbar).

**183** Art. 29 Abs. 2 BV; Kanton Aargau, Urteil vom 13. Oktober 2005, WBE.2005.99 E. 1.2 (Anforderung an den Umfang der Begründung).

**184** Kanton Aargau, Urteil vom 18. Oktober 2000, SKOS-HM-00 E. 6 (Bekanntgeben aller rechtsrelevanten Tatsachen).

**185** BGE 126 I 97 E. 2b; 122 II 359 E. 2a.

**186** Kanton Aargau, Urteil vom 23. Mai 2003, [SKOS-KL-02] E. II/2 (Unzulässigkeit einer Weisung an Angehörige).

**187** Siehe auch den Beitrag von *Mösch*, Ziffer 3

## 5.2 Konkrete Anwendungsgebiete

### 5.2.1 Arbeitssuche und Teilnahme an Integrationsprogrammen

Ziel der Sozialhilfe ist die Wiederherstellung und Sicherung der eigenständigen Lebensführung. Die Bestrebungen des Gesetzgebers und der anwendenden Organe sind darauf ausgerichtet, die Integration in den Arbeitsmarkt grösstmöglich zu fördern. So werden im Rahmen der Interinstitutionellen Zusammenarbeit (IIZ) oder der revidierten SKOS-Richtlinien [188] Bedingungen und Anreize geschaffen, die eine Arbeitsintegration ermöglichen. In verschiedenen kantonalen Sozialhilfegesetzen ist entsprechend dieser Zielerreichung die Pflicht normiert, [189] eine konkrete Arbeit anzunehmen. Verschiedene höchstrichterliche und kantonale Entscheide stützen die Verfassungsmässigkeit dieser Bestimmungen. [190]

Gleiches gilt für die Verpflichtung zur Teilnahme an Beschäftigungsprogrammen und Integrationsprogrammen. Sie stellt im Einzelfall in der Regel eine verhältnismässige Weisung dar [191] und steht im Einklang mit den verfassungsrechtlichen Grundwerten. [192] Ausführungen zur Zumutbarkeit der Arbeit siehe oben unter Punkt 4.2.

Das Recht zur Weisung zur Arbeitsaufnahme verpflichtet aber die Sozialhilfeorgane im Rahmen der persönlichen Sozialhilfe, die unterstützten Personen in ihren Bemühungen auf der Suche nach einer Arbeit zu unterstützen. [193] Hier öffnet sich das weite Feld der interinstitutionellen Zusammenarbeit wie auch der Zusammenarbeit der verschiedenen Gemeinden untereinander im Bestreben, die entsprechenden Programme und Dienstleistungen (Job-Vermittlung etc.) anbieten zu können.

---

[188] SKOS-Richtlinien A.3, C.2, C.3 und D.

[189] Z.B. § 14 lit. e SPV Kanton Aargau; Art. 28 Abs. 2 lit. c SHG Kanton Bern.

[190] BGE 130 I 71; Urteil des Bundesgerichtes vom 4. März 2003, 2P.147/2002; Kanton Luzern, Urteil vom 25. September 2001, A 01 154/wad E. 2 und 3 (psychische Erkrankung und Arbeit).

[191] Art. 8 Abs. 3 SHV Kanton Appenzell-Innerhoden; Kanton Zürich, Urteil vom 19. Januar 2006, VB.2005.00354 E. 2.4 (Weisung zur Teilnahme an einem Arbeitsintegrationsprogramm ist zulässig, wenn es sich um eine zumutbare Arbeit handelt); Kanton Zürich, Urteil vom 6. Dezember 2004, VB.2004.00333 E. 4.2 ff. (Weisung zur Teilnahme und Einstellung der Leistung bei beharrlicher Weigerung); Kanton Uri, Urteil vom 21. März 2003, OGV01 8, S. 10 (Integrationsprogramm ist zumutbar, auch wenn die branchenüblichen Löhne unterschritten werden); Kanton Schwyz, Urteil vom 10. Dezember 2004, 905/04; Kanton Aargau, Urteil vom 26. August 2004, BE.2004.00219- K4 E. 2c (Weisung zur Teilnahme steht im Einklang mit Sinn und Zweck der Sozialhilfe); Kanton Solothurn, Urteil vom 9. Oktober 2003, VWBES.2003.229 E. 4 (Soziallohnprojekt).

[192] *Pärli*, 2004, S. 49.

[193] *Wolffers*, 1993, S. 109.

### 5.2.2 Autobenutzungsverbot

Mobilität ist in der heutigen Gesellschaft eines der wichtigsten Merkmale von individueller Freiheit. In der materiellen Grundsicherung sind die Kosten für den öffentlichen Nahverkehr und den Unterhalt für das Velo respektive Mofa enthalten. Anrecht auf weitergehende finanzielle Unterstützung im Rahmen des sozialhilferechtlichen Existenzminimums besteht nicht. Vielmehr stellt das Auto ein Vermögensbestandteil dar, der allenfalls in Anwendung des Subsidiaritätsgrundsatzes zu verwerten ist. [194]

Neben der Anrechnung des Wertes des Autos als Vermögensbestandteil stellt der Betrieb des Autos allenfalls eine Zweckentfremdung von Sozialhilfeleistungen dar. In vereinzelten Kantonen sehen die gesetzlichen Grundlagen vor, dass solange nicht auf den Betrieb des Autos verzichtet wird – in der Regel durch Abgabe der Nummernschilder –, die Betriebskosten vom Auszahlungsbetrag des Sozialhilfebudgets in Abzug gebracht werden, wenn das Auto nicht aus gesundheitlichen Gründen oder zum Erzielen eines Erwerbs benutzt werden darf. [195] Wird das Auto aber aus vorgenannten Gründen benötigt, so stellen die Betriebskosten (Steuern, Unterhalt und Benzinkosten) Erwerbsunkosten oder krankheitsbedingte Mehrauslagen dar und sind als situationsbedingte Leistungen zusätzlich ins Unterstützungsbudget einzurechnen. [196]

### 5.2.3 Wohnungswechsel

Die Wohnkosten (Mietzins respektive Hypothekarzins) sind Teil der materiellen Grundsicherungen und sind in der Bedarfsrechnung, soweit sie den ortsüblichen Rahmen nicht überschreiten, anzurechnen. [197] Überhöhte Wohnkosten sind so

---

**194** Kanton Aargau, Urteil vom 22. Dezember 2005, WBE.2005.215 E.4 (keine Einstellung der materiellen Hilfe, wenn das Auto nicht verkauft wird, aber hypothetische Anrechnung als liquides Vermögen); Kanton Aargau, Urteil vom 20. Juni 2003, SKOS-SP-03 E. 3 und 4 (kein Verkauf des Autos, wenn aus medizinischen Gründen darauf angewiesen, in concreto aber nicht genügend nachgewiesen).

**195** § 93 Abs. 1 lit. e SV Kanton Solothurn; § 10 Abs. 5 lit. c SPV Kanton Aargau; siehe aber Kanton Aargau vom 26. August 2004, BE.2004.00177- K4 E. 2c (unzulässige Weisung und Kürzung bezüglich Abgabe von Autoschildern, wenn das Auto für eine Nebenerwerbstätigkeit notwendig ist); Kanton Solothurn, Urteil vom 11. Februar 2003, 00235168 E. 3-5 (kein Nachweis der Notwendigkeit); Kanton Solothurn, Urteil vom 13. Oktober 2003, VWBES.20003.237 E. 2 und 4 (Anrechnung von Einnahmen in der Höhe der Betriebskosten, wenn das Auto Dritten gehört und unentgeltlich zur Verfügung gestellt wird); Kanton Solothurn, Urteil vom 4. Juni 2002, 00115651 E. 4 (keine Notwendigkeit, um Kinder in die Schule zu führen).

**196** SKOS-Richtlinie C.I-4/5; Kanton Schwyz, Urteil vom 28. Dezember 2005, V 2005 91 E. 3c (Anrechnung der Autokosten bei Notwendigkeit des Autos); Kanton Obwalden, RRB vom 30. Oktober 2001, 203_20011030 E.3 (Anrechnung von Mobility-Carsharing-Kost-en anstelle von eigenem Auto); siehe auch den Beitrag von *Hänzi*, 3.2.5.4.2.

**197** SKOS-Richtlinie B.3-I; *Wolffers*, 1993, S. 142; siehe ausführlich im Beitrag von *Hänzi*, 3.2.5.3.3 und 3.2.5.3.4.

lange zu übernehmen, bis eine zumutbare günstigere Wohnung zur Verfügung steht und effektiv bezogen werden kann. [198] Die wirtschaftliche Hilfe darf somit mit der Weisung verbunden werden, eine günstigere Wohnung zu suchen und zu beziehen. [199] Die Verhältnismässigkeit der Weisung, insbesondere die Anforderungen an die Zumutbarkeit der Wohnung, ist im Einzelfall zu überprüfen. [200] Das Grundrecht der Niederlassungsfreiheit wird mit einer solchen Weisung nicht tangiert, auch wenn bei der Suche der Miteinbezug von angrenzenden Gemeinden gefordert wird, was im Übrigen auch keine Abschiebung darstellt. [201] Zu berücksichtigen sind unter anderem die Familienverhältnisse, Arbeitswege, Schulung der Kinder, krankheitsbedingte Anforderungen und anderes. [202] Zudem ist bei voraussichtlich kurzfristiger Unterstützung Zurückhaltung angebracht. Für die Erfüllung der Weisung ist eine angemessene Frist zu gewähren, je nach Wohnungsmarkt kann sich diese auf mehrere Monate erstrecken, zudem sind die vertraglichen Kündigungsfristen in der Regel zu beachten. [203] Finden die unterstützten Personen trotz nachgewiesenen Bemühungen keine entsprechende

---

[198] Kanton Zürich, Urteil vom 24. Februar 2005, VB-2004-00507 E. 3.3.1 (Reduktion der Wohnkosten bei Weigerung, eine andere Wohnung zu beziehen); Kanton Schwyz, Urteil vom 22. Dezember 2000, E. FB 909-00 E. 2 (Übernahme der vollen Mietkosten bis zum Vorliegen einer günstigeren Wohnung); Kanton Zürich, Urteil vom ? 2005, 2005.00020, E. 3.2 (Grundsatz: Übernahme der vollen Wohnkosten, solange keine günstigere Wohnung zur Verfügung steht); Kanton St. Gallen, Urteil vom 25. Oktober 2000, B 2000/136, E. 2 (Übernahme der zu hohen Mietkosten während der Kündigungsfrist); Kanton Aargau, Urteil vom 31. März 2004, BE.2003.00359 E. 5c (Übernahme der überhöhten Mietkosten kann bei Rechtsmissbrauch abgelehnt werden); Kanton Aargau, Urteil vom 14. Mai 2004, BE.2004.00098, S. 7 (sofortige Kürzung des überhöhten Mietzinses bei Verstoss gegen Treu und Glauben).

[199] Kanton Zürich, Urteil vom 23. Dezember 2004, VB.2004.00456 E. 2.3 und 3.7 (Weisung, günstige Wohnung zu suchen).

[200] Kanton Solothurn, Urteil vom 17. Dezember 2003, VWBES.2003.299 E. 2 (Prüfung des Einzelfalls, in concreto Zumutbarkeit 3-Zimmer-Wohnung anstelle 4-Zimmer-Wohnung für Mutter mit einem Kind bejaht); Kanton Basel-Landschaft, Urteil vom 5. Februar 2002, v2002319a E.4 (Angemessenheit einer Wohnung für eine Familie).

[201] Siehe auch weiter oben in diesem Beitrag unter 3.2.2; Kanton Zürich, Urteil vom 5. Dezember 2002, VB.2002.00309 E. 3e und f (Angemessenheit der Wohnungsgrösse und Miteinbezug Wohnungsmarkt umliegende Gemeinden); Kanton Aargau, Urteil vom 19. November 2004, BE.2004.00284 E. 2a und b (lange Niederlassungsdauer in einer Gemeinde begründet keinen Anspruch, sich bei der Wohnungssuche allein auf die Gemeinde zu beschränken).

[202] SKOS-Richtlinie B.3-I; Wolffers, 1993, S. 143; Kanton Bern, Urteil vom 4. November 2002, Nr. 21480U E.4 (medizinisch bedingtes Verbleiben in zu teurer Wohnung); RR Kanton Bern? vom 7. Januar 2002, 361_20020107 E. 2, 3.2 und 3.3 (Psychische Instabilität, Zumutbarkeit des Wohnungswechsels); Kanton Aargau, Urteil vom 10. September 2003, BE.2003.00173, S. 12 (Zusammensetzung der Familie, Verwurzelung, Alter und Gesundheit sind bei der Zumutbarkeit zu prüfen).

[203] Nicht aber z.B. bei einem Mietvertrag auf feste Dauer von mehreren Jahren. In diesem Fall ist von den ortsüblichen Kündigungsfristen auszugehen; siehe auch SKOS-Richtlinie B.3-I; Kanton Aargau, Urteil vom 13. Oktober 2005, WBE.2005.99 E. 6.5 (langer Mietvertrag bindet Sozialhilfeorgane nicht).

Wohnung oder wird ihnen von den Sozialhilfeorganen, die zur aktiven Unterstützung bei der Wohnungssuche verpflichtet sind, keine zur Verfügung gestellt, kann keine Kürzung vorgenommen werden. [204]

### 5.2.4 Beratung und Therapie

Neben der rein wirtschaftlichen Hilfe ist in allen Sozialhilfegesetzen die Leistung von persönlicher Sozialhilfe vorgesehen. [205] Dazu gehört neben der Beratung und Betreuung durch die Sozialhilfeorgane auch die Vermittlung von weitergehenden Unterstützungsangeboten, soweit dies im Einzelfall geboten ist. Die Planung dieser persönlichen Hilfestellungen hat in enger Zusammenarbeit mit der betroffenen Person zu erfolgen. [206] Erachten es die Sozialhilfeorgane für die Integration und die Verminderung der Unterstützungsbedürftigkeit als angemessen, dass sich die betroffene Person weitergehender Beratung oder gar medizinischer Betreuung unterzieht, kann die Gewährung von wirtschaftlicher Hilfe mit der Anweisung, sich in Beratung oder Therapie zu begeben, verbunden werden. [207]

### 5.2.5 Weitere Anwendungsbereiche

Die Sozialhilfeorgane können grundsätzlich jede mögliche Weisung erteilen, soweit diese geeignet ist, die Unterstützungsbedürftigkeit der betroffenen Person absehbar zu verringern oder deren soziale oder berufliche Integration zu unterstützen. Die Verhältnismässigkeit und Subsidiarität des konkreten Weisungsinhaltes ist im Einzelfall genau zu prüfen. In der Praxis der kantonalen Urteile stellt die Weisung, ein bestehendes Freizügigkeitsguthaben aus BVG zu beziehen, einen wichtigen Anwendungsfall dar. [208] Im Weiteren kann mittels Weisung

---

**204** Kanton Aargau, Urteil vom 1. September 2005, WBE.2005.139 E. 2 (Nachweis der Bemühungen); Kanton Solothurn, Urteil vom 20. Dezember 2005, VWBES.2005.307 E. 4 (keine Kürzung, wenn keine zumutbare Wohnung zur Verfügung steht).

**205** Z.B. § 25 SHG Kanton Luzern; § 8 SPG Kanton Aargau; Art. 7 und 8 SHG Kanton St. Gallen.

**206** Siehe auch die Ausführungen zur Mitsprache weiter oben in diesem Beitrag unter 3.3.2.

**207** Kanton Zürich, Urteil vom 9. April 2004, VB.2004.00278 E.2.2 (Rechtmässigkeit einer Weisung, sich in psychotherapeutische Behandlung zu begeben; in casu gegeben); Kanton Zürich, Urteil vom 20. März 2003, VB.2003.00048) E.4a (Zulässigkeit einer Weisung, sich stationär in den Drogenentzug zu begeben); Kanton Aargau, Urteil vom 13. Oktober 2005, WBE.2005.73 E.3 (Verhältnismässigkeit einer Weisung zur psychiatrischen Abklärung); Kanton Zürich, Urteil vom 3 Februar 2002, VB.2004.00428 E. 3.3 (Weisung, sich begutachten zu lassen).

**208** Urteil des Bundesgerichtes vom 13. Mai 2005, 2P.53/2004 E. 3 (kein Anspruch auf Nichtantastbarkeit der Freizügigkeitsgelder); Kanton Basel-Landschaft, Urteil vom 20. November 2002, VGE U & H.K 20021120 E. 3 (besteht der Anspruch auf Auszahlung des Freizügigkeitsguthabens, stellt dieses eine gesetzliche Leistung Dritter dar, die in der Unterstützungsberechnung zu berücksichtigen ist); Kanton Zürich, Urteil vom 12. April 2001, VB.2000.00411 E. 2c/d (die vorzeitige Auflösung von Altersguthaben der beruflichen Vorsorge zur Vermeidung von Sozialhilfeleistungen ist nur ausnahmsweise zumutbar).

von einer bedürftigen Person verlangt werden, bei Vorliegen der gesetzlichen Bedingungen einen vorzeitigen Rentenbezug bei der AHV zu beantragen, soweit die unterstützte Person im ordentlichen Rentenalter ohnehin auf Ergänzungsleistungen angewiesen wäre und durch den Vorbezug somit keinen wirtschaftlichen Nachteil erleidet. [209] Weisungen zur zweckentsprechenden Nutzung von vorhandenen Vermögenswerten zur Verringerung der Unterstützungsbedürftigkeit oder die Anmeldung bei der IV zwecks Abklärung einer Berentung können ebenfalls Bestandteil einer Verfügung sein. [210]

---

[209] SKOS-Richtlinie E.2-6; Urteil des Bundesgerichtes vom 20. März 2007, 2P.298/2006 E. 2.2 (kein wirtschaftlicher Nachteil im konkreten Fall, daher zulässige Weisung).
[210] Kanton Zürich, Urteil vom 25. Oktober 2001, VB.200100250 E. 4b (Weisung, ein Darlehen der Mutter für den Lebensunterhalt zu verwenden).

# 6 Rückerstattung

## 6.1 Grundsatz

Die Kompetenz zur Geltendmachung der Rückerstattung liegt bei den Kantonen. [211] Bundesrechtlich ist einzig im Zusammenhang mit der Kostenersatzpflicht des Aufenthalts- respektive Heimatkantons die Aufteilung allfälliger Rückerstattungsbeträge mit Verweis auf das anwendbare Recht näher geregelt, die materiellen Voraussetzungen der Rückerstattungspflicht aber sind es nicht. [212] In allen Kantonen finden sich Regelungen zu Rückerstattungen. [213] Die Kantone Genf und Waadt kennen das grundsätzliche Prinzip der Nichtrückerstattung rechtmässig erhaltener Sozialhilfe, ausser ein ungewöhnlicher Vermögensanfall trete ein. [214] Die Voraussetzungen für die Rückerstattung sind unterschiedlich, teilweise wird auf die Zumutbarkeit, [215] teilweise auf die günstigen Verhältnisse [216] verwiesen. Einzig der Kanton Wallis geht sehr weit und verweist auf die Bestimmungen des SchKG. Somit könnte in diesem Kanton bereits nach Erreichen des betreibungsrechtlichen Existenzminimums eine Rückerstattung gefordert werden, [217] was in der Praxis aber kaum geschieht. Rückerstattungspflichtig ist diejenige Person, welche die Leistungen für sich und die in der gleichen Unterstützungseinheit le-

---

[211] *Wolffers*, 1993, S. 177; *Thomet*, 1994, Rz 261.

[212] Art. 26 ZUG.

[213] Der Kanton Uri hat die Rückerstattungspflicht mit der Gesetzesrevision als letzter Kanton im Jahre 1998 eingeführt (Art. 34 SHG Kanton Uri).

[214] Siehe Art. 23c Abs. 2 LAP GE; Art. 41 Abs. 1 lit. c LASV Kanton Waadt.

[215] § 20 Abs. 1 SPG Kanton Aargau; Art. 18 Abs. 1 SHG Kanton Appenzell-Innerhoden; Art. 27 Abs. 1 lit. b SHG Kanton Appenzell-Ausserhoden; Art. 40 Abs. 1 SHG Kanton Bern; Art. 29 Abs. 1 SHG Kanton Freiburg; Art. 32 Abs. 2 SHG Kanton Glarus; Art. 18 Abs. 1 SHG Kanton St. Gallen; § 19 Abs. 12 SHG Kanton Thurgau.

[216] § 13 Abs. 1 SHG Kanton Basel-Landschaft; § 17 Abs. 1 SHG Kanton Basel-Stadt; § 51 Abs. 1 SHG NW; Art. 17 Abs. 1 SHG OW; § 14 Abs. 1 SG SO; § 25 Abs. 1 SHG SZ (besonders günstige Verhältnisse); § 25 Abs. 1 lit. c SHG Kanton Zug; § 27 Abs. 1 lit. b SHG Kanton Zürich (nicht aufgrund eigenen Arbeitserwerbes, ausser wenn es derart günstige Verhältnisse wären, dass ein Verzicht unbillig wäre).

[217] Art. 21 Abs. 1 SHG Kanton Wallis, aber mit Einschränkung, dass Sozialhilfe im Rahmen eines Eingliederungsvertrages nicht rückerstattungspflichtig ist.

benden Personen erhält. [218] Ebenfalls rückerstattungspflichtig sind deren Erben, soweit es das kantonale Recht vorsieht. [219]

Erfasst werden von der Rückerstattung die gesamten geleisteten Unterstützungen. Davon ausgenommen sind in den meisten Kantonen Leistungen, die eine Person für sich selbst während der Unmündigkeit erhalten hat, [220] teilweise ausgedehnt bis zum vollendeten 20. Altersjahr [221] oder in Angleichung an die Sozialversicherungen für Kosten der Ausbildung bis zum vollendeten 25. Altersjahr respektive bis zum ordentlichen Abschluss. [222] Nicht erfasst davon sind aber Leistungen, welche die Eltern für den Unterhalt ihrer unmündigen Kinder in der gleichen Hausgemeinschaft erhalten. [223] Teilweise ausgenommen sind auch materielle Leistungen, wenn sie im Rahmen eines Eingliederungsvertrages erbracht worden sind. [224]

Die Schweizerische Konferenz für Sozialhilfe plädiert für einen differenzierten Umgang mit der Rückerstattungspflicht. Insbesondere sollen Leistungen, bei denen Integrationszulagen respektive Einkommensfreibeträge eingerechnet wurden, nicht der Rückerstattung unterliegen, um einen zusätzlichen Anreiz zur Erbringung dieser entsprechenden Anstrengungen zu schaffen. In allen Fällen aber soll den ehemals unterstützten Personen ein angemessener Vermögensfreibetrag analog der Ergänzungsleistungen belassen werden. [225]

---

218  Kanton Zürich, Urteil vom 11. April 2002, VB.2002.00041 E. 2b-d (Forderungen auf Rückerstattung können sich nur gegen Personen richten, die selber als Bezüger der Leistungen gelten; konkret im Fall der getrennten Ehegatten).

219  *Soweit Erben bereichert sind*: § 20 Abs. 3 SPG Kanton Aargau; Art. 18 Abs. 5 SHG Kanton Appenzell-Innerhoden; Art 27. Abs. 5 SHG Kanton Aargau; § 14 Abs. 2 SHG Kanton Basel-Landschaft; § 18 SHG Kanton Basel-Stadt; Art. 29 Abs. 2 SHG Kanton Freiburg; Art. 32 Abs. 4 SHG Kanton Glarus; Art. 11 Abs. 4 KUG Kanton Graubünden; § 39 SHG Kanton Luzern; Art. 51 Abs. 3 SHG Kanton Nidwalden; Art. 17 Abs. 3 SHG Kanton Obwalden; Art. 20 SHG Kanton St. Gallen; § 14 Abs. 2 SG Kanton Solothurn; § 19 Abs. 1bis SHG Kanton Thurgau; Art. 34 Abs. 2 lit. b SHG Kanton Uri; Art. 23 SHG Kanton Wallis; § 26 Abs. 1 lit. c SHG Kanton Zug; *unter Berücksichtigung der persönlichen Verhältnisse der Erben*: Art. 42 Abs. 2 SHG Kanton Bern; § 25 Abs. 3 SHG Kanton Schwyz; § 28 Abs. 2 SHG Kanton Zürich; keine explizite Regelung: SHG Kanton Schaffhausen.

220  Z.B. Art. 18 Abs. 3 SHG Kanton Appenzell-Innerhoden; § 17 Abs. 2 SHG Kanton Basel-Stadt.

221  Z.B. Art. 29 Abs. 3 SHG Kanton Freiburg; § 13 Abs. 2 SHG Kanton Basel-Landschaft.

222  § 37 Abs. 2 SHG Kanton Luzern; § 51 Abs. 2 SHG Kanton Nidwalden; Art. 17 Abs. 4 SHG Kanton Obwalden; Art. 28 Abs. 2 SHG Kanton Appenzell-Ausserrhoden; Art. 18 Abs. 3 SHG Kanton St. Gallen (mit Ausnahme von Vermögensanfall aus Erbschaft); Art. 29 Abs. 2 SHG Kanton Schaffhausen; § 14 Abs. 4 SG Kanton Solothurn; § 19 Abs. 1 SHG Kanton Thurgau; § 25 Abs. 2 SHG Kanton Zug; § 27 Abs. 2 SHG Kanton Zürich.

223  In diesen Fällen gilt die Familie als ein Unterstützungsfall: Art. 32 Abs. 3 ZUG; Kanton Thurgau, Urteil vom 22. September 2004, V208 E. 2b (eigener Unterstützungswohnsitz des Kindes als Erfordernis).

224  Z.B. Art. 29 Abs. 1 SHG Kanton Freiburg; Art. 21 Abs. 2 SHG Kanton Wallis; § 14 Abs. 4 SG Kanton Solothurn.

225  SKOS-Richtlinie E.3-1 und 2.

Generell wird die Rückerstattung in verschiedenen Publikationen eher zurückhaltend bewertet. [226] In der Praxis stellen sich Fragen der konkreten Umsetzung. Ehemals unterstützte Personen, die in der gleichen Gemeinde, welche Unterstützungsleistungen ausrichtete, den Wohnsitz behalten, können auf die Voraussetzungen zur Rückerstattung mit einfachem Aufwand (periodische Kontrolle der Steuerwerte) überprüft werden. Sobald eine Person jedoch den Wohnsitz wechselt, wird eine Rückerstattungsforderung eher unwahrscheinlich, da der Aufwand zur periodischen Überprüfung der Situation (Nachverfolgung des Wohnsitzes, Anfrage an lokales Steueramt etc.) sich in den wenigsten Fällen rechtfertigt. In diesem Zusammenhang stellt sich die Frage der rechtsgleichen Behandlung, wenn nicht alle ehemaligen Bezüger und Bezügerinnen von Leistungen regelmässig durch das Gemeinwesen überprüft werden.

## 6.2 Rückerstattung bei unrechtmässigem Bezug [227]

Werden unrechtmässig Leistungen der Sozialhilfe bezogen, dann sind diese grundsätzlich zurückzuerstatten, in der Regel mit Zins. Die Rückerstattungsverpflichtung entsteht sofort, kommt in der Regel sofort zum Zug und kann entsprechend auch bei laufender Unterstützung durch Kürzung und Verrechnung durchgesetzt werden. Grenze zur Verrechnung bildet das absolute Existenzminimum respektive die materiellen Normen der Kürzungsmöglichkeiten je nach kantonalem Recht. [228] Die meisten Kantone sehen diesen Grundsatz explizit in ihren Sozialhilfegesetzen vor. Als unrechtmässig wird der Bezug von Leistungen aufgrund unwahrer oder unvollständiger Angaben, [229] der Verletzung der Melde-

**226** *Wolffers*, 1993, S. 177, mit weitergehenden Hinweisen.
**227** Siehe auch im Beitrag von Mösch, Ziffer 3
**228** Kanton Thurgau, Urteil vom 24. November 2004, V269 E. 2bb (bei der Kürzung darf nicht in den existenzsichernden Bedarf eingegriffen werden).
**229** Kanton Solothurn, Urteil vom 21. Dezember 2000, VWG/IDI/00/34 E. 5 (Voraussetzungen der unwahren Angaben); Kanton Zürich, Urteil vom 18. März 2004, VB.2004.00033 E. 2 (Nichtangabe einer Liegenschaft im Ausland); Kanton Zürich, Urteil vom 3. Oktober 2001, VB.2001.00242 E. 2a (Rückerstattung bei unwahren Angaben; Ausführungen zum Vertrauensschutz).

pflicht [230] oder aus anderen Gründen definiert. [231] Die Höhe des unrechtmässig bezogenen Betrages bemisst sich nach der Differenz zwischen der korrekt berechneten Leistung (Existenzminimum) und der tatsächlich ausgerichteten Leistung. [232]

Irrtümlich ausbezahlte wirtschaftliche Sozialhilfe ist, wenn die materiellen Voraussetzungen des unrechtmässigen Bezuges nicht erfüllt sind, aufgrund des auch im öffentlichen Recht geltenden Grundsatzes der Rückforderung von ungerechtfertigter Bereicherung an das Gemeinwesen zurückzuerstatten. [233]

## 6.3 Rückerstattung bei rechtmässigem Bezug

Die kantonalen Normen lassen eine Rückerstattung von rechtmässig bezogener Sozialhilfe nur zu, wenn sich die finanzielle Situation substanziell gebessert hat und die ehemals unterstützte Person dadurch in die Lage versetzt wird, ein durchschnittliches Leben zu führen. [234] In den gesetzlichen Grundlagen finden sich kaum direkte weitere Hinweise, wann diese Situation erreicht ist. [235] Generell ist jedoch unter Berücksichtigung der gesamten persönlichen Verhältnisse zu beurteilen, ob eine Rückerstattung möglich ist und die betroffene Person nicht

---

**230** Kanton Zürich, Urteil vom 25. Februar 2005, VB.2004.00249 E. 4.2 (Nichtmeldung des Arbeitsbeginns der Ehefrau der unterstützten Person); Kanton Zürich, Urteil vom 23. Dezember 2004, VB.2004.00414 E. 5.2 (Nichtmelden eines fällig werdenden Vorsorgeanspruches); Kanton Zürich, Urteil vom 3. März 2003, VB.2002.00290 E. 3b-e (direkter Bezug von Lohn des getrennten Ehemannes beim Arbeitgeber); Kanton Zürich, Urteil vom 8. März 2001, VB.2000.00423 E. 3bb (Nichtangabe eines Prozessgewinns aus Arbeitsgerichtsprozess während laufender Unterstützung); Kanton Genf, Urteil vom 27. Januar 2004, ATA/843/2002 (Verletzung der Informationspflicht gilt als unrechtmässiger Bezug); Kanton Genf, Urteil vom 29. August 2002, A/174/2002-HG (Rückerstattung von zu viel bezogener Sozialhilfe, wenn die Eltern mit unterstützten Kindern ins Ausland abgereist sind und dies nicht gemeldet wurde); Kanton Genf, Urteil vom 30. April 2002, A/1141/2001-HG (Nichtmeldung der Begründung eines Konkubinates).

**231** Kanton Genf, Urteil vom 7. Oktober 2003, A/923/2003-HG (Rückerstattung von missbräuchlich verwendetem Mietzins).

**232** Kanton Bern, Urteil vom 18. März 2002, Nr. 21133U E. 3.a (Berechnung der Leistung unter Einbezug des verschwiegenen Lohns).

**233** *Häfelin/Müller/Uhlmann*, 2006, Rz 187; Kanton Zürich, Urteil vom 5. September 2002, VB.2002.00223 E. 2 (Rückforderung irrtümlich doppelt ausbezahlter Sozialhilfe); Kanton Zürich, Urteil vom 12. September 2001, VB.2001.00218 E. 2 (Berücksichtigung des allgemeinen Rechtsgrundsatzes der Rückforderung ungerechtfertigter Bereicherung).

**234** *Wolffers*, 1993, S. 179.

**235** Siehe aber als Ausnahme die detaillierte Regelung der Zumutbarkeit in § 20 SPV Kanton Aargau; Kanton Aargau vom 22. Dezember 2005, WBE.2005.161 E. II 2 (Ausführungen zur Zumutbarkeit gestützt auf SPV Kanton Aargau).

der Gefahr einer erneuten Bedürftigkeit ausgesetzt wird. [236] Die Behörde hat dabei nach pflichtgemässem Ermessen zu entscheiden. [237]

Bei der Ausrichtung von wirtschaftlicher Sozialhilfe sind die Sozialhilfeorgane nach Treu und Glauben gehalten, die Unterstützung beziehende Person auf eine allfällige Rückerstattungspflicht aufmerksam zu machen [238] und in bestimmten Fällen eine Rückerstattungsverpflichtung unterzeichnen zu lassen. [239] Werden nachträglich Vermögenswerte erhältlich [240] oder können Vermögenswerte, welche zum Zeitpunkt der Unterstützung nicht realisiert werden konnten, aufgelöst, [241] so unterliegen diese der Rückerstattung.

Erhält die unterstützte Person rückwirkend Leistungen von Sozial- oder Privatversicherungen oder von haftpflichtigen oder anderen Dritten, so entsteht ein Rückforderungsanspruch in der Höhe der in der gleichen Zeitspanne [242] ausgerichteten wirtschaftlichen Sozialhilfe. [243] Zur Frage des direkten Rückforderungsrechtes gegenüber den Leistungserbringern siehe die Ausführungen oben unter Punkt 4.3.

---

236 Kanton St. Gallen, Urteil vom 24. Januar 2001, B 2000/182 E. 2a/b (Unzulässigkeit, sämtliche über den Notbedarf hinausgehende Mittel für die Rückerstattung zu verwenden); Kanton Thurgau, Urteil vom 22. September 2004, V208 E. 2a (generelle Ausführungen zu Kriterien der Zumutbarkeit); Kanton Solothurn, Urteil vom 15. März 2004, VWBES.2004.46 E. 4b-c (Ausführungen zu den Kriterien der günstigen Verhältnisse im Kanton Solothurn).

237 Kanton Schwyz, Urteil vom 24. März 2005, 943/04 E. 3 (Beurteilung der günstigen Verhältnisse).

238 So z.B. Art. 17 Abs. 7 SHG Kanton Obwalden; § 25 Abs. 4 SHG Kanton Zug; Kanton Zürich vom 20. September 2000, VB.2000.00267 E.3d (Unterzeichnung einer Verpflichtung zur Rückerstattung, sobald nicht realisierte Vermögenswerte erhältlich werden).

239 Kanton Zürich, Urteil vom 18. März 2004, VB.2003.00407, S. 4 (Verpflichtung zur Unterzeichnung bei nicht realisierbaren Vermögenswerten); Kanton Zürich, Urteil vom 9. Mai 2003, VB.2003.00063 E. 2.a (Nichtunterzeichnung einer Rückerstattungsvereinbarung steht einer Rückforderung nicht entgegen).

240 Kanton St. Gallen, Urteil vom 16. August 2005, B 2005/18 E. 2 (Übertragung einer Kapitalleistung aus Fürsorgepolice bei Fälligkeit auf ein Kind).

241 Kanton Zürich, Urteil vom 20. September 2000, VB.2000.00267 E. 3d (nachträgliche Veräusserung des Autos); Kanton Waadt, Urteil vom 30. November 2001, PS.2000.0133 (Wer nach der Ablösung von der Sozialhilfe als Selbstständiger die Freizügigkeitsleistungen bar bezieht, ist grundsätzlich rückerstattungspflichtig.).

242 Kanton Freiburg, Urteil vom 28. April 2005, 5S 00 176 E. 2a-b (Definition der Zeitspanne); Kanton Graubünden, Urteil vom 16. Januar 2001, U 00 105 E. 3a-b (Definition der Zeitspanne); Kanton Waadt, Urteil vom 22. März 2005, PS.2003.0177 (Zeitidentität der Sozialhilfe und der Arbeitslosenentschädigung).

243 Z.B. § 12 Abs. 1 SPG Kanton Aargau; § 12 Abs. 1 SHG Kanton Basel-Landschaft; § 37 Abs. 3 SHG Kanton Luzern; § 25 Abs. 1 lit. d SHG Kanton Zug; Kanton Zürich, Urteil vom 18. März 2004, VB.2003.00445 E. 1 (Abgrenzung zwischen Rückerstattung nach Sozialhilfe und nach Sozialversicherung).

Die Verjährung des Rückerstattungsanspruches und die Zinspflicht des Rücker-
stattungsbetrages werden in den verschiedenen Kantonen ganz unterschiedlich
geregelt. Ganz wenige Kantone sehen eine Zinspflicht [244] vor, während bei der
Verjährung von relativ kurzer Verjährungsfrist [245] bis hin zur Unverjährbarkeit [246]
alle Varianten zu finden sind. Grundpfandrechtlich und pfandrechtlich gesicherte
Rückerstattungsforderungen dagegen sind von der Verjährung in der Regel explizit ausgenommen. [247]

---

[244] Z.B. § 19 Abs. 3 SHG Kanton Appenzell-Innerhoden.

[245] *10 Jahre:* Art. 19 Abs. 1 SHG Kanton Appenzell-Innerhoden; § 14 Abs. 3 SHG Kanton Basel-Landschaft (für
Rückerstattung aufgrund Leistungen Dritter: 5 Jahre); Art. 31 Abs. 1 SHG Kanton Freiburg; § 41 Abs. 1 SHG
Kanton Luzern (Verwirkung 1 Jahr ab Kenntnis des Rückerstattungsgrundes, spätestens nach 10 Jahren);
Art. 17 Abs. 6 SHG Kanton Obwalden; Art. 21 Abs. 3 SHG Kanton Wallis; § 15 Abs. 1 SG Kanton Solothurn
(mit Differenzierungen) *15 Jahre:* § 22 SPG Kanton Aargau; Art. 28 Abs. 5 SHG Kanton Appenzell-Ausserhoden; Art. 33 Abs. 3 SHG Kanton Glarus (gegenüber Erben 20 Jahre); Art. 21 SHG Kanton St. Gallen (mit
Ausnahmen); § 35 Abs. 3 SHG Kanton Uri; § 30 SHG Kanton Zürich (5 Jahre ab Kenntnis der Rückerstat-
tungsvoraussetzungen); *20 Jahre:* § 20 Abs. 5 SHG Kanton Schwyz; *25 Jahre:* Art. 53 SHG Kanton Nidwalden; *differenzierte Regelung:* Art. 45 SHG Kanton Bern; § 21 Abs. 1 SHG Kanton Basel-Stadt; Art. 29 Abs.
4 SHG Kanton Schaffhausen; § 19 Abs. 4 SHG Kanton Thurgau; § 26 SHG ZG

[246] Unverjährbar: Art. 19 Abs. 3 SHG AR; Art. 11 Abs. 5 KUG GR

[247] Z.B. § 21 Abs. 2 SHG Kanton Basel-Stadt; Art. 28 Abs. 5 SHG Kanton Appenzell-Ausserhoden; Art. 29 Abs.
4 SHG Kanton Schaffhausen; § 30 Abs. 2 SHG Kanton Zürich.

# 7 Zusammenfassende Würdigung

Die Auswertung der kantonalen gesetzlichen Grundlagen und der letztinstanzlichen kantonalen Urteile ergibt ein unterschiedliches Bild.

Die gesetzlichen Grundlagen sind, bis auf wenige Ausnahmen, im untersuchten Themenbereich (Rechte und Pflichten, Auflagen und Weisungen, Rückerstattung) in den verschiedenen Kantonen sehr differenziert. Die meisten Kantone erwähnen die sich aus den allgemeinen verfassungsmässigen Grundsätzen ergebenden Rechtsgrundsätze wie Achtung der Menschenwürde, Individualisierung oder Mitspracherecht nochmals explizit. Dies trägt zur Klarheit und Rechtssicherheit in der Sozialhilfepraxis bei. Der Detaillierungsgrad bezüglich der untersuchten Themenbereiche Grundrechte, Auflagen und Weisungen sowie Rückerstattung ist in den verschiedenen Kantonen unterschiedlich, aber grundsätzlich genügend, sodass dem Erfordernis des formellen Rechtssatzes [248] bezüglich allfälliger Einschränkung von Grundrechten im Bereich der Auflagen und Weisungen Rechnung getragen wird.

Die Rechtsprechungsauswertung hat ein unterschiedliches Bild ergeben. Die Entscheiddichte in den verschiedenen Kantonen in den Bereichen Grundrechte, Auflagen und Weisungen sowie Rückerstattungen ist ganz unterschiedlich.

Explizit die Verletzung von Grundrechten wird in sehr wenigen Entscheidungen abgehandelt. Anschlussweise wird beim nachfolgenden Bereich, Auflagen und Weisungen, diese Frage in verschiedenen Urteilen abgehandelt. So stehen dabei die Grundrechte der persönlichen Freiheit [249] sowie das Recht auf Hilfe in Notlagen und der Schutz der Privatsphäre im Vordergrund. Im interkantonalen Vergleich findet sich keine überproportionale zahlenmässige Vertretung eines Kantons in den letztinstanzlichen Entscheidungen.

Von den rund 150 Entscheiden bezüglich Auflagen und Weisungen entfallen ca. 40 auf den Kanton Zürich und annähernd gleichviel auf den Kanton Aargau. Ebenfalls eine hohe Anzahl, ca. 20 Entscheide, entfallen auf den Kanton Solothurn, während die anderen Kantone mit 1 bis 5 Entscheiden vertreten sind. Der Kan-

---

[248] Art. 36 Abs. 1 BV.
[249] Vielfach im Zusammenhang mit der Auflage betreffend Teilnahme an einem Arbeits- und/oder Integrationsprogramm

ton Aargau und der Kanton Solothurn verfügen über eine der differenziertesten gesetzlichen Grundlagen bezüglich Inhalt und Ausgestaltung der Auflagen und Weisungen. Dies kann eine Erklärung sein, wieso hier die Entscheidungsdichte proportional zu den anderen Kantonen mit Abstand am höchsten ist. Inhaltlich befassen sich die untersuchten letztinstanzlichen kantonalen Entscheide insbesondere mit der Auflage der Arbeitsintegration (Stellensuche, Teilnahme an Integrationsprojekten etc.), dem Autobesitz respektive Verbot der Benutzung des Autos (Deponieren der Nummernschilder) und der Aufforderung zum Wechsel in eine günstigere Wohnung. Andere Auflagen werden kaum erteilt respektive werden offensichtlich nicht angefochten. Aus der Analyse der Rechtsprechung lässt sich der Schluss ziehen, dass sich die unteren Instanzen zunehmend der Problematik des Eingriffs in die Grundrechte bewusst sind und die Beschlüsse entsprechend den rechtsstaatlichen Prinzipien aufgebaut werden. Trotzdem zeigt es sich in verschiedenen Entscheidungen nach wie vor, dass sich einzelne Sozialbehörden willkürlich verhalten, Verfügungen nicht oder nur sehr rudimentär begründet werden und Leistungen ohne korrekte Verfügungen vorenthalten werden.

Im Bereich der Rückerstattungen ist die Verteilung der Entscheide auf die untersuchten Kantone viel ausgeglichener. Rein zahlenmässig ist wiederum der Kanton Zürich an der Spitze. Proportional wohl am meisten Entscheidungen finden sich jedoch im Kanton Thurgau, der gegenüber anderen Kantonen durch eine sehr restriktive Rückerstattungspraxis auffällt und insbesondere Entscheidungen bezüglich der Rückerstattung von rechtmässig bezogener Sozialhilfe betroffen sind. In den anderen Kantonen handeln die Entscheidungen in der Mehrzahl der Fälle von Rückerstattung unrechtmässig bezogener Hilfe, die nach Möglichkeit konsequent durchgesetzt wird.

## Literaturverzeichnis

*Amstutz Kathrin*, Das Grundrecht auf Existenzsicherung, Diss. Bern 2002.

*Ehrenzeller Bernhard/Mastronardi Philippe/Schweizer Reiner/Vallender Klaus (Hrsg.)*, Die schweizerische Bundesverfassung, St. Galler Kommentar, Zürich/Lachen 2002.

*Häfelin Ulrich/Müller Georg/Uhlmann Felix*, Allgemeines Verwaltungsrecht, 5. Aufl., Zürich 2006.

*Honsell Heinrich/Vogt Nedim Peter/Geiser Thomas (Hrsg.)*, Basler Kommentar Zivilgesetzbuch I, Art. 1–456 ZGB, 3. Aufl., Basel 2006 (zit. BSK-ZGB I Autor).

*Kieser Ueli*, Kommentar zum ATSG, Zürich 2003.

*Müller Jörg Paul*, Grundrechte in der Schweiz, 3. Aufl., Bern 1999.

*Pärli Kurt*, Verfassungsrechtliche Aspekte neuer Modelle in der Sozialhilfe, in: AJP 2004, S. 45ff.

*Schefer Markus*, Grundrechte in der Schweiz, Ergänzungsband zur dritten Auflage von J.P. Müller, Bern 2005.

*Schnyder Bernhard/Murer Erwin*, Berner Kommentar, Band II, 3. Abteilung, 1. Teilband, systematischer Teil und Kommentar zu den Art. 360–397 ZGB, Bern 1984.

*Thomet Werner*, Kommentar zum Bundesgesetz über die Unterstützung Bedürftiger (ZUG), Zürich 1994.

*Wermelinger Amédéo*, Informationelle Amtshilfe: Verunmöglicht Datenschutz eine effiziente Leistungserbringung durch den Staat?, ZBl 2004 S. 173 ff.

*Wolffers Felix*, Grundriss des Sozialhilferechts, Bern/Stuttgart/Wien 1993.

Karin Anderer

# Die Interkantonale Vereinbarung für soziale Einrichtungen (IVSE)
und
# Das Bundesgesetz über die Zuständigkeit für die Unterstützung Bedürftiger (ZUG)

# Inhaltsverzeichnis

# 1 Die Interkantonale Vereinbarung für soziale Einrichtungen (IVSE)*

Die Forschungsperiode des Dore-Projekts bezieht sich auf den Zeitraum 2000–2005, weshalb die Interkantonale Vereinbarung für soziale Einrichtungen (IVSE), [1] in Kraft seit dem 1. Januar 2006, ausserhalb des zeitlichen Forschungsbereichs liegt. [2] Da die IVSE jedoch in engem Konnex zur Sozialhilfe steht und im Bereich der ausserkantonalen Platzierungen von Kindern, Jugendlichen und Erwachsenen gerade auch Verbesserungen bezüglich der Kostenübernahme zwischen den Kantonen bewirken soll, rechtfertigt sich ein kurzer Überblick.

## 1.1 Entstehungsgeschichte, Zweck und Ziele der IVSE

Die Interkantonale Vereinbarung für soziale Einrichtungen (IVSE) ist ein Vertrag zwischen den Kantonen, der die Aufnahme von Personen mit besonderen Betreuungs- und Förderungsbedürfnissen in geeigneten Einrichtungen ausserhalb ihres Wohnkantons ohne Erschwernisse ermöglicht. Ihr kommt rechtsetzender Charakter zu, und im Rahmen der Neugestaltung des Finanzausgleiches und der Aufgabenteilung zwischen Bund und Kantonen (NFA) ist sie in die Interkantonale Rahmenvereinbarung (IRV) [3] eingebettet. [4]

Das Vorgängermodell der IVSE, die Interkantonale Heimvereinbarung (IHV), hatte sich seit ihrem Bestehen ab dem 1.1.1987 bewährt, wies aber einige Schwächen auf, insbesondere durch die Zunahme an ausserkantonaler und ausländischer Klientel. [5] Angestrebt wurden eine systematische Qualitätserfassung und -verbesserung, vermehrte Planung, eine verbindlich geregelte Zusammenarbeit

---

*    Prof. Dr. iur. Paul Eitel, Rechtsanwältin lic. iur. Sabine Baumann und Dr. iur. Rainer Wey danke ich herzlich für ihre Unterstützung bei der Arbeit am vorliegenden Beitrag.

1    Nachfolgend als IVSE bezeichnet. Auf der Homepage ‹www.ivse.ch› sind Informationen und Dokumente über die IVSE zugänglich.

2    Vgl. dazu auch die Einleitung von Christoph Häfeli.

3    Der Vertragstext der IRV sowie eine Kommentierung dazu sind auf http://www.nfa.ch/de/ dokumente/vereinbarungen/ abrufbar.

4    Vgl. dazu den Bericht von Ernst Zürcher, SODK, vom April 2006 zur Interkantonalen Vereinbarung für soziale Einrichtungen (IVSE) und Vortrag zum Beitrittsverfahren zuhänden der Kantone (nachfolgend zitiert als Bericht IVSE vom April 2006), S. 5 ff., auf: http://www.sodk.ch/fileadmin/user_upload/Fachbereiche/Behindertenpolitik/IVSE/Bericht_EZ_04.06_d.pdf. Siehe auch den inzwischen ergänzten und auf den NFA angepassten Bericht: Kommentar zur Interkantonalen Vereinbarung für soziale Einrichtungen (IVSE), mit Berücksichtigung der Anpassung der IVSE an die Bundesbeschlüsse zur Neugestaltung des Finanzausgleiches und der Aufgabenteilung zwischen Bund und Kantonen (NFA) vom 7. Dezember 2007 (nachfolgend zitiert als Kommentar IVSE, gültig ab Januar 2008) auf http://www.sodk-cdas-cdos.ch/neu/ Dokumente/pdf/Kommentar_zur_IVSE_dt.pdf, (zuletzt besucht am 2. August 2008).

5    Vgl. dazu Bericht IVSE vom April 2006, S. 1 ff.

zwischen den Kantonen und die Einführung moderner betriebswirtschaftlicher Methoden (mit Pauschalen, vergleich-, berechen- und budgetierbaren Kosten), damit ein sinnvoller Wettbewerb auch im sozialen Bereich des öffentlichen Gemeinwesens möglich würde. Die Erkenntnis, dass es v.a. für kleinere Kantone weder sinnvoll noch realisierbar ist, sich ein umfassendes Angebot sozialer Einrichtungen zu schaffen, und das Einhalten verbindlicher, fairer Regeln für die gegenseitige Kostenübernahme, damit die Angebotsoffenheit überhaupt spielen kann, sprachen für eine engere kantonale Zusammenarbeit. [6]

Auf Vorschlag der Konferenz der kantonalen Sozialdirektoren und Sozialdirektorinnen (SODK), der Konferenz der kantonalen Justiz- und Polizeidirektorinnen und -direktoren (KKJPD) und der Schweizerischen Konferenz der kantonalen Gesundheitsdirektorinnen und -direktoren (GDK) wurde die IVSE nach langen Vorbereitungsarbeiten auf den 1.1.2006 in Kraft gesetzt. [7]

Zweck der IVSE ist es, dass soziale Einrichtungen Kindern, Jugendlichen und Erwachsenen mit Wohnsitz in einem anderen Kanton offen stehen, dass die Kostenübernahme zwischen den Kantonen auf Grundlage einheitlicher Berechnungsmethoden gesichert ist und dass eine enge interkantonale Zusammenarbeit im Bereich der sozialen Einrichtungen ermöglicht wird. [8]

Mit Ausnahme des Kantons GR sind inzwischen alle Kantone der IVSE beigetreten. Der Kanton GR hat angekündigt, per 1.1.2009 der IVSE beizutreten. [9]

---

6   Vgl. dazu Bericht IVSE vom April 2006, S. 1 ff.
7   Vgl. dazu die Präambel des Vereinbarungstextes der Interkantonalen Vereinbarung für soziale Einrichtungen IVSE vom 13. Dezember 2002, Stand 1. Januar 2008 (nachfolgend zitiert als IVSE mit Angabe des Artikels) auf: http://www.sodk-cdas-cdos.ch/neu/Dokumente/pdf/Vereinbarung_IVSE_nach_Anpassung_an_die_NFA_d.pdf, (zuletzt besucht am 27. Juli 2008).
8   Präambel IVSE.
9   Vgl. die Listen der Beitritte der Kantone auf der Homepage der SODK, http://www.sodk.ch sowie Kommentar IVSE, gültig ab Januar 2008, S. 1.

### 1.1.1 Zusammenarbeit und Heimliste

Die Vereinbarungskantone arbeiten in allen Belangen der IVSE zusammen. Sie tauschen insbesondere Informationen über Massnahmen, Erfahrungen sowie Ergebnisse aus, stimmen ihre Angebote an Einrichtungen aufeinander ab und fördern die Qualität derselben. [10] Die IVSE regelt nur das interkantonale Verhältnis, innerkantonal müssen die Kantone selbst dafür besorgt sein, dass die gesetzlichen Grundlagen für die Anwendung der IVSE vorhanden sind. Es ist Sache des Standortkantons, [11] die Heime zu bestimmen, die er der IVSE unterstellen will. [12] Die Bestimmungen der IVSE müssen vollumfänglich angewendet werden können, insbesondere auch die Aufsicht in qualitativer und wirtschaftlicher Hinsicht. [13] Ist eine Institution nicht der IVSE unterstellt, richtet sich die Zuständigkeit und Kostentragung nach ZUG. [14]

### 1.1.2 Institutionstypen

Gemäss Art. 2 Abs. 1 IVSE sind vier Institutionstypen vorgesehen, und die Kantone können einzelnen, mehreren oder allen Bereichen beitreten: [15]

A Kinder- und Jugendheime, Sonderschulheime, Heimpflege gemäss Verordnung über die Aufnahme von Kindern zur Pflege und zur Adoption (PAVO)

B Einrichtungen für Erwachsene mit Behinderungen oder Einheiten solcher Einrichtungen im Sinne des IFEG [16]

C Stationäre Suchttherapie- und Suchtrehabilitationsangebote

D Einrichtungen externer Sonderschulung

---

10   Art. 1 Abs. 1 IVSE.

11   Der Standortkanton ist gemäss Art. 4 lit. e Vereinbarungstext IVSE der Kanton, wo die Einrichtung ihren Standort hat. Wird die unternehmerische und finanzielle Herrschaft über die Einrichtung in einem anderen Kanton ausgeübt, so kann dieser als Trägerkanton bezeichnet werden.

12   Vgl. dazu das Adressverzeichnis der sozialen Einrichtungen auf http://www.sodk.ch.

13   Vgl. dazu Art. 31 f. IVSE.

14   Vgl. zur Anwendbarkeit der IHV bzw. zur Abgrenzung derselben vom ZUG das Urteil des Bundesgerichts vom 29.6.2006, 2A.134/2006 E. 3 und 5.1; siehe auch weiter unten in diesem Beitrag unter 1.1.3 f.

15   Vgl. dazu die Beitrittsliste und den aktualisierten Anhang 3 des Vereinbarungstextes auf http://www.sodk. ch.

16   Bundesgesetz vom 6. Oktober 2006 über die Institutionen zur Förderung der Eingliederung von invaliden Personen (IFEG), SR 831.26.

Einrichtungen für Betagte und medizinisch geleitete Einrichtungen, [17] Einrichtungen eines Straf- und Massnahmenvollzugkonkordates sowie Einrichtungen, welche Leistungen zur beruflichen Eingliederung im Sinne des IVG erbringen, fallen nicht unter die IVSE. [18]

### 1.1.3 Kostenübernahmegarantie und Leistungsabgeltung

Der Wohnkanton [19] sichert dem Standortkanton mit einer Kostenübernahmegarantie die Leistungsabgeltung zu. Schuldner der Leistung ist aber nicht der Wohnkanton selber, sondern es sind die zahlungspflichtigen Stellen und Personen des Wohnkantons. [20] Die Leistungsabgeltung setzt sich aus dem anrechenbaren Nettoaufwand abzüglich der Bau- und Betriebsbeiträge des Bundes zusammen und wird der Person pro Verrechnungseinheit (i.d.R. pro Kalendertag) verrechnet. [21] Der Leistungsabgeltung kommt Subventionscharakter zu, weshalb sie mit Ausnahme der Beiträge der Unterhaltspflichtigen [22] (Bereich A) nicht bei der Fürsorge geltend gemacht werden kann. Sie unterliegt deshalb auch keiner Rückerstattungs- und familienrechtlichen Unterstützungspflicht. Für erwachsene Personen mit einer Behinderung in einer Einrichtung des Bereiches B gelten gewisse Abweichungen der Kostenbeteiligung und Leistungsabgeltung. [23]

### 1.1.4 Der zivilrechtliche Wohnkanton als Leistungsschuldner

Bewusst wurde der zivilrechtliche Wohnkanton als Leistungsschuldner gewählt, welcher gemäss Art. 4 lit. d IVSE derjenige Kanton ist, in welchem die Per-

---

17 Einzelne Abteilungen können aber unter bestimmten Voraussetzungen der IVSE unterstellt werden, vgl. Art. 3 Abs. 3 IVSE.

18 Vgl. dazu Art. 3 IVSE.

19 Siehe auch weiter unten in diesem Beitrag unter 1.1.5.

20 Vgl. Art. 19 IVSE. Bei Inkassoproblemen leistet der Wohnkanton Hilfe, insbesondere wenn die zuständigen Stellen und Personen die offenen Rechnungen nicht begleichen. Da es sich bei der IVSE um eine Vereinbarung zwischen den Kantonen handelt, liegt es im Verantwortungsbereich des entsprechenden Kantons, dass die Rechnungen bezahlt werden; vgl. dazu Art. 25 Vereinbarungstext IVSE und die Erläuterungen zur Art. 25 im Bericht IVSE vom April 2006.

21 Art. 20 IVSE ff. Es stehen zwei Verrechnungsmethoden zur Wahl: Methode P (Pauschalen) und Methode D (Defizitgarantie), vgl. dazu Art. 23 Vereinbarungstext IVSE und die IVSE-Richtlinien zur Leistungsabgeltung und zur Kostenrechnung sowie die Übersicht über die Berechnung der Leistungsabgeltung auf: www.ivse.ch.

22 Unterhaltspflichtige werden gemäss Art. 22 Vereinbarungstext IVSE zu Beiträgen zwischen 25 und 30 CHF pro Tag verpflichtet. Werden diese Beiträge nicht beglichen, können sie der Sozialhilfe belastet und ggf. dem Heimatkanton verrechnet werden; vgl. dazu auch die Erläuterungen zu Art. 22 IVSE auf S. 12 im Kommentar IVSE, gültig ab Januar 2008.

23 Vgl. dazu Art. 28 f. IVSE mit entsprechender Erläuterung im Kommentar IVSE, gültig ab Januar 2008, S. 14.

son, welche die Leistung beansprucht, ihren zivilrechtlichen Wohnsitz hat. Somit stellt die IVSE auf den zivilrechtlichen Wohnsitzbegriff gemäss Art. 23 ff. ZGB ab, welcher vom Unterstützungswohnsitz gemäss ZUG in bestimmten Fällen abweichen kann. [24]

Gemäss Art. 25 Abs. 1 ZGB haben Kinder unter elterlicher Sorge einen abhängigen Wohnsitz, der sich am Wohnsitz der Eltern befindet bzw. bei Eltern ohne gemeinsamen Wohnsitz am Wohnsitz des Elternteils, unter dessen Obhut es steht. «In den übrigen Fällen» begründet ein Kind gemäss Art. 25 Abs. 1 ZGB letzter Teilsatz an seinem Aufenthaltsort einen eigenen Wohnsitz, was an sich die Kostenübernahme des Standortkantons auslösen würde. So hat z.B. das durch einen Obhutsentzug gestützt auf Art. 310 ZGB fremdplatzierte Kind, das unter gemeinsamer elterlicher Sorge der Eltern steht, die keinen gemeinsamen Wohnsitz haben, seinen zivilrechtlichen Wohnsitz am Aufenthaltsort. [25] Lebt das Kind in einem Heim, ist gemäss Art. 26 ZGB eine Wohnsitznahme am Aufenthaltsort aber nicht möglich; diesfalls ist der letzte abgeleitete Wohnsitz der zivilrechtliche Wohnsitz des Kindes. [26] Bei den Vorarbeiten zur IVSE wurde dieses Problem erkannt – es entspreche nicht dem Sinn und Geist der IVSE, dass in diesen Fällen der Standortkanton die Kosten zu tragen habe –, jedoch als «marginal» eingestuft, weshalb kein Ausnahmetatbestand geschaffen wurde. [27] Ob der Verzicht auf den Ausnahmetatbestand in der Praxis nicht doch zu Problemen führen wird, wird sich erst noch zeigen. Erfahrungsgemäss sind Kosten- und Zuständigkeitsfragen konfliktanfällig, weshalb m.E. eine klare Regelung gerade bei Auseinanderfallen des zivilrechtlichen Wohnsitzes zwischen Kindern und Eltern oder eines Elternteils von vornherein wünschenswert gewesen wäre. [28]

---

**24** So hat z.B. das dauernd fremdplatzierte Kind gemäss Art. 7 Abs. 3 lit. c ZUG einen eigenen Unterstützungswohnsitz am letzten Unterstützungswohnsitz der Eltern oder jenes Elternteils, unter dessen elterlicher Sorge es steht bzw. bei dem es wohnte; vgl. Urteil des Bundesgerichts vom 29. Juni 2006, 2A.134/2006 E. 4.

**25** Vgl. dazu BSK-ZGB I *Staehelin*, Art. 25 N 9 mit weiteren Beispielen.

**26** Vgl. dazu Urteil des Bundesgerichts vom 12. Januar 1998, C. 274/1997 E. 2. und ZVW 5/2000, S. 200. In der Lehre ist das Verhältnis von Art. 25 zu Art. 26 ZGB aber umstritten, vgl. z.B. *Bucher*, 1999, N 382 m.w. N. und BSK-ZGB I *Staehelin*, Art. 25 N 10.

**27** Vgl. dazu S. 6 des Kommentars zur IVSE, gültig ab Januar 2008. Art. 5 IVSE sieht explizit für Wohnheime und andere betreute kollektive Wohnformen für erwachsene invalide Personen vor, dass der Aufenthalt in diesen Einrichtungen keine Änderung der bisherigen Zuständigkeit für das Leisten der Kostenübernahmegarantie bewirkt. Dadurch sollen Standortkantone vor zu grossen Aufwendungen geschützt werden, vgl. Kommentar IVSE, gültig ab Januar 2008, S. 7.

**28** Die IVSE-Verbindungsstelle des Kantons Zürich verzeichnet regelmässig Fälle, in welchen Kinder einen eigenen zivilrechtlichen Wohnsitz am Aufenthaltsort begründen.

### 1.1.5 Interkantonale Wahlfreiheit?

Gemäss dem Bericht zur IVSE garantiert die IVSE keine absolute interkantonale Wahlfreiheit. [29] Verfügt ein Wohnkanton über genügend geeignete Plätze in seinen Einrichtungen, ist er nicht verpflichtet, eine Kostenübernahmegarantie in einem anderen Kanton zu leisten. Diese Annahme steht in einem gewissen Spannungsverhältnis zur Präambel der IVSE, wonach die sozialen Einrichtungen einem anderen Kanton offen stehen sollen, sowie zu Art. 1 IVSE, der die Aufnahme ohne Erschwernisse ausserhalb des Wohnkantons ermöglichen will. Der Wettbewerb zwischen den kantonalen sozialen Einrichtungen, der ja auch mit der Schaffung der IVSE angestrebt wurde, kann insofern abgeschwächt werden, als zuerst die sozialen Einrichtungen des Wohnkantons berücksichtigt würden und die Angebotsoffenheit dadurch geschmälert würde. Im Kommentar zur IVSE wird deshalb empfohlen, Verweigerungen zur Kostenübernahme nur zurückhaltend und mit Absprache des Standortkantons vorzunehmen, damit eine angemessene interkantonale Wahlfreiheit nicht beeinträchtigt wird. [30]

### 1.2 Rechtsschutz in der IVSE

Art. 35 IVSE verweist auf die Rahmenvereinbarung IRV und sieht bei Streitigkeiten deren Beilegung durch Vermittlung und Verhandlung vor. Die Vermittlung kann in allen Organen der IVSE und durch das Sekretariat der IVSE oder SODK erfolgen. [31] Ist ein Vermittlungsverfahren gescheitert, ist die Klage ans Bundesgericht gemäss Art. 120 BGG möglich. Nicht vorgesehen ist dagegen die Beschwerde in öffentlich-rechtlichen Angelegenheiten gemäss Art. 82 ff. BGG gegen Entscheide der Organe der IVSE.

### 1.3 Übergangsregelung zur Interkantonalen Heimvereinbarung (IHV)

Gemäss Art. 42 IVSE behalten bestehende Kostengutsprachen der IHV für Vereinbarungskantone die Gültigkeit als Kostenübernahmegarantien. Da mit dem Inkrafttreten des NFA per 1.1.2008 Beiträge der Invalidenversicherung an die Sonderschulung und an Einrichtungen der Behindertenhilfe weggefallen sind, wurde den Wohnkantonen bis zum 31.3.2008 eine Frist für neue Gesuche um Kostenübernahmegarantien eingeräumt. [32]

---

**29**  Bericht IVSE vom April 2006, S. 23.
**30**  Vgl. Bericht IVSE vom April 2006, S. 23.
**31**  Kommentar IVSE, gültig ab Januar 2008, S. 16.
**32**  Kommentar IVSE gültig ab Januar 2008, S. 18.

## 2 Das BG über die Zuständigkeit für die Unterstützung Bedürftiger (ZUG)

Das Bundesgesetz über die Zuständigkeit für die Unterstützung Bedürftiger (ZUG) vom 24. Juni 1977 [33] bestimmt, welcher Kanton für die Unterstützung eines Bedürftigen, der sich in der Schweiz aufhält, zuständig ist, und regelt den Ersatz von Unterstützungskosten unter den Kantonen. [34]

Zunächst soll kurz auf die Entstehungsgeschichte des ZUG, seine Grundzüge und Gliederung eingegangen werden, gefolgt von einer Übersicht über die bundesgerichtliche und kantonale Rechtsprechung, Gesetzgebung und Literatur.

### 2.1 Entstehungsgeschichte des ZUG

Die Art. 43, 45 und 48 der Bundesverfassung von 1874 legten die fürsorgerechtliche Zuständigkeit der Kantone fest. [35]

Schweizer Bürgerinnen und Bürger unterlagen gewissen Beschränkungen der Niederlassungsfreiheit. Grundsätzlich galt für die öffentliche Fürsorge interkantonal das Heimat- oder Nationalitätsprinzip, was zur Zuständigkeit der Heimatgemeinden führte. Nur bei vorübergehender Bedürftigkeit kam das Wohnorts- oder Territorialitätsprinzip zur Anwendung. Für nicht niedergelassene Schweizer und Schweizerinnen, wie z.B. Geschäftsreisende oder Kurgäste, die an einem anderen als dem Heimatort der Unterstützung bedurften, musste der Aufenthaltskanton nur Nothilfe im Falle von Erkrankung, Unfall oder Niederkunft leisten, was zu Heimschaffungen führte oder zur Rückkehr zwang. Mit zwei Vereinbarungen und dem Konkordat über die wohnörtliche Unterstützung wurde in den Jahren 1914 bis zum Inkrafttreten des ZUG am 1. Januar 1979 versucht, dem nicht mehr befriedigenden Heimatprinzip zu begegnen. [36] Durch zunehmende Mobilität begründeten viele Schweizer Bürgerinnen und Bürger ausserhalb ihrer Heimatgemeinden Wohnsitz, was zu nicht kalkulierbaren Kosten und gelegentlich auch zu Finanzierungsschwierigkeiten der heimatlichen Fürsorgebehörden führte. Nicht

---

[33] SR 851.1, in Kraft seit 1. Januar 1979.
[34] Vgl. Art. 1 ZUG.
[35] Vgl. die Bestimmungen in *Thomet*, 1993, N 2.
[36] Oltener Vereinbarung von 1914, Konkordat über die wohnörtliche Unterstützung von 1916, das in den Jahren 1923, 1937 und 1960 komplett revidiert wurde, und die Verwaltungsvereinbarung für die Unterstützung von Doppelbürgern von 1963, vgl. dazu eingehend *Thomet*, 1993, N 5 ff.

selten wurden von den Heimatgemeinden Unterstützungen ausserhalb des Heimatkantons verwehrt, woraufhin Bedürftige vom Wohnkanton ausgewiesen und heimgeschafft wurden.

Mit der Revision der Art. 45 und 48 der Bundesverfassung von 1874 im Jahre 1975 [37] wurden sämtliche Beschränkungen der Niederlassungsfreiheit für Schweizer Bürgerinnen und Bürger aufgehoben und für alle Bedürftigen in der Schweiz wurde das Wohnortsprinzip eingeführt.

Die in Art. 48 BV verwendeten bundesrechtlichen Begriffe verlangten eine nähere Definition in einem Gesetz, weshalb das ZUG als Ausführungsgesetz geschaffen wurde. Am 1. Januar 1979 trat das ZUG in Kraft und wurde seither einmal im Jahre 1990 revidiert. [38]

Mit der Revision der Bundesverfassung vom 18. April 1999 wurde Art. 48 aBV im neuen Art. 115 BV [39] übernommen:

**Art. 115 Bundesgesetz für die Unterstützung Bedürftiger**
*Bedürftige werden von ihrem Wohnkanton unterstützt. Der Bund regelt die Ausnahmen und Zuständigkeiten.*

### 2.2 Grundzüge und Gliederung des ZUG

Das ZUG umfasst 38 Artikel, die in 6 Titel gegliedert sind. Im 1. Titel «Allgemeine Bestimmungen» werden Zweck und Geltungsbereich festgelegt sowie die bundesrechtlichen Begriffe von Art. 115 BV definiert. Art. 1 ZUG regelt den *personellen Geltungsbereich*, indem das Gesetz die zuständigen Kantone bezeichnet, die zur Unterstützung von Bedürftigen, die sich in der Schweiz aufhalten, zuständig sind. Somit gilt das ZUG grundsätzlich auch für bedürftige Ausländer und Ausländerinnen. [40] In den Art. 2 und 3 ZUG wird der *materielle Geltungsbereich* des ZUG umschrieben, der sich auf die Sozialhilfe und die von ihr ausgerichteten Unterstützungen bezieht. Aus dem Wortlaut von Art. 115 BV und den Art. 2 und 3 ZUG ergibt sich auch, dass es sich beim ZUG um ein Zuständigkeitsgesetz und kein Sozialhilfegesetz handelt.

---

[37] In der Volksabstimmung vom 7. Dezember 1975 von Volk und sämtlichen Ständen angenommen, vgl. dazu eingehend *Thomet*, 1993, N 16 ff.
[38] BBl 1990 I 49; AS 1991, S. 1328.
[39] Vgl. zur Entstehungsgeschichte *Mader*, 2007, S. 1192 ff.
[40] Zu den Ausnahmen des personellen Geltungsbereiches vgl. Art. 1 Abs. 3 ZUG.

Im 2. Titel ist die Unterstützung von Schweizer Bürgern und Bürgerinnen geregelt. Art. 12 ZUG bestimmt, dass die Unterstützung bedürftiger Schweizer Bürger in der Schweiz dem Wohnkanton obliegt. Damit ist das aus Art. 115 BV hervorgehende *Wohnortsprinzip* [41] gemeint. Ebenfalls im 2. Titel ist die Rückgriffsordnung geregelt, die die Kostenersatzpflicht des Wohnkantons gegenüber dem in Notfällen unterstützenden Aufenthaltskanton sowie den Rückgriff auf den Heimatkanton regelt.

Im 3. Titel wird die «Unterstützung von Ausländern» geregelt; bei in der Schweiz wohnhaften Ausländerinnen und Ausländern gilt ebenfalls das Wohnortsprinzip. [42]

Im 4. Titel sind «verschiedene Bestimmungen» enthalten, im 5. Titel «Zuständigkeit, Verfahren und Rechtspflege» ist u.a. die Abrechnung unter den Kantonen geregelt. Der rückerstattungspflichtige Kanton hat die Rechnung zu begleichen, ungeachtet eines Rückgriffs auf das nach kantonalem Recht unterstützungspflichtige Gemeinwesen. Im interkantonalen Verkehr sind die Kantone dem ZUG verpflichtet, kantonsintern ist das Wohnortsprinzip jedoch nicht bundesrechtlich vorgeschrieben; die Kantone können somit eigene kantonsinterne Zuständigkeitsordnungen erlassen. [43] Und letztlich sind im 6. Titel die Schlussbestimmungen verankert.

## 2.3 Verweis auf das ZUG in den kantonalen Sozialhilfegesetzen

17 Kantone verweisen im jeweiligen Sozialhilfegesetz (SHG) direkt auf den Unterstützungswohnsitz gemäss ZUG, die Kantone BE, SZ und LU haben Verweise auf Verordnungsstufe [44] angebracht. Der Kanton GR hat ein eigenes kantonales Unterstützungsgesetz samt Ausführungsbestimmungen erlassen. [45] Die Kantone ZH, VS, FR, GL und SO haben keinen Verweis auf das ZUG im Sozialhilfegesetz oder in der Verordnung aufgenommen, es wurden aber teilweise Bestimmungen erlassen, die sich am Wortlaut des ZUG orientieren. [46]

---

[41]  Aus dem Wortlaut von Art. 48 aBV ging das Wohnortsprinzip nicht ohne weiteres hervor, vgl. *Thomet*, 1993, N 27.

[42]  Gemäss Art. 23 Abs. 2 ZUG kann ein Heimatstaat zur Kostenersatzpflicht herangezogen werden, wenn ein Staatsvertrag dies vorsieht; vgl. dazu auch weiter unten in diesem Beitrag unter 2.5.3.

[43]  Art. 115 BV stellt lediglich eine Konfliktregel für interkantonale Kompetenzstreitigkeiten dar und hat keine Bedeutung für die innerkantonale Aufgabenteilung, vgl. dazu die Botschaft über eine neue Bundesverfassung vom 20. November 1996, BBl 1997 I 328 f.

[44]  Z.B. § 4 SHV Kanton Schwyz.

[45]  Gesetz über die Unterstützung Bedürftiger (BR 546.250) und Ausführungsbestimmungen zum kantonalen Unterstützungsgesetz (BR 546.270).

[46]  So z.B. § 37 SHG Kanton Zürich.

## 2.4 Rechtsprechung

### 2.4.1 Bundesgericht 2000–2005

Das Bundesgericht hat in den Jahren 2000 bis 2005 gesamthaft acht Urteile in ZUG-Angelegenheiten gefällt, die im Internet veröffentlicht wurden. Keines der Urteile wurde in der amtlichen Sammlung publiziert, aber immerhin fand ein Urteil Platz in einer Besprechung und drei weitere wurden in eine Rechtsprechungsübersicht aufgenommen. [47] Auf der Homepage des Bundesgerichts ist das ZUG inzwischen in das Gesetzesregister aufgenommen worden; es lassen sich aber keine relevanten ZUG-Entscheide ausmachen. Im «Jurivoc» sind einige ZUG-relevante Begriffe auffindbar. Somit ist eine Entscheidsuche auf der Bundesgerichts-Website nicht sehr komfortabel.

Der Kanton ZH war an fünf der acht Verfahren beteiligt, zweimal stand er dem Kanton TG gegenüber und je einmal den Kantonen UR, AG und SG. Ein Verfahren betraf den Kanton BE gegenüber einer Einzelperson, und zwei weitere Verfahren betrafen den Kanton TG, einmal gegenüber einer Thurgauer Gemeinde und ein andermal gegenüber einer Privatperson. [48]

**Urteil des Bundesgerichts vom 7.1.2000, 2A.300/1999/ Eine Austrittswohnung einer Therapiegemeinschaft fällt unter den Heimbegriff gemäss Art. 5 ZUG**

Das Bundesgericht beschäftigte sich mit der Frage, ob ein einer stationären Therapie folgender Aufenthalt in einer Austrittswohnung derselben Therapiegemeinschaft einen neuen Unterstützungswohnsitz begründe bzw. ob eine Austrittswohngruppe als Heim oder Anstalt im Sinne von Art. 5 ZUG zu qualifizieren sei. Es entschied, wie bereits das Verwaltungsgericht des Kantons Thurgau als Vorinstanz, dass der Begriff des Heimes im Sinne von Art. 5 ZUG weit auszulegen ist und dass auch therapeutische Wohngemeinschaften unter den Heimbegriff fallen können. Als Beurteilungskriterien sind die Art und das Mass der angebotenen Dienstleistungen, der Grad der feststellbaren Fremdbestimmung sowie der Abhängigkeitsgrad der betroffenen Person zur Institution massgebend.

---

47 Vgl. dazu die Hinweise bei den Entscheiden.
48 Das Bundesgericht konnte gestützt auf altArt. 34 Abs. 3 ZUG sowie direkt gestützt auf altArt. 103 lit. a OG angerufen werden. Zur Zulässigkeit vgl. die Urteile des Bundesgerichts vom 4. Juli 1995, 2A.57/1995, und vom 9. Mai 2003, 2A.345/2002. Das OG wurde durch das BGG per 1.1.2007 abgelöst; siehe auch weiter unten in diesem Beitrag unter 2.5.1.

Aufgrund der angebotenen Dienstleistungen, die zum Teil obligatorisch sind, sowie des Grades der Fremdbestimmung für die Bewohner (wie Gruppensitzungen, Einzelgespräche, Putzkontrollen, Freizeitverpflichtungen usw.) wurde die Austrittswohnung der Therapiegemeinschaft als Heim im Sinne des ZUG beurteilt.

**Urteil des Bundesgerichts vom 9.3.2000, 2A.504/1999 [49] / Voraussetzungen eines Richtigstellungsbegehrens gemäss Art. 28 ZUG**

Das Bundesgericht hatte sich im vorliegenden Fall zu den Voraussetzungen einer Richtigstellung gemäss Art. 28 ZUG zu äussern. Laut Art. 28 ZUG kann ein beteiligter Kanton eine Richtigstellung verlangen, wenn ein Unterstützungsfall offensichtlich unrichtig geregelt oder beurteilt worden ist. Die Mutter eines fremdplatzierten Kindes zog vom Kanton TG in den Kanton ZH um. Das Kind verblieb vorerst noch in einer Thurgauer Pflegefamilie und wurde später in einem Stadtzürcher Jugendheim platziert. Der Kanton ZH erstattete gestützt auf Art. 30 ZUG dem Kanton TG eine Notfall-Unterstützungsanzeige und Letzterer liess die 30-tägige Einsprachefrist verstreichen. Art. 33 ZUG schreibt vor, wenn ein Kanton den Anspruch auf Kostenersatz oder Richtigstellung oder die Abrechnungen nicht anerkenne, müsse er binnen 30 Tagen beim fordernden Kanton unter Angabe der Gründe Einsprache erheben. Gut einen Monat nach Ablauf dieser Frist stellte der Kanton TG ein Richtigstellungsbegehren gestützt auf Art. 28 ZGB. Das Bundesgericht hielt fest, dass ein Richtigstellungsbegehren nicht gestellt werden kann, wenn dafür Gründe vorgebracht werden, die schon im Einspracheverfahren hätten geltend gemacht werden können. Ein Richtigstellungsbegehren muss sich auf qualifizierte Gründe stützen, es reicht nicht aus, wenn auch eine andere Lösung sachlich vertretbar wäre.

**Urteil des Bundesgerichts vom 2.5.2000, 2A.420/1999 [50] / Unterstützungswohnsitz eines «flottant» lebenden Unterstützungsbedürftigen**

Im vorliegenden Fall hatte das Bundesgericht den Unterstützungswohnsitz eines seit Geburt im Kanton ZH lebenden Drogenabhängigen zu klären, der sich erfolglos in Winterthur um die polizeiliche Anmeldung bemühte. Gemäss Art. 4 ZUG hat ein Bedürftiger seinen Unterstützungswohnsitz in dem Kanton, in dem er sich mit der Absicht dauernden Verbleibens aufhält. Wer aus dem Wohnkanton wegzieht, verliert gemäss Art. 9 ZUG den bisherigen Unterstützungswohnsitz. Ist

---

**49**   Vgl. dazu auch die Besprechung in: ZeSo 2000, S. 179 f.
**50**   Vgl. dazu auch die Besprechungen in: NZZ Nr. 138, 16. Juni 2000, S. 15; ZeSo 2000, S. 141 und S. 177.

der Zeitpunkt des Wegzugs zweifelhaft, so gilt derjenige der polizeilichen Abmeldung. X., heimatberechtigt in der urnerischen Gemeinde Wassen, verliess seinen Wohnort Dielsdorf ZH und hielt sich in Winterthur und der Stadt Zürich auf. Seit dem 27. November 1995 lebte er offiziell auf dem Zeltplatz Winterthur, wobei die Stadt Winterthur ihm die polizeiliche Anmeldung verweigerte. Im April 1996 trat X. in die Drogenstation Frankental in Zürich ein, und der Kanton ZH erstattete dem Heimatkanton die Unterstützungsanzeige. Die vom Kanton UR erhobene Einsprache wies der Kanton ZH ab, die dagegen erhobene Beschwerde wies das EJPD am 28. Juni 1999 ab.

Das Bundesgericht führte aus, dass X. unbestrittenerweise den Kanton ZH nicht verlassen habe. Der Wortlaut von Art. 9 ZUG, der den bisherigen Unterstützungswohnsitz mit dem Wegzug aus dem Wohnkanton untergehen lässt, ist aber dahingehend zu verstehen, dass es nicht auf den Wortlaut «Kanton» ankomme, sondern auf die räumliche und persönliche Beziehung einer Person zu einer bestimmten Gemeinde. Ansonsten würde sich der Unterstützungswohnsitz losgelöst von einem bestimmten Ort auf das Kantonsgebiet beziehen, was die vom ZUG vorgesehene Zuständigkeitskonzeption unterlaufen würde. Zieht eine Person von ihrem Wohnort weg und begründet sie weder im gleichen noch in einem anderen Kanton einen neuen Wohnsitz, besitzt sie in der Regel keinen Unterstützungswohnsitz mehr. Aufgrund der Umstände konnte aber festgehalten werden, das X. die Absicht hatte, in Winterthur auf unbestimmte Zeit zu bleiben. Es lagen gewichtige Anhaltspunkte vor, dass X. den Lebensmittelpunkt nach Winterthur verlegt hatte. Deshalb kam das Bundesgericht zum Schluss, dass X. im massgeblichen Zeitraum das Zentrum seiner Lebensverhältnisse in Winterthur und damit Unterstützungswohnsitz im Sinn von Art. 4 ZUG im Kanton ZH hatte.

**Urteil des Bundesgerichts vom 7.6.2000, 2A.603/1999 [51] / Begleitetes Wohnen als Heim im Sinne von Art. 5 ZUG**

Dem Entscheid lag folgender Sachverhalt zugrunde. A., heimatberechtigt in Walenstadt SG, hielt sich in der Stadt Zürich auf, ohne dort Wohnsitz zu begründen. Sie wurde gelegentlich vom Kanton ZH fürsorgerechtlich unterstützt, und der Heimatkanton SG leistete jeweils gestützt auf Art. 15 ZUG Kostenersatz. Am 20. April wurde A. in der Stadt Zürich angemeldet und wohnte in dem von der Stadt geführten «Begleiteten Wohnen». Der Kanton SG stellte im Juli 1996 ein Richtigstellungsbegehren gemäss Art. 28 ZUG, wogegen der Kanton ZH Einsprache erhob. Nach Abweisung der Einsprache gelangte der Kanton ZH ans EJPD, welches die Beschwerde guthiess.

Der Kanton SG stellte sich auf den Standpunkt, dass A. mit polizeilicher Anmeldung in der Stadt Zürich einen Unterstützungswohnsitz begründete und er deshalb als Heimatkanton nicht mehr kostenersatzpflichtig sei. Die Stadt Zürich und das EJPD hielten dem entgegen, dass A. im Kanton ZH keinen Wohnsitz begründet habe, da sie sich in einem Heim gemäss Art. 5 ZUG aufhielt.

Das Bundesgericht hielt fest, dass die Anwendung von Art. 5 ZUG, der den Heimbegriff nicht definiert, immer mit Bezug auf den zur Diskussion stehenden Sachverhalt zu prüfen ist, um einer zeitgemässen Interpretation des Heimbegriffes gerecht zu werden. Gemäss Art. 5 ZUG begründen der Aufenthalt in einem Heim, einem Spital oder einer andern Anstalt und die behördliche oder vormundschaftliche Versorgung einer mündigen oder entmündigten Person in Familienpflege keinen Unterstützungswohnsitz. In casu wurde das «Begleitete Wohnen», trotz geringem Fremdbestimmungsgrad, als Heim definiert. Das Dienstleistungsangebot reiche weiter als bei einer Notschlafstelle, und wenn dieses Angebot nicht bestehen würde, müssten die sozial am Rande stehenden Personen in kostenintensiveren Heimen oder Anstalten im klassischen Sinne betreut werden. Dies würde für die Heimatkantone zu höheren Kostenfolgen führen. Weiter führte das Bundesgericht aus, dass der Heimbegriff vom Gesetzgeber wegen der sich wandelnden Verhältnisse nicht definiert wurde und es auch vermieden werden soll, dass diejenigen Kantone, die niederschwellige Betreuungs- und Therapieformen entwickeln und anbieten, durch eine restriktive Auslegung des Heimbegriffes und der damit verbundenen Kostenfolgen demotiviert werden. Das EJPD hatte deshalb den Heimbegriff bundesrechtskonform ausgelegt.

---

[51]  Vgl. dazu die Besprechungen in: ZeSo 2000, S. 178, und SJZ 2000, S. 445.

**Urteil des Bundesgerichts vom 9.8.2000, 2A.190/2000/ Beendigung des Unterstützungswohnsitzes bei eindeutigem Zeitpunkt des Wegzugs gemäss Art. 9 Abs. 1 ZUG**

Das Bundesgericht hatte den Fall eines im Kanton TG wohnhaften Bedürftigen zu beurteilen, der sich im Kanton ZH aufhielt. Ist eine unterstützungsbedürftige Person von ihrem Wohnort weggezogen, verliert sie gemäss Art. 9 Abs. 1 ZUG den bisherigen Unterstützungswohnsitz. Ist der Zeitpunkt des Wegzuges zweifelhaft, so gilt gemäss Abs. 2 derjenige der polizeilichen Abmeldung. Der einmal begründete Unterstützungswohnsitz bleibt nicht bis zum Erwerb eines neuen bestehen. Besteht kein Unterstützungswohnsitz, erfolgt die Unterstützung gemäss Art. 12 Abs. 2 ZUG durch den Aufenthaltskanton. Die unterstützte Person hielt sich im vorliegenden Falle nachweislich in Zürich auf, weshalb die betreffende Thurgauer Gemeinde die Unterstützungsleistungen einstellen durfte.

**Urteil des Bundesgerichts vom 27.10.2000, 2A.55/2000/ Wechsel des Aufenthaltsorts eines sich in der Schweiz aufhaltenden Ausländers**

Im vorliegenden Fall ging es um die Frage sich ändernder Unterstützungszuständigkeit bzw. um den Wechsel des Aufenthaltsorts eines sich in der Schweiz aufhaltenden Ausländers. Ein im Kanton ZH in einem Durchgangsheim untergebrachter, vorläufig aufgenommener querschnittgelähmter Flüchtling hielt sich wegen noch nicht rollstuhlgerechter sanitärer Anlagen mit Einverständnis der Heimleitung bei einer bekannten Person im Kanton TG in Privatpflege auf. Von dort aus musste der Flüchtling ins Spital Münsterlingen TG eingeliefert werden. Der Kanton ZH ging von einem Wechsel des Aufenthaltsorts aus, weshalb er die Kostenübernahme verweigerte.

Wenn ein hilfsbedürftiger Ausländer ohne Wohnsitz in der Schweiz seinen Aufenthaltsort aufgibt, sind grundsätzlich die Fürsorgekosten vom neuen Aufenthaltsort zu übernehmen, vorbehältlich etwaiger Rückerstattungspflicht des Heimatstaates. Das ZUG regelt – ausser in Art. 11 Abs. 2 ZUG, der eine eigentliche behördliche oder ärztliche Zuweisung voraussetzt – nicht, wann und ob in einem Fall wie dem vorliegenden ein Aufenthaltswechsel vorliegt; es liegt eine Gesetzeslücke vor. Gemäss bundesgerichtlicher Rechtsprechung ist eine Änderung der kantonalen Fürsorgezuständigkeit bei einem in der Schweiz nicht ansässigen Ausländer, der vom Aufenthaltskanton unterstützt werden muss, nur zurückhaltend anzunehmen. Fallen wie im vorliegenden Sachverhalt nicht rückforderbare

Sozialhilfekosten an, darf sich der unterstützungspflichtige Aufenthaltskanton nicht einfach damit begnügen, dem betreffenden Ausländer anheimzustellen, seinen Aufenthalt zu ändern. Insbesondere kam im vorliegenden Falle die ausserkantonale Betreuung allen Beteiligten entgegen.

**Urteil des Bundesgerichts vom 9.5.2003, 2A.345/2002/ Hat der Aufenthaltskanton in analoger Anwendung von Art. 9 Abs. 3 ZUG die Therapiekosten eines bisher flottant lebenden Drogenabhängigen zu übernehmen?**

Art. 9 Abs. 3 ZUG besagt, dass der Eintritt in ein Heim, ein Spital oder eine andere Anstalt sowie die behördliche oder vormundschaftliche Versorgung einer mündigen oder entmündigten Person in Familienpflege einen bestehenden Unterstützungswohnsitz nicht beendigen. Dem Urteil liegt folgender Sachverhalt zugrunde: X. lebte seit Februar 1998 in einer solothurnischen Gemeinde und bezog dort Sozialhilfeleistungen. Am 10. September 1998 verliess er seine Wohnung und hielt sich einige Tage bei Freunden in einer Berner Gemeinde, danach in der gleichen Gemeinde in einem Wohnwagen auf. Am 21. Oktober trat er in eine Klinik im Kanton SO zum Entzug ein – die Krankenkasse übernahm diese Kosten – und wechselte am 12. November 1998 in eine therapeutische Gemeinschaft im Kanton BL. Später trat er in die angegliederte Aussenwohngruppe mit Standort Kanton BS ein. Am 30. Juni 2000 endete die Drogentherapie; gut Fr. 110'000.– an Therapiekosten waren inzwischen angefallen. Das Verwaltungsgericht des Kantons Solothurn stellte mit Urteil vom 10. November 2000 fest, dass X. seit dem 10. September 1998 keinen Unterstützungswohnsitz mehr im Kanton SO habe. Das Verwaltungsgericht des Kantons Bern entschied mit Urteil vom 31. Mai 2002, dass X. keinen Unterstützungswohnsitz im Kanton BE habe. Gegen den Entscheid erhob X. Verwaltungsgerichtsbeschwerde ans Bundesgericht.

Das Bundesgericht stellte fest, dass X. seinen Unterstützungswohnsitz in Solothurn aufgegeben, aber keinen neuen in Bern begründet hatte. X. hatte sich weder in der bernischen Gemeinde angemeldet noch um Unterstützung ersucht. Der Kanton BE durfte zu Recht davon ausgehen, dass sich X. nur vorübergehend im Kanton BE aufgehalten habe. Grundsätzlich hätte X. im Kanton BE gestützt auf Art. 12 Abs. 2 ZUG Anspruch auf Unterstützung gehabt, welche sich der Kanton BE vom Heimatkanton – in casu Solothurn – gemäss Art. 15 ZUG hätte vergüten lassen können. Die Therapiekosten sind mit Eintritt in die Therapiegemeinschaft BL entstanden; zu diesem Zeitpunkt hatte X. weder Aufenthalt in Bern noch in Solothurn. Eine vom Beschwerdeführer vorgebrachte analoge Anwendung von Art. 9 Abs. 3 ZUG auf den früheren Aufenthaltskanton liess das Bundesgericht nicht gelten, obwohl es in dieser Konstruktion einige Vorteile erblickte. Da das Bundesgericht lediglich feststellen musste, ob der Kanton BE für die Kosten aufzukommen habe, klärte der Entscheid bedauerlicherweise nicht, welcher Kanton von den drei übrig gebliebenen nun die Kosten zu übernehmen habe. [52]

**Urteil des Bundesgerichts vom 23.9.2003, 2A.253/2003/ Unterstützungswohnsitz oder Aufenthalt bei gescheiterter polizeilicher Anmeldung und unstetem Lebenswandel**

A. lebte mit ihrer Tochter B. seit März 1999 in Bremgarten AG. Am 26. Oktober 1999 meldete sie sich rückwirkend auf den 30. September 1999 nach Dietikon ZH ab. Wegen Mietzinsausständen musste sie die Wohnung räumen. Die Tochter wurde von der Mutter in einer Tagespflegefamilie in Dietikon platziert. In Dietikon konnte A. vorübergehend bei einem Bekannten wohnen und hatte angeblich eine Wohnung in Aussicht. Eine Anmeldung auf der Einwohnerkontrolle in Dietikon scheiterte offenbar mangels Vorliegen eines Mietvertrages. A. wurde aber mehrmals aufgefordert, ihre Anwesenheit zu regeln. Aufgrund eines Streites musste A. die Unterkunft beim Bekannten verlassen und hatte auch keine Wohnung mehr in Aussicht. Da sich A. kaum noch um die Tochter kümmerte und auch häufig unerreichbar war, ordnete die Vormundschaftsbehörde Dietikon für B. eine Vertretungsbeistandschaft gemäss Art. 392 Ziff. 2 ZGB an. B. war daraufhin bei der Tagespflegefamilie faktisch dauerplatziert. Seit April 2000 brach zu A. jeglicher Kontakt ab. Der Kanton AG lehnte eine Kostenersatzpflicht gestützt auf Art. 7 Abs. 3 lit. c ZUG ab und machte geltend, dass A. in Dietikon Unterstützungswohnsitz habe. Der Kanton ZH wies die Einsprache ab, und das EJPD wies mit Entscheid vom 25. April 2003 [53] die daraufhin vom Kanton AG eingereichte Beschwerde ab.

---

[52] Im Vernehmlassungsverfahren beantragte der Kanton Basel-Stadt, dass die Beschwerde gutzuheissen sei, der Kanton Basel-Landschaft beantragte, es sei festzustellen, dass Bern, eventualiter Solothurn, unterstützungspflichtig sei, und Solothurn verwies auf das Verwaltungsgerichtsurteil vom 11. November 2000.

[53] Entscheid des EJPD vom 25. April 2003, C2-0060578.

Strittig ist im vorliegenden Fall, ob der Unterstützungswohnsitz im Kanton AG beendet wurde. Die Tochter B. stand im Platzierungszeitpunkt unter elterlicher Sorge der Mutter. Ihr Unterstützungswohnsitz leitet sich vom Unterstützungswohnsitz der Mutter ab, im Falle einer Fremdplatzierung im Sinne von Art. 7 Abs. 3 lit. c ZUG ist der letzte Unterstützungswohnsitz der Mutter im Zeitpunkt der Fremdplatzierung massgeblich. Bereits im September wurden in Bremgarten Kindesschutzmassnahmen beantragt. Die Vormundschaftsbehörde hatte am 29. Oktober 1999 im Sinne einer vorsorglichen Massnahme die elterliche Sorge entzogen und eine Platzierung in einer Pflegefamilie angeordnet, hob diese aber am 2. November 1999 wegen des erfolgten Wegzugs aus Bremgarten wieder auf. [54]

Das Bundesgericht stellte mit der Vorinstanz fest, dass A. ihren Unterstützungswohnsitz in Bremgarten aufgegeben hatte. Ob A. in Dietikon Wohnsitz begründete, was die Vorinstanz verneinte, liess das Bundesgericht offen, bemerkte aber in einem obiter dictum, dass aufgrund mehrerer Umstände A. im Zeitpunkt der Platzierung des Kindes wohl vorübergehend einen Unterstützungswohnsitz in Dietikon begründet haben dürfte.

### 2.4.2 Das Bundesgericht 2006–2007

In der Zeitspanne 2006 bis 2007 hat das Bundesgericht fünf Entscheide in ZUG-Angelegenheiten gefällt, von denen ebenfalls keiner in die amtliche Sammlung aufgenommen wurde. Als Parteien standen sich dreimal die Kantone Aargau und Zürich, einmal die Kantone Appenzell Innerrhoden und Appenzell Ausserrhoden sowie einmal die Kantone St. Gallen und Zürich gegenüber.

**Urteil des Bundesgerichts vom 17. Januar 2006, 2A.485/2005/ Subrogation familienrechtlicher Unterhalts- und Unterstützungspflichten des Wohnkantons gemäss Art. 25 Abs. 1 ZUG**

Gemäss Art. 25 ZUG ist für die Geltendmachung von Unterhalts- und Unterstützungsbeiträgen, die nach Schweizerischem Zivilgesetzbuch auf das Gemeinwesen übergegangen sind, der Wohnkanton zuständig. Dem Entscheid lag folgender Sachverhalt zugrunde: X. lebte zunächst mit seiner Mutter in A. im Kanton AG.

---

[54] Dem Entscheid des EJPD vom 25. April 2003, C2-0060578, ist zu entnehmen, dass die Mutter einen unsteten Lebenswandel mit häufigen Wohnortswechseln führte und in mehreren Wohngemeinden Kindesschutzmassnahmen erwogen wurden. Die Mutter wehrte sich gegen die angeordnete vorsorgliche Massnahme und sprach der Vormundschaftsbehörde Bremgarten ihre Zuständigkeit ab. Sie behauptete zudem, dass sie sich in Dietikon bereits angemeldet habe und Räume in der Liegenschaft XY bewohne. Die Vormundschaftsbehörde Bremgarten erwog die Aufhebung des Präsidialbeschlusses, sobald von der Mutter die Bestätigung der Anmeldung in Dietikon und der Mietvertrag vorlägen. Ohne die Bestätigungen jedoch einzufordern, wurde der Präsidialbeschluss aufgehoben.

Wegen gesundheitlicher Probleme der Mutter lebte er ab Herbst 1996 bei einer Pflegefamilie im Kanton ZH. Leistungen der IV zugunsten der Mutter und Alimentenzahlungen des Vaters vermochten bis Ende 2001 die Pflegeplatzkosten zu decken. Ab Januar 2002 war die Mutter wieder voll erwerbstätig und die IV-Leistungen wurden eingestellt. X. verblieb in der Pflegefamilie, und die Pflegeplatzkosten waren nicht mehr voll abgedeckt. Im Mai 2003 erfolgte ein Abänderungsurteil des Bezirksgerichts Horgen, das dem Vater von X. die elterliche Sorge übertrug. Zudem wurde vereinbart, dass X. nach einer angemessenen Zeit beim Vater wohnen wird und die Mutter ab Rechtskraft Unterhaltsbeiträge zahlt. Der Kanton ZH wies die Einsprache ab, und das EJPD wies mit Entscheid vom 12. Juli 2005 [55] die daraufhin vom Kanton AG eingereichte Beschwerde ab.

Der Kanton AG stellte die Bedürftigkeit von X. in Frage und monierte, dass die Zürcher Stellen nicht an die Eltern wegen höherer Unterhaltszahlungen herangetreten seien. Das Bundesgericht beurteilte die Bedürftigkeit von X. als gegeben, da keine weiteren notwendigen Mittel rechtzeitig eingingen. Kommt statt des Unterhaltpflichtigen das Gemeinwesen für den Unterhalt auf, so geht der entsprechende Unterhaltsanspruch von Gesetzes wegen nach Art. 289 Abs. 2 ZGB auf das Gemeinwesen über. Das ist gemäss Art. 25 Abs. 1 ZUG der Wohnkanton im Sinne des Zuständigkeitsgesetzes, in casu unbestrittenermassen der Kanton AG. Zudem hielt das Bundesgericht fest, dass, falls überhaupt der Verzicht auf Geltendmachung von Unterhalts- und Unterstützungspflichten als Einwand in Betracht kommt, sich der im Notfall unterstützende Kanton eine vorwerfbare Nachlässigkeit zuschulden kommen lassen muss. [56] In casu konnte auch im Hinblick auf den vom Vater angestrengten Abänderungsprozess keine Nachlässigkeit festgestellt werden.

---

[55]  Entscheid des EJPD vom 12. Juli 2005, U4-0361148.

[56]  Das EJPD befasste sich in seinem Entscheid vom 12. Juli 2005 mit der Frage, wie eine mit Formfehlern behaftete Notfall-Unterstützungsanzeige zu behandeln ist. In casu hatte die Mitarbeiterin eines Jugendsekretariats mehrmals Kostengutsprachegesuche an in ihren Augen zuständige Gemeinden gerichtet, anstatt gemäss Art. 29 ZUG den Dienstweg über die zuständige kantonale Amtsstelle einzuschlagen. Das EJPD hat unter Anwendung des Vertrauensgrundsatzes festgestellt, dass es nach Treu und Glauben nicht zweifelhaft gewesen sei, dass die Mitarbeiterin gedachte, einen Unterstützungsfall gemäss Art. 30 ZUG zu melden. Des Weiteren wurde die vom beschwerdeführenden Kanton vorgebrachte Rüge, dass die Notfallunterstützungsanzeige nicht «sobald als möglich» erfolgte, dahingehend beantwortet, dass der Wortlaut von Art. 30 ZUG weder eine Frist noch Verwirkungsfolgen nennt.

**Urteil des Bundesgerichts vom 29. Juni 2006, 2A.134/2006/ Abgeleiteter oder eigener Unterstützungswohnsitz gemäss Art. 7 Abs. 1 bzw. Art. 7 Abs. 3 lit. c ZUG bei Aufenthalt in einem Lehrlingsheim?**

X. mit Bürgerecht AI zog im Frühjahr 2002 zu seinem Vater nach Speicher AR, der seit Juli 2002 alleiniger Inhaber der elterlichen Sorge ist. Zuvor lebte X. bei seiner Mutter in Gossau SG. Infolge familiärer Probleme trat X. im Januar 2003 in ein Lehrlingsheim im Kanton St. Gallen ein, unter gleichzeitiger Teilnahme an einem beruflichen Integrationsprogramm. Am 30. Mai 2003 brach er seinen Aufenthalt ab, verschwand für eine Weile an einen unbekannten Ort und wohnte seit 17. Juni 2003 wieder bei seinem Vater. Der Heimaustritt wurde am 12. Juni 2003 beschlossen.

Der Eintritt in das Lehrlingsheim war gemäss den Akten auf längere Dauer ausgerichtet, idealerweise bis zum Abschluss der Ausbildung. Von einem vorübergehenden Fremdaufenthalt konnte auch nicht gesprochen werden, weil nicht belegt wurde, dass der Kontakt zwischen Sohn und Vater während des Heimaufenthaltes weiterbestand. Demzufolge hatte X. für die Zeit des Heimaufenthaltes einen eigenen Unterstützungswohnsitz gemäss Art. 7 Abs. 3 lit. c ZUG, konkret in Speicher AR.

Gemäss Art. 16 ZUG erlischt die Ersatzpflicht des Heimatkantons nach zweijährigem Wohnsitz der unterstützten Person in einem anderen Kanton. Weil mit dem Eintritt ins Lehrlingsheim ein Kantonswechsel und die Begründung eines eigenen Unterstützungswohnsitzes verbunden waren, entstand die Ersatzpflicht des Heimatkantons. Gestützt auf Art. 8 lit. c ZUG wird einem unmündigen Kind, das einen eigenen Unterstützungswohnsitz erhält, die bisherige Wohnsitzdauer angerechnet, wenn es den Wohnkanton nicht verlässt. Da X. den Kanton AR infolge Eintritts ins Lehrlingsheim auf Dauer verliess, kommt Art. 8 lit. c ZUG nicht zum Zuge. Die Ersatzpflicht des Heimatkantons blieb bis zur Rückkehr des Kindes zum Vater und der damit verbundenen Wiederentstehung eines abgeleiteten Unterstützungswohnsitzes deshalb bestehen.

**Urteil des Bundesgerichts vom 23. Januar 2007, 8C_115/2007/ Rückkehrhilfe ins Ausland als Sozialhilfeleistungen im Sinne von Art. 2 und 3 ZUG?**

Dem Bundesgerichtsurteil lag folgender Sachverhalt zugrunde: G., heimatberechtigt in L. im Kanton AG, nahm am 24. Januar 2004 mit ihrem dreieinhalbjährigen Sohn in I. im Kanton ZH Wohnsitz. Sie reiste von Ecuador ein, wo sie geboren und aufgewachsen ist. Von ihrem ecuadorianischen Ehemann lebte sie getrennt. G. wurde bis zum 23. April 2004 vom Bund und danach vom Sozialamt I. unterstützt. Im November 2004 kehrte sie mit ihrem Sohn nach Ecuador zurück und erhielt Fr. 2100 für das Flugticket und Fr. 1500 als Rückkehrhilfe. Der Heimatkanton Aargau akzeptierte die Unterstützungsanzeige vom 3. Mai 2004, erhob jedoch Einsprache gegen die obigen zwei Aufwendungen, da es sich bei diesen nicht um Sozialhilfeleistungen handle. Das EJPD wies eine später erhobene Beschwerde mit Entscheid vom 20. Februar 2007 ab.

Gemäss Art. 1 ZUG werden nur Personen unterstützt, die sich in der Schweiz aufhalten. Das Bundesgericht folgte dem Argument des Kantons AG, dass deshalb Integrationsleistungen nicht ins Ausland ausgerichtet werden dürfen, nicht, da Art. 1 ZUG keine inhaltlichen Vorgaben über die Unterstützungsleistungen aufstelle. Art. 1 ZUG regelt den Geltungsbereich und den Zweck des Gesetzes, für die Anwendbarkeit des ZUG kommt es darauf an, ob sich im Zeitpunkt der Geltendmachung der Leistung die unterstützte Person in der Schweiz aufhält.

Gemäss Art. 2 Abs. 2 ZUG wird die Bedürftigkeit nach den am Unterstützungsort geltenden Vorschriften und Grundsätzen beurteilt, und Art. 3 ZUG definiert die Unterstützungsleistungen. In Abs. 2 von Art. 3 ZUG werden in einem abschliessenden Negativkatalog Leistungen aufgezählt, denen kein Unterstützungscharakter zukommt. Das Bundesgericht hält zunächst fest, dass die umstrittenen Leistungen nicht im Negativkatalog aufgeführt sind, was auf deren Ersatzfähigkeit schliessen lässt. Des Weiteren führt es aus, dass unter Anwendung der SKOS-Richtlinien, die gemäss § 15 SHG ZH für die Bemessung der wirtschaftlichen Hilfe die Grundlage bilden, die fraglichen Aufwendungen als situationsbedingte Leistungen zu qualifizieren sind. Obwohl es sich dabei um ungewöhnliche Leistungen handelt, hat die zuständige Sozialhilfebehörde ihr Ermessen nicht überschritten. Deshalb erweisen sich die umstrittenen Leistungen als richtlinienkonform.

**Urteil des Bundesgerichts vom 17. April 2007, 2A.771/2006/ Anwendung von Art. 19 ZUG auf Konkubinatspaare?**

Gemäss Art. 19 ZUG werden für Familienangehörige, die im gleichen Haushalt leben und nicht das gleiche Kantonsbürgerrecht haben, Unterstützungskosten – vorbehältlich persönlicher Bedürfnisse eines bestimmten Familienmitglieds wie z.B. Ausbildungskosten – durch die Zahl der im gemeinsamen Haushalt lebenden Familienmitglieder geteilt. Die nach dem Kopfteilungsprinzip bestimmte Unterstützung bildet die Grundlage für die Berechnung der Kostenersatzpflicht des Heimatkantons.

Das Bundesgericht stellte im vorliegenden Urteil fest, dass sich weder aus dem Wortlaut noch aus der Entstehungsgeschichte von Art. 19 ZUG Anhaltspunkte dafür ergeben, dass Konkubinatspartner und ihre Kinder unter dem Begriff «Familienangehörige» erfasst werden. Da Art. 32 Abs. 2 ZUG lediglich die Ehegatten und die unmündigen Kinder als Unterstützungseinheit aufführt, liegt es nahe, den Begriff der Familienangehörigen in Art. 19 ZUG nur auf diese Mitglieder der Familie zu beziehen. Obwohl es als unbefriedigend erscheine, wenn Konkubinatspaare nach kantonalem Sozialhilferecht als Einheit betrachtet werden, bei der interkantonalen Weiterverrechnung gemäss Art. 19 ZUG jedoch nicht, sei es Aufgabe des Gesetzgebers, das geltende Recht allfälligen neuen Gegebenheiten anzupassen.

In casu hatte A., ein Bürger von Gossau SG, zusammen mit seiner Partnerin B. und dem gemeinsamen Sohn C., beide mit Bürgerrecht von Volketswil ZH, in Winterthur Wohnsitz begründet und kurz darauf Fürsorgeleistungen bezogen. Gemäss dem Bundesgerichtsurteil bilden sie keine Unterstützungseinheit im Sinne von Art. 19 ZUG. [57]

---

**57** Die Vorinstanz entschied, dass A. und sein Sohn C. eine Unterstützungseinheit bilden. In diesem Punkt wurde der Entscheid nicht angefochten, das Bundesgericht deutet jedoch an, dass es dieser Feststellung nicht folgen würde, vgl. E. 2.4.

**Urteil des Bundesgerichts vom 10. Juli 2007, 2A.714/2006/ Anforderungen an das Richtigstellungsbegehren gemäss Art. 28 ZGB und Wechsel des Unterstützungswohnsitzes bei einer in einem Heim lebenden Person**

A. ist entmündigt, geistig und motorisch schwer behindert und steht unter elterlicher Sorge seines Vaters. Er wohnte mit seinem Vater in Merenschwand AG und trat im August 1993 in ein Wohnheim in Wohlen AG ein. Der Vater verlegte seinen Wohnsitz auf den 1. Februar 1996 nach Richterswil ZH und meldete sich und seinen Sohn dort polizeilich an. Auf den 1. November 1997 wechselte der Sohn in ein Heim nach Wädenswil ZH.

Seit dem 2. Juni 1999 leistet die Gemeinde Richterswil ZH für A. Sozialhilfeleistungen. Im Mai 2004 ersuchte das Sozialamt des Kantons Zürich den Sozialdienst des Kantons Aargau um Richtigstellung des bisher angeblich irrtümlich übernommenen Unterstützungsfalles und beantragte die Anerkennung eines Unterstützungswohnsitzes in Merenschwand AG sowie die Rückerstattung der seit Juni 1999 ausgerichteten wirtschaftlichen Sozialhilfe. Die dagegen vom Kanton AG erhobene Einsprache lehnte der Kanton ZH ab. Am 1. November 2006 hiess das EJPD die vom Kanton AG eingereichte Beschwerde gut und der Einspracheentscheid des Kantons ZH wurde aufgehoben.

Im vorliegenden Verfahren ging es vorwiegend um die Prüfung der Frage, ob die Regelung des Unterstützungsfalles im Sinne von Art. 28 Abs. 1 ZUG als offensichtlich unrichtig beurteilt werden musste. Das Bundesgericht führt aus, dass gemäss Art. 5 ZUG der Aufenthalt in einem Heim keinen Unterstützungswohnsitz begründet und gemäss Art. 9 Abs. 3 ZUG ein Heimeintritt einen bestehenden Unterstützungswohnsitz auch nicht beendet. Hingegen führe ein Heimaufenthalt nicht dazu, dass der Unterstützungswohnsitz praktisch nicht mehr ändern kann. Hat die unterstützungsbedürftige Person ihre Beziehungen zum bisherigen Kanton abgebrochen und in subjektiver wie objektiver Hinsicht ein neues Verhältnis zu einem anderen Kanton begründet, kann der Unterstützungswohnsitz trotz ununterbrochenen Heimaufenthalts wechseln. Dabei kommt es auf die Umstände des Einzelfalles an, etwa wenn die wichtigsten Bezugspersonen in einen anderen Kanton wechseln und die unterstützungsbedürftige Person ihnen vorwiegend aus familiären und nicht nur aus medizinischen Gründen durch einen Heimwechsel folgt. In casu bestanden Hinweise, dass die väterliche Beziehung zum Sohn sehr eng ist und die Verlegung ins Heim auch auf familiären Gründen beruhte.

Auf dem Wege eines Richtigstellungsbegehrens können Versäumnisse korrigiert werden, wenn dies entschuldbar erscheint. Die Gemeinde Richterswil und der Kanton ZH haben es wiederholt verpasst, den Sachverhalt vertieft abzuklären; dazu hätten sie seit 1996 mehrmals Gelegenheit gehabt, nämlich im Zeitpunkt der Anmeldung von A. in Richterswil, im Zeitpunkt des Heimeintrittes von A. in Wädenswil und im Zeitpunkt der Ausrichtung von Sozialhilfeleistungen.

Die Voraussetzungen für das Richtigstellungsbegehren waren demnach nicht erfüllt, es handelt sich nicht um einen offensichtlich unrichtig geregelten Unterstützungsfall.

**ZUG 21 Urteile des EJPD 2002 – 2005 / Beteiligung der Kantone**

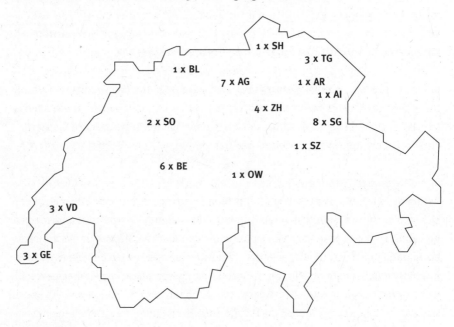

### 2.4.3 Eidgenössisches Justiz- und Polizeidepartement

In den Jahren 2002 bis 2005 hat das EJPD 21 Beschwerden in ZUG-Angelegenheiten behandelt. 8 Beschwerden fielen auf das Jahr 2005, 6 Beschwerden auf 2004, 6 auf 2003 und 1 auf 2002. [58] Die Kantone waren folgendermassen an den Beschwerden beteiligt: St. Gallen 8, Aargau 7, Bern 6, Zürich 4, Thurgau, Waadt und Genf je 3, Solothurn 2, Appenzell-Innerhoden, Appenzell-Ausserhoden, Basel-Landschaft, Obwalden, Schaffhausen und Schwyz je 1.

---

[58] Für die in die Berichtsperiode fallenden Jahre 2000–2001 konnte uns das EJPD leider keine Entscheide zur Verfügung stellen.

In der Verwaltungspraxis des Bundes (VPB), dem Publikationsorgan der Verwaltungspraxis der Bundesverwaltungsbehörden, ist kein einziger ZUG-Entscheid der Jahre 2000 bis 2005 publiziert. Weder sind im Gesetzesregister der «VPB» das ZUG noch im Schlagwortregister relevante ZUG-Begriffe aufgenommen, sodass eine Recherche nach Entscheiden erfolglos bleiben muss. [59]

Die beim EJPD eingereichten Beschwerden bezogen sich hauptsächlich auf die Festlegung des Unterstützungswohnsitzes gemäss Art. 4 und 7 ZUG und den Begriff der Unterstützung im Sinne von Art. 3 ZUG. Weiter wurden die Qualifikation der 60-tägigen Anzeigepflicht gemäss Art. 31 ZUG und die Voraussetzungen des Richtigstellungsbegehrens gemäss Art. 28 ZUG in einigen Urteilen behandelt. Nachfolgend werden ausgewählte EJPD-Entscheide zu den einzelnen Themenbereichen kurz dargestellt.

### Unterstützungswohnsitz des dauernd fremdplatzierten Kindes [60]

Immer wieder zu Streitigkeiten Anlass gibt der Unterstützungswohnsitz des auf Dauer nicht bei den Eltern wohnenden unmündigen Kindes. Allfällige Umplatzierungen und der Eintritt der Mündigkeit während der Fremdplatzierung stossen in der Praxis oft auf Schwierigkeiten bei der Festlegung des Unterstützungswohnsitzes.

In einem Entscheid vom 15. September 2003 hatte das EJPD den Fall des in der Schweiz aufgewachsenen spanischen Mädchens D. zu beurteilen, das zuerst auf Anordnung der Vormundschaftsbehörde der bernischen Gemeinde N. in einer sozialpädagogischen Grossfamilie im Kanton AG und später aus eigenem Antrieb in einer Pflegefamilie im Kanton AG lebte. Mit dieser Pflegefamilie wechselte D. kurz nach Erlangung ihrer Mündigkeit den Wohnort von S. AG nach K. AG. Dort lebte D. noch knapp ein Jahr, bevor sie eine eigene Wohnung in Aarau bezog. Strittig war im vorliegenden Fall die Frage, ob D. ab Eintritt der Mündigkeit bis zum Wegzug nach Aarau weiterhin in N. Unterstützungswohnsitz hatte. Grundsätzlich gelten ab Mündigkeit für bisher unmündige Personen die Wohnsitzbestimmungen gemäss Art. 4 ff. ZUG. Gestützt auf die sogenannte «Perpetuierungstheorie», [61] eine Ausnahmeregelung zu Art. 4 ZUG, endet der Wohnsitz eines in einem Heim (freiwillige oder unfreiwillige Anordnung) oder in einer Pflegefamilie (nur aufgrund behördlicher oder vormundschaftlicher Anordnung) platzierten, in-

---

**59** Seit dem 1. Januar 2007 ist das EJPD nicht mehr für ZUG-Beschwerden zuständig; siehe auch weiter unten in diesem Beitrag unter 2.5.1.

**60** Entscheide des EJPD vom 15. September 2003, C2-0260536, und vom 8. März 2005, U4-0460250.

**61** *Bigger*, 1998, S. 157–163.

zwischen mündig gewordenen Kindes erst mit dem Austritt. Art 5 i.V.m. Art. 9 Abs. 3 ZUG, demzufolge eine mündige Person – somit auch eine gerade mündig gewordene Person – keinen Unterstützungswohnsitz am Ort des Heimes oder am Ort der Pflegefamilie begründen kann, wird zur Begründung beigezogen. Auch die Kommission «ZUG / Rechtsfragen» vertritt die Ansicht, dass in Pflegefamilien untergebrachte Unmündige auch nach Erreichen der Volljährigkeit keinen Unterstützungswohnsitz nach Art. 4 ZUG begründen. Da D. von der Grossfamilie aus eigenem Antrieb in die Pflegefamilie wechselte, führte der beschwerdebelastete Kanton BE aus, dass sich D. nicht mehr auf behördliche Anordnung am Pflegeort aufhielt. Aufgrund des Sachverhaltes konnte aber festgestellt werden, dass D. sich tatsächlich selber in die Pflegefamilie begab, sie aber ohnehin hätte umplatziert werden müssen und demzufolge der von der Behörde vorgesehenen Umplatzierung zuvorgekommen ist. Die Familienplatzierung wurde auch behördlicherseits ausdrücklich akzeptiert. D. hatte somit ihren Unterstützungswohnsitz bis zum Wegzug nach Aarau im Kanton BE.

Einem Entscheid vom 8. März 2005 lag folgender Sachverhalt zugrunde: B., heimatberechtigt im Kanton BE, wohnte mit seiner Mutter in Rü. BL. Der Mutter wurde die Obhut über B. entzogen, und am 2. August 1999 wurde er in einem Kinderheim in A. BE platziert. Die Mutter verlegte per 1. September 1999 ihren Wohnort nach Ro. BE. Die im Rahmen des Obhutsentzuges angeordnete Beistandschaft wurde am 17. Januar 2001 nach Ro. Be übertragen. Im Spätsommer 2002 zeichnete sich ab, dass B. wegen Verhaltensschwierigkeiten umplatziert werden musste. Das Heim und die Gemeinde Ro. BE hatten unterschiedliche Auffassungen über das weitere Vorgehen, die Gemeinde Ro. BE wollte bei einer Fachstelle Abklärungen über eine Umplatzierung vornehmen lassen. Das Heim entliess B. am 16. Dezember 2002 zu seiner Mutter. Da kurz vor den Feiertagen kein Platz gefunden werden konnte, weilte er bei seiner Mutter und eine Woche bei seinem Vater, bis er am 21. Januar 2003 in einer Pflegefamilie in W. BE platziert werden konnte. Die Umplatzierung wurde von der Fürsorge- und Vormundschaftskommission Ro. BE vorgenommen. Nach einem kurzen Notfallaufenthalt im Kinderspital Bern lebt B. seit dem 19. November 2003 in einer heilpädagogischen Gemeinschaft in L. BE.

Streitig ist im vorliegenden Fall, ob der gemäss Art. 7 Abs. 2 lit. c ZUG in Rü. BL gelegene Unterstützungswohnsitz von B. mit Austritt aus dem Kinderheim und dem vorübergehenden Aufenthalt bei der Mutter endete.

Gemäss herrschender Lehre und Praxis handelt es sich bei einer nahtlosen Umplatzierung von einem Pflegeort zum anderen nicht um eine Neuplatzierung. Der bisherige Unterstützungswohnsitz bleibt bestehen. Auch Ferien bei den Eltern mit anschliessendem Eintritt in ein neues Heim vermögen einen Unterstützungswohnsitz nicht untergehen zu lassen bzw. unterbrechen die Fremdplatzierung nicht. Im vorliegenden Fall konnte aufgrund der Ereignisabfolge festgestellt werden, dass die Umplatzierung von B. bereits im Spätsommer von allen Beteiligten thematisiert wurde. Die Entlassung des Kindes zur Mutter stellte aus Sicht der Heimleitung eine absolute Notlösung dar; die Situation mit B. im Heim eskalierte. Die Bemühungen der Beiständin für eine Lösung über die Festtage blieben nachweislich erfolglos, und bereits am 8. Januar konnte B. den Pflegeplatz in W. BE besichtigen. Somit ist B. nicht auf unbestimmte Zeit zu seiner Mutter zurückgekehrt, es liegt eine nicht unterbrechende Anschluss- oder Umplatzierung vor.

### Unterstützungswohnsitz «nur» in einem Kanton oder in einer bestimmten Gemeinde? [62]

Im Entscheid vom 27. Juli 2004 hatte das EJPD den Fall eines vom Kanton SG in den Kanton SH umgezogenen Unterstützungsbedürftigen H. zu beurteilen, der sich am 7. März 2002 ordnungsgemäss in der St. Galler Gemeinde abmeldete, sich im Kanton SH abwechselnd in der Gemeinde L. bei seinen Eltern und in der Gemeinde B. bei einer Bekannten aufhielt und sich erst am 27. Mai in L. anmeldete. Der beschwerdeführende Heimatkanton AG geht von einer Wohnsitzbegründung ab 8. März 2002 im Kanton SH aus mit der Begründung, dass ein Unterstützungswohnsitz mit der tatsächlichen Niederlassung in einem Kanton beginne. Der Aufenthalt im Wohnkanton habe bereits vor der polizeilichen Anmeldung begonnen, weshalb die Vermutung von Art. 4 Abs. 2 ZUG umgestossen werde. Das EJPD hält fest, dass der vorherige Aufenthalt im Wohnkanton mit einem bestimmten Ort innerhalb des Kantons verbunden sein muss. Die gesetzliche Vermutung kann mit dem Nachweis, dass sich eine Person irgendwo im Wohnkanton aufhalte, nicht umgestossen werden. Dem Unterstützungswohnsitz liegt eine räumliche und persönliche Beziehung zu einer bestimmten Gemeinde zugrunde, eine Auslegung, die den Unterstützungswohnsitz losgelöst von einem bestimmten Ort des Kantonsgebiets bezieht, ist mit dem Wohnsitzbegriff nicht vereinbar. Der Kanton AG konnte den Beweis nicht erbringen, dass sich H. bereits vor dem 27. Mai in L. aufgehalten habe, weshalb H. erst am 27. Mai 2002 seinen Unterstützungswohnsitz gemäss Art. 4 ZUG in Schaffhausen begründet hat.

---

[62] Entscheid des EJPD vom 27. Juli 2004, C2-0221216.

## Fehlender Unterstützungswohnsitz eines Clochards [63]

S., ein in der Ostschweiz sich nie über längere Zeit am gleichen Ort aufhaltender und nirgends angemeldeter Clochard, musste infolge einer Hirnblutung von Ab. SG aus ins Spital St. Gallen eingeliefert werden. Nach der Notfallbehandlung wurde er ins Spital Schwyz, in seinen Heimatkanton, überwiesen, von dort in die Rehabilitation nach U. SZ und anschliessend in eine Pflegeabteilung eines Altersheims in Un. SZ. Die Heimatgemeinde Al. SZ bestellte für S. einen Beistand und kam für sämtliche Kosten auf. Es stellten sich im vorliegenden Fall die Fragen, ob der Kanton SG die Unterstützungsleistungen zu erstatten hatte und ob die vom Kanton SZ erfolgte Unterstützungsanzeige als Anzeige einer Notfallunterstützung gemäss Art. 30 ZUG zu verstehen sei.

Das vom Kanton SZ für Unterstützungsfälle üblicherweise gewählte Formular «Unterstützungsanzeige gemäss Art. 31 ZUG» war im vorliegenden Fall nicht entscheidrelevant, da auf dem Formular die Angaben handschriftlich abgeändert worden waren, sodass für den Kanton SG seine Inanspruchnahme als Wohnkanton ersichtlich war. Zudem stellt Art. 30 ZUG keine Formvorschriften auf, weshalb eine Unterstützungsanzeige die Verwendung von Formularen entbehrlich macht. Die Formulare dienen lediglich der Verfahrensvereinfachung im interkantonalen Verkehr.

Der Kanton SG behauptete, dass es sich bei dem durch die Gemeinde Al. veranlassten Umfang der Nothilfe um weit mehr handle als die in Art. 14 Abs. 1 ZUG verlangte notwendige Nothilfe. Das EJPD hat diese Frage nicht abschliessend beurteilt, da die Antwort erst Relevanz erhalte, wenn klar sei, ob S. in St. Gallen überhaupt Unterstützungswohnsitz begründet habe. Immerhin hat es mit Hinweis auf die Materialien festgehalten, dass es dem Notfallhilfe leistenden Kanton überlassen bleiben soll, was er als unaufschiebbare Hilfe betrachtet und was nicht.

Die Beweislast für die Begründung des Unterstützungswohnsitzes liegt gemäss Art. 8 ZGB beim Kanton SZ. Eine Umkehr der Beweislast gemäss Art. 4 Abs. 2 ZUG kommt mangels polizeilicher Anmeldung nicht in Frage. Dem Kanton SZ ist es nicht gelungen, den Unterstützungswohnsitz von S. im Kanton SG zu beweisen. Daran vermochte auch die vom Beistand verfasste und von ihm und S. unterschriebene Erklärung, in der sich S. zum Lebensmittelpunkt Ab. SG bekennt,

---

**63**  Entscheid des EJPD vom 29. Dezember 2005, U4-0461127.

nichts zu ändern. Vielmehr zweifelte das EJPD daran, ob S. sich überhaupt im Klaren war, was er unterschrieb. Obwohl sich S. an verschiedenen Orten über gewisse Zeitspannen aufhielt, war keine Absicht von S. erkennbar, dass er einen Lebensmittelpunkt an einem Ort begründen wollte. Insofern unterscheidet sich der Fall auch von 2A.420/1999, als ein flottierender Drogensüchtiger Wohnsitz begründen konnte.

**Unterstützungswohnsitz bevormundeter heimplatzierter Personen nach Wechsel der Vormundschaftsbehörde** [64]

Gleich in drei Fällen hatte das EJPD am 24. August 2004 die Frage zu behandeln, wo sich der Unterstützungswohnsitz bevormundeter Personen befindet, die vom Kanton GE aus im Kanton VD platziert wurden, worauf der Kanton VD im späteren Verlauf die Vormundschaften übernahm. Es stellte sich die Frage: «la question déterminante qui se pose est celle de savoir si l'intéressée s'est créé un nouveau domicile d'assistance au sens de l'art 4 LAS lors du transfert de la tutelle aux autorités compétentes du canton de Vaud, alors qu'elle (qu'il) était (majeur et) déjà placée dans un home (institution) situé(e) sur territoire vaudoise» Das EJPD stellte fest, «la LAS ne fait pas mention des effets d'un éventuel changement du for tutélaire sur le domicile d'assistance. Ce silence ne saurait toutefois être considéré comme une lacune du législateur qu'il conviendrait de combler par une application analogique à chaque changement de for tutélaire». Den Beratungen zur ZUG-Revision konnte entnommen werden, dass ein Antrag auf Einführung einer speziellen Wohnsitzbestimmung für Entmündigte auf Ablehnung stiess. Die vorgeschlagene Anknüpfung am Sitz der zuständigen Vormundschaftsbehörde wurde abgelehnt, weil sie die zuständigen Behörden dazu veranlassen könnte, die Einleitung eines Bevormundungsfalles zu verzögern oder zu verweigern, um keine eigene fürsorgerechtliche Zuständigkeit zu begründen. [65] «Ce raisonnement vaut a fortiori également pour un transfert de for tutélaire». In allen drei Fällen hat das EJPD entschieden, «le transfert du for tutélaire dans le canton de vaud n'pas mis fin au domicile d'assistance de X. dans le canton de Genève.»

---

64 Entscheide des EJPD vom 24. August 2004, U4-0230509, U4-0320510 und U4-0360470.
65 BBl 1990 I.59.

## Begründung eines Unterstützungswohnsitzes nach Rückkehr aus dem Ausland [66]

Im Urteil vom 11. März 2003 ging es um einen Fall einer bereits nach einer Woche gescheiterten Auswanderung. A. kündigte per Ende September 1999 ihre Wohnung in B. AG und reiste im Hinblick auf eine Anstellung nach Mallorca ab. Ihre Möbel stellte sie beim Grossvater in S. ZH ein. In B. meldete sie sich nicht polizeilich ab und kehrte bereits nach einer Woche wieder in die Schweiz zurück. Sie wohnte in der Folge knapp zwei Monate bei ihrem Grossvater in S. ZH, bevor sie in eine psychiatrische Klinik in K. AG eingeliefert werden musste. Im März 2000 wechselte sie von der Klinik aus in ein betreutes Wohnheim in Aarau. Der Kanton ZH stellte sich auf den Standpunkt, dass A. wegen der fehlenden polizeilichen Abmeldung weiterhin Aufenthalt im Kanton AG habe, zumal A. nur als vorübergehende Notlösung beim Grossvater weilte. Das EJPD prüfte den Aufenthalt von A. beim Grossvater in S. ZH und fand gewichtige und bedeutende Anhaltspunkte dafür, dass A. den Mittelpunkt ihrer Lebensbeziehungen nach S. verlegen wollte. Gegen die vorübergehende Anwesenheit in S. sprachen auch weitere Umstände, wie z.B. die Postadresse in S. und die gelegentliche Tätigkeit in einer Confiserie (Anm.: wohl in S.). Dass A. in eine Klinik eingewiesen werden musste, kann nicht für den vorübergehenden Aufenthalt sprechen, zumal der Eintritt ja nicht geplant war. Weiter hält das EJPD fest, dass ein auf Dauer fehlender Unterstützungswohnsitz nicht leichthin angenommen werden könne. Dies führe zu einer Ausweitung der Ersatzpflicht der Heimatkantone, was dem Wohnsitzprinzip zuwiderliefe.

Dem Urteil des EJPD vom 23. Januar 2004 lag folgender Sachverhalt zugrunde. S. lebte seit 1979 im Ausland und kehrte am 15. Januar 1997 in die Schweiz zurück. Sieben Tage später trat er in eine psychiatrische Klinik ein. Er meldete sich rückwirkend auf den 15. Januar 1997 in der Stadt St. Gallen unter der Adresse seiner Mutter an. Im Mai 1997 trat er aus der Klinik aus, und im Juni 1997 reiste sein vierjähriger Sohn vom Ausland in die Schweiz ein. Von Dezember 1997 bis Februar 1998 arbeitete S. in einem Hotel in A., ohne sich dort polizeilich anzumelden. Von März bis Oktober 1998 und Januar bis Juli 1999 arbeitete er für das schweizerische Katastrophenhilfskorps in Bosnien und Albanien, im November und Dezember 1998 bezog er Arbeitslosenleistungen. Der Sohn reiste im Mai 1999 wieder zur Mutter ins Ausland zurück, und im August 1999 bezog S. eine Wohnung in St. Gallen. Eine von der IV finanzierte Umschulung scheiterte und S. begab sich vom Januar bis Juli 2000 wieder in stationäre therapeutische Behandlung. Anschliessend absolvierte er ein von der IV finanziertes Praktikum.

---

[66]  Entscheide des EJPD vom 11. März 2003, C2-0060381, und vom 23. Januar 2004, U4-0360271.

Im August kehrte S. ohne polizeiliche Abmeldung ins Ausland zurück. S. wurde bis Dezember 1997 von der Stadt St. Gallen unterstützt, und der Heimatkanton Appenzell Innerrhoden vergütete die Fürsorgeleistungen. Eine neue Unterstützungsanzeige für die Unterstützungsleistungen ab Januar 2000 lehnte der Heimatkanton ab.

Im vorliegenden Fall stellte sich zunächst die Frage, ob S. bereits im Januar 1997 in St. Gallen Wohnsitz begründet hatte oder ob er dort lediglich ohne Wohnsitznahme Aufenthalt hatte. Das EJPD stellte fest, dass S. mit der polizeilichen Anmeldung in St. Gallen Wohnsitz begründet hat. Die polizeiliche Anmeldung an einem Ort begründet gemäss Art. 4 Abs. 2 ZUG eine gesetzliche Vermutung für die Begründung eines Wohnsitzes. Der Kanton SG konnte nicht beweisen, dass der Aufenthalt erst nach der Anmeldung begonnen hatte oder dass er gar nicht zur Wohnsitzgründung führen konnte. Insbesondere schlug der Einwand fehl, dass sich S. lediglich wegen des beabsichtigten Klinikeintritts polizeilich angemeldet habe. Weiter stellte sich die Frage, ob S. durch die Tätigkeit im Hotel in A. Ende Dezember 1997 den Wohnsitz in St. Gallen aufgegeben habe. Das EJPD hielt fest, dass eine befristete Arbeitsaufnahme in A. (Saisonstelle) und die regelmässige Rückkehr zu Mutter und Sohn nach St. Gallen klarerweise auf einen Wochenaufenthalt hinwiesen. Schliesslich musste noch der Einwand des Kantons SG, S. sei durch die Tätigkeit für das schweizerische Katastrophenhilfskorps aus dem Kanton weggezogen, geprüft werden. Art. 9 Abs. 2 ZUG stellt die Vermutung auf, dass bei zweifelhaftem Zeitpunkt des Wegzuges auf die polizeiliche Abmeldung abzustellen ist. S. hat sich in St. Gallen nicht abgemeldet und eine Wohnsitzaufgabe kann nicht angenommen werden, wenn eine Person für einen bestimmten Zweck sich vom Wohnkanton entfernt, insbesondere, wenn die bisherige Wohnung nicht aufgegeben wird. Dies ist z.B. bei längeren Reisen oder befristeten Stellen in einem anderen Kanton der Fall. S. stand im Dienste der Schweiz und verliess den Kanton nur vorübergehend und von vornherein zeitlich begrenzt zu einem bestimmten Zweck, nämlich der humanitären Hilfsaktion. Das EJPD hielt deshalb fest, dass S. seit dem 15. Januar 1997 ununterbrochen in St. Gallen Wohnsitz hatte.

**Privatschulkosten als Teil des Lebensunterhaltes im Sinne von Art. 2 Abs. 1 ZUG? [67]**

In einem Entscheid vom 19.12.2005 hatte das EJPD den Fall zu beurteilen, ob die Absolvierung einer kaufmännischen Lehre an einer Privatschule im Rahmen der Erstausbildung zum Lebensunterhalt gehört. Gemäss Art. 2 Abs. 2 ZUG beurteilt sich die Bedürftigkeit nach den am Unterstützungsort geltenden Vorschriften und Grundsätzen. Dem in Anspruch genommenen Kanton steht deshalb nur der Einwand offen, der unterstützende Kanton habe bei Feststellung der Bedürftigkeit und Festsetzung der Art und des Masses der Unterstützung seine eigenen Vorschriften und Grundsätze missachtet. Ob der Unterstützte im kostenersatzpflichtigen Kanton nicht als bedürftig gilt oder die in Frage stehende Leistung nicht zum Aufgabenkreis der Sozialhilfe gehört, kann nicht vorgebracht werden. Das im materiellen Sozialhilferecht vorherrschende Individualisierungsprinzip verleiht den Sozialhilfebehörden einen weiten Beurteilungs- und Ermessensspielraum, weshalb im Rahmen eines Beschwerdeverfahrens die Kognition mit Zurückhaltung ausgeübt wird. Die Sozialhilfe übernimmt grundsätzlich die Kosten einer Ausbildung in staatlichen oder staatlich anerkannten Schulen. Auch der Besuch von Privatschulen ist nicht ausgeschlossen, bedarf aber besonderer Rechtfertigung.

Im vorliegenden Fall wurde eine Ersatzpflicht des Heimatkantons verneint, weil die Sozialhilfebehörde des Wohnkantons bei der Fallführung die Sorgfaltspflichten grob verletzt hatte. Sie hatte es nämlich elf Monate lang unterlassen, zu prüfen, ob der Unterstützte einen Stipendienantrag gestellt hatte, obwohl sie ihm die Stipendien gegen Abtretung bevorschusste. Verzichtet eine fallführende Behörde auf die Einnahmen aus Unterhalts- oder Verwandtenunterstützungsbeiträgen oder auf andere Beiträge aus blosser Nachlässigkeit, kann sie den sich daraus ergebenden Schaden nicht auf einen anderen Kanton abwälzen.

---

[67]  Entscheid des EJPD vom 19. Dezember 2005, U4-0361197.

## «Soziallohn» als Unterstützung im Sinne von Art. 3 Abs. 1 ZUG? [68]

In zwei Entscheiden hatte das EJPD die Frage zu behandeln, ob es sich bei der Finanzierung von Einsatzprogrammen bzw. Beschäftigungsprogrammen um Unterstützung im Sinne von Art. 3 Abs. 1 ZUG oder um Sozialleistungen - und demnach keine weiterverrechenbaren Unterstützungsleistungen – im Sinne von Art. 3 Abs. 2 lit. a ZUG handle. Entscheidendes Kriterium ist gemäss EJPD dabei die Qualifikation des «Lohnes» der Programmteilnehmer und Programmteilnehmerinnen. Wird der Lohn von der Sozialhilfe entsprechend dem Bedarfsprinzip ausgerichtet, handelt es sich um Unterstützungsleistungen, gründet der Lohn jedoch auf einem Arbeitsvertrag und bestimmt er sich somit nach vertraglicher Vereinbarung und nicht nach behördlichem Ermessen, kann die Leistung nicht mehr als Unterstützung im Sinne von Art. 3 Abs. 1 ZGB betrachtet werden.

## Voraussetzungen des Richtigstellungsbegehrens [69]

In mehreren Entscheiden hat sich das EJPD zu den Voraussetzungen eines Richtigstellungsbegehrens geäussert. Gemäss Art. 28 ZUG kann ein beteiligter Kanton eine Richtigstellung verlangen, wenn ein Unterstützungsfall offensichtlich unrichtig geregelt oder beurteilt worden ist. Demnach soll ein Kanton ein Richtigstellungsbegehren verlangen können, sobald er entdeckt, dass die bisherige Regelung des Falles, auf den sich die Kantone ausdrücklich oder stillschweigend geeinigt hatten, auf einem Sachverhalt beruht, den sie irrtümlich als richtig betrachteten. Ist der Irrtum unverschuldet, kann sich ein Kanton auf einen Irrtum berufen, nicht jedoch, wenn er aufgrund der erhaltenen Angaben bei objektiver Betrachtungsweise vernünftigerweise in der Lage gewesen wäre, Folgerungen bezüglich der Kostenersatzpflicht zu ziehen. Entscheidend ist, ob die wahren Hintergründe einer Unterstützungsangelegenheit aufgrund der Unterstützungsanzeige erkennbar sein könnten und der Kanton entsprechend reagieren muss. Dem Richtigstellungsbegehren muss ein Unterstützungsfall vorausgehen, bei dem sich die Kantone zuvor ausdrücklich oder stillschweigend auf eine Lösung geeinigt haben. War der Unterstützungsfall bis anhin gar nicht geregelt, ist ein Richtigstellungsbegehren ausgeschlossen. Beim Richtigstellungsbegehren handelt es sich um einen ausserordentlichen Rechtsbehelf, der sich gegen rechtskräftig geregelte Unterstützungsverhältnisse richtet, weshalb aus Gründen der

---

68 Entscheide des EJPD vom 31. Januar 2005, C2-0220557 und vom 1. Dezember 2005, C2-0220906.
69 Entscheide des EJPD vom 12. Juli 2005, U4-0361148 (weitergezogen ans Bundesgericht, Urteil 2A.485/2005 vom 17. Januar 2006, siehe auch weiter oben in diesem Beitrag unter 2.4.2); Entscheide vom 10. Februar 2004, U4-0320381, vom 30. April 2002, C2-0160763, und vom 15. September 2003, C2-0260536.

Rechtssicherheit und der finanziellen Berechenbarkeit nicht ohne Not von ihm Gebrauch zu machen ist. Art. 28 ZUG verleiht keinen vorbehaltlosen Anspruch auf Korrektur sachlich nicht voll befriedigender Unterstützungsregelungen. Der Wortlaut «offensichtlich» indiziert vielmehr, dass qualifizierte Gründe für eine Richtigstellung sprechen müssen.

**Qualifikation der 60-tägigen Anzeigepflicht gemäss Art. 31 ZUG [70]**

In einem Entscheid vom 3. Februar 2003 hatte das EJPD die Frage zu behandeln, ob und welche Rechtsfolgen greifen, wenn die Unterstützungsanzeige später als 60 Tage nach der Beschlussfassung, aber vor Ablauf eines Jahres eingereicht wird. Art. 31 ZUG bestimmt, dass der Wohn- oder der Aufenthaltskanton, der vom Heimatkanton die Rückerstattung von Unterstützungskosten verlangt, diesem den Unterstützungsfall binnen 60 Tagen anzuzeigen hat. In begründeten Fällen läuft die Frist längstens ein Jahr. Für später gemeldete Unterstützungsfälle besteht keine Ersatzpflicht. Gemäss Wortlaut ist also eine Unterstützungsanzeige innert 60 Tagen stets rechtzeitig erfolgt. Nach Ablauf eines Jahres ist in jedem Falle ein Anspruch verwirkt. Für den dazwischen liegenden Zeitraum gilt, dass die Unterstützungsanzeige dann rechtzeitig ist, wenn die Verspätung begründet ist. Die 60-tägige Frist stellt demzufolge keine blosse Ordnungsfrist dar, deren Nichtbeachtung ohne direkte Rechtsfolgen bliebe. Vielmehr hat sie die Verwirkung der Ersatzansprüche zur Folge, sofern der anzeigestellende Kanton das Versäumnis dieser Frist nicht in geeigneter Weise begründen kann. Die am Wortlaut orientierte Auslegung steht gemäss EJPD in einem Spannungsverhältnis zu den Materialien, welche auf eine Ordnungsfrist mit reiner Appellfunktion hinweisen. Zudem werde eine Anknüpfung an den unbestimmten Rechtsbegriff «Begründetheit» den Anforderungen an die Rechtzeitigkeit einer Rechtsvorkehr nicht gerecht. Diese Anforderungen sollten im Interesse der Rechtssicherheit, möglichst einfach und klar ausgestaltet sein. In einem Entscheid vom 27. März 2001 [71] hat das EJPD bereits in einem obiter dictum festgehalten, dass die Nachlässigkeiten der zuständigen Fürsorgebehörde ohnehin erst nach Ablauf eines Jahres sanktioniert würden. Das EJPD hat somit angedeutet, dass es die 60-tägige Frist wohl als reine Ordnungsfrist ohne Verbindlichkeit bewerten würde. In casu hat es die Frage dann nicht abschliessend beurteilt, da sich die Verspätung als begründet im Sinne des Gesetzes erwies.

---

70  Entscheid des EJPD vom 3. Februar 2003, C2-0020029.
71  Entscheid des EJPD vom 27. März 2001, C2-9960402.

## Anwendung des BG über das Verwaltungsverfahren vom 20. Dezember 1968 (VwVG) [72] auf das Einspracheverfahren gemäss Art. 33 ZUG [73]

Im Entscheid vom 10. Februar 2004 musste sich das EJPD mit der Frage des Fristenlaufs und der Fristenwahrung im Einspracheverfahren gemäss Art. 33 ZUG befassen und die Frage beurteilen, ob eine nach Ablauf der Einsprachefrist erfolgte Begründung durch Nichteintreten erledigt werden kann. Der Beschwerdegegner wurde mit Datum vom 13. Dezember 2002 zur Vernehmlassung innert 30 Tagen aufgefordert. Er berief sich auf den Fristenstillstand während der Gerichtsferien über Weihnachten und reichte seine vorsorgliche Einsprache am 13. Januar 2003 ein. Eine Begründung wolle er bis Ende Monat nachliefern. Die 30-tägige Frist wäre am 5. Januar 2003 abgelaufen. Am 29. Januar reichte er die Begründung ein, und mit Entscheid vom 17. Februar 2003 trat der Beschwerdegegner infolge Verspätung auf die Einsprache nicht ein.

Das EJPD hielt fest, dass es sich bei der Einsprachefrist des ZUG um eine bundesrechtliche Frist handle, deren Lauf sich massgeblich nach Bundesrecht bestimmt. Dem ZUG ist keine solche Regelung zu entnehmen, noch enthält es eine abschliessende Ordnung des Fristenlaufs, weshalb das VwVG subsidiär zur Anwendung gelange. Die Verwirklichung des Bundesrechts darf durch kantonale Vorschriften nicht verunmöglicht oder übermässig erschwert werden. Im Interesse eines reibungslosen Anschlusses an die Rechtsmittelverfahren des Bundes erklärte das Bundesgericht in seiner Rechtsprechung weitere bundesrechtliche Verfahrensbestimmungen auf das Verfahren kantonaler Instanzen anwendbar. Die Einsprachefrist lief somit am 20. Januar 2003 ab.

Da der Beschwerdeführer seine Einsprache zwar rechtzeitig, aber bewusst mangelhaft einreichte, hatte er keinen Anspruch auf eine Nachfrist über das Ende der Einsprachefrist hinaus. Beim Beschwerdegegner ging die Einsprache am 14. Januar ein, und er durfte nach Treu und Glauben nicht den Ablauf der Frist abwarten, sondern hätte den Beschwerdeführer auf diesen Mangel aufmerksam machen müssen. Der Nichteintretensentscheid verletzte somit Bundesrecht.

---

**72** SR 172.021.

**73** Entscheid des EJPD vom 10. Februar 2004, U4-0320381.

## 2.5 Gesetzgebung

Die Gesetzgebung in der Berichtsperiode 2000 bis 2005 weist auf ein statisches ZUG hin, es traten keine Änderungen ein.

### 2.5.1 Anpassungen an das Bundesgesetz über das Bundesverwaltungsgericht

Art. 34 Abs. 2 und 3 altZUG wurde durch Anhang Ziff. 119 des Verwaltungsgerichtsgesetzes vom 17. Juni 2005, [74] mit Wirkung seit 1. Januar 2007 geändert. [75] Beschwerden sind seit dem 1. Januar 2007 nicht mehr an das EJPD, sondern an eine kantonale Gerichtsinstanz zu stellen. Der Entscheid des letztinstanzlichen kantonalen Gerichts kann mit Beschwerde in öffentlich-rechtlichen Angelegenheiten gemäss Art. 82 ff. BGG an das Bundesgericht weitergezogen werden. [76]

### 2.5.2 Anpassungen an das Partnerschaftsgesetz

Die Art. 6, 8 und 32 ZUG wurden dem Partnerschaftsgesetz auf den 1. Januar 2007 angepasst. [77]

### 2.5.3 Kündigung des Fürsorgeabkommens mit der Bundesrepublik Deutschland

Das Fürsorgeabkommen mit der Bundesrepublik Deutschland wurde im Herbst 2005 von Deutschland per 31.3.2006 gekündigt, weshalb nun gemäss Art. 23 Abs. 2 ZUG keine Kostenersatzansprüche gegenüber Deutschland für in der Schweiz unterstützte Deutsche bzw. gegenüber dem Schweizer Heimatkanton für in Deutschland unterstützte Schweizerinnen und Schweizer geltend gemacht werden können. [78]

---

[74] SR 173.32,

[75] AS 2006 2197.

[76] Vgl. ausführlich zur alt- und neurechtlichen Situation Urteil des Bundesgerichts vom 23. Januar 2008, 8C_115/2007 E. 1.

[77] AS 2005 5721.

[78] Vgl. dazu das Schreiben des Bundesamtes für Justiz vom 15. Juni 2005 auf http://www.fr.ch/sasoc/de/aide_sociale/doc_envois_trim/185%20le%20040705/fursorgeabkommen_mit_deutschland.pdf, (zuletzt besucht am 7. August 2007). Gegenwärtig besteht nur noch das Fürsorgeabkommen mit Frankreich (Abkommen vom 9. September 1931 zwischen der Schweiz und Frankreich über die Fürsorge für Unbemittelte, SR 0.854.934.9).

### 2.5.4 Motion Rossini / Ratifizierung des Europäischen Fürsorgeabkommens

Am 18.3.2005 wurde von Stéphane Rossini im Nationalrat eine Motion zur Ratifizierung des Europäischen Fürsorgeabkommens STE 14 eingereicht, welche der Bundesrat in seiner Stellungnahme vom 5.7.2006 jedoch zur Ablehnung empfahl. [79] Die Behandlung der Motion im Nationalrat als Erstrat steht noch aus. [80] Das Europäische Fürsorgeabkommen verpflichtet jeden Vertragsstaat, bedürftige Angehörige anderer Vertragsstaaten, die auf ihrem Hoheitsgebiet ihren geregelten Aufenthalt haben, zu den gleichen Bedingungen zu unterstützen wie ihre eigenen Staatsangehörigen.

## 2.6 Literatur

In der Berichtsperiode erschienen keine umfassenden wissenschaftlichen Abhandlungen zum ZUG. Lediglich in den Zeitschriften ZeSo, ZVW und «sozialaktuell» lassen sich vereinzelte Besprechungen, hauptsächlich zur Rechtsprechung, finden.

### 2.6.1 Bericht der Kommission «ZUG / Rechtsfragen» der SKOS

Die SKOS führt eine Kommission «ZUG / Rechtsfragen», welche sich schwergewichtig mit der Anwendung und Weiterentwicklung des ZUG beschäftigt. Sie beantwortet Rechtsfragen der SKOS-Mitglieder, u.a. im Bereich des ZUG. Bei Bedarf vermittelt sie zwischen Mitgliederkantonen in Zuständigkeitsstreitigkeiten. Der fortlaufend aktualisierte Bericht der Kommission «ZUG / Rechtsfragen» ist nur den Mitgliedern der SKOS zugänglich und liefert wertvolle Auslegungshilfen.

### 2.6.2 Zeitschriften

In ZeSo 2001 S. 76–78, beschäftigt sich Peter Stadler, ehemaliger Präsident der SKOS-Kommission «ZUG / Rechtsfragen», mit den Grundsätzen zur Unterstützung von ausländischen Staatsangehörigen und präsentiert ein von der Kommission verabschiedetes Grundsatzpapier. Allgemein kommt es für die Unterstützung von ausländischen Staatsangehörigen darauf an, ob sie einen fürsorgerechtlichen Wohnsitz haben oder wenigstens über ein längerfristiges Bleiberecht verfügen und wo sie sich aufhalten.

---

79  Vgl. http://search.parlament.ch/cv-geschaefte?gesch_id=20053200, (zuletzt besucht am 7. August 2007).
80  Vgl. zum Ganzen auch den achten Bericht über die Schweiz und die Konventionen des Europarates vom 26. Mai 2004, BBl 2004 3809, 3864 f.

### 2.6.3 Rechtsprechungsübersichten

In ZeSo 2000, S. 27–29, sind von Peter Stadler, Präsident der SKOS-Kommission «ZUG / Rechtsfragen», Entscheide zum Zuständigkeitsgesetz zusammengefasst. In diesen Entscheiden geht es um den Unterstützungswohnsitz, die Anwendbarkeit der Interkantonalen Heimvereinbarung, die Kostenersatzdauer des Heimatkantons und die Voraussetzungen für ein Richtigstellungsbegehren.

In ZeSo 2000, S. 176–180, gibt Edwin Bigger eine Übersicht über die wesentliche bundesgerichtliche Rechtsprechung der Jahre 1999 bis 2000 zur Anwendung des ZUG und zur Abgrenzung des ZUG zu anderen gesetzlichen Erlassen. [81]

---

[81] Urteile des Bundesgerichts vom 11. März 1999, 1P.481/1998; vom 9. März 2000 2A.504/1999; vom 2. Mai 2000 2A.420/1999; vom 7. Juni 2000 2A.603/1999 und BGE 124 II 489.

# Literaturverzeichnis

*Bigger Edwin*, Der Unterstützungswohnsitz von Mündigen, insbesondere bei Eintritt der Mündigkeit und bei Wochenaufenthalt, in: ZeSo 1998, S. 157–163.

*Bucher Andreas*, Natürliche Personen und Persönlichkeitsschutz, 3. Aufl., Basel 1999.

*Honsell Heinrich/Vogt Nedim/Geiser Thomas (Hrsg.)*, Basler Kommentar Zivilgesetzbuch I, Art. 1–456 ZGB, 3. Aufl., Basel 2006 (zit. BSK-ZGB I Autor).

*Mader Luzius*, in: Ehrenzeller Bernhard, Mastronardi Philippe, Schweizer Rainer J., Vallender Klaus A., Die schweizerische Bundesverfassung, Kommentar, 2. Auflage, Zürich 2008.

*Thomet Werner*, Kommentar zum Bundesgesetz über die Zuständigkeit für die Unterstützung Bedürftiger (ZUG), 2. Aufl., Zürich 1994.

*Wolffers Felix*, Grundriss des Sozialhilferechts, Bern/Stuttgart/Wien 1993.

Karin Anderer

# Die familienrechtliche Unterstützungspflicht – Verwandtenunterstützung

# Inhaltsverzeichnis

# 1 Vorbemerkungen*

Die familienrechtliche Unterstützungspflicht ist in den Art. 328–330 ZGB geregelt. Sie erstreckt sich auf Verwandte in auf- und absteigender Linie, weshalb als Synonym auch von der Verwandtenunterstützungspflicht die Rede ist. Bei der familienrechtlichen Unterstützungspflicht handelt es sich um eine der im Gesetz vorgesehenen Leistungen Dritter, die zur Deckung des Lebensunterhalts einer Person bestimmt sind.

Das Institut der familienrechtlichen Unterstützungspflicht ist seit Einzug ins ZGB von 1907 umstritten und die Kritik hat parallel mit der Entwicklung zum heutigen Sozialstaat zugenommen. [1] Die unterschiedliche und rechtsungleiche Handhabung der familienrechtlichen Unterstützungspflicht in den Kantonen trägt zur weiteren Kritik bei. *Koller* spricht diesbezüglich sogar vom Risiko einer «Föderalisierung von Bundesprivatrecht». [2]

Im Zusammenhang mit den knapper gewordenen Finanzhaushalten und den steigenden Sozialhilfeausgaben hat die familienrechtliche Unterstützungspflicht seit den Neunzigerjahren einen Aufschwung erfahren. Vermehrt haben die Gemeinwesen wieder gezielt die finanziellen Verhältnisse potenziell pflichtiger Verwandter unter die Lupe genommen. Koller, ein bekennender Kritiker (und Befürworter der Abschaffung) der familienrechtlichen Unterstützungspflicht, spricht in diesem Zusammenhang von einer «Reprivatisierung des Lebensunterhaltsrisikos». [3]

Anschliessend wird die familienrechtliche Unterstützungspflicht in ihrer historischen Entwicklung dargestellt, gefolgt von einer ausführlichen Übersicht über die einzelnen Tatbestandsvoraussetzungen. Auf die letztinstanzliche kantonale Rechtsprechung und die bundesgerichtliche Rechtsprechung (Letztere bis Februar 2008) wird dabei fortlaufend verwiesen. Abgeschlossen wird der Beitrag mit einer Literatur- und Gesetzgebungsübersicht.

---

* Prof. Dr. iur. Paul Eitel, Rechtsanwältin lic. iur. Sabine Baumann und Dr. iur. Rainer Wey danke ich herzlich für ihre Unterstützung bei der Arbeit am vorliegenden Beitrag.
1 Vgl. BGE 132 III 97 E. 2.4 m.w. N.
2 *Koller*, 2006, S. 71, und *Koller*, 2007, S. 770 f.; BGE 132 III 97 E. 2.4; vgl. auch die Kritik bei *Freivogel*, 2007, S. 19.
3 *Koller*, 2007, S. 773.

## 2 Historische Entwicklung

### 2.1 Die familienrechtliche Unterstützungspflicht vor Erlass des ZGB

Der durch die Staatsbildung und den Individualismus bedingte Wegfall der Sippe als Verwandtschaftsverbund führte im 16. und 17 Jahrhundert zu ersten Gesetzen über die familienrechtliche Unterstützungspflicht. Bis zum Inkrafttreten des ZGB 1912 herrschte in den Kantonen eine Vielfalt von heterogenen Regelungen vor, die ihre Grundlage im Privatrecht, im öffentlichen Recht und sogar in beiden Rechtsgebieten fanden. Zwischen den welschen/romanischen und den Deutsch-schweizer Kantonen zeigten sich grosse Unterschiede in den Regelwerken. Die familienrechtliche Unterstützungspflicht wurde mehrheitlich mit der Armenunter-stützung gleichgesetzt. Regelmässig wurden die Armut des Bedürftigen und die Leistungsfähigkeit der Pflichtigen für einen Anspruch auf familienrechtliche Un-terstützung vorausgesetzt.

Der Umfang des Anspruches schwankte in den Kantonen in einer Bandbreite vom nur Notwendigen für den Lebensunterhalt bis zum standesgemässen Unterhalt. Der Kreis der Pflichtigen zeigte sich ebenfalls in vielfältiger Form: Verwandte in der geraden Linie nur bis zum ersten Grade bis hin zu Schwiegereltern und Schwiegerkindern konnten in die Pflicht genommen werden. Über die Reihen-folge mehrerer Verpflichteter oder Berechtigter sowie über die Beendigung der familienrechtlichen Unterstützungspflicht schwiegen sich die kantonalen Gesetze mehrheitlich aus. Grosse Unklarheit herrschte bezüglich der Klagelegitimation der Armenbehörden, die in den kantonalen Erlassen unzureichend geregelt war. Die Art des Verfahrens und die örtliche Zuständigkeit waren unterschiedlich gere-gelt. Die Kantone sahen gerichtliche oder administrative Verfahren vor, entweder am Heimatort, am Wohnort oder am Ort der Armenbehörde. [4]

---

4 Vgl. zum Ganzen, *Banzer*, 1979, S. 7 ff.

## 2.2 Der Einzug der familienrechtlichen Unterstützungspflicht ins ZGB

Der Gesetzgeber bezweckte mit der Schaffung des ZGB, möglichst viele kantonal unterschiedliche Regelungen zu erfassen. Wegen einer gewissen Übereinstimmung zum Erbrecht, das im ZGB vereinheitlicht werden sollte, drängte sich die Aufnahme der familienrechtlichen Unterstützungspflicht ins ZGB auf. Die Anwendung des Fabrikhaftpflichtgesetzes unter den kantonalen Regelungen führte zu stossenden Ungleichheiten, da Entschädigungen von einer privatrechtlichen Unterstützungspflicht der versicherten Person abhingen, was ebenfalls für eine Vereinheitlichung sprach. Der Vorentwurf des EJPD von 1900 sah nur eine spärliche Regelung der familienrechtlichen Unterstützungspflicht vor, weshalb die Expertenkommission 1901 wesentliche Änderungen und Ergänzungen vorbrachte. In den Beratungen der Räte gab vor allem die vorgesehene Aufnahme der Verschwägerten in den Kreis der Verpflichteten und die Zuständigkeit der Armenbehörde anstatt des Richters zu Diskussionen Anlass. [5]

## 2.3 Die Revisionen von 1972 und 1976

Die familienrechtliche Unterstützungspflicht verlor einerseits durch die zunehmende Sozialstaatlichkeit an Bedeutung, andererseits nahm die Kritik an ihr infolge soziodemografischer Veränderungen in der Gesellschaft zu. Bereits 1957 setzte das EJPD eine Studienkommission ein, die den von der Kritik am Institut der familienrechtlichen Unterstützungspflicht aufgeworfenen Fragen nachgehen sollte. Zusammen mit dem Vorentwurf zur Revision des Adoptions-, Ausserehelichen-, Ehe- und Vormundschaftsrechts wurden 1962 und 1965 Stellungnahmen eingereicht, die sich jedoch als unzulänglich erwiesen. [6] 1968 wurde eine Expertenkommission einberufen, welche 1973 ihre Arbeit beendete und einen bereinigten Vorentwurf einreichte. Die Arbeit in der Kommission verlief harzig, erst 1971 machte sich Prof. Cyril Hegnauer für die Revision stark. Die Verwirklichung der Volladoption im Adoptionsrecht und die rechtliche Besserstellung des ausserehelichen Kindes im Kindesrecht hatten konkrete Auswirkungen auf die familienrechtliche Unterstützungspflicht. Adoptivkinder wurden den ehelichen Kindern gleichgestellt, ebenso die ausserehelichen Kinder, die nun zum Vater in einem Verwandtschaftsverhältnis standen. Durch diese Änderungen wandelte

---

5    Vgl. zum Ganzen, *Banzer*, 1979, S. 15 ff.
6    *Banzer*, 1979, S. 23; *Haffter*, 1984, S. 20.

sich der Kreis der Berechtigten und Verpflichteten automatisch. [7] Um gewissen Härten vorbeugen zu können, insbesondere beim ausserehelichen Kind, das nun für seinen Vater aufzukommen hatte, auch wenn er sich nie um dieses gekümmert hatte, wurde ein Passus über die Ermässigung oder Entbindung von der Unterstützungspflicht vorgeschlagen. Die Qualität der Beziehungen sollte bei der familienrechtlichen Unterstützungspflicht berücksichtigt werden können. In diesem Zusammenhang wurde auch die alleinige Zuständigkeit des Gerichts zur Festsetzung der Unterstützungspflicht aufs Neue thematisiert. Im Vernehmlassungsverfahren reichte die kantonale Konferenz der Fürsorgedirektoren [8] konkrete Stellungnahmen ein. Innerhalb der Konferenz wurde auch die Abschaffung der familienrechtlichen Unterstützungspflicht eingehend diskutiert. Die Konferenz verkleinerte den Kreis der Pflichtigen auf Eltern und Kinder, sprach sich für die richterliche Zuständigkeit und die Relativierung der Unterstützungspflicht bei schwerer Verletzung von familienrechtlichen Verpflichtungen durch den Berechtigten aus und trat für die gesetzliche Subrogation sowie die verfahrensrechtlichen Angleichungen an die Unterhaltsklage des Kindes ein.

In den parlamentarischen Debatten kam es bezüglich des Kreises der Verpflichteten und der Verweisung auf die Unterhaltsklage des Kindes zu Differenzbereinigungsverfahren. Die Geschwisterunterstützungspflicht wurde unter Beibehaltung der Voraussetzung der günstigen Verhältnisse im Gesetz belassen, [9] die Einführung des Unbilligkeitstatbestandes in Art. 329 Abs. 2 ZGB war unumstritten. [10]

---

[7]   Siehe dazu auch weiter unten in diesem Beitrag unter 5.
[8]   Heute Konferenz der kantonalen Sozialdirektoren und Sozialdirektorinnen (SODK),
      vgl. http://www.sodk-cdas-cdos.ch/index.html.
[9]   Vgl. zum Ganzen *Banzer*, 1979, S. 22 ff.; siehe auch weiter unten in diesem Beitrag unter 5.1.
[10]  Siehe auch weiter unten in diesem Beitrag unter 5.5.

## 2.4 Die Änderungen des ZGB vom 26. Juni 1998

Im Zuge der Scheidungsrechtsrevision wurden auch die Bestimmungen der familienrechtlichen Unterstützungspflicht erneut geändert. Die Abschaffung des Instituts wurde rege diskutiert und die kantonale Konferenz der Fürsorgedirektoren und die SKOS traten für die Einschränkung der familienrechtlichen Unterstützungspflicht auf die Verwandte ersten Grades, also zwischen Kindern und Eltern, ein. [11] Die Parlamentarier konnten sich weder zur geforderten Einschränkung noch zu einer Abschaffung des Instituts durchringen, mit 79 zu 33 Stimmen wurde der Antrag auf Abschaffung der familienrechtlichen Unterstützungspflicht abgelehnt. [12] Die Unterstützungspflicht der Geschwister wurde aber abgeschafft, insbesondere weil das Pflichtteilsrecht der Geschwister bereits mit Änderung des ZGB vom 5. Oktober 1984 auf den 1. Januar 1988 wegfiel. [13] Neu wurde die Unterstützungspflicht der Verwandten in gerader Linie auf das Vorliegen günstiger Verhältnisse beschränkt. [14]

[11]  BBl 1996 I 1, 166; weiterführend zur Abschaffung des Instituts und/oder Einschränkung auf die Verwandtschaft ersten Grades vgl. den Begleitbericht zum Vorentwurf für eine Revision des Zivilgesetzbuches des Bundesamtes für Justiz vom Januar 1992, S. 100 f., und die Zusammenstellung der Vernehmlassungen des Bundesamtes für Justiz vom Mai 1993, S. 740 ff.

[12]  AB N 1997, 2743.

[13]  AS 1986 I 122; Kanton Solothurn, Urteil vom 3. April 2000, OGR014638 E. 4.b aa und Kanton Aargau, Urteil vom 13. August 2004, BE.2004.00153-K4 E. 2.b cc.

[14]  Siehe auch weiter unten in diesem Beitrag unter 5.1.

# 3 Übersicht

Die Art. 328 bis 330 ZGB behandeln die Unterstützungspflicht in der Familienge-
meinschaft. Art. 330 ZGB widmet sich im Speziellen dem Unterhalt von Findelkindern, welcher im vorliegenden Beitrag infolge geringer praktischer Bedeutung
im Rechtsalltag nicht in den Untersuchungsgegenstand einbezogen wurde. [15]

### Art. 328 ZGB

*A. Unterstützungspflichtige*

*1 Wer in günstigen Verhältnissen lebt, ist verpflichtet, Verwandte in auf- und ab-
steigender Linie zu unterstützen, die ohne diesen Beistand in Not geraten würden.*

*2 Die Unterhaltspflicht der Eltern und des Ehegatten, der eingetragenen Partnerin
oder des eingetragenen Partners bleibt vorbehalten.*

### Art. 329 ZGB

*B. Umfang und Geltendmachung des Anspruches*

*1 Der Anspruch auf Unterstützung ist gegen die Pflichtigen in der Reihenfolge
ihrer Erbberechtigung geltend zu machen und geht auf die Leistung, die zum
Lebensunterhalt des Bedürftigen erforderlich und den Verhältnissen des Pflichtigen angemessen ist.*

*2 Erscheint die Heranziehung eines Pflichtigen wegen besonderer Umstände als
unbillig, so kann das Gericht die Unterstützungspflicht ermässigen oder aufhe-
ben.*

*3 Die Bestimmungen über die Unterhaltsklage des Kindes und über den Übergang
seines Unterhaltsanspruches auf das Gemeinwesen finden entsprechende Anwendung.*

---

**15**   Vgl. zum Unterhalt von Findelkindern, BSK ZGB I- *Koller*, Art. 330 ZGB und *Biderbost*, 1999, 49 ff.

### 3.1 Die einzelnen Voraussetzungen der familienrechtlichen Unterstützungspflicht

Die einzelnen Voraussetzungen der familienrechtlichen Unterstützungspflicht lassen sich schematisch folgendermassen darstellen:

| | |
|---|---|
| **Verwandte in auf- und absteigender Linie**<br>Art. 328 Abs. 1 ZGB | Andere Verwandte (Geschwister!) und Verschwägerte |
| **Notlage des Berechtigten**<br>Art. 328 Abs. 1 ZGB | keine Unterstützungspflicht |
| **Verwandte in günstigen Verhältnissen**<br>Art. 328 Abs. 1 ZGB<br><br>und<br><br>**Zumutbarkeit in persönlicher Hinsicht**<br>Art. 329 Abs. 2 ZGB | |
| **Zusammentreffen mehrerer Verpflichteter**<br>Art. 329 Abs. 1 | |
| **Geltendmachung und Legalzession**<br>Art. 329 Abs. 3 | |

## 3.2 Die familienrechtliche Unterstützungspflicht im System des öffentlichen Rechts und des Privatrechts

Im Gegensatz zur Sozialhilfe, die auf öffentlichem Recht beruht, ist die familienrechtliche Unterstützungspflicht ein privatrechtliches Institut. [16] Die familienrechtliche Unterstützungspflicht ist subsidiär zur elterlichen, partnerschaftlichen und ehelichen Unterhaltspflicht. [17] Ebenso gehen Leistungen der Sozialversicherungen, inkl. Ergänzungsleistungen, und allfällige andere Leistungen Dritter der familienrechtlichen Unterstützungspflicht vor. Hingegen ist die öffentliche Sozialhilfe subsidiär zur familienrechtlichen Unterstützungspflicht. [18]

| | | |
|---|---|---|
| **Privatrecht** | *Unterhalts*pflicht | Eltern, Ehegatte, Partner |
| | *Unterstützungs*pflicht | Verwandte in auf- und absteigender Linie |

| | |
|---|---|
| **Öffentliches Recht** | Sozialversicherungen |
| | Sozialversicherungsähnliche Leistungen |
| | Sozialhilfe |

---

**16**  *Freivogel*, 2006, S. 33 f.; *Koller*, 2007, S. 772 ff.

**17**  Art. 328 Abs. 2 ZGB; vgl. auch Art. 276 ff. ZGB sowie die Art 125 ff., 159 Abs. 2 und 163 f. ZGB und Art. 12 f. PartG.

**18**  BSK ZGB I-*Koller*, Art. 328/329 ZGB, N 36 ff. m.w.N.; Kanton Graubünden, Urteil vom 11. Mai 2005, U 04 2 E. 7; vgl. auch weiter unten in diesem Beitrag unter 4.2.

# 4 Anspruch des Berechtigten

## 4.1 Die Berechtigten im Allgemeinen

Betagte und invalide Verwandte, drogensüchtige oder langzeitarbeitslose erwachsene Nachkommen und vor allem durch Scheidung, Trennung oder Alleinerziehung von der Sozialhilfe abhängige erwachsene Nachkommen stellen die vier Hauptgruppen der Berechtigten im Rechtsalltag dar. [19] Wie in der Studie von Freivogel aufgezeigt wird, ist insbesondere die Gruppe von geschiedenen oder getrennt lebenden Frauen überproportional von Armut betroffen, was zu einem Rückgriffsrisiko auf die Verwandtschaft der Frauen führt. [20] Die bundesgerichtliche und letztinstanzliche kantonale Rechtsprechung handelt vorwiegend von Fällen geschiedener Töchter mit Kindern, gefolgt von Fällen drogenabhängiger und arbeitsloser Nachkommen. Die familienrechtliche Unterstützungspflicht trifft heutzutage oft Eltern in günstigen Verhältnissen, die weiterhin voll oder teilweise zu Leistungen an den Lebensunterhalt ihrer inzwischen erwachsenen Kinder verpflichtet werden. [21]

## 4.2 Die Notlage des Berechtigten

Wer in günstigen Verhältnissen lebt, ist verpflichtet, Verwandte in auf- und absteigender Linie zu unterstützen, die ohne diesen Beistand in Not geraten würden. Der Begriff der Notlage ist offen formuliert und muss unter Berücksichtigung der in Lehre und Rechtsprechung entwickelten Grundsätze nach Recht und Billigkeit im Sinne von Art. 4 ZGB auf jeden Einzelfall hin beurteilt werden. [22] Den kantonalen Gerichten kommt somit ein grosser Ermessensspielraum zu. [23]

---

19  BSK ZGB I-*Koller*, Art. 328/329 ZGB, N 5b ff.

20  *Freivogel*, 2006, S. 4.

21  *Koller*, 2007, S. 776 f., kritisiert insbesondere die Heranziehung der nicht mehr aktiven Generation zu Gunsten der leistungsunfähigen mittleren Generation. Die Eltern bleiben weiterhin für den Kindesunterhalt ihrer inzwischen erwachsenen Kinder – *Koller* spricht von «Kindesunterhalt im Erwachsenenalter» – zuständig. Die familienrechtliche Unterstützungspflicht erfolgt heute praktisch nur noch von oben nach unten und die Eltern haben das Scheidungsrisiko, das Arbeitsmarktrisiko und das Suchterkrankungsrisiko ihrer Kinder zu tragen. Eltern haben zudem selten Einfluss auf die Ehe- oder Suchtproblematik ihrer Kinder, müssen aber das Scheitern der Lebensführung ihrer Kinder mittragen.

22  BGE 132 III 97, 99 E. 1 und 100 E. 2.2.

23  Ermessensentscheide werden vom Bundesgericht nur mit grosser Zurückhaltung geprüft, was gemäss *Koller*, 2007, S. 783, ursächlich für die uneinheitliche kantonale Praxis ist.

Gemäss Art. 12 BV hat, wer in Not gerät und nicht in der Lage ist, für sich zu sorgen, Anspruch auf Hilfe und Betreuung und auf die Mittel, die für ein menschenwürdiges Dasein unerlässlich sind. Der in Art. 12 BV verankerte Grundsatz der Subsidiarität besagt, dass der in Not geratene nur Anspruch auf Leistungen des Staates hat, wenn er nicht in der Lage ist, selber für sich zu sorgen. Die leistungsansprechende Person hat grundsätzlich alle anderen gesetzlichen und vertraglichen Hilfsmöglichkeiten des öffentlichen Rechts und des Privatrechts auszuschöpfen, bevor sie den Staat oder eine Gemeinde in die sozialhilferechtliche Verpflichtung nehmen kann. Die familienrechtliche Unterstützungspflicht geht somit der Sozialhilfe vor. [24]

Eine Notlage liegt vor, wenn das zum Lebensunterhalt Notwendige fehlt, in der Regel also Nahrung, Kleidung, Unterkunft, ärztliche Betreuung usw. [25] Steuerschulden und Prozesskosten zählen nicht zum notwendigen Lebensunterhalt. [26] Die Notlage kann sich auch auf Kosten einer stationären Unterbringung beziehen, wie z.B. eines Massnahmenvollzuges oder eines Therapieaufenthaltes. [27] Studentinnen und Studenten befinden sich gewöhnlich nicht in einer Notlage, eine Ausbildung wird nicht als existenzerhaltendes Bedürfnis qualifiziert. Ausnahmsweise jedoch, wenn sich das Studium im Abschluss befindet, kann ein Anspruch begründet werden. [28] In zwei früheren Entscheiden aus den Jahren 1995 [29] und 1997 [30] hat sich das Bundesgericht zur Frage der Not bei Alleinerziehenden geäussert bzw. zur Frage, ob einer alleinerziehenden Mutter eine Erwerbstätigkeit zugemutet werden kann. Es kam zum Schluss, dass eine Notlage nicht mehr vorliege, wenn die Kinder dem Säuglingsalter entwachsen sind und die grundsätzliche Möglichkeit einer ganztägigen Drittbetreuung besteht. [31]

---

**24** Vgl. dazu bereits vorne in Fussnote 18.

**25** BGE 121 III 441, 442 E. 3; vgl. Kanton Freiburg, Urteil vom 14. Dezember 2005, 3 A 04 144, wo der Bedürftigkeit durch die Rückkehr ins Elternhaus rechtzeitig und ausreichend abgeholfen werden konnte.

**26** Urteil des Bundesgerichts vom 12. September 2005, B.76/2005 E. 4.2.

**27** In BGE 133 III 507 hat das Bundesgericht entschieden, dass im Sinne von Art. 328 ZGB eine Not nur dann vorliegt, wenn kein dem Behandlungsbedürfnis des Suchtkranken entsprechendes anerkanntes Angebot an Behandlungsanstalten besteht, dessen Kosten vom Krankenversicherer getragen werden. In casu war eine drogenabhängige Frau in eine von der Krankenkasse nicht anerkannte Institution eingetreten und das subrogierende Gemeinwesen blieb den Beweis der Notlage schuldig. Vgl. die Kritik am Entscheid, *Widmer*, Successio 2/2008, S. 168 ff., vgl. auch unten 8.2.

**28** BSK ZGB I-*Koller*, Art. 328/329 ZGB, N 9; BGE 106 II 287, 292 E. 3a; BGE 132 III 97 E. 2.2.

**29** BGE 121 III 441.

**30** Urteil des Bundesgerichts vom 28. April 1997, 5C.14/1997.

**31** Vgl. zur Thematik *Widmer*, 2001, S. 44 ff.; *Koller*, 2007, S. 784, und *Freivogel*, 2006, S. 36 f.

Ein Verschulden der Notlage durch den Bedürftigen spielt nach h.L. keine Rolle, jedoch kann dies ggf. dazu führen, dass eine Leistungspflicht seiner Verwandten unbillig wäre. [32] Keine Notlage liegt vor, wenn eine Bedürftige aus eigener Kraft für den Lebensunterhalt sorgen könnte, dies dennoch mutwillig unterlässt. Abzustellen ist nicht auf einen allfällig fehlenden Willen zur Aufnahme einer Arbeitstätigkeit, sondern darauf, ob die unterstützungsbedürftige Person bei objektiver Betrachtungsweise in der Lage ist, durch eigene Bemühungen eine finanzielle Notlage zu beheben. Dies kann nur anhand des konkreten Einzelfalls beurteilt werden. Bei Angehörigen mit gesundheitlichen oder sozialen Problemen, wie z.B. psychischer Erkrankung, Suchtmittelabhängigkeit, sozial deviantem Verhalten usw., ist die Frage der mutwilligen Unterlassung der Selbsthilfe ein schwierig abzuklärender Sachverhalt. Die Grenze zwischen mangelnder Bereitschaft und krankheitsbedingtem Unvermögen ist nicht leicht zu ziehen, insbesondere wenn eine schon lang andauernde soziale und/oder berufliche Desintegration besteht. [33]

Generell sind das Einkommen und das Vermögen des Bedürftigen zu berücksichtigen, wobei unter Beachtung einer zumutbaren Erwerbsmöglichkeit nicht nur auf das tatsächliche, sondern auch auf das hypothetische Einkommen abzustellen ist. Vorhandenes Vermögen, wozu auch Luxusgegenstände zu zählen sind, ist grundsätzlich aufzubrauchen. Die Belassung einer kleinen Reserve ist jedoch zu gestatten, bzw. es muss das Vermögen nicht vollständig aufgebraucht sein. [34] Können Vermögenswerte aufgrund bestimmter Umstände nicht sofort realisiert werden, ist eine Heranziehung der Verwandten nur gegen Sicherstellung vertretbar. Gemäss dem Subsidiaritätsprinzip und dem expliziten Verweis in Art. 329 Abs. 3 ZGB gehen Sozialversicherungsleistungen, sozialversicherungsähnliche Leistungen sowie die familienrechtliche Unterhaltspflicht der familienrechtlichen Unterstützungspflicht vor. [35] Weitere zugesicherte oder zugesprochene gesetzliche Leistungen, die der Deckung des Lebensunterhaltes dienen, gehen der Sozialhilfe vor. Rechtlich nicht gesicherte Leistungen sind nur zu berücksichtigen, wenn sie auch freiwillig erbracht werden. [36] Es ist deshalb nicht zulässig, zweck-

---

32  Siehe dazu sogleich unter 5.5 und den Beitrag von *Rüegg*, Das Recht auf Hilfe in Notlagen, 2.2.

33  Illustrativ dazu Kanton Aargau, Urteil vom 12. August 2005, WBE.2005.72: Gemäss Vorinstanz sei der Beschwerdeführer grundsätzlich nicht gewillt, eine Arbeitstätigkeit aufzunehmen, obwohl er objektiv dazu in der Lage sei. Das Verwaltungsgericht beurteilte es als nicht erwiesen, dass der Beschwerdeführer dazu in der Lage sei, und wies auf eindeutige Anzeichen für psychische Probleme hin.

34  In den SKOS-Richtlinien E.2.1 werden Vermögensfreibeträge von Fr. 4000.- für Einzelpersonen, Fr. 8000.- für Ehepaare und Fr. 2000.- für jedes minderjährige Kind empfohlen.

35  Siehe weiter oben in diesem Beitrag unter 3.2.

36  Kanton Zürich, Urteil vom 20. März 2003, VB.2003.0048 E. 3a; Kanton Freiburg, Urteil vom 14. Dezember 2005, 3A 04 144 E. 2b.

gebundene Leistungen eines Onkels, welche einem Betroffenen die Ausbildung an einer privaten Handelsschule ermöglichen, als Einkünfte anzurechnen. [37]

Die Beweislast über das Vorliegen einer Notlage trägt die um familienrechtliche Unterstützung ersuchende Person. [38]

## 4.3 Die Ermittlung des Notbedarfs

Die Beurteilung der Not und des zum Lebensunterhalt Erforderlichen basiert auf behördlichem Ermessen unter Berücksichtigung der Verhältnisse im Einzelfall. In Lehre und kantonaler Praxis herrschten unterschiedliche Ermittlungsmethoden vor. [39] In BGE 132 III 97 hat sich das Bundesgericht zur Bedarfsrechnung in klärender Weise geäussert und einen Rahmen für eine einheitliche kantonale Berechnungspraxis geschaffen. Die *Obergrenze* des Notbedarfs liegt beim sozialhilferechtlichen Existenzminimum. [40] Damit erklärte das Bundesgericht einen objektiven Bemessungsmassstab für die Obergrenze der Notlage als anwendbar. Wer über dem sozialhilferechtlichen Existenzminimum lebt, befindet sich nicht in einer Notlage; wer unter dem betreibungsrechtlichen Existenzminimum lebt, leidet Not. [41] Für die Ermittlung des Notbedarfes liegt demzufolge ein Ermessensspielraum zwischen sozialhilferechtlichem Existenzminimum und betreibungsrechtlichem Existenzminimum vor. Für die Behörden bleibt demzufolge zur Ermittlung des Notbedarfs kein grosser Ermessensspielraum übrig, was in Anbetracht der bis anhin uneinheitlichen kantonalen Praxis zu begrüssen ist. [42]

---

[37] Zudem besteht keine Rechtsungleichheit gegenüber anderen Familien in bescheidenen Verhältnissen, da der Onkel nicht unterstützungspflichtig ist, vgl. Kanton Zürich, Urteil vom 12. Mai 2005, VB.2005.00067, E. 3.

[38] BSK ZGB I-*Koller*, Art. 328/329 ZGB, N 13.

[39] BGE 132 III 101 E. 2.2; *Widmer* 2001, S. 46; BSK ZGB I-*Koller*, Art. 328/329 ZGB, N 10; *Freivogel*, 2007, S. 15.

[40] BGE 132 III 103 E. 2.3 f.; *Koller*, 2006, S. 73 f.

[41] Die Untergrenze wurde bereits in früheren Entscheiden festgehalten: BGE 101 II 21 E. 3; BGE 116 V 331 E. 1c; BGE 132 III 102 E. 2.2 und 2.3. So auch BSK ZGB I-*Koller*, Art. 328/329 ZGB, N 10.

[42] *Freivogel*, 2007, S. 15; *Koller*, 2007, S. 785.

| Obergrenze | Sozialhilferechtliches Existenzminimum |
|---|---|
| | Behördlicher Ermessensspielraum |
| Notlage | unter dem betreibungsrechtlichen Existenzminimum |

Das Bundesgericht hat in BGE 132 III 97 ausdrücklich festgehalten, dass die verwandtschaftliche Solidarität weniger weit gehe als die nacheheliche Solidarität. [43] Deshalb besteht kein bundesrechtlicher Anspruch auf mehr als das betreibungsrechtliche Existenzminimum. [44] Somit kommt ein genereller Zuschlag um 20% – das um 20% erweiterte betreibungsrechtliche Existenzminimum – nicht in Betracht.

Der Notbedarf erstreckt sich auf das zum Lebensunterhalt Notwendige, die Sozialhilfe erstreckt sich in der Regel auf ein soziales Existenzminimum, das normalerweise über eine Notlage im Sinne von Art. 328 ZGB hinausgeht.

---

**43**  BGE 132 III 97 E. 2.3.
**44**  BGE 132 III 101 E. 2.3.

## 4.4 Kreis der Berechtigten

Gerät eine Familie in Not, stellt sich die Frage, ob Unterhaltspflichten des Bedürftigen in der Ermittlung des Notbedarfs berücksichtigt werden müssen. Ist z.B. im Falle einer unterstützungsberechtigten Tochter auch die Notlage ihres Ehemannes zu berücksichtigen, ergibt sich indirekt eine unzulässige Unterstützungspflicht gegenüber Verschwägerten. In der älteren Lehre wurden gegenläufige Standpunkte vertreten, und Banzer schlug als Mittelweg eine anteilsmässige Berücksichtigung der Unterhaltspflichten vor. [45] Aus der Rechtsprechung lässt sich keine Antwort auf diese Frage ableiten. Koller vertritt die Ansicht, dass die Familienangehörigen des Unterstützungsberechtigten nicht zu berücksichtigen sind, ihrerseits ist ein Anspruch auf Unterstützung gegen ihre Verwandte zu prüfen; der Anspruch besteht nur für die Deckung des eigenen Notbedarfs. [46] Gleich verhält es sich, wenn eine Mutter mit vier Kindern Ansprüche auf familienrechtliche Unterstützung stellt, insbesondere auch, weil der Kreis der Verpflichteten bei den Kindern ein anderer ist als bei der Mutter. [47]

Grundsätzlich muss sich die berechtigte Person bereits in einer Notlage befinden oder unmittelbar davon betroffen sein. Art. 329 Abs. 2 ZGB verweist auf Art. 279 ZGB, weshalb neben einem allfälligen Unterstützungsanspruch auf zukünftige Leistungen auch ein Ersatzanspruch auf Unterstützungsleistungen bis ein Jahr vor Klageerhebung besteht. [48]

---

[45] *Banzer*, 1979, S. 124.
[46] BSK ZGB I-*Koller*, Art. 328/329 ZGB, N. 10a und *Koller*, 2007, S. 779.
[47] In «recht» 2006, S. 68 f., legt *Koller* überzeugend dar, dass jeder einzelne Unterstützungsanspruch, in casu von Mutter und Kindern, eigenständig geltend gemacht werden muss. Siehe dazu sogleich unter 5.6.
[48] BSK ZGB I-*Koller*, Art. 328/329 ZGB, N 29; Banzer, 1979, S. 185; siehe auch weiter unten in diesem Beitrag unter 6.

# 5 Unterstützungspflichtige Verwandte

Unterstützungspflichtig sind Verwandte in auf- und absteigender Linie, unabhängig vom Verwandtschaftsgrad. Kinder, Enkel, Eltern, Grosseltern, Urgosseltern, Urenkel und noch weiter entfernte Verwandte der geraden Linie können zur familienrechtlichen Unterstützungspflicht herangezogen werden. [49] Die Aufzählung der Unterstützungsberechtigten und -verpflichteten ist abschliessend, und den Kantonen ist es nicht gestattet, den Kreis der Pflichtigen zu erweitern. [50]

Mit der Revision des Adoptionsrechts von 1972 und des Kindesrechts von 1976 wurde die rechtliche Verwandtschaft des Adoptivkindes zu seinen Eltern bzw. des ausserehelichen Kindes zu seinem Vater verbessert. Kompliziert muten deshalb heute altrechtliche Konstellationen an, die im Einzelfall genau zu prüfen sind.

Die altrechtliche Adoption hatte keinen Einfluss auf das angestammte Kindesverhältnis. Die gegenseitige Unterstützungspflicht blieb zwischen dem Adoptivkind und seiner Herkunftsfamilie bestehen. Zur Familie der Adoptiveltern entstand gemäss aArt 268 ZGB auch ein Verwandtschaftsverhältnis, welches sich aber nur auf das Adoptivkind und seine Nachkommen und die Adoptiveltern erstreckte; zu den Verwandten der Adoptiveltern wurde kein Verwandtschaftsverhältnis begründet. Gemäss der Lehre sollte die Unterstützungspflicht innerhalb der Adoptivfamilie derjenigen zwischen dem Adoptivkind und seiner Herkunftsfamilie vorgehen. [51]

Die altrechtliche Zahlvaterschaft begründete gemäss aArt. 319 Abs. 1 ZGB kein familienrechtliches Verwandtschaftsverhältnis, hingegen die so genannte Anerkennung und Zusprechung mit Standesfolge (aArt. 303 und 323 ZGB). Desgleichen konnten Kinder durch nachfolgende Heirat der Eltern (aArt. 258 ZGB) oder durch richterliche Entscheidung, wenn die versprochene Heirat unmöglich wurde (aArt. 260 Abs. 1 ZGB), ehelich erklärt werden, was zu einem Kindesverhältnis und somit zur gegenseitigen Unterstützungspflicht führte. Und letztlich fiel die Unterstützungspflicht nicht weg, wenn das Kind im Rahmen eines Ehe-Ungültigkeitsverfahrens nicht als aussereleich erklärt wurde (aArt. 133 Abs. 1 ZGB).

---

[49] Schwägerschaft führt somit nicht zur Unterstützungspflicht, vgl. Kanton Waadt, Urteil vom 2. August 2005, PS 2005.0243; siehe auch weiter unten in diesem Beitrag unter 5.4.

[50] BSK ZGB I-*Koller*, Art. 328/329 ZGB, N 6.

[51] Vgl. zur Unterstützungspflicht nach den Bestimmungen von 1907 und nach den revidierten Bestimmungen von 1972 und 1976, *Banzer*, 1979, S. 80 ff.

## 5.1 Verwandte in günstigen Verhältnissen

Die Unterstützungspflicht der Geschwister, die im bisherigen Recht von günstigen Verhältnissen abhing, wurde im Zuge der Scheidungsrechtsrevision aufgehoben. Auf Vorschlag des Nationalrates wurde die Unterstützungspflicht der Verwandten in gerader Linie neu auf «günstige Verhältnisse» *begrenzt*. [52] In den parlamentarischen Beratungen wurde es aber unterlassen, den Begriff der günstigen Verhältnisse auf diese Änderung hin neu zu definieren. Ob günstige Verhältnisse bei Verwandten in finanziell einfachen oder wohlhabenden Situationen oder gar bei in Luxus lebenden Verwandten vorliegen, war bis unlängst unklar. [53] *Koller* schlug aufgrund dieser unklaren subjektiv-historischen Auslegungslage eine objektiv-zeitgemässe Betrachtungsweise vor und legte dem Begriff die bisherige, im Vergleich zu den Verwandten in gerader Linie strengere Rechtsprechung der Geschwisterunterstützungspflicht zugrunde. [54] Unter «günstigen Verhältnissen» ist seiner Ansicht nach Wohlstand zu verstehen. [55] In BGE 132 III 97 hatte das Bundesgericht diese Frage noch offen gelassen, [56] konnte sich nun aber – zumindest in Bezug auf Verwandte der geraden Linie zweiten Grades – mit Urteil vom 21. November 2007, 5C.186/2006, in klärender Weise zum Begriff der günstigen Verhältnisse äussern. Dem Urteil lag folgender Sachverhalt zugrunde: Eine Grossmutter (väterlicherseits) wurde von ihren zwei Enkelinnen auf Verwandten-

---

52  Siehe dazu weiter oben in diesem Beitrag unter 2.3 und 2.4.

53  Im Ständerat wurden zum Begriff «günstige Verhältnisse» unterschiedliche Auffassungen vertreten. Einige Ständeräte vertraten die Meinung, dass durch die Unterstützungspflicht keine wesentliche Beeinträchtigung der bisherigen Lebensführung eintreten dürfe, ein anderer Teil plädierte für den Verzicht auf «Extravaganzen» bei in Luxus lebenden Leuten, andere wollten die Unterstützungspflicht nicht gleich eng auslegen, wie das hinsichtlich der Geschwisterunterstützungspflicht der Fall war; vgl. die Angaben zur Debatte bei BSK ZGB I-*Koller*, Art. 328/329 ZGB, N 15a; zu den günstigen Verhältnissen der Geschwister, *Banzer*, 1979, S. 136 ff.

54  Die Lage der Geschwister muss den Begriff «Wohlstand» oder «Wohlhabenheit» verdienen, vgl. dazu eingehend BGE 82 II 197 ff.; *Koller/Ackermann*, 2001, N 3; BSK ZGB I-*Koller*, Art. 328/329 ZGB, N 15h. Nach *Widmer* zeigen aber die «spärlichen Gesetzesmaterialien (...)» auf, dass mit dem neuen Art. 328 Abs. 1 ZGB kengswegs finanzielle Verhältnisse i.S.d. geschwisterlichen Unterstützungspflicht gemeint sind, *Widmer* stützt sich dabei einzig auf die Aussage des ständerätlichen Kommissionssprechers Wicki, obwohl es der Nationalrat in den weiteren Beratungen – trotz Aufforderung – unterliess, sich zu den Unklarheiten des Begriffes zu äussern, vgl. AB SR 1998 330.

55  BSK ZGB I-*Koller*, Art. 328/329 ZGB, N 15a ff. Unter dem Wohlstandsbegriff kann nur der materielle Wohlstand gemeint sein, was wiederum auf die Problematik der Zufälligkeit der Pflichtigen hinweist. Verwandte, die sich für einen Lebensstil mit immateriellem Wohlstand entscheiden, wie z.B. mehr Zeit für die Familie und dafür weniger Arbeit und Einkommen, können nicht oder nur schwieriger in die Pflicht genommen werden. Vgl. auch die Beschreibung von Wohlstand bei *Jaggi*, 1998, S. 396 f. Jaggi stellte zudem fest, dass «günstige Verhältnisse auf der Seite einer Pflichtigen bereits dort bejaht werden, wo die gleichen Fürsorgeämter noch von einem sozialen Existenzminimum auf der Seite des Berechtigten ausgehen», *Jaggi*, 1998, S. 399.

56  BGE 132 III 105 E. 3.2.

unterstützung eingeklagt, nachdem der Vater aufgrund eines Konkurses seinen Unterhaltsverpflichtungen nicht mehr nachkam. Die Grossmutter verfügte über ein monatliches Einkommen von Fr. 9 690.–, das erweiterte Existenzminimum wurde auf Fr. 7 190.– berechnet. Zu klären galt, ob die Differenz von Fr. 2 500.– zu Gunsten der Klägerinnen für die Zusprechung einer Unterstützungsleistung in Frage kommt oder nicht. Das Bundesgericht geht erstmals der Frage nach, ob das Erfordernis der günstigen Verhältnisse seit der Gesetzesrevision so zu verstehen ist, wie es unter altem Recht unter den Geschwistern galt. [57] Der Grad der verwandtschaftlichen Beziehung lässt es zu, dass an die Voraussetzungen der Unterstützungspflicht höhere Anforderungen zu stellen sind als an diejenigen zwischen Eltern und ihren Kindern. Deshalb kann gemäss Bundesgericht «(...) *die bisherige (restriktive) Rechtsprechung zur Unterstützungspflicht der Geschwister (...) ohne Weiteres auf die Verwandten der geraden Linie zweiten Grades (Grosseltern – Enkel) übertragen werden».* [58] Das Bundesgericht hat mit Blick ins Recht des Kindesunterhalts, der der Verwandtenunterstützung vorgeht, für die Annahme günstiger Verhältnisse einen Grenzwert von deutlich über Fr. 10'000.– festgelegt. [59] In Urteil vom 22. Juni 2007, 5C.299/2006, hat das Bundesgericht im Fall eines in einer Paarbeziehung lebenden, unterstützungspflichtigen kinderlosen Sohnes – somit ein Verwandter der geraden Linie ersten Grades – das Belassen eines Nettoeinkommens von Fr. 9 500.– bis 9 800.– für eine wohlhabende Lebensführung als angemessen beurteilt. Die bundesgerichtliche Rechtsprechung lässt somit den vorsichtigen Schluss zu, dass bezüglich der Grenzwerte günstiger Verhältnisse zwischen Verwandten ersten und zweiten Grades kein grosser Spielraum übrig bleibt.

## 5.2 Die Ermittlung der Leistungsfähigkeit

Leistungsfähig sind unterstützungspflichtige Verwandte, wenn sie in günstigen Verhältnissen leben. Zur Ermittlung der Leistungsfähigkeit stellen die Kantone mehrheitlich auf die SKOS-Richtlinien ab. [60] Ab Fr. 60'000.– (Einzelperson) bzw. Fr. 80'000.- (Ehepaar) steuerbarem Einkommen und Fr. 100 000.– (Einzelperson) bzw. Fr. 150'000.- (Ehepaar) steuerbarem Vermögen, plus einen Zuschlag von

---

**57** Urteil des Bundesgerichtes vom 21. November 2007, 5C.186/2006 E. 3.2.

**58** Urteil des Bundesgerichtes vom 21. November 2007, 5C.186/2006 E. 3.2.3.

**59** Urteil des Bundesgerichtes vom 21. November 2007, 5C.186/2006 E. 5; weiterführend zum Kriterium der günstigen Verhältnisse, *Koller*, 2007, S. 786 ff.

**60** Vgl. z.B. Kanton Solothurn, Urteil vom 15. März 2004, VWEBS.2004.46, E. II. 4c; Kanton Waadt, Urteil vom 2. August 2005, PS 2005.0243 E. 2b.

Fr. 10'000.– pro Kind zum Einkommen bzw. von Fr. 20'000.- pro Kind zum Vermögen, sollen Verwandtenunterstützungsbeiträge geprüft werden. Für die konkrete Ermittlung eines Betrages werden die anrechenbaren Einnahmen, die sich aus dem effektiven Einkommen und einem Vermögensverzehr zusammensetzen, einem anrechenbaren Bedarf gegenübergestellt. [61]

Eine andere Variante bildet das Abstellen auf den allenfalls um 20% erweiterten familienrechtlichen Notbedarf, [62] auf ein erweitertes betreibungsrechtliches Existenzminimum [63] oder auf die Bestimmungen des Bundesgesetzes über Ergänzungsleistungen zur Alters-, Hinterlassenen- und Invalidenversicherung. [64] Die kantonale Berechnungsvielfalt geht offenbar so weit, dass Kantone bei selbstgeäufnetem Vermögen zurückhaltender sind als bei ererbtem Vermögen, gewisse Kantone verzichten schlechthin auf die Berücksichtigung von Vermögen. [65] Für potenziell Pflichtige ist es somit je nachdem Glück oder Pech, von welchem Kanton sie belangt werden.

Die Ermittlungsmethoden erscheinen unter dem Aspekt günstiger Verhältnisse mehrheitlich fraglich, ist es doch undenkbar, gemäss diesen Grenzwerten eine wohlhabende Lebensführung zu pflegen, die das Attribut wohlhabend tatsächlich verdient. Insbesondere dürften sie den vom Bundesgericht neuerdings festgelegten Grenzwerten nicht mehr entsprechen. [66]

---

**61**  Vgl. dazu die SKOS-Richtlinien, F.4 und H.4. Im Urteil des Bundesgerichtes vom 6. Januar 2000, 5C.209/1999 E. 5, wurde die Heranziehung eines Vaters zu Leistungen für seine Tochter mit 5 Kindern im Umfang von Fr. 17 425.80 – die Sozialhilfeleistungen betrugen für den Zeitraum Juni 1994 bis Juli 1996 gesamthaft Fr. 55 391.20 – als zumutbar beurteilt. Sein Vermögen betrug 1 Mio. Fr. in Wertschriften und der Steuerwert zweier Liegenschaften Fr. 339 000.- bzw. 163 400.- (wobei Letztere mit einer Hypothek von Fr. 110 500.- belastet ist). Vgl. auch die Berechnung in Kanton Solothurn vom 25. Februar 2002, 00073543 E. 3g, bezüglich Rückerstattung von Sozialhilfe, die analog der Berechnung der familienrechtlichen Unterstützungspflicht ermittelt wurde.

**62**  So z.B. *Hausheer/Brunner*, N 07.62.

**63**  So hat z.B. das Schaffhauser Obergericht im Fall eines kinderlosen Ehepaares erwogen, für eine wohlhabende Lebensführung sei ein erweitertes schuldnerisches Existenzminimum um ungefähr die Hälfte zu erhöhen, Urteil des Bundesgerichts vom 22. Juni 2007, 5C.299/2006 E. 3.

**64**  M.w. N. BGE 132 III 106 E. 3.2. *Jaggi*, 1998, S. 397.

**65**  M.w. N. BGE 132 III 106 E. 3.2; *Freivogel*, 2007, S. 14, stellt fest, dass Kantone, soweit sie günstige Verhältnisse näher definieren, meist unter den SKOS-Grenzwerten liegen. Dabei handelt es sich gemäss Nachfrage bei der SKOS um etwa vier Kantone.

**66**  Vgl. 5.1 Verhältnisse; *Koller/Ackermann*, 2001, Rz 6; BSK ZGB I-*Koller*, Art. 328/329 ZGB, N 17a und *Koller*, 2007, S. 787 ff. Gegenwärtig ist die SKOS an der Überarbeitung der Richtlinien in Bezug auf die Grenzwerte, die neuere bundesgerichtliche Rechtsprechung zu den günstigen Verhältnissen drängt dies nahezu auf; vgl. dazu auch die Hinweise auf der SKOS-Website http://www.skos.ch/de/?page=schwerpunkte/ (zuletzt besucht am 5. April 2008).

## 5.3 Berücksichtigung der Altersvorsorge

Die Berücksichtigung der eigenen Vorsorge war bis unlängst unklar. Nun hat das Bundesgericht in diesem Punkt Klarheit geschaffen: Der Unterstützungspflichtige kann nur so weit belangt werden, als sein Vermögen nicht längerfristig zur Sicherung seiner weiteren Existenz, namentlich im Hinblick auf das Alter, unangetastet bleiben muss. Die Bildung der Vorsorge geht somit der familienrechtlichen Unterstützungspflicht vor. [67] In den SKOS-Richtlinien wie auch beim erweiterten familienrechtlichen Notbedarf ist dieser Aspekt nicht oder zumindest nicht umfassend berücksichtigt. [68]

## 5.4 Kreis der Verpflichteten

Da die Schwägerschaft keine Unterstützungspflicht begründet, ist es bei der Ermittlung auch nicht zulässig, das Einkommen und Vermögen des Ehepartners oder der eingetragenen Partnerin zu berücksichtigen. Eine Ehefrau ist deshalb z.B. nicht verpflichtet, gestützt auf Art. 159 ff. ZGB ihrem Mann für die Erfüllung familienrechtlicher Unterstützungsverpflichtungen Beistand zu leisten, was in den SKOS-Richtlinien verkannt wird. [69] Nur ein Anspruch gestützt auf Art. 165 Abs. 1 ZGB darf bei der Beurteilung der Leistungsfähigkeit einbezogen werden. [70]

## 5.5 Zumutbarkeit in persönlicher Hinsicht

Unter besonderen Umständen kann die Heranziehung einer Pflichtigen unbillig erscheinen und zu einer Ermässigung oder Aufhebung der familienrechtlichen Unterstützungspflicht führen. Gründe dafür können bei Vernachlässigung der Unterhaltspflicht, Fehlen persönlicher Beziehungen, starker Belastung der persönlichen Beziehungen usw. gegeben sein. *Koller* stellt fest, dass die Unbilligkeit ausschliesslich dann diskutiert wird, wenn die persönlichen Beziehungen stark

---

**67**   BGE 132 III 104 ff. E. 3 insbesondere E. 3.3. Nicht auf die Berücksichtigung zum Aufbau einer angemessenen Altersvorsorge kann sich berufen, wer nur für eine begrenzte Zeit unterstützungspflichtig ist und im Rahmen eines Anstellungsverhältnisses mit einem komfortablen Einkommen eine berufliche Vorsorge aufbauen kann, vgl. Urteil des Bundesgerichts vom 22. Juni 2007, 5C.299/2006 E. 4.

**68**   *Koller/Ackermann*, 2001, N 6.

**69**   Vgl. dazu die SKOS-Richtlinien, Kapitel H.4; *Freivogel*, 2001, S. 14, bejaht tendenziell die eheliche Beistandspflicht, weist aber darauf hin, dass das Verhältnis der verschiedenen Pflichten zueinander umstritten ist.

**70**   BSK ZGB I-*Koller*, Art. 328/329 ZGB, N 19a; *Koller*, 2007, S. 781; *Hausheer/Brunner*, 07.65 ff.; *Banzer*, 1979, S. 103.

belastet sind. [71] Der Unbilligkeitsentscheid beruht auf behördlichem Ermessen und soll einen absoluten Anspruch auf familienrechtliche Unterstützungsleistungen ausschliessen. Die Praxis in den Kantonen neigt gemäss *Koller* dazu, leichthin Unbilligkeit abzulehnen, geht es doch primär darum, Auslagen der Sozialhilfe zu schmälern. [72] Das Bundesgericht übt praxisgemäss grosse Zurückhaltung, wenn den kantonalen Gerichten ein breiter Ermessensspielraum zusteht. Im Urteil des Bundesgerichtes vom 21. Februar 2002, 5C.298/2001, hat es zum Unbilligkeitstatbestand klare Leitlinien gesetzt. Bei einer – vom Vater ohne eigenes Verschulden – seit über 20 Jahren ungelebten Vater-Sohn-Beziehung kann nicht mehr von einer Solidarität unter den Generationen ausgegangen werden, weshalb eine Heranziehung des Vaters unbillig erscheint. Im Urteil des Bundesgerichtes vom 6. Januar 2000, 5C.209/1999, hat sich das Bundesgericht zur Beweislast für das Vorliegen des Unbilligkeitstatbestandes geäussert. Der potenziell Verpflichtete, in casu der Vater einer geschiedenen Tochter mit vier Kindern, hatte den Beweis der Unbilligkeit zu erbringen, was ihm nicht gelang: *«Insgesamt ergibt sich somit, dass die Gründe für das Zerwürfnis zwischen dem Beklagten und seiner Tochter zwar zu einem erheblichen Teil auf das Verhalten der Tochter zurückzuführen sind, dass eine spätere Verbesserung des Verhältnisses hingegen in erster Linie an der unversöhnlichen Haltung des Beklagten scheiterte.»* [73]

Unbillig ist es nicht, wenn der Verpflichtete kein liquides Vermögen hat; ggf. ist eine Vermögensveräusserung oder Belehnung von Grundstücken und dergleichen zu verlangen. [74]

---

71  Gerade im Zusammenhang mit BGE 132 III 97 stellt sich die Frage, ob nicht auch andere Umstände geeignet wären, die Unbilligkeit zu begründen. Im vorliegenden Fall hatte die Tochter mit 18 Jahren einen Erbvorbezug von Fr. 800'000.- erhalten, den sie in rund 13 Jahren aufgebraucht hatte, *Koller*, 2006, S. 70.; Urteil des Bundesgerichtes vom 21. Februar 2002, 5C.298/2001 E. 2a.

72  *Koller*, 2002, RZ 8; Urteil des Bundesgerichts vom 6. Januar 2000, 5C.209/1999 E. 4a; BGE 106 II 294 f. E. 3c; *Koller*, 2007, S. 773, sieht das Aufleben der Unterstützungspflicht seit den Neunzigerjahren im Fiskalinteresse der Gemeinden begründet.

73  Urteil des Bundesgerichts vom 6. Januar 2000, 5C.209/1999 E. 4c.

74  Urteil des Bundesgerichts vom 6. Januar 2000, 5C.209/1999 E. 3b; *Koller*, 2007, S. 790.

## 5.6 Das Zusammentreffen mehrerer Pflichtiger

Die Unterstützung ist gemäss Art. 329 Abs. 1 ZGB gegen die Pflichtigen in der Reihenfolge ihrer Erbberechtigung geltend zu machen. Zuerst ist der Anspruch gegen die Nachkommen, dann gegen die Eltern und zuletzt gegen die Grosseltern, Urgrosseltern usw. zu richten:

1. Kinder
2. Nachkommen der Kinder: Enkel, Urenkel
3. Eltern
4. Grosseltern
5. Urgrosseltern [75]

Im Gesetz ist keine Solidarität unter den einzelnen Unterstützungspflichtigen vorgesehen. Jeder Verwandte haftet demnach immer nur anteilsmässig, mit dem nach seiner Leistungsfähigkeit bestimmten Anteil. [76] Nur wenn z.B. eine Schwester nicht leistungsfähig ist, kann ein Bruder für die ganze familienrechtliche Unterstützungspflicht herangezogen werden. Es trifft also rein zufällig die eine oder andere verwandte Person. [77] Die Beweislast, dass z.B. von der Schwester nichts oder weniger als ihr Anteil erhältlich ist, trägt der Unterstützungsberechtigte bzw. im Falle der Legalzession das Gemeinwesen. [78]

Kompliziert wird es, wenn Pflichtige verschiedener Grade, z.B. eine Tochter und eine Grossmutter, vorhanden sind. Zuerst müssen die Pflichtigen des gleichen Grades aufkommen, und nur wenn sie die familienrechtliche Unterstützungspflicht nicht leisten können, werden Pflichtige verschiedenen Erbengrads nebeneinander unterstützungspflichtig. [79] Der Beweis, dass z.B. nähere Verwandte nicht mehr leben oder nicht leistungsfähig sind, obliegt dem Unterstützungsbedürftigen. [80] Kann eine vorrangig verpflichtete Person wegen Unbilligkeit nicht

---

75  Urgrosseltern sind gemäss Art. 460 ZGB nicht mehr erbberechtigte Verwandte, gemäss Art. 328 ZGB ist aber die Unterstützungspflicht in aufsteigender Linie nicht begrenzt.

76  Urteil des Bundesgerichts vom 6. Januar 2000, 5C.209/1999 E. 3a; BGE 133 III 507 f. B.b., die Vorinstanz verneinte eine solidarische Haftung der Eltern.

77  Der als Hausmann lebende Sohn einer unterstützungsbedürftigen Person kommt nicht in die Pflicht, egal, wie der Lebensstandard der Familie ist, wohl aber eine erwerbstätige Tochter in günstigen Verhältnissen.

78  Urteil des Bundesgerichtes vom 6. Januar 2000, 5C.209/1999 E. 3a; zum Beweismass vgl. BGE 118 II 238, E. 3c; 98 II 242 f. E. 5.

79  Vgl. zum Ganzen *Banzer*, 1979, S. 163 ff.

80  BGE 78 II 330 E. 2a.

zur Unterstützung verpflichtet werden, plädiert *Koller* dafür, dass der Ausfall nicht vom Nachrangigen, sondern vom Ansprecher selbst zu tragen sei. [81]

Verlangt eine alleinerziehende Mutter mit minderjährigen Kindern Unterstützungsleistungen, so hat die Mutter ihre Ansprüche der Reihenfolge entsprechend mangels Leistungsfähigkeit der Kinder gegenüber ihren Eltern, bei deren Leistungsunfähigkeit gegenüber ihren Grosseltern usw. geltend zu machen. Die Kinder haben ihre Ansprüche gegenüber ihrer Mutter und ihrem Vater, falls diese nicht leistungsfähig sind, gegenüber den Grosseltern väterlicher- und mütterlicherseits, bei deren Leistungsunfähigkeit gegenüber den Urgrosseltern väterlicher- und mütterlicherseits geltend zu machen. Der Kreis der Pflichtigen ist bei den Kindern um die väterliche Seite erweitert. [82]

Sind inländische und ausländische Verwandte vorhanden, werden in der Praxis Letztere oft nicht belangt; es wird vornehmlich auf die inländischen Verwandten zurückgegriffen. Im internationalen Verhältnis ist die familienrechtliche Unterstützungspflicht nur schwer durchsetzbar. [83] Der Anteil der ausländischen Verwandten wächst somit den inländischen Verwandten an. *Koller* spricht in diesem Zusammenhang von Inländerdiskriminierung. [84] Gemäss dem Luzerner Leitfaden zur Verwandtenunterstützungspflicht verzichten die Gemeinden aus Kosten-Nutzen-Überlegungen und wegen erschwerter Umstände, wie z.B. Dolmetscherbeizug, oft auf die Geltendmachung bei im Ausland lebenden potenziellen Unterstützungspflichtigen. Als Abklärungsvoraussetzung für die Prüfung der familienrechtlichen Unterstützungspflicht wird auf den Wohnsitz der unterstützungspflichtigen Person in der Schweiz abgestellt. Eine Ungleichbehandlung mit Schweizern und Schweizerinnen wird offensichtlich in Kauf genommen. [85] Dem Urteil des Bundesgerichts vom 6. Januar 20005, C.209/1999, ist zu entnehmen, dass gemäss den Feststellungen der Vorinstanz sich die Abklärungen bei den indischen Grosseltern, bestenfalls wäre ein Anteil gering, nicht lohnen würden. [86] In BGE 132 III 97 wurde die Frage der Leistungsfähigkeit der pakistanischen Grosseltern offenbar nie gestellt. [87]

81  *Koller*, 2007, S. 782.
82  Vgl. dazu eingehend *Koller*, 2007, S. 780.
83  Vgl. zum IPR und IZPR, BSK ZGB I-*Koller*, Art. 328/329 ZGB, N 33.
84  *Koller*, 2006, S. 69.
85  Leitfaden zur Verwandtenunterstützungspflicht des Kantons Luzern, Ausgabe 1.0 vom Mai 2002, Ziff. 1.6 und 1.10 auf http://www.sozialamt.lu.ch/verwandtenunterstuetzung.pdf, (zuletzt besucht am 25. März 2008).
86  Urteil des Bundesgerichts vom 6. Januar 2000, 5C.209/1999 E. 3b.
87  *Koller*, 2006, S. 69.

## 6 Die Geltendmachung und der Übergang des Unterstützungsanspruchs auf das leistende Gemeinwesen

### 6.1 Die Geltendmachung im Allgemeinen

Der Unterstützungsanspruch ist im Sinne von Art. 272 ZGB – der gegenseitigen Rücksicht zwischen Eltern und Kindern – zuerst auf dem Verhandlungswege geltend zu machen. [88] Gemäss Art. 329 Abs. 3 ZGB finden die Bestimmungen über die Unterhaltsklage des Kindes und über den Übergang seines Unterhaltsanspruches auf das Gemeinwesen entsprechende Anwendung. Kommt keine Vereinbarung zustande, kann der Unterstützungsbedürftige seinen Anspruch auf dem Klageweg gemäss Art. 279 ZGB geltend machen. Die Unterhaltsklage erstreckt sich auf die Zukunft und auf höchstens ein Jahr vor Klageerhebung. Ist eine bedürftige Person bevormundet, handelt die Vormundin an ihrer Stelle. [89] Art. 280 Abs. 1 ZGB sieht für Streitigkeiten über die Unterhaltspflicht ein einfaches und rasches Verfahren vor. Zuständig ist die Richterin im Zivilprozess und nicht die Sozialhilfe- oder Vormundschaftsbehörde bzw. im Rechtsmittelverfahren eine übergeordnete Behörde. [90] Ein allfälliger Entscheid einer Sozialhilfebehörde bzw. der Rechtsmittelinstanz auf Unterstützungsbeiträge ist nichtig.

### 6.2 Die Subrogation des Gemeinwesens

Das Gemeinwesen subrogiert gemäss Art. 329 Abs. 2 i.V.m. Art. 289 Abs. 2 ZGB in den Verwandtenunterstützungsanspruch des Berechtigten, sobald es für dessen Unterhalt aufkommt. [91] Das bedeutet konkret, dass das Gemeinwesen bezüglich der von ihm an den Lebensunterhalt des Bedürftigen an Stelle der Verwandten erbrachten Leistungen in den Anspruch des Bedürftigen eintritt; [92] die Subrogation findet nur im Rahmen der vom Gemeinwesen tatsächlich erbrachten Leistungen statt. [93] Eine unterstützungsberechtigte Person kann nur den in der Vergangenheit allenfalls übersteigenden Betrag der Sozialhilfeleistungen einklagen, für künftige Ansprüche steht ihr der ganze Anspruch zu, sofern das Gemeinwesen noch nicht geleistet hat. [94]

---

[88] Kanton Aargau, Urteil vom 12. August 2005, WEB.2005.72 E. 2.8.2.

[89] Kanton Zürich, Urteil vom 22. August 2005, VB 2005.00267 E. 2.1; Kanton Freiburg, Urteil vom 11. August 2004, 3 A 04 144.

[90] Kanton Zürich, Urteil vom 20. März 2003, VB 2003.00048 E. 3b.

[91] In aller Regel bezieht die unterstützungsbedürftige Person von Anfang an Sozialhilfe, weshalb die Geltendmachung durch das Gemeinwesen den Regelfall darstellt; vgl. auch *Koller*, 2007, S. 773.

[92] Art. 329 Abs. 3 i.V.m. Art. 289 Abs. 2; Urteil vom 6. Januar 2000, 5C.209/1999 E. 2; BGE 133 III 510 E. 5.2.

[93] BSK ZGB I-*Breitschmid*, Art. 289 ZGB, N 10; *Koller*, 2007, S. 781; Kanton Wallis, Urteil 16. Dezember 2004, A1 04 97 E. 10.

[94] Vgl. dazu *Koller*, 2006, S. 69 f.

Gemäss dem im Sozialhilferecht verankerten Subsidiaritätsprinzip und der Eigenverantwortung hat die ansprechende Person grundsätzlich ihre Unterstützungsansprüche selbst geltend zu machen. Verwandtenunterstützungsbeiträge zählen zu den eigenen Mitteln, wenn sie rechtzeitig eingehen. Es ist deshalb nicht zu beanstanden, wenn die Behörde bei den Verwandten Auskunft über Einkommen und Vermögen verlangt. [95] Die unterstützungspflichtige Gemeinde ist berechtigt und verpflichtet, zu klären, ob rechtzeitig ausreichende Verwandtenunterstützungsbeiträge erhältlich sind. [96] Das Gemeinwesen hat deshalb, um das verfassungsmässige Recht auf Hilfe in Notlagen nicht zu verletzen, auch bei erkennbarer Unterstützungspflicht Hilfe zu leisten, wo diese nicht oder nicht rechtzeitig erfolgt. [97] Die Annahme einer «sittlichen Pflicht» von Verwandten zu Unterstützungsleistungen bietet hingegen keine hinreichende Grundlage für die Anwendung des Subsidiaritätsprinzips bzw. die Verweigerung der Sozialhilfe. [98] Die Behörde muss ihre Regressforderung direkt gegenüber den Unterstützungspflichtigen geltend machen. [99] Ist das nicht möglich, weil sich z.B. eine Verwandte weigert, [100] muss das Gemeinwesen die Unterstützungspflicht auf dem Zivilweg einklagen, wobei der Behörde gemäss Verweis auf Art. 279 Abs. 2 ZGB das Gerichtsstandprivileg zukommt. [101]

---

**95** Hinzuweisen ist hierbei darauf, dass die Steuerämter gestützt auf ihre Steuergesetzgebung und unter Berufung auf den Datenschutz zunehmend die Bekanntgabe der Steuerdaten potenziell verpflichteter Angehöriger im interkantonalen Verkehr verweigern. Geben die Verwandten ihre finanziellen Verhältnisse dem Gemeinwesen nicht freiwillig preis, kann deren Leistungsfähigkeit erst vor Gericht geprüft werden. Da die familienrechtliche Unterstützungspflicht ein zivilrechtliches Institut ist, ist die Aufforderung zur Auskunftserteilung über ihr Einkommen und Vermögen nicht in Verfügungsform, sondern auf dem Korrespondenzweg zu erlassen, vgl. Kanton Aargau, Urteil vom 23. Mai 2003, AGVE 2003, S. 287 f. E. 3.

**96** Kanton Aargau, Urteil vom 23. Mai 2003, AGVE 2003, S. 287 f., E. 3.

**97** Die Sozialbehörde ist nicht berechtigt, den ihrer Auffassung nach der Sozialhilfebezügerin zustehenden Unterhaltsbetrag ihrer Eltern direkt bedarfsmindernd in die Bedarfsrechnung einzusetzen, vgl. Kanton Zürich, Urteil vom 8. Dezember 2005, VB.2005.00366 E. 4.2.1 und Kanton Graubünden, Urteil vom 11. Mai 2004, U 04 2 E. 7. Im Kanton Wallis, Urteil vom 16. Dezember 2004, A1 04 97 E. 12.2, befand das Gericht, dass eine mündige Person in Ausbildung ihren Unterhaltsanspruch gegenüber den Eltern gestützt auf Art. 277 Abs. 2 ZGB selber stellen kann. Die Sozialhilfe hat aber in einer ersten Phase, bis eine richterliche Entscheidung vorliegt, die Verpflichtung, Hilfe zu leisten. Die Hilfeleistung kann aber mit der Auflage verbunden werden, dass die unterstützte Person innert einer bestimmten Frist die notwendigen Vorkehren trifft, um ihrem Anspruch gegenüber primär Verpflichteten zum Durchbruch zu verhelfen. In Kanton Aargau, Urteil vom 12. August 2005, WBE.2005.72, hat das Verwaltungsgericht empfohlen, wegen der psychischen Konstellation des Bedürftigen die Unterstützungsansprüche direkt mit den Eltern zu berechnen und zu vereinbaren; vgl. auch Kanton Uri, Urteil vom 21. März 2003, OG V 01 8 E. 3a und Kanton Graubünden, Urteil vom 11. Mai 2004, U 04 2 E. 7.

**98** Kanton Zürich, Urteil vom 20. März 2003, VB 2003.00048 E. 3b.

**99** Kanton Zürich, Urteil vom 8. Dezember 2005, VB 2005.00366.

**100** *Jaggi*, 1998, S. 401 f., stellt kühn fest, dass Verwandte, die keine Unterstützungsbeiträge zahlen wollen, sich am besten unkooperativ verhalten. In den seltensten Fällen seien nämlich die Gemeinden für eine gerichtliche Auseinandersetzung gut gerüstet.

**101** Urteil des Bundesgerichtes vom 6. Januar 2000, 5C.209/1999 E. 1; Kanton Solothurn, Urteil vom 8. März 2000, OGR029293 E. 14; *Freivogel*, 2006, S. 41.

## 6.3 Prüfung und Geltendmachung durch das Gemeinwesen

Bis auf die Kantone FR, OW und GR haben alle Kantone in unterschiedlicher Ausgestaltung einen Verweis auf die familienrechtliche Unterstützungspflicht gemäss Art. 328 und 329 ZGB im kantonalen Sozialhilfegesetz oder in der kantonalen Sozialhilfeverordnung aufgenommen. Einige Kantone verlangen eine grundsätzliche *Prüfung* [102] und/oder *Geltendmachung* [103] der familienrechtlichen Unterstützungspflicht, andere Kantone begnügen sich mit dem Verweis auf Art. 328 und 329 ZGB und belassen der Behörde einen Ermessensspielraum. [104] Die *innerkantonale behördliche Zuständigkeit für die Geltendmachung* der familienrechtlichen Unterstützungspflicht ist unterschiedlich geregelt, die Mehrheit der Kantone überlässt dies den Gemeinden. [105]

In der Lehre wird die uneinheitliche Praxis der Kantone (und Gemeinden) zur Geltendmachung kritisiert. [106] Ebenfalls sind z.B. unterschiedlich hohe Ergänzungsleistungen in den Kantonen dafür ausschlaggebend, ob Verwandte zu Unterstützungsleistungen verpflichtet werden können, wie das in den Kantonen Thurgau und St. Gallen der Fall ist. Die Differenz der maximalen anrechenbaren Heimtaxe beträgt zwischen den Kantonen Fr. 120.- pro Tag. [107]

Die Dissertation von *Widmer* [108] und eine Umfrage der SKOS zu den neuen Richtlinien [109] zeigen ein sehr unterschiedliches Klageverhalten der Behörden auf, das nicht erklärt werden kann.

---

102  Etwa § 7 Abs. 1 SHV Kanton Basel-Landschaft.

103  Etwa Art. 24 Abs. 2 und 3 SHG Kanton Appenzell-Innerhoden.

104  Etwa § 15 SHiG Kanton Appenzell-Innerhoden: *«Bevor Verwandte, insbesondere im Vorfeld einer gerichtlichen Klage, zur Beitragsleistung aufgefordert werden, sind die möglichen Auswirkungen auf die familiären Beziehungen und den Hilfeprozess zu berücksichtigen.»*

105  Etwa § 22 SHV Kanton Luzern für die Zuständigkeit der Sozialbehörde der Gemeinde und § 7 Abs. 3 SHV Kanton Basel-Landschaft für die Zuständigkeit des kantonalen Sozialamtes; weiterführend zur Prüfung und Geltendmachung *Freivogel*, 2007 S. 14 f. und *Jaggi*, 1998, S. 395.

106  *Koller*, 2007, S. 777; *Freivogel*, 2007, S. 19; *Jaggi*, 1998, S. 401; vgl. dazu die Praxis einzelner bernischer Gemeinden bei *Jaggi*, 1998, S. 399 ff.

107  Umstrittene Heimkosten, unterschiedlich hohe Ergänzungsleistungen in den Kantonen St. Gallen und Thurgau, www.tagblatt.ch/thurgau vom 19. Februar 2008, (zuletzt besucht am 19. Februar 2008.)

108  *Widmer*, 2001, S. 114 f.

109  *Wyss*, 2000, S. 61; *Jaggi*, 1998, S. 398 f.

# 7 Letztinstanzliche kantonale Entscheide

Von den Kantonen wurden 28 letztinstanzliche Urteile für den Zeitraum der Forschungsperiode 2000 bis 2005 zugestellt. Die Kantone SO (6), ZH (5) VD (4) AG (3) und GR (3) haben mehr als die Hälfte aller Urteile aufzuweisen. TI, UR, BL, FR, TG, VS, und GE folgen mit je einem Urteil. In den restlichen Kantonen musste offenbar nie eine Gemeinde, eine bedürftige Person oder eine Unterstützungsverpflichtete an ein letztinstanzliches kantonales Gericht gelangen.

**28 letztinstanzliche kantonale Entscheide 2002 – 2005**

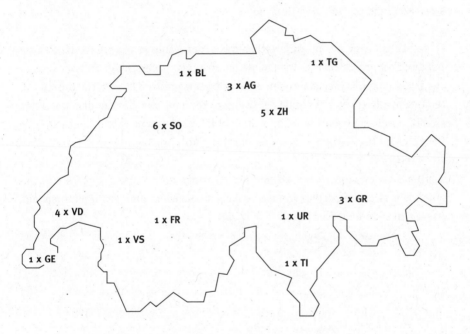

# 8 Literatur

Im Zeitraum der Forschungsperiode 2000 bis 2005 wurde wenig zur familienrechtlichen Unterstützungspflicht publiziert. Immerhin sind aber eine Dissertation über das Verhältnis der Verwandtenunterstützungspflicht zur Sozialhilfe sowie zwei Beiträge in Zeitschriften erschienen.

Zwischen 2006 und Februar 2008 sind sechs weitere Publikationen zum Thema der
familienrechtlichen Unterstützungspflicht erschienen. Zusammenhängen dürfte
diese Häufung von Publikationen innerhalb der kurzen Zeitspanne mit vier
neueren Bundesgerichtsentscheiden seit Ende 2005, die der familienrechtlichen
Unterstützungspflicht klarere Konturen verliehen.

Als auffallend kann bezeichnet werden, dass Besprechungen von Bundesgerichtsentscheiden und Kommentierungen der familienrechtlichen Unterstützungspflicht
praktisch immer nur von ein und demselben Autor, nämlich von *Thomas Koller*,
verfasst werden. Das Rechtsinstitut der familienrechtlichen Unterstützungspflicht
scheint ein Schattendasein in der juristischen Forschung zu fristen.

## 8.1 Monografie

Die Dissertation von *Judith Widmer*, «Verhältnis der Verwandtenunterstützungspflicht zur Sozialhilfe», Diss. Zürich, 2001, stellt das einzige umfassende Werk
während der Forschungsperiode 2000 bis 2005 dar. In fünf Teilen beschäftigt
sich die Autorin nicht nur mit dem Rechtsinstitut der familienrechtlichen Unterstützungspflicht, sondern geht auch auf die eigentliche Schnittstellenproblema-
tik ein. Vor allem der dritte und der vierte Teil der Dissertation liefern für die
vorliegende Forschungsarbeit wertvolle Hinweise, stellt doch Widmer darin die
unterschiedlichen innerkantonalen Zuständigkeitsregelungen dar und analysiert
detailliert die Verfahren, in denen es zu einer gerichtlichen Geltendmachung der
familienrechtlichen Unterstützungspflicht gekommen ist. [110]

---

[110] Vgl. dazu die Rezession von Prof. Paul Eitel in: SJZ 99/2003 S. 133 f.

## 8.2 Zeitschriften

Im «Jusletter» vom 28. Mai 2001 erläutern *Thomas Koller* und *Thomas Ackermann*, «Wann Sie Verwandte unterstützen müssen». Auf knapp zwei Seiten beschäftigen sich die Autoren v.a. mit dem Begriff «Wohlstand» und wie dieser in der Praxis zu konkretisieren sei. Des Weiteren werden die SKOS-Richtlinien insofern kritisiert, als sie den von den Autoren aufgestellten Grundsätzen einer wohlhabenden Lebensführung nicht gerecht werden. Ohne die familiale Solidarität gering schätzen zu wollen, plädieren die Autoren für eine zurückhaltende Handhabung des Begriffes «günstige Verhältnisse».

Im «Jusletter» vom 8. April 2002 bespricht *Thomas Koller* ausführlich das Bundesgerichtsurteil vom 21.2.2002, 5C.298/2001, mit dem provokativen Titel «Gibt es eine (rechtlich relevante) ‹Pflicht des Vaters›, während der Pubertät des Sohnes durch vermehrte Präsenz in dessen Leben den Entfremdungsprozess zu stoppen?». Der Autor, bekannt als Kritiker der nicht mehr ‹zeitgemässen› Verwandtenunterstützungspflicht, begrüsst die sachgerechte Auslegung der Art. 328 und 329 ZGB durch das Bundesgericht. Im Falle einer seit über 20 Jahren nicht mehr gelebten Vater-Sohn-Beziehung muss eine familienrechtliche Unterstützungspflicht, insbesondere wenn wie in casu der bedürftige Sohn den Kontakt abbrechen liess, als unbillig erscheinen.

In der Zeitschrift «recht» erschien 2006 der Artikel «Das Institut der Verwandtenunterstützung im Lichte eines neueren Bundesgerichtsurteils» von *Thomas Koller*. Der Autor bespricht ausführlich BGE 132 III 97 und setzt sich insbesondere auch mit den im Entscheid nicht behandelten Themen der Aktivlegitimation, der Subrogation und der Unbilligkeit gemäss Art. 329 Abs. 2 ZGB auseinander.

Im Auftrag der Eidgenössischen Kommission für Frauenfragen hat *Elisabeth Freivogel* im September 2006 eine Analyse von Gerichtsurteilen, Sozialhilfegesetzgebung und -praxis erstellt. [111] Die Kurzfassung der Studie ist in «Frauenfragen» (1/2007) sowie in «FamPra.ch» (3/2007 vom 6. August 2007) veröffentlicht. Neben einer allgemeinen Übersicht über die familienrechtliche Unterstützungspflicht wird darauf hingewiesen, dass Verwandte von Frauen, die infolge Trennung oder Scheidung von der Sozialhilfe abhängig sind, einem Rückgriffsrisiko ausgesetzt

---

[111] Studie ist auf www.frauenkommission.ch, Rubrik «Publikationen», unter ‹http://www.frauenkommission.ch/pdf/56_Gesamtfassung_Freivogel_d.pdf› abrufbar.

sind. Des Weiteren liefert die Studie einen Überblick über die Anwendungspraxis in den Kantonen, und die Autorin plädiert für die Abschaffung der familienrechtlichen Unterstützungspflicht.

In «Frauenfragen» 1/2007, S. 61 ff., gibt die Eidgenössische Kommission für Frauenfragen Empfehlungen an Anwaltschaft, Gerichte, Sozialhilfebehörden und Politik ab. Gestützt auf die Studie von *Elisabeth Freivogel* kommt die Eidgenössische Kommission für Frauenfragen zum Schluss, dass Ungleichbehandlungen der Geschlechter im nachehelichen Unterhalt bestehen, die sich auch im Bereich der familienrechtlichen Unterstützungspflicht manifestieren. Aufgrund der ungleichen kantonalen Praxis und der Tatsache, dass mehrheitlich die geschiedenen Frauen wegen der Mankozuteilung in die Sozialhilfeabhängigkeit geraten, was primär zum Rückgriff auf die Angehörigen der Frauen führt, regt die Eidgenössische Kommission für Frauenfragen die Schaffung eines eidgenössischen Rahmengesetzes an. In diesem Gesetz soll u.a. bei Personen, welche in Folge von Trennung, Scheidung oder Kinderbetreuungspflichten sozialhilfebedürftig werden, die Sozialhilfebehörde von deren Verwandten generell keine Unterstützungsleistungen einfordern und auch die Bedürftigen nicht dazu zwingen können, dies zu tun.

In «FamPra.ch» 4/2007 vom 5. November 2007 ist wiederum ein von *Thomas Koller* verfasster Artikel publiziert: «Die Verwandtenunterstützungspflicht im schweizerischen Recht oder: ‹Der verlorene Sohn› im Spannungsfeld zwischen Fiskalinteresse und Privatinteresse». *Thomas Koller* erläutert auf 22 Seiten das Institut der Verwandtenunterstützung und vertritt anhand der neueren bundesgerichtlichen Rechtsprechung den Standpunkt, dass die Anspruchsvoraussetzungen bei der Rechtsanwendung zurückhaltend interpretiert werden müssen. Des Weiteren kritisiert der Autor die SKOS-Richtlinien, indem er die Richtwerte für die Beurteilung der Leistungsfähigkeit der unterstützungspflichtigen Person als verfehlt beurteilt und zum Schluss gelangt, dass die SKOS-Richtlinien als Richtschnur für die Beurteilung der Leistungsfähigkeit der belangten Person nicht verwendbar seien.

In «recht» 2008 setzt sich *Thomas Koller* mit dem Urteil des Bundesgerichts vom 14. Dezember 2007, 8C_92/2007, auseinander. Ein Vater, der seinen Kindern sein Vermögen als Erbvorbezug abtrat, konnte spätere Alters- und Pflegeheimkosten nicht vollständig aus eigenen Mitteln begleichen. Die Ergänzungsleistungen wurden wegen des Vermögensverzichtes entsprechend reduziert. Das Bundesgericht hielt fest, dass das Verzichtsvermögen in der Sozialhilfe nicht analog dem Ergänzungsleistungsrecht berücksichtigt werden könne. [112] Der Autor äussert nun Bedenken, ob der Entscheid Politik und Rechtsprechung zu einer Lockerung der Voraussetzungen der Verwandtenunterstützungspflicht verleiten könnte, da dem Entscheid seiner Ansicht nach ein überzogenes Verständnis des Grundrechts auf Existenzsicherung zugrunde gelegt wurde.

In successio 2/2008 bespricht *Judith Widmer* anhand von BGE 133 III 507 die Voraussetzungen für die Subrogation des Gemeinwesens in den Verwandtenunterstützungsanspruch bei stationärer Suchtbehandlung. Ein Gemeinwesen klagte gegenüber Eltern auf Verwandtenunterstützung, da die Drogenlangzeittherapie der Tochter mit Mitteln der Sozialhilfe finanziert wurde. Die Autorin erläutert zunächst in zwei ersten Teilen die Sozialhilfe und die Verwandtenunterstützungspflicht sowie deren Verhältnis zueinander. In einem dritten Teil folgt die Kommentierung des Bundesgerichtsentscheids. *Judith Widmer* kritisiert vorab, dass das Bundesgericht die Subsidiarität der Sozialhilfe zu öffentlichrechtlichen und privatrechtlichen Leistungen ausser Acht liess. Ferner wurde vom Bundesgericht nicht beachtet, dass die Sozialhilfe nicht voraussetzungslos ausgerichtet wird und dass im vorliegenden Fall die Verwandtenunterstützung für besondere Sozialhilfe geltend gemacht wurde. Die Autorin ist der Ansicht, dass der Beweis für das Vorliegen und das Ausmass einer Notlage bereits erbracht sei, wenn ein Gemeinwesen Sozialhilfe ausrichtet. Zum Schluss erläutert *Judith Widmer* die erbrechtliche Berücksichtigung der Verwandtenunterstützungspflicht und weist auf die neuere Lehre zur gesetzlichen Ausgleichung gerade in Fällen von Verwandtenunterstützungsleistung von Eltern an ein drogensüchtiges Kind hin.

[112] Soweit der erworbene Erbvorbezug bei den Kindern nicht zu günstigen Verhältnissen führt, sind sie nicht unterstützungspflichtig. Der Vater müsste aber sein Vermögen, falls er es nicht abgetreten hätte, bis auf einen kleinen Freibetrag aufbrauchen, bevor die Sozialhilfe beansprucht werden kann. Zum Problem der vorzeitigen Vermögensentäusserungen im Hinblick auf das Alter siehe auch *Jaggi*, 1998, S. 404 f.

## 8.3 Informationen in den Kantonen

Einige kantonale Sozialämter haben Handbücher zur Sozialhilfe erstellt und geben darin auch Empfehlungen zur Praxis der familienrechtlichen Unterstützungspflicht ab. Diese Handbücher stehen aber überwiegend nur den Behörden zur Verfügung. [113] In wenigen Kantonen sind die Handbücher im Internet abrufbar, Bürger und Bürgerinnen können sich somit ein Bild über die Praxis der familienrechtlichen Unterstützungspflicht in ihrem Kanton verschaffen. [114]

## 9 Gesetzgebung

Obwohl die familienrechtliche Unterstützungspflicht ein umstrittenes Rechtsinstitut ist, kam es während der Forschungsperiode zu keinen gesetzgeberischen Änderungen. Die letzte grosse politische Diskussion der familienrechtlichen Unterstützungspflicht fand während der Beratungen zur Revision des Scheidungsrechtes statt. Als Resultat der Auseinandersetzungen wurde die Geschwisterunterstützungspflicht per 1. Januar 2000 aufgehoben und die Unterstützungspflicht der Verwandten in gerader Linie auf günstige Verhältnisse beschränkt. [115]

---

113 Das Sozialhilfehandbuch des Kantons Bern kann für Fr. 50.– bezogen werden, richtet sich aber an Fachpersonen von Sozialdiensten oder sozialen Institutionen, http://www.gef.be.ch/site/index/gef_direktor/gef_soa_soziales/gef_soa_sozialhilfe/gef_soa_sozialhilfe_handbuch.htm.

114 Sozialhilfe-Behördenhandbuch des Kantons Zürich: ‹http://www.sozialhilfe.zh.ch/internet/ds/sa/handbuch/de/gesetz/wirtschaftliche_hilfe/verwandtenunterstuetzung/verwandtenunterstuetzung.html#0003SubContainer1›; Luzerner Handbuch zur Sozialhilfe: ‹http://www.sozialamt.lu.ch/20061201_luzernerhandbuch_ausgabe_4.0.pdf› und der Leitfaden zur Verwandtenunterstützungspflicht: ‹http://www.sozialamt.lu.ch/verwandtenunterstuetzung.pdf›; Solothurner Handbuch Sozialhilfe: http://www.so.ch/fileadmin/internet/ddi/igsaa/pdf/soziale_sicherheit/ sozialhilfe/v.03_verwandtenunterstuetzung.pdf.

115 Siehe auch weiter oben in diesem Beitrag unter 2.

# Literaturverzeichnis

*Banzer Albert*, Die Verwandtenunterstützungspflicht nach Art. 328/329 ZGB, Diss. Zürich 1978, 1979.

*Biderbost Yvo*, Findelkinder: Gedanken zum Thema aus juristischer Sicht: hier und dort angereichert durch die drei letztjährigen Fälle, insbesondere desjenigen im Zürcher Universitätsspital, in: ZVW, 54/1999, S. 49–74.

*Eidgenössische Kommission für Frauenfragen*, Empfehlungen für eine geschlechtergerechte Aufteilung der wirtschaftlichen Folgen von Trennung und Scheidung, in: Frauenfragen 1.2007, S. 61–63.

*Freivogel Elisabeth*, Nachehelicher Unterhalt – Verwandtenunterstützung – Sozialhilfe. Wenn das Familieneinkommen nach Trennung und Scheidung nicht für zwei Haushalte ausreicht: Rechtsprechung und Änderungsbedarf bei Mankofällen, in: Frauenfragen 1.2007, S. 11–24.

*Freivogel Elisabeth*, Nachehelicher Unterhalt – Verwandtenunterstützung – Sozialhilfe. Wenn das Familieneinkommen nach Trennung und Scheidung nicht für zwei Haushalte ausreicht: Rechtsprechung und Änderungsbedarf bei Mankofällen, Eine Analyse von Gerichtsurteilen, Sozialhilfegesetzgebung und -praxis, erstellt im Auftrag der Eidgenössischen Kommission für Frauenfragen, September 2006, http://www.frauenkommission.ch/pdf/56_Gesamtfassung_Freivogel_d.pdf

*Haffter Andreas*, Der Unterhalt des Kindes als Aufgabe von Privatrecht und öffentlichem Recht, Diss. Zürich 1984.

*Hausheer Heinz/Spycher Annette (Hrsg.)*, Handbuch des Unterhaltsrechts, Bern 1997.

*Honsell Heinrich/Vogt Nedim/Geiser Thomas (Hrsg.)*, Basler Kommentar Zivilgesetzbuch I, Art. 1–456 ZGB, 3. Aufl., Basel 2006 (zit. BSK-ZGB I Autor).

*Jaggi Kurt*, Verwandtenunterstützung (Art. 329 Abs. 3 ZGB) und Rückforderung von öffentlichen Unterstützungsleistungen als Ausweg aus der Finanzkrise der öffentlichen Hand?, in: ZBJV 134/1998 S. 392–404.

*Koller Thomas*, Das Institut der Verwandtenunterstützung im Lichte eines neueren Bundesgerichtsurteils, in: «recht» 2006, S. 64–76.

*Ders.*, Sozialhilfe und Verwandtenunterstützung – quo vadis?, in: «recht» 2008, S. 40.

*Ders.*, Gibt es eine (rechtlich relevante) «Pflicht des Vaters», während der Pubertät des Sohnes durch vermehrte Präsenz in dessen Leben den Entfremdungsprozess zu stoppen?, in: Jusletter vom 8. April 2002.

*Ders.*, Die Verwandtenunterstützungspflicht im schweizerischen Recht oder: Der «verlorene Sohn» im Spannungsfeld zwischen Fiskalinteresse und Privatinteresse, in: FamPra.ch 2007, S. 769–795.

*Koller/Ackermann Thomas*, «Wann Sie Verwandte unterstützen müssen», in: Jusletter vom 28 Mai 2001.

*Widmer Judith*, Verhältnis der Verwandtenunterstützungspflicht zur Sozialhilfe in Theorie und Praxis, Diss. Zürich 2001.

*Dies.*, BGE 133 III 507 ff. Voraussetzungen für die Subrogation des Gemeinwesens in den Verwandtenunterstützungsanspruch bei stationärer Suchtbehandlung, in: successio 2/2008, S. 168–175.

*Wolffers Felix*, Grundriss des Sozialhilferechts, Bern 1993.

*Wyss Kurt*, Evaluation der neuen SKOS-Richtlinien, Ergebnisse der Mitgliederbefragung, Bern 2000.

Peter Mösch Payot

# «Sozialhilfemissbrauch?!»

Sozialhilfemissbrauch, unrechtmässiger Leistungsbezug
und sozialhilferechtliche Pflichtverletzung:
Begriffsklärung, Rechtsgrundlagen und Sanktionen

# Inhaltsverzeichnis

# 1 Vorbemerkungen

Die Leistungen der Sozialhilfe sind wie für Bedarfsleistungen üblich an die grundlegende Voraussetzung der Bedürftigkeit gebunden und sind mit der Pflicht der
leistungsempfangenden Person verknüpft, alles Zumutbare zu tun, um wieder
selber für sich aufkommen zu können. [1]

In diesem Zusammenhang obliegen den Leistungsempfängern Auskunfts-, Infor-
mations- und Mitwirkungspflichten, aber auch Schadenminderungspflichten: [2]
Während die sozialhilferechtlichen Organe die Pflicht haben, bei Vorliegen einer
materiellen Mangellage für die notwendigen Mittel zu sorgen, [3] haben die leistungsempfangenden Personen alles Zumutbare zur Steigerung der eigenen Leistungsfähigkeit zu unternehmen, um wieder selber für den materiellen Unterhalt
aufkommen zu können.

Wie bei jedem Leistungssystem sind eine Reihe von Fehlertypen und Konfliktfäl-
len denkbar. Für verfahrensmässige Fehler von Seiten der Behörde unterscheidet
die Lehre zwischen Vertrauensschutz, Verbot des widersprüchlichen Verhaltens [4]
und dem Verbot des Rechtsmissbrauchs. [5] In der öffentlichen Diskussion um Sozialhilfemissbrauch geht es aber insbesondere um Fehlverhalten des Leistungs-
ansprechers bzw. –empfängers. [6]

Oft wird verkannt, dass auch in der Sphäre des Leistungsbezügers unterschied-
lichste Konstellationen denkbar sind, in denen Abweichungen vom gesetzlich

---

[1]  Art. 1 Abs. 2 SPV Kanton Aargau (Eigenverantwortung); Art. 12 SHG Kanton St. Gallen (Pflicht zur Arbeit);
     Art. 28 Abs. 2 lit. b und c SHG Kanton Bern (Pflicht zur Arbeit und Teilnahme an Integrationsmassnahmen);
     Art. 1 Abs. 3 SHG Kanton Wallis (… aktiv am Erhalt oder der Wiedererlangung ihrer Selbstständigkeit mit-
     zuwirken).
[2]  Vgl. den Beitrag von *Vogel*, 4.2.
[3]  Art. 12 BV; *Wolffers* 1993, S. 126; an Stelle vieler: Art. 9 und 10 Abs. 2 SHG Kanton St. Gallen; Kanton
     Aargau, Urteil vom 19. November 2004, BE.2004.00153.
[4]  *Häfelin/Müller/Uhlmann*, 2006, N 707 ff.
[5]  *Hangartner Yvo*, in: Ehrenzeller/Mastronardi/Schweizer/Vallender, Art. 5 BV N 39.
[6]  Siehe überblickartig NZZ vom 7./8. April 2007, S. 15.

vorgesehenen Programm der Leistungserbringung vorkommen. Selbst wenn man sich also auf die Fälle beschränkt, die primär in die Rechtssphäre des Klienten gehören, sind mindestens folgende Fallgruppen denkbar:

· Es werden Leistungen, auf die Anspruch bestehen würde, nicht bezogen, obwohl sie benötigt werden [7] (sog. Dunkelziffer).
· Es werden benötigte Angaben (zur Berechnung und Prüfung der Leistungsvoraussetzungen) nicht gemacht.
· Es werden Leistungen (auf der Basis falscher Angaben oder wegen eines Fehlers der Behörde) zu Unrecht bezogen.
· Es werden wesentliche Änderungen des Bedarfs oder der Einkünfte nicht gemeldet, womit im Nachhinein ein unrechtmässiger Bezug oder Nichtbezug entsteht.
· Leistungen werden zweckwidrig verwendet.
· Zumutbare Auflagen und Weisungen, welche die Integration und finanzielle Selbstständigkeit verbessern könnten, werden nicht eingehalten.

Im Folgenden soll in einem ersten Schritt untersucht werden, ob und in welchen Fällen solcher Fehler im gesetzlich vorgesehenen Programm der Leistungserbringung von Sozialhilfemissbrauch gesprochen werden kann und soll (Ziff. 2). Danach wird, entsprechend dem grossen allgemeinen Interesse an jenen Fragen, juristisch genau untersucht, unter welchen Voraussetzungen welche Sanktionierungen im schweizerischen Sozialhilferecht für Sozialhilfemissbrauch, unrechtmässigen Leistungsbezug und die Verletzung sozialhilferechtlicher Pflichten bzw. die zweckwidrige Verwendung von Leistungen vorkommen; insbesondere sind dabei die Leistungskürzung, die Einstellung von Sozialhilfeleistungen und strafrechtliche Sanktionen genauer zu beleuchten (Ziff. 3).

---

[7]    *Maeder/Nadai*, 2004, ebd.

## 2 Der Begriff des Sozialhilfemissbrauches

### 2.1 Sozialhilfemissbrauch: ein schillernder Begriff

Der Begriff des Sozialhilfemissbrauchs ist kein genuin rechtlicher Begriff.

In der öffentlichen Diskussion werden Falltypen unter den Begriff subsumiert, die oben aufgeführten Fehlertypen des Leistungsprogrammes entsprechen. Teilweise werden in der öffentlichen Debatte erweiternd noch andere Konstellationen unter den Begriff subsumiert, wie die verschuldete Bedürftigkeit.

Ein rationaler Umgang mit Sozialhilfemissbrauch, und – ganz praktisch – dessen Verhinderung in der Praxis setzen primär voraus, dass der Begriff eindeutig geklärt wird. [8] Das gilt, soweit es um Sanktionierungen mit Strafcharakter geht, schon aus rechtsstaatlichen Gründen. [9]

Wie kann nun der Inhalt des Begriffes des Sozialhilfemissbrauches bestimmt werden? Dazu soll im Folgenden eine Annäherung über den Begriff des Rechtsmissbrauchs versucht werden, um dann über eine Auswahl von Fallgruppen eine inhaltliche Bestimmung des Begriffes vorzunehmen.

### 2.2 Sozialhilfemissbrauch als Rechtsmissbrauch?

Möglich ist eine erste Annäherung über den in der Rechtsordnung bekannten Typ des *Rechtsmissbrauchs*. Rechtsmissbrauch liegt dann vor, wenn ein Rechtsinstitut wie die Sozialhilfe zweckwidrig zur Verwirklichung von Interessen verwendet wird, die dieses Institut nicht schützen will. [10] Das Rechtsmissbrauchsverbot ist eng verwandt mit dem Grundsatz des Verhaltens nach Treu und Glauben [11] und gilt als allgemeines Rechtsprinzip für die gesamte Rechtsordnung, auch für die Ausrichtung von Fürsorgeleistungen. [12] Um von Rechtsmissbrauch sprechen zu können, genügt es also nicht, dass Sozialhilfeleistungen nicht rechtmässig bezo-

---

**8** So auch *Schleicher*, in: *Marti/Mösch Payot*, 2007, S. 278.

**9** Art. 1 StGB: keine Strafe ohne Gesetz.

**10** So BGE 131 II 265; BGE 127 II 49 ff.

**11** Siehe auch den Beitrag von *Vogel*, 2.3.

**12** Art. 2 Abs. 2 ZGB gilt analog auch im öffentlichen Recht; er besagt: «Der offenbare Missbrauch eines Rechts findet keinen Rechtsschutz.»

gen wurden, vielmehr geht es um einen eigentlichen Missbrauch der Sozialhilfe als Institution der Rechtsordnung. In diesem engen Sinne kann von Rechtsmissbrauch nur die Rede sein, wenn jemand eine Notlage bewusst willentlich herbeiführt oder aufrechterhält, um so Sozialhilfeleistungen zu erhalten. Kein Rechtsmissbrauch liegt aber vor, wenn jemand seine Bedürftigkeit grob selbst verschuldet hat.

Rechtsmissbrauch in diesem Sinne kommt im Bereich der Sozialhilfe insbesondere dann vor, wenn *Hilfsbedürftige ihr aktuelles Verhalten einzig darauf ausrichten, auf stossende Weise in den Genuss von Fürsorgeleistungen zu gelangen.* [13] In der Sozialhilfegesetzgebung kommt der Begriff ganz vereinzelt mit diesem Bedeutungsgehalt vor. [14]

Rechtsmissbrauch ist so auch möglich, wenn sich jemand in stossender Weise nicht bemüht, die Ausgaben zu senken oder die Einnahmen zu erhöhen bzw. Drittleistungen anzufordern, obwohl ihm dies möglich und zumutbar wäre. [15] Ein einmaliges Ausschlagen einer zumutbaren Arbeit stellt aber noch keinen Rechtsmissbrauch dar, ein mehrmaliges nur dann, wenn auch sonst die Bemühungen um Arbeit eindeutig unzureichend sind und das Beweisergebnis keinen anderen Schluss zulässt als die bewusste Absicht, jede Bemühung zu unterlassen, um weiter von Sozialhilfe zu profitieren. Dafür ist eine Abklärung der Gründe des Verhaltens notwendig. [16]

Hinsichtlich der Sanktionierung für Rechtsmissbrauch müssen das Verhältnismässigkeitsprinzip und die jeweiligen Sanktionierungsregeln beachtet werden. Rechtsmissbrauch kann bis zur Einstellung der Sozialhilfeleistungen führen. [17]

---

13  BGE 121 I 367 (bewusstes Ausschlagen einer zumutbaren Erwerbsmöglichkeit); § 15 Abs. 3 Satz 2 SPV Kanton Aargau.

14  § 25 Abs. 3 SHG Kanton Thurgau; Art. 83 Abs. 1 lit. f AsylG.

15  § 15 Abs. 3 SPV Kanton Aargau; Kanton Aargau, Urteil vom 27. Januar 2005, BE.2004.00386, S. 12 (keine Bemühungen zum Beziehen einer günstigeren Wohnung); Kanton Bern, Urteil vom 20. Dezember 2000, Nr. 21051/21052/U, S. 6 ff. (Höhe eines Unterhaltsvertrages allein im Hinblick auf Erwirkung einer Alimentenbevorschussung); Kanton Luzern, Urteil vom 3. Juli 2006, LGVE 2006 II Nr. 17 (rechtsmissbräuchlicher Vermögensverzicht); Kanton St. Gallen, Urteil vom 16. August 2005, B/2005/18 (Entledigung von Vermögen zur Umgehung der Rückerstattungspflicht); ZH VG vom 11. Mai 2000, VB.2000.00125 E. 3e (Anforderungen an den Beweis des Rechtsmissbrauchs).

16  Kanton Zürich, Urteil vom 11. Mai 2000, VB 2000.00125.

17  § 15 Abs. 3 SPV. Kanton Aargau.

Eine fortgesetzte Verletzung der sozialhilferechtlichen Mitwirkungspflichten stellt nur ausnahmsweise einen Rechtsmissbrauch dar. Es ist beweisrechtlich nicht ohne weiteres von einer rechtsmissbräuchlichen Situation auszugehen. [18]

Damit wird klar, dass der Begriff des Rechtsmissbrauches zu eng ist, um von daher Sozialhilfemissbrauch zu definieren. In Fällen, wo im Alltagsverständnis von Öffentlichkeit und Praxis von Missbrauch die Rede ist, dürfte nur selten eigentlicher Rechtsmissbrauch vorliegen. Am ehesten ist das in den Fällen denkbar, wo bewusst und zielgerichtet eine Notlage geschaffen oder aufrechterhalten wird, um Sozialhilfe zu beziehen.

### 2.3 Schuld an der Notlage als Sozialhilfemissbrauch?

Eine weitere Fallgruppe, die im Zusammenhang mit dem Diskurs um Sozialhilfemissbrauch ab und zu genannt wird, ist die Schuld oder die Verantwortlichkeit an der eigenen Notlage.

Soweit im Bereich der Sozialhilfe das Finalprinzip gilt, können die Gründe für die Bedürftigkeit keine Rolle für den Leistungsanspruch spielen. [19] Das hat zur Folge, dass *eine (Mit-)Verantwortung oder Schuld für die Notlage, die zur leistungsbegründenden Bedürftigkeit führt, keinen Sozialhilfemissbrauch* bedeuten kann.

Der Ausschluss dieser Fallkategorie von Missbrauchsvorwürfen und Sanktionierung ergibt sich schon von der Zwecksetzung der Sozialhilfe und empfiehlt sich im Übrigen aus rein praktischen Gründen. Wollte man hinter das Finalprinzip zurücktreten und Leistungsansprüche von unverschuldeter Armut abhängig machen, wären rechtsstaatlich nicht akzeptable Ermittlungen und Befragungen notwendig, welche das auf Gegenseitigkeit und Mitwirkung beruhende Integrationsziel der Sozialhilfe obsolet machen würden. [20]

---

[18]  Kanton Zürich, Urteil vom 11. Mai 2000, VB.2000.00125 E. 3e (Anforderungen an den Beweis des Rechtsmissbrauchs).

[19]  BGE 131I 166 E. 4.3; SKOS-Richtlinie A.4-2, Ausgabe 2005.

[20]  *Wolffers*, 1993, S. 167; siehe aber Art. 36 Abs. 1 SHG Kanton Bern (Möglichkeit der Kürzung bei selbstverschuldeter Bedürftigkeit).

## 2.4 Strafrechtlich verbotene Verhaltensweisen als Sozialhilfemissbrauch?

Zum Teil ist oder war in der Praxis die Meinung vertreten worden, von Sozialhilfemissbrauch könne man nur sprechen, wenn strafrechtliche Bestimmungen verletzt worden sind. Von daher wurden teilweise die Zahlen für Sozialhilfemissbrauch in der öffentlichen Debatte danach bestimmt, wie viele Strafanzeigen gemacht werden. [21]

Diese Begriffsbestimmung hat Vorteile und Nachteile: Vorteilhaft ist, dass mit der Referenz auf das Strafrecht am ehesten der normative Vorwurfsanteil im Begriff des «Missbrauchs» eingefangen werden kann. Zudem ergibt sich aber mit der Bezugnahme auf das Strafrecht, dass nicht schon bei Verdacht, sondern nur bei strafrechtlich hinreichendem Beweis von Missbrauch gesprochen werden könnte.

Nachteilig ist auf der anderen Seite, dass ein solch enges Verständnis von Sozialhilfemissbrauch nicht genügend mit der (schillernden) Bedeutungszuschreibung der Öffentlichkeit korrespondiert.

Zudem ist nachteilig, dass das Vorliegen von Missbrauch in diesem Sinne nicht für die Schweiz einheitlich bestimmt werden könnte, sondern davon abhängen würde, welches Tun der kantonale Gesetzgeber im Rahmen der Sozialhilfestrafnormen pönalisiert.

Insgesamt erscheint eine Bestimmung über die strafrechtliche Relevanz des Verhaltens als zu eng für die Bestimmung des Inhaltes des Begriffes des Sozialhilfemissbrauches.

---

[21]  Siehe NZZ Nr. 78 vom 7. April 2007, S. 15.

## 2.5 Definition von Sozialhilfemissbrauch: eine Rundschau der wissenschaftlichen Diskussion

In der wissenschaftlichen Literatur wurden verschiedene Begriffsbestimmungen für Sozialhilfemissbrauch, jenseits von Strafrecht, Finalprinzip und Rechtsmissbrauch, versucht:

So geht *Schleicher* davon aus, dass zum Sozialhilfemissbrauch das Element der *vorsätzlichen Verletzung einer sozialhilferechtlichen Pflicht* sich verbindet mit demjenigen der *Absicht der ungerechtfertigten Bereicherung.* Wobei zwei Fälle unterschieden werden: *der unrechtmässige Bezug, der durch Falschangaben oder das Verschweigen wesentlicher Tatsachen bewirkt wird, und die unrechtmässige Verwendung der Sozialhilfe für Zwecke, für welche die Leistungen nicht gedacht sind.* [22]

In einer deutschen Dissertation wird im Vergleich dazu hinsichtlich der möglichen Akteure und der Tatbestände der Kreis erweitert: Gemäss *Hirschboeck* liegt *Sozialhilfemissbrauch bei jeder gesetzlich nicht gewollten, auf mindestens fahrlässigem Verhalten beruhenden Gewährung oder Nichtgewährung von Sozialhilfeleistungen vor. Wobei sowohl die Bezüger, die Behörden oder Dritte Sozialhilfemissbrauch in diesem Sinne begehen können.* [23] Dieser weite Begriff umfasst auch die widerrechtliche Nichtgewährung von Sozialhilfe; andererseits fällt letztlich jede unsorgsame Verletzung von Auflagen, Weisungen und Informationspflichten darunter, soweit die Erfüllung dieser Pflichten vom Gesetzgeber als conditio sine qua non für einen Leistungsbezug betrachtet wird.

Die *SKOS* versteht unter Sozialhilfemissbrauch induktiv drei Fallgruppen von Pflichtverletzungen: Zunächst, gleich wie Schleicher, den Fall der *durch falsche oder unvollständige Angaben bewusst erwirkten unrechtmässigen Leistungsbezüge,* dann, ebenfalls wie Schleicher, den *Fall der zweckwidrigen Verwendung von Sozialhilfeleistungen, um wieder Sozialhilfe zu erhalten.* Schliesslich – in Ergänzung zu Schleicher – die *(bewusste?) Aufrechterhaltung der Notlage* trotz zumutbarer Möglichkeiten der Verbesserung der Situation. [24] Zu dieser letzten Fall-

---

22 So *Schleicher*, in: *Marti/Mösch Payot*, 2007, S. 279 f.
23 *Hirschboeck*, 2005, S. 20; ähnlich *Wogawa*, 1999, S. 67 f.
24 Ob dieses Verhalten in qualifizierter Form als rechtsmissbräuchlich gewertet werden kann, ist umstritten. Vgl. hierzu BGE 130 I 71 E. 4.3; Urteil des Bundesgerichtes vom 4. März 2003, 2P.147/2002, E. 3.5.3, Urteil des Bundesgerichtes vom 14. Januar 2003, 2P.7/2003 E. 2.3; *Amstutz*, 2002, S. 304 ff.; *Uebersax*, in: *Tschudi*, 2005, S. 54 ff. m.w.H.

gruppe wird auch die *Missachtung von Auflagen und Weisungen* gezählt, die der Beendigung der Notlage und der Verbesserung der Situation dienen können. [25] Diese pragmatische Definition bezieht sich a prima vista stark auf objektiv feststellbare Tatbestände, die mit dem Begriff des unrechtmässigen Leistungsbezuges und/oder (möglicherweise kumulativ) der sozialhilferechtlichen Pflichtverletzung präziser bezeichnet werden als mit dem Begriff des Sozialhilfemissbrauchs.

Die Frage der Absicht und der Willensrichtung des Unterstützten wird in diese Definition eher «en passant» und wenig klar miteinbezogen.

## 2.6 Vorschlag einer Definition von Sozialhilfemissbrauch

Meines Erachtens kann der Begriff des Sozialhilfemissbrauches nicht nur nach einer Sammlung *objektiver Tatbestände* von Pflichtverletzungen der Unterstützten im Sozialhilfebereich bestimmt werden. Schon der Wortlaut des «Missbrauchs» weist auf eine subjektive Willenskomponente hin.

Ebenso sind die Wirkungen und Folgen der Verwendung des Begriffes bei der Begriffsbildung einzubeziehen: Der Begriff des Sozialhilfemissbrauches suggeriert einen (relativ schweren) *Vorwurf an den Täter und damit ein subjektives Tatbestandselement mit Schuldcharakter.* Dies muss in genügendem Masse in die Definition einfliessen, was am ehesten möglich ist, wenn aus dem Strafrecht bekannte subjektive Komponenten wie der Vorsatz und die Absicht der unrechtmässigen Bereicherung als Tatbestandselemente des Sozialhilfemissbrauchs vorausgesetzt werden.

Von Sozialhilfemissbrauch kann dem entsprechend nur die Rede sein, wenn absichtlich oder zumindest vorsätzlich gehandelt wird und wenn eine Bereicherungsabsicht mit im Spiel ist. [26] Damit wird auch klar, dass – entgegen Hirschboeck – bei fahrlässigen Pflichtverletzungen nicht von Sozialhilfemissbrauch gesprochen werden sollte.

Meines Erachtens sollten auf der anderen Seite in objektiver Hinsicht alle sozialhilferechtlichen Pflichtverletzungen einbezogen werden, also nicht nur der unrechtmässige Leistungsbezug und die zweckwidrige Leistungsverwendung, sondern auch die Verletzung von Integrationspflichten und die Aufrechterhaltung der

---

**25** SKOS, 2006, S. 3.
**26** Ebenso *Schleicher*, in: *Marti/Mösch Payot*, 2007, S. 279.

Notlage. Entscheidend ist aber wie dargelegt, ob sich diese Pflichtverletzungen kombinieren mit subjektiven Elementen des Vorsatzes und der Bereicherungs-absicht.

Von daher ist folgende Definition vorzuschlagen:

*Sozialhilfemissbrauch liegt dann vor, wenn*

· *sozialhilferechtliche Informations-, Integrations- und Mitwirkungspflichten*
 *vorsätzlich und mit Bereicherungsabsicht verletzt werden*

*oder*

· *sozialhilferechtliche Leistungen vorsätzlich und mit Bereicherungsabsicht*
 *zweckwidrig verwendet werden.*

Weil mit dem «Missbrauch» ein Vorwurf verbunden ist, ist ein zurückhaltender Gebrauch des Terminus ratsam. Der Begriff sollte nur für Fälle verwendet werden, wo auf der Basis der jeweiligen Sachverhalte vom Vorliegen der entsprechenden Absichten ohne erhebliche Zweifel auszugehen ist.

Die subjektiven Elemente des Begriffes des Sozialhilfemissbrauchs – der Vorsatz und die Bereicherungsabsicht – sind schwierig festzustellen. Die Beweisschwie-rigkeiten bei der Feststellung von Sozialhilfemissbrauch können aber nicht dazu führen, einen auf Schuld und Vorwurf bezogenen Begriff für (sozialhilferecht-liche) Pflichtverletzungen aller Art zu ge- oder missbrauchen.

Für alle Seiten, die Missbrauch und unrechtmässigen Leistungsbezug jenseits je-der Polemik eindämmen wollen ist ratsam, den nötigen Differenzierungsgrad im Umgang mit Fehlern im sozialhilferechtlichen Leistungsprogramm aufzubringen: Der moralisierende Begriff des Sozialhilfemissbrauches ist – wenn schon – im vorgeschlagenen engeren Sinne zu verwenden. Für die anderen typischen vom Bezüger ausgehenden oder mit der Bezügerin zusammenhängenden Fehler eig-nen sich Bezeichnungen wie «sozialhilferechtliche Pflichtverletzungen» und «un-rechtmässiger Leistungsbezug», die oft auch kombiniert vorkommen, ungleich besser:

*Unrechtmässiger Leistungsbezug* liegt immer dann vor, wenn, unabhängig von der causa, Sozialleistungen ausgerichtet oder bezogen werden, ohne dass dafür eine genügende rechtliche Grundlage besteht. Dahinter können unterschiedliche causae liegen: Es können Fehler der Behörde, Pflichtverletzungen des Klienten (lässliche, fahrlässige), eigentlicher Sozialhilfemissbrauch oder Rechtsmissbrauch Grund für den unrechtmässigen Bezug sein. Zu dieser Kategorie gehören Fälle, wo Leistungen auf der Basis falscher Angaben oder wegen eines Fehlers der Behörde zu Unrecht bezogen werden. Denkbar ist auch, dass wesentliche Änderungen des Bedarfs oder der Einkünfte nicht gemeldet werden, woraus im Nachhinein ein Bezug von Leistungen als unrechtmässig erscheint.

*Sozialhilferechtliche Pflichtverletzungen* liegen vor, wenn die Behörde oder der Bezüger bzw. Antragsteller zumutbare und auf den Zweck der Sozialhilfe gerichtete, spezifisch sozialhilferechtliche Pflichten verletzt. Dazu gehören insbesondere Informations- und Editionspflichten, Mitwirkungspflichten, Pflichten zur Schadenminderung und Arbeitsaufnahme, Abtretungspflichten und Pflichten zur zweckmässigen Mittelverwendung. In subjektiver Hinsicht genügt Fahrlässigkeit, um eine sozialhilferechtliche Pflichtverletzung zu sanktionieren. Zu dieser Kategorie gehören Fälle, wo benötigte Angaben (zur Prüfung der Leistungsvoraussetzungen) nicht gemacht werden, wo wesentliche Änderungen nicht gemeldet werden (was dann zu einem unrechtmässigen Bezug führen kann), wo Leistungen zweckwidrig verwendet werden oder wo zumutbare Auflagen und Weisungen, welche die Integration und finanzielle Selbstständigkeit verbessern könnten, nicht eingehalten werden.

Der Bezugspunkt für rechtliche Sanktionen sind in den kantonalen Sozialhilfegesetzen die so verstandenen Pflichtverletzungen und der unrechtmässige Leistungsbezug, nicht der Sozialhilfemissbrauch, [27] Rechtsmissbrauch oder gar strafrechtliche Tatbestände (allein). Die weiteren Ausführungen beziehen sich deshalb nicht (nur) auf Sozialhilfemissbrauch oder Rechtsmissbrauch im vorgängig definierten engen Sinne, sondern auf den unrechtmässigen Leistungsbezug und die sozialhilferechtliche Pflichtverletzung generell.

---

**27** Einzige Ausnahme § 25 Abs. 3 SHG Kanton Schaffhausen (wobei dort wohl nur die zweckwidrige Leistungsverwendung gemeint ist).

# 3 Sanktionen bei Sozialhilfemissbrauch, Pflichtverletzungen und unrechtmässigem Leistungsbezug

Der Vielzahl von möglichen Fehlern im sozialhilferechtlichen Leistungsprogramm entspricht eine Vielfalt von möglichen Massnahmen als Reaktion darauf. Viele Vorkehren der Praxis sind primär organisatorischer und verfahrensmässiger Natur, wie interne oder externe Controllinginstrumente etc. [28] Solche eher verfahrensbezogenen Massnahmen können auch heikle rechtliche Fragen aufwerfen wie die Frage nach Voraussetzungen des erleichterten Datenaustausches, [29] oder Fragen der Grundrechtskonformität neuer Abklärungsinstrumente wie Hausbesuche oder andere besondere Ermittlungsmassnahmen. [30]

*Sanktionierende Massnahmen sind eine mögliche Form der Reaktion und des Umganges mit unrechtmässigen Leistungsbezügen, Pflichtverletzungen oder Sozialhilfemissbrauch.* Aufgrund des erheblichen öffentlichen Interesses an Grundlagen, Möglichkeiten und Grenzen von sanktionierenden Massnahmen wird diese Form der Reaktion im Folgenden vertieft dargestellt.

Sanktionierende Massnahmen sind zum Vornherein im Rahmen des Verhältnismässigkeitsprinzips nur dann geeignet und notwendig, wenn keine anderen, weniger stark in die Rechtsposition des Leistungsbezügers eingreifenden Massnahmen möglich oder erfolgversprechend sind. Sie unterstehen also im Vergleich zu anderen Reaktionsmöglichkeiten auf unrechtmässige Leistungsbezüge, Pflichtverletzungen und Missbrauch dem Subsidiaritätsprinzip.

## 3.1 Sozialhilferechtliche und strafrechtliche Sanktionen im Allgemeinen

Die Sanktionierung im Sozialhilferecht ist Teil des Verwaltungssanktionenrechts. Die Sanktionierung unterliegt nicht einem Selbstzweck, sondern ist eng auf die Zwecksetzung der Sozialhilfegesetzgebung bezogen. Sie dient nicht zuletzt der Rechtssicherheit und Rechtsgleichheit als Grundprinzipien der Rechtsstaatlichkeit [31].

28 Vgl. *Eggo/Kirchhofer*, 2007, S. 51 ff.; siehe auch SKOS, 2006, S. 4 ff.
29 Zu den Grenzen des Datenaustausches siehe auch den Beitrag von *Breitschmid*, 3.3.
30 Die Frage der Zulässigkeit abklärungsbezogener Instrumente gegen Sozialhilfemissbrauch und unrechtmässigen Leistungsbezug kann im Rahmen dieser Publikation nicht vertieft behandelt werden; zu beachten sind in jedem Fall das Legalitätsprinzip und das Verhältnismässigkeitsprinzip.
31 *Häfelin/Müller/Uhlmann*, 2006, N 1134.

Die Sanktionen können ganz grundlegend unterschieden werden in *sozialhilferechtliche Sanktionen und strafrechtliche Sanktionen.*

### 3.1.1 Sozialhilferechtliche Sanktionen und ihre Rechtsnatur

*Sozialhilferechtliche Sanktionen* sind als Teil der verwaltungsrechtlichen Sanktionen im Sozialhilferecht selber vorgesehen und wollen die Erfüllung verwaltungsrechtlicher Pflichten erzwingen, einen Ausgleich des unrechtmässigen Zustandes erwirken bzw. präventiv einen Verstoss gegen die Rechtsordnung verhindern. [32] Nach den (erhofften) Wirkungen der sozialhilferechtlichen Sanktionen lassen sich *exekutorische und repressive Sanktionen* unterscheiden. Als Unterform der repressiven Sanktionen werden teilweise noch *administrative Rechtsnachteile* abgegrenzt.

*Exekutorische Sanktionen* bezwecken die unmittelbare Durchsetzung der Rechtmässigkeit wie die Änderung des Auszahlungsmodus oder die Verpflichtung zur Rückzahlung von zu Unrecht bezogenen Leistungen. Dagegen zielen repressive Sanktionen indirekt auf den rechtmässigen Zustand bzw. die Erfüllung der Pflichten: Mittels repressiver Sanktionen soll Druck auf die Bezüger/innen ausgeübt werden, um diese zu veranlassen, ihre Pflichten zu erfüllen. In diesem Sinne erhofft man sich von repressiven Sanktionen präventive Wirkungen. [33] Im Bereich der Sozialhilfesanktionen gehören insbesondere die Busse als Verwaltungsstrafe oder die Androhung der Ungehorsamsstrafe nach Art. 292 StGB zu dieser Kategorie.

Die *Kürzung, die Einstellung oder die Verweigerung von Sozialhilfeleistungen* gehören zur Kategorie der so genannten *administrativen Rechtsnachteile.* Hier wird dem Bezüger eine Leistung zur Sanktionierung von pflichtwidrigem Verhalten entzogen oder gekürzt. Administrative Rechtsnachteile sind eine spezielle Form der repressiven Massnahmen, wobei ihnen eigen ist, dass mit ihnen direkt (auch) der rechtmässige Zustand ganz oder teilweise wieder hergestellt wird. Das lässt sie zu einer Hybridform von exekutorischen und repressiven verwaltungsrechtlichen Sanktionen werden. [34]

---

[32] *Häfelin/Müller/Uhlmann*, 2006, N 1134 ff.
[33] Ähnlich *Häfelin/Müller/Uhlmann*, 2006, N 1134a ff.
[34] Vertiefend *Ogg*, 2002, passim.

### 3.1.2 Strafrechtliche Sanktionen und ihre Rechtsnatur

Sollen *strafrechtliche Sanktionen* verhängt werden, so müssen gesetzlich spezifisch vorgesehene strafrechtliche und übertretungsstrafrechtliche Tatbestände durch das Verhalten des Leistungsbezügers verwirklicht worden sein. [35] Das ist bei einem Teil der unrechtmässigen Leistungsbezüge und Pflichtverletzungen der Fall.

Das Strafrecht verbietet bestimmtes Tun oder Unterlassen unter Androhung von Strafe. Zur strafrechtlichen Verfolgung und Sanktionierung gehört ein spezielles Verfahren, das von spezifischen dafür vorgesehenen Instanzen (Polizei, Staatsanwaltschaft, Strafgericht etc.) zu führen ist. [36]

Nicht jedes Fehlverhalten des Klienten bzw. der Klientin wird bei Strafe (= Zufügen eines Übels) verboten; verboten werden nur Verhaltensweisen, deren strafrechtliche Verfolgung und Bestrafung vom Gesetzgeber als notwendig erachtet werden, um das gesellschaftliche Zusammenleben und die Rechtsordnung sicherzustellen. [37] [Im Bereich der Sozialhilfe kann es auf Seiten des Leistungsbezügers insbesondere zu Verhaltensweisen kommen, die als Betrug (Art. 146 StGB) oder/und Urkundenfälschung (Art. 251 StGB) verboten sind. Denkbar sind auch Delikte wie die falsche Beweisaussage einer Partei, falsches Zeugnis oder falsche Übersetzung (Art. 306 StGB und Art. 307 StGB i.V.m. Art. 309 StGB). Ebenso kann für die Missachtung einer sozialhilferechtlichen Pflicht explizit eine Ungehorsamsstrafe nach Art. 292 StGB vorgesehen werden.]

Neben bundesrechtlichen Straftatbeständen kann es auch zu Verhaltensweisen kommen, die nach kantonalem *Verwaltungsstrafrecht* mit Strafe belegt sind. Die Kantone sind befugt, Verletzungen von kantonalen verwaltungsrechtlichen Vorschriften mit Strafe zu bedrohen (Art. 335 Abs. 2 StGB). Im Rahmen des kantonalen Verwaltungsstrafrechts als originäres kantonales Strafrecht hätte der kantonale Gesetzgeber grundsätzlich die Möglichkeit, neben Übertretungsstrafen wie der Busse auch Vergehensstrafen vorzusehen. [38] Verwaltungsstrafrecht bezieht sich aber auf Verhaltensweisen, denen im Regelfall weniger Unrechtsgehalt zukommt als Verbrechen und Vergehen. Daher werden meist Sanktionen aus dem Bereich des Übertretungsstrafrechts, namentlich die Busse, angedroht (wie bun-

---

**35**  Art. 1 StGB.
**36**  Vertiefend *Mösch Payot*, in: *Marti/Mösch Payot*, 2007, S. 321 ff.
**37**  *Stratenwerth*, 2005, § 2 N 1 ff.
**38**  *Stratenwerth*, 2005, § 4 N 21 ff.; *Niggli/Wiprächtiger*, 2007, Art. 335 N 27.

desrechtlich in Art. 103 StGB). Eine Ersatzfreiheitsstrafe ist aber dann möglich, wenn der Betroffene die Busse schuldhaft nicht bezahlt.

Verwaltungsstrafen werden dort vorgesehen, wo nach Meinung des Gesetzgebers andere verwaltungsrechtliche Massnahmen oder der unmittelbare Verwaltungszwang nicht genügen. Zur Bekämpfung des Sozialhilfemissbrauchs und ähnlicher Pflichtverletzungen stehen verschiedene organisatorische und abklärungsbezogene Massnahmen, die gängigen sozialhilferechtlichen Sanktionen wie die Kürzung der Hilfeleistungen und das strafrechtliche Verbot von Betrug, Urkundenfälschung etc. zur Verfügung. Ob daneben zusätzlich verwaltungsstrafrechtliche Sanktionen wie Bussen notwendig sind, wird in den kantonalen Sozialhilfegesetzen unterschiedlich bewertet [39] und ist vor dem Hintergrund des Verhältnismässigkeitsprinzips zumindest zweifelhaft. [40]

Verwaltungsstrafen stehen im Schnittbereich von Strafrecht und Verwaltungsrecht. Sie können als besondere Form der repressiven Verwaltungssanktionen verstanden werden. Dem Strafcharakter entsprechend sind bei verwaltungsstrafrechtlichen Sanktionen die verfassungsmässigen Rahmenbedingungen der strafrechtlichen Sanktionierung, insbesondere die Unschuldsvermutung, der Anspruch auf Beurteilung durch ein unabhängiges und unparteiisches Gericht und der Grundsatz «nulla poena sine lege», zu beachten. [41]

### 3.2 Voraussetzungen für die Sanktionierung von Sozialhilfemissbrauch, Pflichtverletzungen und unrechtmässigem Leistungsbezug

Nach der Darstellung der Rechtsnatur der Sanktionierungsarten im Sozialhilfrechte, werden im Folgenden die allgemeinen Voraussetzungen der sozialhilfrechtlichen Sanktionierung beschrieben.

Die Sanktionierung in der Sozialhilfe untersteht ganz allgemein denselben allgemeinen verwaltungsrechtlichen Prinzipien wie das übrige Sozialhilferecht: Gesetzmässigkeit, Grundsatz der Rechtsgleichheit, Grundsatz von Treu und Glauben und der Verhältnismässigkeit. [42]

---

**39** Siehe weiter unten in diesem Beitrag unter 3.4.3.
**40** Das gilt generell für Verwaltungsstrafen im Vergleich zu administrativen Rechtsnachteilen. So auch *Häfelin/Müller/Uhlmann*, 2006, N 1171 ff. und N 1208 ff.
**41** Art. 32 BV, Art. 6 EMRK, Art. 1 StGB: Keine Strafe ohne Gesetz, Unschuldsvermutung, Anspruch auf Beurteilung durch ein unabhängiges Gericht.
**42** Siehe dazu weiterführend im Beitrag von *Vogel*, 2.

Mit der Sanktionierung, namentlich auch der Kürzung oder Einstellung von Sozialhilfeleistungen, kann ein Grundrechtseingriff verbunden sein: [43] Wird durch die Kürzung bzw. die Einstellung namentlich das Recht auf Hilfe in Notlagen im Sinne von Art. 12 BV [44] tangiert, kann bundesgerichtlich überprüft werden, ob die Kürzung bzw. Einstellung zu einer Grundrechtsverletzung führt. [45]

Im Verfahren der Sanktionierung sind die Verfahrensgarantien aus Art. 29 BV als Mindestgarantie und die konkretisierenden Normen im kantonalen Verwaltungsverfahrens- oder Sozialhilferecht zu beachten. Diese Grundsätze folgen aus der Rechtsstaatlichkeit und spielen im Zusammenhang mit der Sanktionierung vor allem hinsichtlich der Rechtsgrundlagen und der Verfahrensprinzipien eine Rolle. Bei strafrechtlichen Sanktionen sind die Verfahrensvoraussetzungen strenger. [46]

### 3.2.1 Gesetzliche Grundlage

Nur wenige Kantone verfügen über eine ausführliche Normierung der Sanktionierung im Sozialhilferecht. Es finden sich in den kantonalen Erlassen in unterschiedlicher Dichte eine Darstellung der möglichen Gründe für die Sanktionierung, der Art der Sanktionen, aber auch Richtlinien für die Auswahl und Bemessung der Sanktionierung. [47]

Die Verweigerung, die Kürzung und die Einstellung von Sozialhilfeleistungen bedürfen als Sanktionen mit dem Charakter von *administrativen Rechtsnachteilen* grundsätzlich einer gesetzlichen Grundlage. [48] Die kantonalen Sozialhilfegesetze und das Asylgesetz des Bundes kennen oftmals eine solche Grundlage, wobei meist eine umfassende Aufzählung von Pflichtverletzungen fehlt und zwischen Kürzungs- und Einstellungsgründen kaum differenziert wird. [49]

---

[43] So *Wolffers*, 1993, S. 88.

[44] BGE 130 I 71.

[45] Das spielt vor allem hinsichtlich des Rechtsschutzes eine Rolle, da die Kognition des Bundesgerichts im Bereich der Sozialhilfe bei Grundrechtsverletzungen erweitert ist; siehe dazu im Beitrag von *Breitschmid*, 2.2 vgl. zur Frage der Bedeutung von Art. 12 BV für sozialhilferechtliche Sanktionen auch BGE 131 I 166 und *Tschudi*, 2005, S. 117 ff.

[46] Siehe insb. Art. 32 BV, Art. 6 EMRK, Art. 1 StGB: Keine Strafe ohne Gesetz, Unschuldsvermutung, Anspruch auf Beurteilung durch ein unabhängiges Gericht.

[47] Vgl. Art. 36 SHG Kanton Bern; § 29 Abs. 4 SHG Kanton Bern; § 24 SHG Kanton Zürich; Art. 24 Abs. 3 SHG Kanton Schaffhausen.

[48] *Häfelin/Müller/Uhlmann*, 2006, N 1144; *Tschudi*, in: Tschudi, Recht auf Hilfe in Notlagen, Bern 2005, S. 118.

[49] Art. 14 Abs. 2 SHG Kanton Appenzell-Innerhoden und Art. 22 SHG Kanton Appenzell-Ausserhoden (Verletzung von Informations- und Mitwirkungspflichten, Verletzung von Auflagen/Weisungen, unzweckmässige Leistungsverwendung, Weigerung der Aufnahme zumutbarer Arbeit); Art. 30 Abs. 3 SHG Kanton Glarus (Verletzung von Mitwirkungs- und Informationspflichten); Art. 17 SHG Kanton St. Gallen (Verletzung

Wo eindeutige gesetzliche Grundlagen fehlen, kann die Zulässigkeit der Sanktionierung zweifelhaft sein: Die Gründe, die der Verweigerung, Kürzung oder Einstellung von Sozialhilfeleistungen zugrunde liegen, können aber dazu führen, dass im kantonalen Recht genannte Voraussetzungen für die Leistungserbringung wegfallen; dazu gehören namentlich die Bedürftigkeit und das Subsidiaritätsprinzip. Bei Wegfall dieser Voraussetzungen ist gemäss Praxis keine weitere Grundlage für die Sanktionierung notwendig, ein allgemeiner Verweis auf die SKOS-Richtlinien, in denen jene Grundsätze enthalten sind, genügt. [50]

Ebenso können Leistungskürzungen bzw. Leistungseinstellungen bei eigentlichem Rechtsmissbrauch ebenfalls ohne spezifische Rechtsgrundlage zulässig sein. [51]

Verwaltungsstrafrechtliche Sanktionen bedürfen auf der anderen Seite in jedem Fall einer gesetzlichen Grundlage. Das hat mit der besonderen Bedeutung des Legalitätsprinzips und mit der Rechtssicherheit im Bereich des strafrechtlichen Unrechts zu tun. [52]

### 3.2.2 Weitere inhaltliche Voraussetzungen

Das Ob und das Mass der Sanktionierung richtet sich zunächst nach dem *Verhältnismässigkeitsprinzip*. [53] Gemäss diesem Prinzip muss das Ausmass der Kürzung aufgrund der gesamten persönlichen und sachlichen Umstände geeignet und erforderlich sein, um die nicht befolgte Anordnung durchzusetzen oder allenfalls zu ersetzen. Insbesondere muss die Sanktion auch angemessen sein. Das heisst, sie muss in einem vernünftigen Verhältnis zum Fehlverhalten der betroffenen Person stehen.

von spezifizierten Mitwirkungs- und Informationspflichten, Verletzung Bedingungen und Auflagen); Art. 23 Abs. 3 SHG Kanton Schaffhausen (Verletzung von Informations- und Editionspflichten); § 165 i.V. mit § 17 SG Kanton Solothurn (Verletzung von Mitwirkungspflichten, Informationspflichten sowie von Auflagen/Weisungen); § 8b SHG Kanton Thurgau (Weigerung der Aufnahme zumutbarer Tätigkeit) und § 25 SHG Kanton Thurgau (Nichtbefolgen behördlicher Anordnungen und Missbrauch Hilfe); Art. 31 SHG Kanton Uri (Verletzung Auskunftspflicht, Verletzung Auflagen/Bedingungen und Weisungen); Art. 45 LAS Kanton Waadt (fahrlässige oder absichtliche Verletzung von Auskunfts- und Informationspflichten); § 4 SHV Kanton Zug i.V.m. § 3 Abs. 2 SHG Kanton Zug (Verletzung Mitwirkungspflicht); differenzierend § 24 SHG Kanton Zürich (Kürzung bei Verletzung von Auflagen und Weisungen, Informations- und Mitwirkungspflichten, inkl. zweckwidriger Mittelverwendung) und § 24a SHG Kanton Zürich (Einstellung bei Verweigerung zumutbarer Arbeit oder Geltendmachung von Ersatzeinkommen); Art. 83 und Art. 83a AsylG.

**50** Urteil des Bundesgerichtes vom 17. Oktober 2005, 2P.156/2005; BGE 130 I 71 E. 4.3.

**51** Urteil des Bundesgerichtes vom 11. April 2008, 8C 156/2007 E. 7.2.

**52** Vgl. Art. 1 StGB: keine Strafe ohne Gesetz.

**53** Siehe dazu den Beitrag von *Vogel*, 2.4.

Soweit nicht sanktionierende Massnahmen, wie zum Beispiel die Änderung des Auszahlungsmodus, nach den gesamten Umständen genügen, ist eine weitergehend in die Rechte des Unterstützten eingreifende Sanktionierung nicht zulässig. Das heisst, dass die Sozialhilfebehörde die Sanktion im Verhältnis zu weniger weit gehenden Massnahmen unwillkürlich begründen können muss. [54]

Aus dem Verhältnismässigkeitsprinzip fliesst auch das Erfordernis der *Zumutbarkeit:* Soweit die Sanktionierung im Kontext steht mit (nicht eingehaltenen) Mitwirkungspflichten, Auflagen oder Weisungen, so, müssen diese für den Betroffenen nach der Gesamtlage der Dinge zumutbar sein.

Im Zusammenhang mit der Sanktionierung ist – als Ausfluss des Verhältnismässigkeitsprinzips – auch das allgemeine verwaltungsrechtliche *Störerprinzip* [55] zu beachten. Das heisst, dass sich die Sanktionierung primär und soweit als möglich ausschliesslich gegen die fehlbare Person zu richten hat. [56]

Für Sanktionen wie die Verweigerung, Kürzung oder den Entzug von Sozialhilfeleistungen als administrative Rechtsnachteile gilt zudem der *Grundsatz der Konnexität.* Die verweigerte Leistung und der Grund dafür, namentlich eine Pflichtverletzung als causa, müssen in einem sachlichen Zweckzusammenhang stehen. Das hat zur Folge, dass mittels sozialhilferechtlichen Auflagen oder Weisungen nicht sozialhilferechtsfremde (aber vielleicht durchaus legitime) Zwecke verfolgt werden dürfen. Eine entsprechende Sanktionierung ist unzulässig. [57]

---

**54** *Häfelin/Müller/Uhlmann,* 2006, N 581 ff.
**55** *Häfelin/Müller/Uhlmann,* 2006, N 2488.
**56** So ausdrücklich Art. 36 Abs. 2 SHG Kanton Bern; siehe auch § 24 Abs. 2 SHG Kanton Zürich (Berücksichtigung der berechtigten Interessen Minderjähriger); Kanton Genf, Urteil vom 23. März 2004, A/1702/003-HG.
**57** Instruktiv BGE 131 I 166 E. 4.5 (Verweigerung der Nothilfe wegen Verletzung ausländerrechtlicher Mitwirkungspflichten); siehe allg. *Häfelin/Müller/Uhlmann,* 2006, N 1211 ff., der allerdings den Verzicht auf die Konnexität bei ausdrücklicher entsprechender Rechtsgrundlage für zulässig erachtet.

### 3.2.3 Verfahrensmässige Voraussetzungen

Für die Rechtsgültigkeit von Leistungskürzungen und Sanktionen sind die jeweiligen Verfahrensvorschriften einzuhalten. Aus den kantonalen Bestimmungen und den bundesrechtlichen Mindestvorschriften ergeben sich für Kürzungen, Einstellungen oder Disziplinar- und Strafmassnahmen im Wesentlichen folgende verfahrensmässigen Kautelen:

· Es ist grundsätzlich nicht zulässig, wirtschaftliche Hilfe ohne Erlass eines anfechtbaren Beschlusses einzustellen oder zu reduzieren.
· Zum Teil wird eine schriftliche Ermahnung oder formelle Androhung einer Sanktion vorausgesetzt. [58]
· Vor Erlass der sanktionierenden Verfügung ist das rechtliche Gehör im Sinne von Art. 29 BV zu gewähren. Eine nachträgliche Gewährung im Rechtsmittelverfahren vor einer Instanz mit voller Kognition heilt aber allfällige Fehler vor Erlass der Verfügung. [59]
· Sanktionen sind in der Form einer anfechtbaren schriftlichen Verfügung zu erlassen und müssen begründet werden. Die blosse Androhung der Kürzung stellt hingegen als verfahrensleitende Anordnung keine selbständig anfechtbare Verfügung dar. [60]

Gemäss Praxis kann sich der von der Sanktion Betroffene nicht rechtsmissbräuchlich auf die bei Leistungskürzungen einzuhaltenden Formvorschriften berufen. [61]

---

[58] So z.B. § 13 Abs. 2 SPG Kanton Aargau; § 25 Abs. 3 SHG Kanton Thurgau; Art. 31 SHG Kanton Uri; § 24 Abs. 1 lit. b SHG Kanton Zürich (generell); § 14 Abs. 6 und 7 SHG Kanton Basel-Stadt (für die Sanktionierung von Auflagen und Weisungen); Art. 23 Abs. 2 SHG Kanton Schaffhausen (für die Sanktionierung von Verletzungen der Informationspflicht); Art. 83 Abs. 1 lit. g AsylG (für Entzug von Sozialleistungen wegen Verstoss gegen Anordnungen).

[59] Urteil des Bundesgerichtes vom 16. 5. 2006, 2P.67/2006 E. 2.2.

[60] Kanton Zürich, Urteil vom 18. Mai 2004, VB.2004.00143.

[61] Kanton Zürich, Urteil vom 28. Oktober 2002, VB.2002.00252 (Wer eine korrekt ergangene Auflage in stossender Weise nicht befolgt, müsse sich, auch bei fehlender Verwarnung und Sanktionsandrohung, über die künftige Leistungskürzung vollständig [auch bezüglich des Umfangs und Zeitpunkts] im Klaren sein.).

### 3.3 Sozialhilferechtliche Sanktionen im Besonderen

Zu den typisch sozialhilferechtlichen Sanktionen gehören die Kürzung der Sozialhilfe und – im Extremfall – die Einstellung der Sozialhilfe. Im Zusammenhang mit den nachfolgenden Ausführungen zu diesen beiden klassischen Formen der sozialhilferechtlichen Sanktionierung sind als sanktionsähnliche Formen auch besondere Kautelen der Rückerstattung und andere Rechtsnachteile erwähnenswert, wie die allfällige Nichtentstehung des Anspruches bei der Anmeldung.

#### 3.3.1 Kürzung der Sozialhilfe bis zum gekürzten sozialen Existenzminimum

Die Kürzung der finanziellen Sozialhilfe als sozialhilferechtliche Sanktion spielt insbesondere eine Rolle bei der Verletzung von direkt aus den Sozialhilfegesetzen fliessenden Pflichten und bei der Nichtbefolgung spezifischer Auflagen und Weisungen. Diese Verhaltensweisen werden teilweise mit Leistungskürzungen sanktioniert. [62]

Die Richtlinien der SKOS empfehlen Kürzungen bei unrechtmässigem Leistungsbezug, bei groben Pflichtverletzungen, bei von Unterstützten verursachten Doppelzahlungen oder bei Rechtsmissbrauch. [63]

Zum Teil werden die Konstellationen, die zu einer Leistungskürzung führen können, explizit gesetzlich umschrieben. Dabei beziehen sich die in den kantonalen Sozialhilfegesetzen vorgesehenen Kürzungsgründe auf vier Konstellationen:
· Verletzung von Informations- und Mitwirkungspflichten,
· Verletzung von spezifisch verfügten Auflagen und Weisungen,
· die nicht bestimmungsgemässe Verwendung von Leistungen,
· die Verweigerung der verordneten Rückerstattung.

---

**62** § 13 Abs. 2 SPG Kanton Aargau; Art. 14 Abs. 2 SHG Kanton Appenzell-Innerhoden; § 11 Abs. 2 SHG Kanton Basel-Landschaft; § 14 Abs. 4, Abs. 6 und 7 SHG Kanton Basel-Stadt; Art. 28 Abs. 3 und Art. 30 Abs. 3 SHG Kanton Glarus; vgl. zu Auflagen, Weisungen und Mitwirkungspflichten im Einzelnen den Beitrag von *Vogel*, 5.

**63** SKOS-Richtlinie A.8-2, Ausgabe 2005; ähnlich Art. 11 lit. b und c Ausführungsbestimmungen UG GR

Die kantonalen Sozialhilfegesetze nennen alle oder einen Teil dieser Konstellationen als explizite Kürzungstatbestände, wobei teilweise neben der Kürzung auch die Möglichkeit der Einstellung als Sanktionsgrund genannt wird. [64]

*Die Verletzung der Pflicht zur Aufnahme einer zumutbaren Tätigkeit, zu Integrationsmassnahmen* oder der Teilnahme an Beschäftigungsprogrammen wird in neueren Sozialhilfegesetzen oft spezifisch genannt, [65] was die besondere Bedeutung der Arbeit im schweizerischen Sozial(hilfe)recht zum Ausdruck bringt. Die Kürzung als Sanktionierung ist auch dort vorgesehen, wo die kantonalen Sozialhilfegesetze Eingliederungsmassnahmen als Teil eines Eingliederungsvertrages vorsehen. [66]

---

**64** *Möglichkeit der Kürzung:* § 13 Abs. 2 SPG Kanton Aargau (Nichtbeachtung Auflagen und Weisungen); Art. 36 Abs. 1 SHG Kanton Bern (Kürzung bei Pflichtverletzungen und bei selbstverschuldeter Bedürftigkeit (sic!); § 11 Abs. 3 SHG Kanton Basel-Landschaft; § 14 Abs. 4, Abs. 6 und 7 SHG Kanton Basel-Stadt (Nichtbeachtung Informationspflichten, Arbeitsannahmepflichten, Auflagen und Weisungen); Art. 11 Ausführungsbestimmungen UG GR (Kürzung für ungenügende Integrationsanstrengungen, grobe Pflichtverletzung und Rechtsmissbrauch); Art. 34 Abs. 2 SHG Kanton Nidwalden (Nichtbeachtung Auflagen); *Möglichkeit der Verweigerung, Kürzung oder Einstellung:* Art. 22 SHG Kanton Appenzell-Ausserhoden (Nichtbeachtung Mitwirkungspflichten und Auflagen/Weisungen); Art. 14 Abs. 2 SHG Kanton Appenzell-Innerhoden (Nichtbeachtung Mitwirkungspflichten und Auflagen/Weisungen sowie unrechtmässiger Leistungsbezug); § 29 Abs. 3 und 4 SHG Kanton Luzern (Nichtbeachtung Auflagen und Weisungen); Art. 14 SHG Kanton Obwalden (Verletzung Mitwirkungspflicht); Art. 23 Abs. 3 und Art. 24 Abs. 3 SHG Kanton Schaffhausen (Informationspflichten und Auswahl von Auflagen/Weisungen; aber keine Kürzung bei Verweigerung der Beratung einer geeigneten Stelle oder einer ärztlichen oder therapeutischen Untersuchung); § 165 i.V. mit § 17 SG Kanton Solothurn (Nichtbeachtung Auskunfts-, Informations-, Mitwirkungspflichten und Auflagen/Weisungen sowie zweckwidrige Leistungsverwendung); § 8b und § 25 Abs. 3 SHG Kanton Thurgau (Weigerung der Aufnahme zumutbarer Arbeit/Anordnungen nicht befolgen oder Hilfe missbrauchen); Art. 31 SHG Kanton Uri (Verletzung Auskunftspflicht, Verletzung Auflagen/Weisungen); Art. 45 LAS Kanton Waadt (fahrlässige oder vorsätzliche Verletzung von Auskunftspflichten; Verletzung von Mitwirkungspflichten); § 4 SHV Kanton Zug i.V.m. § 3 Abs. 2 SHG Kanton Zug (Verletzung Mitwirkungspflicht); *differenzierend zwischen Kürzungs- und Einstellungsgründen:* Art. 10 Abs. 2 und 3 SHV Kanton Freiburg (Kürzung für schwere Pflichtversäumnisse, Einstellung bei wiederholter Weigerung der Annahme einer zumutbaren Beschäftigung oder der Geltendmachung eines Ersatzeinkommens); Art. 28 Abs. 3 und Art. 30 Abs. 3 SHG Kanton Glarus (Kürzung bei Nichtbeachtung Auflagen/Weisungen/Kürzung oder Verweigerung bei Nichtbeachtung Auskunftspflichten); § 24 SHG Kanton Zürich (Kürzung für Verletzung von Informations- und Mitwirkungspflichten, inkl. zweckwidriger Mittelverwendung) und § 24a SHG Kanton Zürich (Einstellung für Verweigerung zumutbarer Arbeit oder Geltendmachung von Ersatzeinkommen); Art. 83 AsylG (Verletzung von Informations-, Schadenminderungs- und Mitwirkungspflichten, Falschangaben, Anordnungen der zuständigen Stelle und missbräuchliche Mittelverwendung).

**65** Zum Beispiel § 11 Abs. 2 lit. e SHG Kanton Basel-Landschaft; Art. 22 Abs. 1 lit. d SPG Kanton Appenzell-Ausserhoden; Art. 11 lit. a Ausführungsbestimmungen UG GR; Art. 17 Abs. 1 lit. d SHG Kanton St. Gallen; § 8b SHG Kanton Thurgau.

**66** Art. 4a Abs. 2 SHG Kanton Freiburg; Art. 11 Abs. 7 i. V. mit Art. 21 Abs. 2 SHG Kanton Wallis; Art. 56 LAS Kanton Waadt; zur Problematik der Vermischung der Vertragsidee mit hoheitlich auferlegten Pflichten *Schleicher*, in: *Marti/Mösch Payot et. al.*, 2007, S. 274 ff.

Die Sanktionierung der Mitwirkungsverpflichtungen und der Missachtung betreffender Auflagen oder Weisungen setzt voraus, dass die Verpflichtungen gültig sind. Das bedeutet, dass sie *verhältnismässig* [67] sein müssen und insbesondere dem Betroffenen zumutbar [68] sein müssen. Dazu gehört, dass es der betroffenen Person möglich sein muss, die Ursache für die Sanktionierung zu beseitigen. [69] Die Verpflichtungen, insbesondere auch Auflagen und Weisungen, müssen auf den Zweck der Sozialhilfe hin bezogen sein. [70]

Die Kürzung muss weiter im Sinne des Verhältnismässigkeitsprinzps in einem angemessenen Verhältnis zum Fehlverhalten oder Verschulden stehen. [71] Das hat zur Folge, dass Kürzungen auch bezüglich der Unterstützungseinheit zu differenzieren sind. [72] Überdies müssen für Kürzungen abgestufte Formen möglich sein. Wo möglich und genügend sind dementsprechend zunächst situationsbedingte Leistungen (vorübergehend) zu streichen. [73]

Auch die Dauer der Kürzungen muss angemessen sein. [74] In den meisten Kantonen fehlt es an einer klaren Regelung der möglichen Dauer der Herabsetzung. Die SKOS-Richtlinien sehen insoweit einen äusseren Rahmen von – jeweils verlängerbaren – zwölf Monaten vor. [75] In der Lehre wird teilweise moniert, dass die Dauer der Herabsetzung als Teil der Sanktion im Sinne des Legalitätsprinzips eine formellgesetzliche Grundlage haben sollte. Auf jeden Fall verlangt das Verhältnismässigkeitsprinzip eine angemessene Befristung der Kürzung. [76]

---

67  Kanton Basel-Stadt, Urteil vom 1. Februar 2002, 721-2001, S. 7 ff. (Auskunftsverweigerung); Kanton St. Gallen, Urteil vom 9. November 2004, B 2004/137 E. 2c (Verpflichtung zur Annahme einer Arbeit einer alleinerziehenden Mutter); Kanton Bern, Urteil vom 28. April 2003, N 1074 (Kürzung wegen Nichteinreichung von Bankkontoauszügen nach mehrmaliger Mahnung); Kanton Wallis, Urteil vom 19. Januar 2001, A1/00/246 (Kürzung wegen Androhung der Kooperationsverweigerung bei Nichtanerkennung der Ansichten des Bezügers bzgl. zumutbarer Arbeit); Kanton Waadt, Urteil vom 7. Juni 2005, PS/2005/0056 (Kürzung zulässig bei mehrmaligem Versäumnis eines Termins, ohne Arztzeugnis vorzulegen).

68  Kanton Zürich, Urteil vom 2. April 2004, VB 2004.00020.

69  SKOS 2005 A.8-2

70  BGE 131 I 166 E. 4.5.

71  § 29 Abs. 4 SHG Kanton Luzern.

72  Z.B. ausdrücklich Art. 8 Abs. 3 SHV Kanton Bern (keine Kürzungen für Kinder bis Abschluss der Schulpflicht); § 24 Abs. 2 SHG Kanton Zürich (angemessene Berücksichtigung der Interessen von Minderjährigen).

73  SKOS-Richtlinie A.8-3. Ausgabe 2005?

74  SKOS-Richtlinie A.8-3, Ausgabe 2004/2005 (Dauer von höchstens zwölf Monaten, wobei bei Vorliegen der Kürzungsgründe die Massnahme um jeweils höchstens weitere zwölf Monate verlängert werden kann); § 15 Abs. 1 SPV Kanton Aargau (Kürzungen in der Regel zu befristen).

75  SKOS-Richtlinie A.8-3, Ausgabe 2005.

76  So *Amstutz*, 2002, S. 301; siehe dazu auch *Tschudi*, in: *Tschudi*, Recht auf Hilfe in Notlagen, Bern 2005, S. 134.

Wenn den Leistungsempfängerinnen und -empfängern im Bedarfsbudget im Sinne des Subsidiaritätsprinzips [77] *fiktives Einkommen zugerechnet* wird [78] oder wenn *bisher anerkannte Ausgaben nicht mehr anerkannt* werden und sich so der Anspruch auf Sozialhilfe reduziert, handelt es sich ebenfalls um einen Kürzungstatbestand.

Von Bedeutung sind Fälle, wo Erwerbsmöglichkeiten nachgewiesen werden können, deren Wahrnehmung nach den gesamten Umständen als zumutbar erscheint. [79] Ebenso ist die (teilweise) Verweigerung der Übernahme von bisher berücksichtigten Kosten (zum Beispiel Wohnkosten) als Kürzung zu betrachten. Grundsätzlich sind für die Zurechnung fiktiver Einkommen oder für die Kürzung gebundener Ausgaben die sozialhilferechtlichen Grenzen [80] der Sanktionierung beachtlich.

Bei der Nichtberücksichtigung bestimmter gebundener Ausgaben im Sozialhilfebudget, wie namentlich bei zu hohen Wohnungskosten, ist den Betroffenen eine angemessene Übergangsfrist einzuräumen, um die entsprechenden Ausgaben real senken zu können. Ein Verzicht auf eine solche angemessene Frist führt zu Willkür. [81]

Hinsichtlich des *Höchstmasses an Kürzungen* darf das Existenzminimum des Betroffenen nicht gefährdet werden. [82] Weitergehende Kürzungen sind gemäss SKOS-Richtlinien bis zu einem Richtwert möglich, der sich am Grundbedarf I [83] ausrichtet, der als Minimum für den Lebensunterhalt betrachtet wird, das zu einer auf die Dauer angelegten menschenwürdigen Existenz in der Schweiz nötig ist. Dieser Grundbedarf darf gemäss den SKOS-Richtlinien für die Dauer von höchstens zwölf Monaten um höchstens 15% gekürzt werden. Soweit die kantonalen Gesetze keine abweichenden Bestimmungen vorsehen, [84] wird in der Regel diese Untergrenze angewandt.

---

[77] Siehe auch den Beitrag von *Häfeli*, 3.

[78] Z.B. § 11 SPG Kanton Aargau (Zurechnung des mutmasslichen Erlöses aus Verwertung von Vermögenswerten).

[79] Urteil des Bundesgerichtes vom 11. April 2008, 8C 156/2007.

[80] Explizit § 15 Abs. 2 SPV Kanton Aargau.

[81] Art. 9 BV; vgl. Urteil des Bundesgerichtes vom 16. Mai 2006, 2P.67/2006, E. 3.4.

[82] Vgl. Art. 12 BV, siehe auch Kanton Zürich, VB 2002.00102; Kanton Zürich, VB 2002.00223.

[83] SKOS-Richtlinie B.2-1. Ausgabe 2005

[84] So § 15 Abs. 2 SPV Kanton Aargau (Herabsetzung auf 65% des Grundbedarfs); § 18 SHV Kanton Basel-Landschaft (Herabsetzung um 20% des Grundbedarfs nach kant. Recht); Art. 24 Abs. 3 SHG Kanton Schaffhausen (Kürzung der Unterstützungsleistung um 30%).

Sollen Sozialhilfeleistungen nicht nur gekürzt, sondern gar eingestellt oder nicht ausgerichtet werden, so müssen die besonderen Voraussetzungen für die Leistungseinstellung bzw. -nichtgewährung vorliegen. [85]

Für die Kürzung der Sozialhilfe sind oft spezifische im Sozialhilferecht vorgesehene *Formvorschriften* zu beachten. Sie können sich aus den Sozialhilfegesetzen selber, aber auch aus der kantonalen Verwaltungsverfahrensordnung oder aus verfassungsmässigen Prinzipien wie Treu und Glauben und Legalitätsprinzip ergeben. So muss die betroffene Person regelmässig vorgängig klar informiert werden, sodass sie sich der Konsequenzen des Fehlverhaltens bewusst ist. [86] Oftmals ist eine Mahnung notwendig. [87] Für den Fall der Sanktionierung von nicht befolgten Auflagen und Weisungen sehen viele Gesetze eine eigentliche schriftliche Androhung und eine Frist zur Pflichterfüllung vor der Sanktionierung vor, [88] wobei zum Teil die Gesetze [89] und die gerichtliche Praxis auch androhungsähnliche Ankündigungen genügen lassen. [90] Bei relativ schwerwiegenden Pflichtverletzungen akzeptiert die Praxis zum Teil den Verzicht auf eine Mahnung. [91]

In jedem Fall ist das rechtliche Gehör [92] zu wahren, wobei es genügt, dass dieses im Rechtsmittelverfahren vor einer Behörde mit voller Kognition fehlerfrei gewährt wird. [93]

85  Siehe weiter unten in diesem Beitrag unter Ziff. 3.3.2.
86  SKOS-Richtlinie A.8-2, Ausgabe 2005; explizit § 24 Abs. 1 lit. b SHG Kanton Zürich (Hinweis auf Möglichkeit der Leistungskürzung).
87  Art. 30 Abs. 3 SHG Kanton Glarus, Art. 31 SHG Kanton Uri (erfolglose Mahnung als Voraussetzung für Kürzung wegen Mitwirkungspflichtverletzung).
88  Art. 22 Abs. 2 SHG Kanton Appenzell-Ausserhoden; § 13 Abs. 2 SPV Kanton Aargau; § 14 Abs. 6 und 7 SHG Kanton Basel-Stadt; Art. 28 Abs. 3 SHG Kanton Glarus; Art. 24 und Art. 24a SHG Kanton Zürich.
89  § 6a SHV Kanton Thurgau (Einstellungsentscheid der kant. Arbeitslosenkasse als Verwarnung).
90  Kanton Zürich, VB 2000.00423 (bereits mit einem Rückerstattungsentscheid verbundene Ankündigung, dass im Falle eines Nichtbefolgens künftige Leistungen gekürzt würden, als Verwarnung betrachtet).
91  Kanton Waadt, Urteil vom 27. Mai 2003, PS/2002/0171.
92  Art. 29 BV.
93  Z.B. Urteil des Bundesgerichtes vom 16. Mai 2006, 2P.67/2006 E. 2.2.

### 3.3.2 Verweigerung und Einstellung der Sozialhilfe und ihre Grenzen

Die Einstellung der Sozialhilfeleistungen ist regelmässig ein schwerer Eingriff in die Rechtsstellung des Betroffenen und muss daher genügend präzise in einem Gesetz im formellen Sinn vorgesehen sein. Ebenso ist auch hier das Verhältnismässigkeitsprinzip in jedem Fall zu beachten. [94] Bezüglich der *formellen Voraussetzungen* für die Leistungseinstellung muss das für die Leistungskürzung Ausgeführte analog gelten. Die Einstellung von Sozialhilfeleistungen ist aber zum Teil gemäss kantonalem Recht zusätzlich an spezifische formelle Voraussetzungen geknüpft. [95] Der rechtsmissbräuchliche Verweis auf die Formvorschriften wird jedoch nicht geschützt. [96]

Im Folgenden sollen die Fallgruppen genauer bezeichnet werden, in denen eine Verweigerung, ein Wegfall bzw. eine Einstellung der Leistungen möglich ist.

### 3.3.2.1 Rechtsgrundlagen für die Einstellung der Sozialhilfe

Die kantonalen Gesetze umschreiben zum Teil die Einstellungsgründe explizit mit Tatbeständen, die dem Rechtsmissbrauch entsprechen. [97] Zum Teil wird die Unterstützungsverweigerung – zumindest vom Gesetzeswortlaut her – auch für weitere Formen der Pflichtverletzung wie die Missachtung von Weisungen und Auflagen, die Verweigerung der Mitwirkung bei der Sachverhaltsabklärung, die Nichtaufnahme einer zumutbaren Tätigkeit oder eines Beschäftigungsprogrammes, die Verletzung von Pflichten aus einem Eingliederungsvertrag oder die unrechtmässige Leistungsverwendung vorgesehen.

Ein Teil der kantonalen Gesetze, welche die Einstellung der Leistungen explizit vorsehen, sehen also eine relativ klare und weite Aufzählung der Sanktionierungsgründe vor. Allerdings ist in etlichen kantonalen Sozialhilfegesetzen und im Asylgesetz des Bundes die Leistungseinstellung vom Wortlaut her gleichberechtigt mit den anderen Sanktionsarten der Kürzung (oder/und Verweigerung) genannt. Dabei fehlen meist Kriterien für die Sanktionenauswahl und somit insbesondere für die Unterscheidung von Kürzung und Einstellung. Allerdings ist in etlichen

---

[94] Kanton Basel-Stadt, Urteil vom 1. Februar 2002, 721-2001, S. 7 ff. (Auskunftsverweigerung); Kanton St. Gallen, Urteil vom 9. November 2004, B 2004/137 E. 2c (Verpflichtung zur Annahme einer Arbeit einer alleinerziehenden Mutter).

[95] § 24a SHG Kanton Zürich (vorgängige Kürzung und zweite Abmahnung mit Hinweis auf drohende Leistungseinstellung).

[96] Kanton Zürich, Urteil vom 5. Dezember 2002, VB.2002.00309/00364.

[97] Art. 10 Abs. 3 SHV Kanton Freiburg (ausdrückliches und wiederholtes Verweigern, eine zumutbare und zur Verfügung stehende Beschäftigung anzunehmen bzw. ein entsprechendes Ersatzeinkommen geltend zu machen).

kantonalen Sozialhilfegesetzen und im Asylgesetz des Bundes die Als Leistungseinstellung Sanktionen für Pflichtverletzungen und unrechtmässiger Leistungsbezug sind vom Wortlaut her in etlichen kantonalen Sozialhilfegesetzen und im
Asylgesetz des Bundes gleichberechtigt mit den anderen Sanktionsarten der Kürzung, Einstellung (oder/und der Verweigerung) genannt. [98] Dabei fehlen meist
Kriterien für die Sanktionenauswahl und somit insbesondere für die Unterscheidung von Kürzung und Einstellung. [99]

Diese fehlende Differenzierung ist vor dem Hintergrund des Gebotes der Rechtssicherheit unbefriedigend. Die SKOS-Richtlinien können insoweit Hinweise geben. [100] Das – vom Wortlaut her bestehende – sehr weit gehende Ermessen für
Leistungseinstellungen muss insbesondere im Lichte der rechtlichen Prinzipien
der Verhältnismässigkeit, [101] des Rechtsmissbrauchsverbots, der Subsidiarität,
[102] und der Bedürftigkeit, [103] ausgeübt werden. Im Folgenden werden die Falltypen genannt, in denen eine Einstellung rechtmässig sein kann.

### 3.3.2.2 Einstellung von Sozialhilfeleistungen bei Rechtsmissbrauch

Die Einstellung von Sozialhilfeleistungen in diesem Sinne ist insbesondere bei
eigentlichem *Rechtsmissbrauch* [104] möglich. Für diesen Fall braucht die Leistungseinstellung keine explizite Rechtsgrundlage, weil das Prinzip des Rechts-

---

**98** Art. 22 SHG Kanton Appenzell-Ausserhoden und Art. 14 Abs. 2 SHG Kanton Appenzell-Innerhoden (Verletzung von Informations- und Mitwirkungspflichten, Verletzung von Auflagen/Weisungen, unzweckmässige
Leistungsverwendung, Weigerung der Aufnahme zumutbarer Arbeit); Art. 30 Abs. 3 SHG Kanton Glarus
(Verletzung von Mitwirkungs- und Informationspflichten); Art. 17 SHG Kanton St. Gallen (Verletzung von
spezifizierten Mitwirkungs- und Informationspflichten, Verletzung von Bedingungen und Auflagen); Art.
23 Abs. 3 SHG Kanton Schaffhausen (Verletzung von Informations- und Editionspflichten); § 165 i.V. mit
§ 17 SG Kanton Solothurn (Verletzung von Mitwirkungspflichten, Informationspflichten sowie von
Auflagen/Weisungen); § 8b SHG Kanton Thurgau (Weigerung der Aufnahme zumutbarer Tätigkeit) und
§ 25 SHG Kanton Thurgau (Nichtbefolgen behördlicher Anordnungen und Missbrauch Hilfe); Art. 31 SHG
Kanton Uri (Verletzung Auskunftspflicht, Verletzung Auflagen/Bedingungen und Weisungen); Art. 45 LAS
Kanton Waadt (fahrlässige oder absichtliche Verletzung von Auskunfts- und Informationspflichten); § 4
SHV Kanton Zug i.V.m. § 3 Abs. 2 SHG Kanton Zug (Verletzung Mitwirkungspflicht); § 24a SHG Kanton
Zürich (Verweigerung zumutbarer Arbeit oder Geltendmachung von Ersatzeinkommen); Art. 83 AsylG (Ver-
letzung von Informations-, Schadenminderungs- und Mitwirkungspflichten, Falschangaben, Anordnungen
der zuständigen Stelle und missbräuchliche Mittelverwendung).

**99** Anders Art. 24a SHG Kanton Zürich (Einstellung bei Verweigerung zumutbarer Arbeit oder Geltendmachung
Ersatzeinkommen, wenn Leistung bereits gekürzt wurde und schriftlich Leistungseinstellung unter Fristan-
setzung für Pflichterfüllung angedroht wurde).

**100** SKOS 2005 A.8-2 bis A.8-6.

**101** Siehe auch im Beitrag von *Vogel*, 2.4.

**102** Kanton Graubünden, Urteil vom 10. Oktober 2000, U 00 75 E. 2 ff. (Mitwirkungs- und Schadenminderungspflicht); Kanton Luzern, Urteil vom 22. Mai 2001, A 00 198/acb, S. 6 ff. (Entzug von Leistungen).

**103** Siehe auch im Beitrag von *Häfeli*, 4.2.

**104** Siehe dazu weiterführend auch weiter oben in diesem Beitrag unter Ziff. 2.2.

missbrauchs als ungeschriebener allgemeiner Rechtsgrundsatz gilt. [105] Zum Teil wird in den kantonalen Normen auch für Rechtsmissbrauch eine Kürzung nur bis 15% unter den Grundbedarf vorgesehen. [106]

Gemäss bundesgerichtlicher Praxis kann aber bei Rechtsmissbrauch ohne solche explizite gesetzliche Beschränkung eine vollständige Leistungseinstellung erfolgen. [107] In diesen Fällen ist alternativ eine Kürzung der materiellen Hilfe unter die gemäss kantonalem Recht bzw. den SKOS-Richtlinien vorgesehenen Existenzsicherungsminima möglich. [108]

### 3.3.2.3 Verweigerung und Einstellung von Leistungen bei Wegfall/Fehlen der Anspruchsvoraussetzungen

Die Nichtbeachtung von gewissen sozialhilferechtlichen Pflichten kann weiter dazu führen, dass die *Voraussetzungen für einen Leistungsbezug nicht gegeben sind oder wegfallen.* Das gilt insbesondere für die Bedürftigkeit und die Subsidiarität. [109] Die vollständige oder partielle Leistungseinstellung als Reaktion auf eine Pflichtverletzung kann also eine eigentliche Sanktionierung handeln, wenn das in den kantonalen Gesetzen so vorgesehen ist, oder ein blosser Rechtsnachteil, weil eine Voraussetzung für einen Leistungsanspruch wegfällt. Für die Betroffenen spielt diese juristische Differenzierung aber keine Rolle, sie empfinden die entsprechende Kürzung oder Einstellung der Leistung in der Regel als Sanktionierung.

In diesem Sinne kann die Verletzung von Mitwirkungspflichten bei der Abklärung der Bedürftigkeit im Rahmen der Aufnahme in die Sozialhilfe dazu führen, dass keine Sozialhilfe gewährt wird, weil die Bedürftigkeit nicht hinreichend festgestellt werden kann. [110] Das hat zur Folge, dass eine Verweigerung der Leistungen

---

**105** Kanton Wallis, Urteil vom 4. Februar 2005, A1/04/191 (Einstellung der Leistungen wegen wiederholter Verweigerung der Annahme konkret angebotener zumutbarer Arbeit).

**106** Art. 11 lit. a Ausführungsbestimmungen UG GR.

**107** Explizit § 15 Abs. 3 SPV Kanton Aargau; BGE 131 I 166 E. 4.3 m.w.H. (bewusstes Ausschlagen einer Erwerbstätigkeit, um sich weiter unterstützen zu lassen); Urteil vom Bundesgericht vom 14. Januar 2003, 2P.7/2003 E. 2.3.

**108** Zur Frage, ob der verfassungsmässige Anspruch auf Nothilfe im Sinne von Art. 12 BV der Leistungsverweigerung bei Rechtsmissbrauch entgegensteht, siehe unten 3.3.2.5.

**109** So auch *Tschudi*, in: *Tschudi*, 2005,S. 118 ff.; vgl. Kanton Genf, Urteil vom 19. Juli 2005, ATA/491/2005.

**110** Art. 14 Abs. 2 SHG Kanton Appenzell-Innerhoden; 22 SHG Kanton Appenzell-Ausserhoden; Art. 24 Abs. 2 SHG Kanton Freiburg; Art. 17 SHG Kanton St. Gallen.

auch ohne explizite gesetzliche Grundlage möglich ist, [111] wenn durch die fehlenden Informationen die Bedürftigkeit nicht hinreichend festgestellt werden kann. In diesem Fall fehlt es an einer Voraussetzung für den Leistungsanspruch, und die Verletzung der Mitwirkungspflicht hat unmittelbar einen Rechtsnachteil für den Betroffenen zur Folge. Allerdings dürfen die Leistungen nicht verweigert werden, wenn es dem Klienten unmöglich oder unzumutbar ist, die geforderten Dokumente einzureichen. [112]

Laufende Sozialhilfeleistungen können gekürzt oder eingestellt werden, wenn die Bedürftigkeit der betreffenden Person oder die Subsidiarität als Voraussetzungen für den Anspruch nicht mehr oder nicht mehr im gleichen Umfang bestehen. Im Rahmen der Subsidiarität dürfen aber nicht zwecklose oder unmögliche Auflagen nicht mit einer Leistungseinstellung sanktioniert werden. [113]

Hinsichtlich der Rechtsgrundlagen für Kürzungen oder Einstellungen wegen ganz oder teilweise weggefallener Bedürftigkeit oder Verletzung der Subsidiarität lässt es die Gerichtspraxis genügen, wenn die Bedürftigkeit bzw. die Subsidiarität als Voraussetzung für den Leistungsanspruch benannt ist. [114] Fällt eine entsprechende Voraussetzung weg, so ist eine Kürzung oder Einstellung zulässig, ohne dass dafür eine spezifische Rechtsgrundlage bestehen müsste. [115]

In diesen Konstellationen sind die *beweisrechtlichen Voraussetzungen für die Annahme der fehlenden Bedürftigkeit oder der fehlenden Subsidiarität* von besonderer Bedeutung. Die Sozialhilfebehörde darf im Rahmen des Untersuchungsgrund-

---

111 Art. 14 Abs. 2 SHG Kanton Appenzell-Innerhoden; 22 SHG Kanton Appenzell-Ausserhoden; Art. 24 Abs. 2 SHG Kanton Freiburg; Art. 17 SHG Kanton St. Gallen; Art. 23 Abs. 3 SHG Kanton Schaffhausen; Art. 45 Abs. 1 LAS Kanton Waadt.

112 Kanton Waadt, Urteil vom 26. November 2004, PS/2004/0198.

113 Kanton Genf, Urteil vom 20. Januar 2004, A/1256/2003-HG (Einstellung wegen fehlender Antragstellung bei ALV aufgehoben, da diese offensichtlich völlig sinnlos).

114 Vgl. z.B. Art. 12 BV (nicht in der Lage, für sich selbst zu sorgen); § 5 SPG Kanton Aargau (die eigenen Mittel genügen nicht und andere Hilfeleistungen sind nicht rechtzeitig erhältlich oder ausreichend); Art. 9 Abs. 2 SHG Bern (Hilfe wird nur gewährt, wenn und insoweit eine bedürftige Person sich nicht selber helfen kann oder wenn keine Hilfe von dritter Seite erhältlich ist); § 5 SHG Kanton Basel-Landschaft (zumutbare Selbsthilfe und Leistungen Dritter sind nicht ausreichend oder rechtzeitig erhältlich); Art. 1 Abs. 2 SHG Kanton Wallis (in einer schwierigen Lage oder Fehlen der notwendigen Mittel für den Lebensunterhalt oder die Befriedigung unerlässlicher persönlicher Bedürfnisse) und Art. 10 Abs. 3 SHG Kanton Wallis (Massnahmen der beruflichen Eingliederung nicht möglich oder in Anbetracht der Situation des Betroffenen nicht durchführbar).

115 Urteil des Bundesgerichtes vom 11. April 2008, 8C 156/2007 E. 6.3 ff.; BGE 133 V 353 E. 4.2; siehe auch *Tschudi*, in: *Tschudi*, Bern 2005, S. 122.

satzes insbesondere nicht vorschnell von einem Wegfall oder einem Nichtbestehen der Bedürftigkeit ausgehen, sondern muss die zumutbaren entsprechenden Abklärungen treffen. [116] So ist eine Einstellung der Sozialhilfeleistungen alleine deswegen, weil der Beschwerdegegner bei der Begutachtung nicht hinreichend mitgewirkt hat, unzulässig, wenn der Gutachter die Arbeitsfähigkeit trotz mangelnder Kooperation feststellen konnte. [117]

Gemäss den Richtlinien der SKOS soll die Verweigerung oder Einstellung von Unterstützungsleistungen bereits bei erheblichen Zweifeln an der Bedürftigkeit möglich sein. [118] Diese Richtlinienbestimmung enthebt die kantonalen Behörden nicht davon, das Verfahren nach den Vorgaben der kantonalen Verwaltungsverfahrensgesetzgebung zu führen. Das bedeutet insbesondere, dass die Untersuchungsmaxime gilt und somit der Sachverhalt von Amtes wegen zu ermitteln ist und die betroffene Person zur Mitwirkung verpflichtet werden kann. [119] Wo möglich und zumutbar, sind also – auch bei Verletzungen der Informations-, Editions- und Auskunftspflicht – Abklärungen der Bedürftigkeit von Amtes wegen vorzunehmen. Wo nach seriösen Abklärungen allerdings die Bedürftigkeit unbewiesen bleibt, trifft dies nach den allgemeinen Beweislastregeln den Leistungsansprecher. Das heisst, dass in diesem Fall die Leistungen verweigert oder eingestellt werden können. [120]

### 3.3.2.4 Einstellung/Verweigerung von Leistungen bei Wegfall von Bedingungen

Die Sozialhilfegesetze können explizit vorsehen, dass die Sozialhilfeleistungen durch Verfügung an Bedingungen geknüpft werden können. [121]

---

116 *Häfelin/Müller/Uhlmann*, 2006, N 1623 ff.

117 Kanton Zürich, Urteil vom 3. Februar 2005, VB 2004.00428.

118 SKOS-Richtlinie A.8-4, Ausgabe 2005.

119 *Häfelin/Müller/Uhlmann*, 2006, N 1623 ff; *Tschudi*, in: *Tschudi*, Bern 2005, S. 119 ff. m.w.H,; siehe auch im Beitrag von Breitschmid, 1.3.

120 Ebenso *Tschudi*, in: *Tschudi*, 2005, S. 120.

121 *Allgemeiner Verweis auf die Möglichkeit von Bedingungen:* Art. 17 Abs. 1 lit.c SHG Kanton St. Gallen; Art. 28 Abs. 4 SHG Kanton Uri; *Regelung des konkreten Bedingungsinhaltes:* § 9 SHG Kanton Schwyz (Bedingungen wie Beratung/Betreuung, ärztliche od. therapeutische Untersuchung, Einkommensverwaltung, Bestimmungen über Mittelverwendung, Aufnahme einer Arbeit oder anderer Verhaltensregeln, wenn dadurch zweckgemässe Verwendung oder Lage des Hilfsempfängers oder seiner Angehörigen verbessert werden kann); § 11 Abs. 2 lit c SHG Kanton Basel-Landschaft; Art. 26 SHG Kanton Schaffhausen (Abtretung von Ansprüchen); § 19 SHG Kanton Zürich (Abtretung von Ansprüchen).

Eine Bedingung im Rechtssinne liegt vor, wenn Rechtswirkungen von einem ungewissen, künftigen Ereignis abhängig gemacht werden. Im Sozialhilferecht spielt sowohl die Suspensivbedingung als auch die so genannte Resolutivbedingung eine Rolle. Bei der *Suspensivbedingung* tritt eine Rechtswirkung, zum Beispiel der Anspruch auf Sozialhilfeleistungen, erst ein, wenn die Bedingung erfüllt ist, und dauert nur so lange, wie sie erfüllt ist. [122] Bei der *Resolutivbedingung* hingegen fällt die Rechtswirkung bei Eintritt der Bedingung weg. [123]

Neben der gesetzlichen Grundlage sind Bedingungen entsprechend dem Verhältnismässigkeitsprinzip eng auf den Zweck der Sozialhilfe zu beziehen und unterstehen den Grenzen der Freiheitsrechte, namentlich der Voraussetzung der Verhältnismässigkeit. [124]

Bei Wegfall oder Nichteintritt solcher zulässiger Bedingungen fällt automatisch der Anspruch auf Sozialhilfe weg, [125] womit eine Verweigerung oder Einstellung der Sozialhilfeleistungen verbunden ist.

### 3.3.2.5 Recht auf Hilfe in Notlagen als Grenze der Leistungseinstellung?

Grundsätzlich bleibt für Kürzungen unter das absolute Existenzminimum gemäss den kantonalen Sozialhilfegesetzen und den SKOS-Richtlinien das *verfassungsmässige Recht auf Nothilfe* vorbehalten. Art. 12 BV garantiert die für das menschenwürdige Überleben unerlässlichen Mittel. Er soll Personen in Notlagen vor einer unwürdigen Bettelexistenz bewahren. [126] Gemäss Lehre und Praxis fallen bei Art. 12 BV der Schutzbereich und der Kerngehalt zusammen, weshalb kein Raum für Einschränkungen im Sinne von Art. 36 BV bleibt. [127]

Somit ist klar, dass im Falle einer aktuellen und tatsächlichen Notlage grundsätzlich ein vollständiger Entzug der Unterstützung nicht zulässig ist. [128]

Wie dargestellt kann der Anspruch auf sozialhilferechtliche Leistungen nach kantonalem Recht wegfallen bei fehlender Bedürftigkeit oder im Rahmen der Sub-

---

**122** Z.B. § 19 SHG Kanton Zürich (Abtretung von Ansprüchen als Suspensivbedingung).

**123** So könnte man rechtsdogmatisch die Einstellungsgründe auch als Resolutivbedingungen bezeichnen.

**124** Art. 10 BV, Art. 36 BV.

**125** Siehe dazu *Schleicher*, in: *Marti/Mösch Payot*, 2007, S. 277.

**126** BGE 121 I 367 E. 2c.

**127** BGE 130 I 1 E. 4; *Schefer*, 2001, S. 114.

**128** *Amstutz*, 2002, S. 299 ff.

sidiarität. Es stellt sich nun die Frage, ob auch das Recht auf Hilfe in Notlagen wegen fehlender Bedürftigkeit, Subsidiarität oder Rechtsmissbrauch entfallen kann:

Bei fehlender Bedürftigkeit [kursiv] ist dies unbestritten: Es fehlt insoweit an einer Anspruchsvoraussetzung für Art. 12 BV.

Auch das *Subsidiaritätsprinzip* spielt im Rahmen der Anspruchsvoraussetzungen von Art. 12 BV eine Rolle: Art. 12 BV sieht als negative Anspruchsvoraussetzung vor, dass jemand nicht in der Lage ist, für sich selbst zu sorgen. Darauf gestützt geht das Bundesgericht davon aus, dass in den Konstellationen, wo jemand in der Lage wäre, für sich selbst zu sorgen, es schon an den Voraussetzungen fehlt, um sich auf das Recht berufen zu können. [129] In der Lehre wird dieses weit gehende Einfallstor für die Sanktionierung von Mitwirkungspflichten zum Teil kritisiert, [130] zumal Art. 12 BV nur die absolut minimalen Mittel für das Überleben garantiert. Die Lehre verlangt überdies, dass ein bloss mögliches Dritteinkommen im Rahmen von Art. 12 BV nur berücksichtigt werden können soll, wenn es faktisch realisiert worden ist und zur Existenzsicherung eingesetzt werden kann. [131]

Umstritten ist die Frage, ob bei *Rechtsmissbrauch* der Anspruch auf Unterstützung gemäss Art. 12 BV verwirkt wird. [132] Meines Erachtens besteht kein Grund, bei Art. 12 BV entgegen allein verfassungsrechtlichen Gepflogenheiten von einer Verwirkungsmöglichkeit eines Grundrechts (in dessen Kerngehalt) auszugehen. Darum sollte bei Rechtsmissbrauch nicht das überlebensnotwendige Bedarfsminimum verweigert werden. [133] Soweit es in Fällen des Rechtsmissbrauches aber gleichzeitig an der Voraussetzung der Bedürftigkeit bzw. der Subsidiarität fehlt, ist jeder Anspruch gemäss Art. 12 BV zu verneinen.

---

129  Urteil vom Bundesgericht vom 4. März 2002, 2P.147/2002; BGE 130 I 71; siehe auch Kanton Waadt, Urteil vom 7. Juni 2005, PS.2005.0056; zu Art. 12 BV siehe weiterführend auch den Beitrag von Rüegg, Recht auf Hilfe in Notlagen, Ziffer 3.4.3; Kanton Waadt, Urteil vom 7. Juni 2005, PS.2005.0056.

130  *Auer*, 1997, S. 42; *Uebersax*, 1998, S. 12; zustimmend aber *Tschudi*, in: *Tschudi*, 2005, S. 122 ff.

131  *Amstutz*, in: *Tschudi*, 2005, S. 21 ff. m.w.H.; demgegenüber Urteil des Bundesgerichtes vom 11. April 2008, 8C 156/2007 E. 7.1 (Angebot einer zumutbaren Arbeit genügt, Einkommen muss nicht faktisch realisiert worden sein).

132  Vgl. dazu *Uebersax*, in: *Tschudi*, 2005, S. 33 ff.; siehe auch Urteil des Bundesgerichtes vom 14. Januar 2003, 2P.7/2003 E. 2.3.

133  Ebenso *Amstutz*, 2002, S. 304 ff.; *Uebersax*, in: *Tschudi*, 2005, S. 33 ff.

Es ist zu beachten , dass in allen anderen Fällen Art. 12 BV den kantonal vorgesehenen Leistungseinstellungen vorgehalten bleibt. Wo also die kantonalen Sozialhilfegesetze Einstellungsmöglichkeiten ausserhalb des Subsidiaritätsprinzips [134]
bzw. der fehlenden Bedürftigkeit vorsehen, ist das überlebensnotwendige Minimum gemäss Art. 12 BV zu gewähren. [135]

### 3.3.3 Besondere Rückzahlungskautelen

Die Rückerstattung als solche ist nicht eine eigentliche sozialhilferechtliche
Sanktion, sondern eine allgemeine sozialhilferechtliche Pflicht nach Massgabe
der jeweiligen Sozialhilfegesetzgebung. [136] Der unrechtmässige Leistungsbezug,
insbesondere das Erwirken von Leistungen durch falsche Angaben [137] oder eine
Verletzung der Meldepflicht, [138] kann aber zu verschärften Bedingungen der
Rückerstattung führen; dies hat dann sanktionierenden Charakter und wird teilweise in den Sozialhilfegesetzen nicht als Rückerstattung, sondern als Rückzahlung bezeichnet. [139] Auch die zweckwidrige Verwendung der Mittel [140] führt,
wenn ihr eine Doppelzahlung durch das Gemeinwesen vorausgegangen ist, zum
Teil zu einer verschärften Rückerstattungspflicht. [141] Das Selbstverschulden der

---

[134] Art. 22 SHG Kanton Appenzell-Ausserhoden und Art. 14 Abs. 2 SHG Kanton Appenzell-Innerhoden (Verletzung von Informations- und Mitwirkungspflichten, Verletzung von Auflagen/Weisungen, unzweckmässige
Leistungsverwendung); Art. 30 Abs. 3 SHG Kanton Glarus (Verletzung von Mitwirkungs- und Informationspflichten); Art. 17 SHG Kanton St. Gallen (Verletzung von spezifizierten Mitwirkungs- und Informationspflichten, Verletzung Bedingungen und Auflagen); Art. 23 Abs. 3 SHG Kanton Schaffhausen (Verletzung von Informations- und Editionspflichten); § 165 i.V. mit § 17 SG Kanton Solothurn (Verletzung
von Mitwirkungspflichten, Informationspflichten sowie von Auflagen/Weisungen); § 25 SHG Kanton Thurgau (Nichtbefolgen behördlicher Anordnungen und Missbrauch Hilfe); Art. 31 SHG Kanton Uri (Verletzung
Auskunftspflicht, Verletzung Auflagen/Bedingungen und Weisungen); Art. 45 LAS Kanton Waadt (fahrlässige oder absichtliche Verletzung von Auskunfts- und Informationspflichten); § 4 SHV Kanton Zug i.V.m.
§ 3 Abs. 2 SHG Kanton Zug (Verletzung Mitwirkungspflicht); Art. 83 AsylG (Verletzung von Informations-,
Schadenminderungs- und Mitwirkungspflichten, Falschangaben, Anordnungen der zuständigen Stelle und
missbräuchliche Mittelverwendung).

[135] So auch *Tschudi*, in: *Tschudi*, Bern 2005, S. 134.

[136] Siehe hierzu auch im Beitrag von *Vogel*, 6.

[137] Kanton Solothurn, Urteil vom 21. Dezember 2000, VWG/IDI/oo/34 E. 5 (unwahre Angaben bei Leistungs-
begehren); Kanton Zürich, Urteil vom 18. März 2004, VB.2004.00033 E. 2 (Liegenschaft im Ausland nicht
angegeben).

[138] Kanton Genf, Urteil vom 27. Januar 2001, ATA/843/2002 (Verletzung der Informationspflicht); Kanton Zürich, Urteil vom 8. März 2001 [VB.2000.00423] E. 3bb (Nichtmeldung einer Prozessentschädigung aus
einem Arbeitsgerichtsprozess); Kanton Zürich, Urteil vom 25. Februar 2005, VB.2004.00249 E. 4.2 (Arbeitstätigkeit Ehefrau nicht gemeldet).

[139] Z.B. § 3 SPG Kanton Aargau; § 38 Abs. 1 SHG Kanton Luzern; § 40 SHG Kanton Basel-Landschaft; Art. 41
Abs. 1 lit. a LASV Kanton Waadt (e contrario);§ 26 SHG Kanton Zürich anders, ohne verschärfende Voraussetzungen, § 25 SHG Kanton Schwyz.

[140] Kanton Genf, Urteil vom 30. April 2002, A/1141/2001-HG (missbräuchlich verwendeter Mietzins).

[141] Ausdrücklich § 26 Abs. 1 lit. b SHG Kanton Zürich.

Bedürftigkeit wird vereinzelt zum Grund für eine verschärfte Rückerstattungspflicht. [142]

Als Verschärfung zur normalen Rückerstattung wird meist die Verzinsung der Schuld für den Fall des unrechtmässigen Leistungsbezugs vorgesehen. [143] Zum Teil wird die Rückzahlungspflicht selbst in Härtefällen statuiert [144] und es werden Sonderregeln für die Verjährung bzw. Verwirkung des Anspruchs vorgesehen. [145]

Es sind aber hinsichtlich der formellen und materiellen Grenzen auch in diesen Fällen die verfassungsmässigen Rahmenbedingungen, namentlich der Schutz von Art. 12 BV, und die jeweiligen kantonalen Kürzungsgrenzen zu beachten. [146]

### 3.4 Strafrechtliche Sanktionen im Besonderen

#### 3.4.1 Allgemeines

Soweit im Zusammenhang mit Pflichtverletzungen im Rahmen der Sozialhilfe strafrechtliche Tatbestände erfüllt werden, geht es gemäss dem Willen des Gesetzgebers um Verhaltensweisen, die als strafrechtliches Unrecht gelten sollen und strafrechtlich zu sanktionieren sind.

---

142  Art. 40 Abs. 4 SHG BE (Rückerstattung, wenn «dazu in der Lage»).

143  Z.B. Art. 40 Abs. 5 SHG Kanton Bern; § 20 SHG Kanton Basel-Stadt; Art. 11 Abs. 3 UG GR; § 40 und 59 SHG Kanton Luzern; Art. 43 LAS Kanton Neuenburg; Art. 50 SHG Kanton Nidwalden; Art. 17 Abs. 5 SHG Kanton Obwalden; Art. 19 SHG Kanton St. Gallen; Art. 29 Abs. 4 SHG Kanton Schaffhausen; § 19 SHG Kanton Thurgau; Art. 35 Abs. 2 SHG Kanton Uri; Art. 21 Abs. 2 und Art. 11 Abs. 7 SHG Kanton Wallis; § 25 Abs. 3 SHG Kanton Zug.

144  Art. 18 Abs. 4 SHG Kanton Appenzell-Innerhoden (Rückerstattung in jedem Fall) – was eher appellatorische Wirkung haben dürfte. Anders § 40 SHG Kanton Basel-Landschaft und § 19 Abs. 2 SHG Kanton Basel-Stadt (Verzicht auf Rückzahlung bei grosser Härte); Art. 30 Abs. 2 SHG Kanton Freiburg (Verzicht auf Rückzahlung bei Gutgläubigkeit und grosser Härte).

145  Art. 31 Abs. 2 SHG Kanton Freiburg (Verjährungsfrist bei Straftaten nach Strafrecht); § 26 Abs. 2 SHG Kanton Zug (keine Verwirkung).

146  Explizit Kanton Thurgau, Urteil vom 24. November 2004, V269 E. 2bb (Vorbehalt des existenzsichernden Bedarfs für Kürzungen).

Für eine strafrechtliche Sanktionierung ist immer ein Schuldvorwurf an den Betroffenen notwendig, also die Vorwerfbarkeit der Tat. Davon kann von vornherein nur bei Vorsatz [147] und – soweit das vorgesehen ist – bei Fahrlässigkeit ausgegangen werden. Vorsatz liegt vor, wenn jemand strafrechtliches Unrecht, z.B. einen Betrug, mit Wissen und Willen ausübt, wobei genügt, dass er den strafrechtlich verbotenen Erfolg für möglich hält und in Kauf nimmt (sog. Eventualvorsatz [148]). Für die strafrechtliche oder verwaltungsstrafrechtliche Sanktionierung ist auf jeden Fall eine spezifische gesetzliche Grundlage notwendig. Das folgt aus der strafrechtlichen Ausformung des verfassungsmässigen Legalitätsprinzips: nulla poena sinde lege.

Hinsichtlich des Verfahrens sind im strafrechtlichen Bereich strenge rechtsstaatlich motivierte und verfassungsmässig verankerte Verfahrensregeln wie die des rechtlichen Gehörs, [149] des Anklagegrundsatzes und der Unschuldsvermutung zu beachten. Dabei ist der Sachverhalt von Amtes wegen festzustellen. [150] Eine Verurteilung kann nur erfolgen, wenn keine erheblichen Zweifel an einem Schuld begründenden Sachverhalt bestehen. [151] Die Zuständigkeit für die strafrechtliche Sanktionierung liegt grundsätzlich bei den kantonalen Strafinstanzen [152], entsprechend den jeweiligen Verwaltungsorganisationsordnungen.

Für die Vollzugsinstanzen der Sozialhilfe stellt sich die Frage, ob und inwieweit sie in Fällen des Verdachtes auf eine Straftat – entgegen der grundsätzlichen Geheimnispflicht [153] – zu einer *Strafanzeige* berechtigt sind. Die Frage ist regelmässig im Rahmen der kantonalen Strafprozessordnungen geregelt. Demnach gilt in der Regel, dass Sozialdienste zu einer Strafanzeige berechtigt, aber nicht verpflichtet sind. [154] Die Frage, ob eine Strafanzeige gemacht wird, ist also in der Regel nach pflichtgemässem Ermessen zu fällen. Die konkrete Zuständigkeit für den Entscheid ist unterschiedlich geregelt, zum Teil bestehen präzise Weisungen. Für die Entscheidung ist das Ausmass des Verschuldens genauso zu

---

**147** Art. 12 StGB.
**148** Art. 12 Abs. 2 StGB.
**149** Art. 29 BV.
**150** *Mösch Payot*, in: *Marti/Mösch Payot*, 2007, S. 338 ff.
**151** Art. 32 BV; Art. 6 EMRK.
**152** Für Verwaltungsstrafen ist grundsätzlich auch eine andere Zuständigkeitsordnung möglich.
**153** Gemäss Art. 320 StGB und kantonalen Datenschutzbestimmungen.
**154** So z.B. Art. 199 und Art. 201 des Gesetzes über das Strafverfahren des Kantons Bern vom 15. März 1995, BSG 321.1 (Anzeigepflicht nur bei Verbrechen); § 74 und 75 der Strafprozessordnung des Kantons Solothurn vom 7. Juni 1970, BSG 321.1 (keine Anzeigepflicht); § 21 Abs. 1 Strafprozessordnung des Kantons Zürich vom 4. Mai 1919, LS 321 (keine Anzeigepflicht für Behörden, deren berufliche Aufgabe ein besonderes Vertrauensverhältnis zu einem Beteiligten voraussetzt).

berücksichtigen. Ebenso ist die wahrscheinlichen Wirkungen der Anzeige auf den Integrations- und Hilfsprozess im Hinblick auf die Zwecksetzung der Sozialhilfe abzuwägen und zu berücksichtigen.

Die Frage der Anzeigepflicht von Behörden wird auch unter dem zukünftigen Regime der Eidg. Strafprozessordnung kantonal bestimmt werden. [155]

Strafrechtlich kommen für den Bereich der Sozialhilfe insbesondere der Betrug statbestand (Art. 146 StGB) i. Möglich sind auch Urkundenfälschungen (Art. 251 StGB) oder Delikte wie die falsche Beweisaussage einer Partei, falsches Zeugnis oder falsche Übersetzung (Art. 306 StGB und Art. 307 StGB i.V.m. Art. 309 StGB). Ebenso kann für die Missachtung einer sozialhilferechtlichen Pflicht in der Verfügung explizit eine Ungehorsamsstrafe nach Art. 292 StGB vorgesehen werden. Überdies sehen die kantonalen Sozialhilfegesetze teilweise ergänzende Übertretungstatbestände vor.

Wegen der erheblichen praktischen Bedeutung soll im Folgenden insbesondere auf den Betrugstatbestand und die spezifischen sozialhilferechtlichen Übertretungstatbestände genauer eingegangen werden.

### 3.4.2 Sozialhilfemissbrauch als Betrug im Sinne von Art. 146 StGB

Bei Falschangaben und insbesondere bei der Nichtanzeige wesentlicher für die Bedürftigkeit relevanter Informationen der Tatbestand des Betruges nach Art. 146 StGB verwirklicht wird. Dafü sind die Hürden relativ hoch. Nötig ist eine vorsätzliche Täuschung, die kausal zu einer Vermögensgefährdung oder einem Vermögensverlust führt. [156] Darüber hinaus muss die Täuschung arglistig erscheinen.

Von *Arglist* kann gemäss traditioneller Rechtsprechung in drei Fällen ausgegangen werden: erstens, wenn ein Klient durch besondere Machenschaften bzw. ein eigentliches Lügengebäude täuscht, zweitens, wenn zur blossen Wahrheits- und Meldepflicht des Bezügers dazu kommt, dass kein Anlass besteht, die Angaben zu überprüfen, bzw. wenn die Überprüfung der Angaben kaum möglich oder unzumutbar wäre, und schliesslich, wenn der Täter den Sozialdienst von einer Überprüfung abhält oder voraussieht, dass die Überprüfung unterlassen wird,

---

[155] Art. 302 Abs. 2 der neuen Schweizerischen Strafprozessordnung vom 15. Oktober 2007 (bei Drucklegung noch nicht in Kraft gesetzt).

[156] Im Einzelnen dazu *Stratenwerth/Jenny*, 2003, S. 329 ff.

weil ein besonderes Vertrauensverhältnis besteht. [157] In neueren Urteilen wird das Vorliegen Arglist von der Mitverantwortung des Opfers abhängig gemacht. Bei geschäftlich erfahrenen Opfern wird für Arglist verlangt, dass elementare Schutzmassnahmen vernachlässigt werden. [158] Eine Täuschung ist in diesem Sinne im Bereich des Sozialhilfemissbrauches nur dann nicht arglistig, wenn die Sozialdienste mögliche und zumutbare elementare Sorgfalts- und Abklärungsmassnahmen missachten. [159]

Die arglistige Täuschung muss auf jeden Fall vorsätzlich, also wissentlich und willentlich, erfolgen und mit der Absicht der Bereicherung [160] verbunden sein. Es genügt nicht, dass jemand fahrlässig (aus Nachlässigkeit oder pflichtwidriger Unsorgfalt) falsche Informationen mitteilt oder Veränderungen mit Bedürftigkeitsbezug nicht meldet.

Andererseits ist für die strafrechtliche Ahndung nicht notwendig, dass die Betrugsidee (vorläufig) erfolgreich ist. Auch der versuchte Betrug, zum Beispiel die Angabe falscher Tatsachen, die aber sofort von Seiten des Sozialdienstes bemerkt wird, steht unter Strafe. [161]

### 3.4.3 Sozialhilferechtliche Straftatbestände nach kantonalem Verwaltungsstrafrecht

Die Kantone sind im Rahmen von Art. 335 Abs. 2 StGB befugt, Widerhandlungen gegen das kantonale Verwaltungs- und Prozessrecht mit Sanktionen zu belegen. Von dieser Möglichkeit haben einzelne Kantone in ihren Sozialhilfegesetzen Gebrauch gemacht und sehen spezifische sozialhilferechtliche Strafbestimmungen vor. Bei diesen als Verwaltungsstrafrecht bekannten Strafnormen geht es um die Durchsetzung verwaltungsrechtlicher Bestimmungen. Die Strafandrohung bezieht sich auf die Durchsetzung der Normierungen des Sozialhilfegesetzes als kantonales Verwaltungsrecht. [162]

---

[157] BGE 107 IV 169 E. 2a.

[158] Urteil des Bundesgerichtes vom 1. Februar 2007, 6S.167/2006 E. 3.4 (betreffend eine Bank als Opfer); ähnlich Urteil des Bundesgerichtes vom 8. Mai 2007, 6S.98/2007 E. 3.2.3.

[159] Entscheid des Luzerner Kriminalgerichts vom 4. November 2005 (Ex-Ehemann kehrt in unterstützten Haushalt zurück, Meldung wird unterlassen; Sozialdienst hätte um ungeklärte Beziehungs- und Wohnsituation wissen können/müssen. Gericht hat diese Beweislage zugunsten der Angeklagten interpretiert und die Arglist verneint.).

[160] Art. 146 StGB (allerdings ist auch die arglistige, auf Vermögensverlust gerichtete Täuschung ohne Bereicherungsabsicht als arglistige Vermögensschädigung nach Art. 151 StGB verboten.

[161] Zur Strafbarkeit des Versuches siehe Art. 22 und 23 StGB.

[162] BGE 117 Ia 472; BGE 129 IV 276.

Die entsprechenden Normen haben unterschiedliche Inhalte. Zum Teil ist die Strafandrohung bezogen auf die (bewusste) Verletzung von Auskunfts- und Rückerstattungspflichten. [163] Zum Teil wird mit Strafe bedroht, wer vorsätzlich Leistungen durch unrichtige oder unvollständige Angaben oder durch Verschweigen von Tatsachen erwirkt. [164] Vereinzelt wird zusätzlich die Verweigerung oder Verunmöglichung der von der zuständigen Stelle angeordneten Kontrolle genannt. [165]

Diese hinreichend konkrete Form der Strafbestimmungen wird zum Teil in rechtsstaatlich problematischer Weise [166] erweitert auf jede Form der Erwirkung unrechtmässiger Leistungen. [167]

Die entsprechenden Pflichtverletzungen können nur strafrechtlich sanktioniert werden, wenn den Betroffenen ein Schuldvorwurf trifft. Dabei ist zunächst Vorsatz nötig. [168] Fahrlässige Pflichtverletzungen sind bislang in keinem kantonalen Sozialhilfegesetz für strafbar erklärt worden. [169] Vorsatz ist anzunehmen, wenn der Betroffene um seine Pflichten weiss und verbotene Pflichtverletzungen in Kauf nimmt. In der Praxis ist dies nur beweisbar, wenn die eindeutige Information und Belehrung unterschriftlich bestätigt und aktenmässig abgelegt ist.

Die Pflichtverletzung muss dem Betroffenen zudem vorwerfbar sein; Daran fehlt es zum Beispiel, wenn der Betroffene aus gesundheitlichen Gründen nicht schuldfähig ist. [170] In diesen Fällen ist eine strafrechtliche Sanktionierung ausgeschlossen.

---

**163** So Art. 37a SHG Kanton Freiburg (Verletzung Auskunfts- und Rückerstattungspflicht); Art. 73 LAS Kanton Neuenburg (Verletzung Auskunftspflichten).

**164** Art. 85 SHG Kanton Bern; § 170 Abs. 1 lit. a SG Kanton Solothurn.

**165** § 170 Abs. 1 lit. g SG Kanton Solothurn (wobei sich die Strafnorm strukturgemäss auf das ganze Sozialrecht des Kantons bezieht. Die Verweigerung des Einlasses im Rahmen von sozialhilferechtlichen Hausbesuchen oder anderer persönlichkeitsbezogener Kontrollen wird auf diese Weise im Kanton Solothurn unter Strafe gestellt. Meines Erachtens ist höchst fraglich, ob dies vor den verfassungsmässigen Grundsätzen der persönlichen Freiheit (Art. 10 BV) und des Schutzes der Privatsphäre (Art. 13 Abs. 1 BV) standhält. Zu bejahen wäre das nur, wenn der (unangemeldete) Hausbesuch im Einzelfall als absolut notwendig für die Überprüfung der Ansprüche erscheint).

**166** Insb. im Hinblick auf das Bestimmtheitsgebot gemäss Art. 1 StGB.

**167** § 59 Abs. 1 SPG Kanton Aargau; § 48a SHG Kanton Zürich.

**168** Ausdrücklich Art. 85 SHG Kanton Bern.

**169** Auch fahrlässige Pflichtverletzungen können aber zu anderen Sanktionen wie Leistungskürzungen führen, wo die entsprechenden Voraussetzungen geben sind.

**170** Art. 19 StGB.

Beteiligungsformen an der Straftat wie die Gehilfenschaft und der Versuch werden teilweise explizit als strafbar statuiert. [171]

In den kantonalen Sozialhilfegesetzen ist vor allem die Busse als Sanktion vorgesehen. Andere Straftypen wären grundsätzlich im Rahmen der verfassungsmässigen Ordnung möglich, weil Verwaltungsstrafrecht originär kantonales Strafrecht ist, [172] sie kommen aber – zu Recht – nicht vor.

Die Zumessung und das Höchstmass der Busse richtet sich nach dem kantonalen Recht, welches insoweit allerdings meist auf das Bundesrecht verweist. [173] Zum Teil sehen die Sozialhilfegesetze selber Höchstsummen vor. [174]

Das Verfahren richtet sich in der Regel nach den jeweiligen Strafprozessordnungen, womit die Strafverfolgungsbehörden für die Ausfällung der Sanktionen zuständig sind. [175]

---

**171** § 59 Abs. 1 SPG Kanton Aargau; Art. 23 Abs. 2 SHG Kanton Aargau; wo dieser Hinweis fehlt, kann sich die Strafbarkeit von Versuch oder Gehilfenschaft aus dem kantonalen Verwaltungsstrafrecht ergeben.

**172** *Stratenwerth*, 2005, § 4 N 21 ff.; *Niggli/Wiprächtiger*, 2007, Art. 335 N 27.

**173** So Art. 1 EG StGB BE (BSG 311.1).

**174** Art. 23 Abs. 1 SHG Kanton Appernzell-Ausserhoden (CHF 10 000.-); § 170 SG Kanton Solothurn (CHF 10 000.-).

**175** Explizit Art. 23 Abs. 3 SHG Kanton Appenzell-Ausserhoden.

# 4 Fazit

Die Sozialhilfe als staatliches Bedarfsleistungssystem sieht ein spezifisches gesetzlich vorgesehenes Leistungsprogramm vor. Naturgemäss kann es in der Praxis zu einer Vielzahl von Abweichungen davon kommen.

Die entsprechenden Fehler können dazu führen, dass Bedürftige trotz Anspruch die ihnen zustehende Unterstützung nicht erhalten, oder umgekehrt, dass unrechtmässig Leistungen bezogen werden oder mit der Bedarfsleistung verbundene Pflichten verletzt werden. Es ist zu hoffen, dass die Fokussierung des öffentlichen (und fachlichen) Interesses auf Letzteres nicht dazu führt, die Problematik des Ersteren völlig in Vergessenheit geraten zu lassen.

Der rechtsstaatlich korrekte und dem Rechtsgleichheitsprinzip verpflichtete Umgang mit unrechtmässigem Leistungsbezug und mit Pflichtverletzungen verlangt nach klarer Begriffsbestimmung, eindeutigen Regelungen und nach einem rechtlich einwandfreien Verfahren:

Der heute oftmals ungenau und undifferenziert verwendete Terminus des Sozialhilfemissbrauches muss rational geklärt werden, auch wenn oder gerade weil der Begriff keinen Eingang in die Gesetzgebung gefunden hat.

Berücksichtigt man, dass dem Begriff ein erhebliches Vorwurfs- und Schuldelement innewohnt, so wird klar, dass von Sozialhilfemissbrauch nur gesprochen werden kann, wo zu objektiv feststellbaren Verletzungen von sozialhilferechtlichen Pflichten eine subjektive Komponente des Vorsatzes und der Bereicherungsabsicht dazukommt, unabhängig davon, ob das entsprechende Verhalten gar strafrechtlich relevant ist. Sozialhilfemissbrauch umfasst Verhaltensweisen, die mehr als blosse Pflichtverletzungen sind, ohne notwendigerweise bereits strafrechtliche Relevanz aufweisen zu müssen.

Der praktische Umgang mit Pflichtverletzungen und unrechtmässigem Leistungsbezug kann sich nicht nur am Sozialhilfemissbrauch in diesem Sinne orientieren, sondern muss auf alle Formen der Pflichtverletzung reagieren.

Die Darstellung der heute breiten Möglichkeiten von Nichteintreten, Kürzungen oder gar Einstellungen zeigt, dass es an Möglichkeiten der Sanktionierung in den geltenden Sozialhilfeerlassen nicht fehlt. Dazu kommt, dass in Fällen, wo strafrechtlich erhebliches Verhalten zu vermuten ist, zusätzlich eine strafrechtliche Reaktion denkbar ist.

Bei dieser Vielfalt an Sanktionierungsvarianten ist es unabdingbar, dass die Praxis sich der Kriterien der Eignung und der Notwendigkeit bezogen auf die Zwecke der Sozialhilfe bedient und die Sanktionierungsziele mit den Sanktionierungsfolgen für die Betroffenen abwägt. Nur so kann dem Verhältnismässigkeitsprinzip und dem Individualisierungsprinzip Rechnung getragen werden.

Die kantonalen Gesetze weisen erhebliche Unterschiede in der Dichte der Regelung der sanktionierbaren Tatbestände, im Umfang der möglichen Kürzungen bzw. der Verweigerung oder Einstellung von Leistungen und in der Präzision der Verfahrensregeln auf. Die Rechtsprechung hat im Lichte der rechtsstaatlichen Grundsätze einige Rahmenbedingungen der Sanktionierung geklärt, hat aber bislang über alles gesehen Leistungseinschränkungen bis hin zum Entzug der Leistungen in weitem Ausmasse auch ohne klare Rechtsgrundlagen geschützt.

Aus Gründen des Gesetzmässigkeitsprinzips, der Rechtssicherheit und der Handhabbarkeit für die Praxis wäre – wo noch nicht geschehen – de lege ferenda eine präzise Regelung der sanktionierbaren Tatbestände und der Sanktionsstufen zu begrüssen. Dabei wäre es wünschenswert, wenn im Sinne des Verhältnismässigkeitsprinzips gesetzlich verankert würde, ob und unter welchen Voraussetzungen eine Leistungskürzung unter das absolute Existenzminimum gemäss den SKOS-Richtlinien möglich sein soll. Ebenso sollten die Verfahrensregeln möglichst deutlich verankert werden.
So kann die juristische Grundlage geschaffen werden, mit Pflichtverletzungen bis hin zu Sozialhilfemissbrauch rational und ohne Flurschaden für die Sozialhilfe als Ganzes umgehen zu können.

# Literaturverzeichnis

*Amstutz Kathrin*, Das Grundrecht auf Existenzsicherung: Bedeutung und inhaltliche Ausgestaltung des Art. 12 der neuen Bundesverfassung, Diss. Bern 2002.

*Auer Andreas*, le droit à des conditions minimales d'existence: un nouveau droit social?, in: Mélanges den l'honneur du Professeur Charles André Junod, Genf 1997.

*Eggo Barbara/Kirchhofer Maia*, (Kein) Sozialhilfemissbrauch? Qualitative Untersuchung anhand von fünf Schweizer Städten. Diplomarbeit HSA Luzern 2007.

*Häfelin Ulrich/Müller Georg/Uhlmann Felix*, Allgemeines Verwaltungsrecht, 5. Aufl., Zürich 2006.

*Hirschboeck Thomas*, Sozialhilfemissbrauch in Deutschland aus juristischer Sicht, Berlin 2005.

*Maeder Christoph/Nadai Eva*, Organisierte Armut, Sozialhilfe aus wissenssoziologischer Sicht, Band 7 der Reihe «Erfahrung – Wissen – Imagination», Schriften zur Wissenssoziologie, hrsg. von Hans-Georg Soeffner, Hubert Knoblauch, Jo Reichertz, Konstanz 2004.

*Marti Adrienne/Mösch Payot Peter/Pärli Kurt/Schleicher Johannes/Schwander Marianne (Hrsg.)*, Recht für die Soziale Arbeit, Bern 2007.

*Niggli Marcel A./Wiprächtiger H. (Hrsg.)*, Strafrecht I und II, Basler Kommentar, 2. Auflage, Basel 2007.

*Ogg Marcel*, Die verwaltungsrechtlichen Sanktionen und ihre Rechtsgrundlagen, Diss. Zürich 2002.

*Schefer Markus*, Der Kerngehalt von Grundrechten, Bern 2001.

*Schweizerische Konferenz für Sozialhilfe*, Kontrolle und Sanktionen in der Sozialhilfe, Massnahmen zur Qualitätssicherung und Verhinderung von Sozialhilfemissbrauch, Bern 2006; ‹www.skos.ch/de/?page=publikationen/grundlagendokumente› (zuletzt besucht am 2. Juni 2008 )

*Stratenwerth Günter*, Schweizerisches Strafrecht, Allgemeiner Teil I: Die Straftat, 3. Auflage, Bern 2005.

*Stratenwerth Günter/Jenny Guido*, Schweizerisches Strafrecht Besonderer Teil I: Straftaten gegen Individualinteressen, 6. Auflage, Bern 2003.

*Tschudi Carlo (Hrsg.)*, Das Grundrecht auf Hilfe in Notlagen, Menschenwürdige Überlebenshilfe oder Ruhekissen für Arbeitsscheue?, Bern 2005.

*Uebersax Peter*, Stand und Entwicklung der Sozialverfassung der Schweiz, in: AJP 1998, S. 3 ff.

*Wogawa Diane*, Missbrauch im Sozialstaat, Diss. Leipzig 1999, Wiesbaden 2000.

*Wolffers Felix*, Grundriss des Sozialhilferechts, Bern/Stuttgart/Wien 1993.

**Zweiter Teil**
Organisation und Verfahren

Christoph Rüegg
**Organisation, Träger, Zuständigkeiten, Finanzierung**

# Inhaltsverzeichnis

# 1 Kompetenzverteilung zwischen Bund, Kanton und Gemeinde

Der Bund normiert in materiellrechtlicher Hinsicht mit Art. 12 BV das Grundrecht auf Hilfe in Notlagen und garantiert jedem sich in der Schweiz aufhaltenden Menschen ein menschenwürdiges Überleben. Aus Art. 12 BV kann aber keine Bundeskompetenz abgeleitet werden, etwa zum Erlass eines Bundesgesetzes über die Sozialhilfe. Hingegen ist Art. 115 BV eine Kompetenznorm, indem bestimmt wird, dass die *Kantone* für die Unterstützung Bedürftiger zuständig sind. Die Kantone haben die verfassungsrechtliche Verpflichtung zur Regelung und zum Vollzug der Sozialhilfe. Im Gesetzgebungsverfahren wurde ausdrücklich darauf verzichtet, dem Bund die Kompetenzen betreffend den Mindestgehalt der Leistungen und die Grundsätze über den Rechtsschutz zu erteilen, [1] ein System, das beispielsweise Deutschland gewählt hat. Dem Bund kommt aber immerhin im 2. Satz von Art. 115 BV die Kompetenz zu, die Ausnahmen [2] und Zuständigkeiten [3] zu regeln. Auch aus dieser Bestimmung kann aber keine umfassende Koordinationskompetenz des Bundes abgeleitet werden. [4]

---

1   *Maeder/Nadai*, 2004, Art. 115 BV, N 3 f.
2   Beispielsweise Bundesgesetz über die Fürsorgeleistungen an Auslandschweizer (ASFG) vom 21. März 1973 oder Asylgesetz, siehe auch den Beitrag von *Rüegg*, Das Recht auf Hilfe in Notlagen, 2.4 und 2.6.
3   Der Bund hat das Bundesgesetz über die Zuständigkeit für die Unterstützung Bedürftiger vom 24. Juni 1977 (ZUG) erlassen.
4   Siehe auch den Beitrag von *Rüegg*, Das Recht auf Hilfe in Notlagen, 2.2.

Der Bundesgesetzgeber hat die Frage der *interkantonalen* Zuständigkeit im Bundesgesetz über die Zuständigkeit für die Unterstützung Bedürftiger vom 24. Juni 1977 (ZUG) [5] geregelt. Dieses Gesetz bestimmt, welcher Kanton für die Unterstützung von Bedürftigen zuständig ist, und regelt die Rückerstattung von Unterstützungsleistungen zwischen den Kantonen. [6] Das ZUG normiert das Prinzip der wohnörtlichen Unterstützung, indem grundsätzlich der Wohnkanton im Sinne des zivilrechtlichen Wohnsitzbegriffs zur Ausrichtung von Leistungen verpflichtet ist (Art. 4 ZUG). [7] Fehlt ein Unterstützungswohnsitz, so ist nach Art. 12 ZUG der Aufenthaltskanton unterstützungspflichtig. [8] Ausländer ohne Wohnsitz in der Schweiz werden ebenfalls vom Aufenthaltskanton unterstützt (Art. 21 ZUG). Das ZUG dient auch der Regelung von interkantonalen Kompetenzstreitigkeiten.

Die Regelung der *innerkantonalen* Organisation ist Sache des kantonalen Rechts, da es sich bei der Sozialhilfe aufgrund von Art. 115 BV hauptsächlich um ein kantonalrechtliches Institut handelt. Sämtliche Kantone der Schweiz haben ein Sozialhilfegesetz erlassen. Die kantonalen Sozialhilfegesetze mit den dazugehörigen Verordnungen regeln die Zuständigkeit, Finanzierung, Voraussetzungen und das Verfahren für die Ausrichtung von (materieller) Sozialhilfe für hilfsbedürftige Personen im jeweiligen Kanton.

---

5  SR 851.1; siehe auch den Beitrag von *Anderer*. Die interkantonale Vereinbarung für soziale einrichtungen (IVSE) und das Bundesgesetz über die Zuständigkeit für die Unterstützung Bedürftiger (ZUG)

6  Dazu umfassend *Thomet*, 1994, 30ff.

7  Art. 4 Abs. 1 ZUG bestimmt, dass ein Bedürftiger seinen Unterstützungswohnsitz im Kanton hat, wo er sich mit der Absicht dauernden Verbleibens aufhält.

8  Der unterstützungspflichtige Aufenthaltskanton kann jedoch vom Heimkanton die Kostenrückerstattung verlangen (Art. 15 ZUG).

## 2 Organisation der Sozialhilfe auf Behördenebene

### 2.1 Mehrheitlich Organisationskompetenz der Gemeinden

Die Sozialhilfe zeichnet sich in der Schweiz durch einen ausgeprägt föderalistischen Aufbau aus. Die meisten Kantone delegieren die Kompetenz zur Behördenorganisation und den Vollzug der Sozialhilfe an die Gemeinden. Der Vollzug der Sozialhilfe ist demzufolge mehrheitlich *Aufgabe der Gemeinden* und zeigt eine grosse kantonale Vielfalt. [9] Dabei ist augenfällig, dass die kantonalen Sozialhilfegesetze den Gemeinden einen grossen Spielraum zugestehen und nur teilweise einen Zusammenschluss einzelner Gemeinden zur gemeinsamen Aufgabenbewältigung vorsehen (z.B. in den Kantonen Solothurn und Freiburg). Die Kompetenzdelegation an die Gemeinden stellt sicher, dass für städtische und ländliche Gebiete jeweils angepasste Lösungen realisiert werden können, [10] und entspricht der historisch gewachsenen Ordnung des Fürsorgewesens in der Schweiz. Diese Vielfalt macht eine Quantifizierung der existierenden kommunalen sozialhilferechtlichen Organisationsformen sehr aufwändig, aber auch sehr spannend, zumal aus den kantonalen Sozialhilfegesetzen die von den Gemeinden gewählte Organisation vielfach nicht abgelesen werden kann. Dazu kommt die Schwierigkeit, aufgrund der grossen Vielfalt an Organisationsformen vergleichbare Kriterien zu finden. Zwei Studien haben sich bisher vertieft mit der Organisation der Sozialhilfe in der Schweiz auseinandergesetzt. [11]

Aufgrund der kantonalen Organisationsfreiheit in diesem Bereich können die Kantone auch eine zentralisierte Organisationsform wählen. In fünf Kantonen ist der Vollzug mehr oder weniger kantonalisiert. [12] Es sind dies die Kantone Basel-Stadt, Glarus, Genf, Tessin und die Waadt. Dabei kann der Vollzug vollständig von kantonalen Instanzen getätigt werden (z.B. auf dem Stadtgebiet von Basel-Stadt oder in der Stadt Genf), oder dem Kanton kommen die zentralen Aufgaben zu und die Gemeinden werden in den Vollzug miteinbezogen (z.B. richten im Kanton Tessin die Gemeinden die Sozialhilfe aus oder im Kanton Glarus kommen den drei «Stützpunkten» Vollzugskompetenzen zu).

---

**9**  *Wolffers*, 1993, S. 59.
**10**  A.a.O.
**11**  *Fluder/Stremlow*, 1999 und *Höpflinger/Wyss*, 1994.
**12**  *Wyss*, 1999, S. 26.

## 2.2 Kompetenzen und Wahl der kommunalen Sozialbehörden

Wie wir gesehen haben, fällt in den meisten Kantonen die Sozialhilfe in den Zuständigkeitsbereich der Gemeinden oder eines Zusammenschlusses verschiedener Gemeinden zu einem Zweckverband. Anhand der kantonalen Sozialhilfegesetze der Kantone ohne zentralistische Konzentration der Kompetenzen beim Kanton wird dargelegt, wie die Kompetenzen und Zuständigkeiten der Sozialbehörden geregelt sind. Dabei unterscheidet die Lehre drei [13] bzw. vier Grundformen [14] für eine mögliche Organisation der Sozialbehörde und der Verwaltung. Beide Studien sind älteren Datums, und es wurden zwischenzeitlich die meisten Sozialhilfegesetze revidiert, sodass eine Überarbeitung dieser Daten notwendig wurde. Aufgrund der grossen organisatorischen Offenheit der kantonalen Sozialhilfegesetze gibt die folgende Einteilung nur die groben Züge der vorherrschenden Organisationsformen wieder und ermöglicht so einen Überblick.

### 2.2.1 Der Gemeinderat bildet die Sozialbehörde

In den Kantonen Aargau, Luzern, Schaffhausen, Zug, Neuchâtel und Ob- und Nidwalden amtiert der Gemeinderat gleichzeitig als Sozialbehörde. Mit Ausnahme des Kantons Luzern ist in diesen Kantonen eine Aufgabendelegation an eine Fachkommission möglich. Von dieser Möglichkeit haben die Mehrheit der Gemeinden in den Kantonen Ob- und Nidwalden Gebrauch gemacht, während in den Kantonen Aarau, Zug und Schaffhausen mehrheitlich der Gemeinderat zuständig ist. Wo Fachbehörden geschaffen wurden, setzen sich diese mehrheitlich aus Gemeinderäten zusammen. Die Fachbehörden haben in der Regel nur beratende Funktion ohne selbständige Entscheidungskompetenzen.

### 2.2.2 Kantone mit eigenständigen Sozialbehörden

In den Kantonen Uri und Basel-Landschaft werden die Sozialbehörden durch die *Volkswahl* bestimmt. Im Kanton Zürich ist die Volkswahl ebenfalls vorgesehen, wobei die Sozialbehörden der grösseren Städte vom Gemeindeparlament gewählt werden. [15] In den Sozialhilfegesetzen der Kantone Appenzell-Ausserrhoden, Schwyz, Thurgau und St. Gallen ist die Sozialbehörde in der Regel eine selbständige Behörde. Die Mitglieder werden mehrheitlich vom *Gemeinderat* ernannt und

---

13  *Höpflinger/Wyss*, 1994, S. 35.
14  *Stremlow*, 1997, Kap. 2.2.
15  Im Kanton Zürich haben ca. 130 Gemeinden eine Sozialbehörde und bei ca. 40 Gemeinden ist die Fürsorgebehörde mit dem Gemeinderat identisch. Meistens ist ein Vertreter des Gemeinderates Präsident der Sozialbehörde.

nur in der Minderzahl gewählt. Es kommt aber auch vor, dass der Gemeinderat die Sozialbehörde bildet. In den Kantonen Freiburg, Jura und Solothurn, wo sich die kleinen Gemeinden auf regionaler Ebene zu Sozialkommissionen zusammenschliessen müssen, werden die Mitglieder von den angeschlossenen *Gemeinden* gewählt.

### 2.2.3 Kantone mit Organisationsfreiheit

Die Kantone Appenzell-Innerrhoden, Bern, Graubünden und das Wallis sehen in ihren Sozialhilfegesetzen keine bestimmten Zuständigkeiten vor und lassen den Gemeinden einen entsprechend grossen Organisationsfreiraum. Somit kommen in diesen Kantonen verschiedene Organisationsformen nebeneinander vor, ohne dass sie einem klaren Typ zugeordnet werden können. So bestimmt beispielsweise das Sozialhilfegesetz des Kantons Bern, dass der Gemeinderat zuständig ist, sofern durch die Gemeinde keine andere Regelung getroffen wurde. Folge davon ist, dass im Kanton Bern in 30% der Gemeinden der Gemeinderat zuständig ist, in 60% eine Sozialbehörde und in 10% der Gemeinden das Sozialamt oder der regionale Sozialdienst die Funktion der Sozialbehörde hat. [16]

### 2.3 Personelle Zusammensetzung der kommunalen Sozialbehörden

Bei etwa einem Drittel aller Kantone sind in den Sozialhilfegesetzen Regelungen über die Mitgliederzusammensetzung zu finden. Diese Regelungen betreffen die Mitgliederzahl wie auch die Mitwirkung der gewählten Gemeindeexekutive in der Sozialbehörde. Bei etwa der Hälfte der Kantone hat der Gemeinderat ein Mitglied zu delegieren oder das Präsidium zu übernehmen, und bei einem Drittel sind Vorschriften über die Gesamtzahl enthalten. [17] Sämtliche Sozialhilfegesetze verzichten darauf, Wählbarkeitsvoraussetzungen für Mitglieder von Sozialbehörden vorzusehen. So zählen in der Deutschschweiz rund 5% der Mitglieder von Sozialbehörden zu den Fachleuten mit einer höheren Ausbildung, [18] was im Vergleich z.B. mit Baubehörden und im Blick auf die immer vielschichtiger werdenden Fälle und das komplexer werdende Rechtswissen tief ist. Es fällt weiter auf, dass der Anteil von Fachpersonen wie auch die Anzahl Mitglieder pro Sozialbehörde mit der Gemeindegrösse leicht zunimmt. [19] Falls der tiefe Qualifikationsgrad der Behördemitglieder nicht durch ein professionelles Sozialamt

16  Vgl. *Stremlow*, 1997, Kap. 1.1d.
17  *Höpflinger/Wyss*, 1994, S. 36.
18  *Stremlow*, 1997, Kap. 1.6.
19  Vgl. Statistik bei Stremlow, 1997, Kap. 1.8.

aufgefangen werden kann, besteht die Gefahr der Überforderung bei komplexen und zeitaufwändigen Fällen. Bei der Existenz eines professionellen Sozialamtes müsste die Sozialbehörde zudem das notwendige Fachwissen besitzen, um ihre Aufsichtsfunktion gegenüber der Verwaltung wahrzunehmen.

### 2.4 Auswirkung der Gemeindegrösse auf die Behördenorganisation

Die Grösse der Gemeinde hat einen wichtigen Einfluss auf die Bestellung der Sozialbehörde. [20] Mit zunehmender Gemeindegrösse steigt der Anteil gewähl-ter Sozialbehörden kontinuierlich an. Während bei den Gemeinden mit einer Einwohnerzahl zwischen 750 und 1999 Einwohnern etwas mehr als die Hälfte der Gemeinden den Gemeinderat als Sozialbehörde bestimmt haben, sind in Ge-meinden mit über 10 000 Einwohnern zu 81% Sozialbehörden tätig. [21] Je kleiner eine Gemeinde ist, desto geringer sind die Problemdichte und tendenziell auch die Anzahl der Fälle und das politische System ist wenig ausdifferenziert. So ist es in Kleinstgemeinden oft wenig sinnvoll, neben dem Gemeinderat weitere Gremien zu schaffen. [22] Weiter zeigt sich, dass mit steigender Gemeindegrösse auch die Kompetenzen der Sozialbehörde zunehmen. Die Autonomie der Sozial-behörde wächst mit der Einwohnerzahl. [23]

---

**20**  *Wolffers*, 1993, S. 59.

**21**  Genaue statistische Daten finden sich bei *Stremlow*, 1997, Kap. 1.1d.

**22**  *Höpflinger/Wyss*, 1994, S. 37.

**23**  Bei 40% der kleinen Gemeinden mit eigenständiger Sozialbehörde trifft dennoch der Gemeinderat die letz-tinstanzliche Entscheidung, während bei den dies Städten lediglich noch zu 5% der Fall ist; vgl. *Stremlow*, 1997, Kap. 1.1d.

# 3 Organisation der Sozialhilfe auf Verwaltungsebene

## 3.1 Eigene Sozialabteilung als Standard

Ein wesentliches Kriterium für die Organisation der Sozialhilfe bei den einzelnen Gemeindeverwaltungen ist die Grösse der jeweiligen Gemeinde. [24] Die Mehrzahl der grösseren Gemeinden in der Schweiz verfügen über eine eigene Sozialabteilung. Während kleinste und kleinere Gemeinden (750 bis 1999 Einwohner) ein wenig professionalisiertes Sozialamt oder gar keine spezialisierte Sozialabteilung besitzen, haben fast sämtliche Gemeinden mit über 5000 Einwohnern ein gemeindeeigenes Sozialamt. Dabei handelt es sich meistens um ein ausgebautes Sozialamt mit einem Sozialdienst, da sich die Sozialabteilungen mit zunehmender Gemeindegrösse ausdifferenzieren und spezialisieren. In kleinen Gemeinden übernehmen häufig der Gemeindeschreiber oder die Mitglieder der Sozialbehörde die Aufgaben oder einen Teil der Aufgaben des Sozialsekretärs und führen beispielsweise Gespräche mit Klientinnen und Klienten durch. Dieses Modell wird aber kontinuierlich von institutionalisierten Sozialämtern zurückgedrängt. So verpflichten immer mehr Sozialhilfegesetze die Gemeinden, ein Sozialamt zu führen (z.B. Kanton Luzern, Aargau, Appenzell-Innerrhoden, Obwalden) oder sich zu Regionen zusammenzuschliessen (z.B. Kanton Jura, Freiburg oder Solothurn). Der Kanton Bern verpflichtet die Gemeinden, einen eigenen Sozialdienst zu führen, einen Sozialdienst zusammen mit anderen Gemeinden zu betreiben oder sich einem Sozialdienst einer anderen Gemeinde anzuschliessen. [25]

## 3.2 Personelle Dotation

Der Professionalisierungsgrad ist von Gemeinde zu Gemeinde sehr unterschiedlich. [26] Er hängt vor allem von der Gemeindegrösse und nur sekundär von der Organisationsform ab. Je grösser die Gemeinde ist, desto eher trifft man auf Mitarbeitende mit einer höheren Fachausbildung. Die Gemeinden mit mehr als 10 000 Einwohnern haben praktisch alle auch qualifiziertes Fachpersonal in ihren Sozialämtern angestellt. [27] Der Kanton Bern schreibt eine Mindestgrösse des professionellen Sozialdienstes vor von 150 Stellenprozenten [28] und subventio-

**24** *Wolffers*, 1993, S. 59.
**25** Art. 18 SHG Kanton Bern.
**26** *Maeder/Nadai*, 2004, S. 33.
**27** *Stremlow*, 1997, Kap. 2.2.
**28** Art. 3 SHV Kanton Bern.

niert die Gemeinden mit einer Pauschale pro bewilligte Stelle von zur Zeit ca. Fr. 150'000.- pro Jahr. [29] Der Abschluss einer Fachausbildung ist aber nur ein Kriterium für die Professionalität, da Wissen auch auf andere Weise erworben werden kann und die Dauer der Anstellung und die persönliche Disposition auch eine Rolle spielen. Es kann aber generell beobachtet werden, dass die Sozialhilfe immer professioneller wird.

### 3.3 Entscheidungsträger

Fürsorgerechtliche Leistungen werden i.d.R. durch die Sozialbehörden gesprochen. Der Kanton Bern delegiert die Festsetzung und Gewährung von Leistungen an die professionellen Sozialdienste. [30] Dazu haben sie vielerorts auch ein eigenes «Fürsorgereglement» geschaffen, welches eine rechtsgleiche Ausrichtung der Leistungen ermöglicht. Kleine Gemeinden kennen noch das klassische Milizsystem, bei dem die Behördenmitglieder die Aufgaben der Sozialhilfe (Anlaufstelle, Abklärung, Entscheidung, Vollzug und Beratung) im Nebenamt wahrnehmen. In grösseren Gemeinden existiert ein Sozialamt und es besteht eine Aufgabenteilung zwischen Behörde und Verwaltung. Dem Sozialamt/Sozialdienst kommt die Aufgabe zu, den Sachverhalt abzuklären und Antrag zu stellen, und die Sozialbehörde entscheidet über die Gewährung der materiellen Hilfe [31] und ist strategisch tätig. Das Sozialamt leistet auch die Beratungs- und Betreuungsarbeit. Dabei ist zu beobachten, dass mit der Gemeindegrösse auch die Entscheidungsbefugnis der Mitarbeitenden der Sozialämter zunimmt.

---

**29**  Art. 34 SHV Kanton Bern.
**30**  Art. 19 Abs. 1 lit. f. SHG Kanton Bern.
**31**  *Wolffers*, 1993, S. 60.

## 4 Finanzierung und Kostenersatz

Die Sozialhilfe wird aus öffentlichen Mitteln, d.h. Steuern, finanziert und nicht aus Lohnprozenten oder Beiträgen, womit sich die Sozialhilfe klar von den Sozialversicherungen unterscheidet. Die Kosten tragen die Kantone und Gemeinden, wobei bezüglich der gewählten Finanzierungsmodelle grosse Unterschiede zwischen den einzelnen Kantonen existieren. Der Bund beteiligt sich nur an der Sozialhilfe für Asylsuchende.

Eine Reihe von Kantonen kennen innerkantonale Lastenausgleichssysteme, um die Kosten der Sozialhilfe zwischen dem Kanton und den Gemeinden aufzuteilen. Kriterien für die Berechnung des Lastenausgleichs können die Steuerkraft, die Anzahl Fälle in Bezug auf die Wohnbevölkerung, der Nettoaufwand pro Einwohner im Vergleich zum Kantonsmittel oder eine Kombination dieser und weiterer Faktoren sein. [32] Ein Kanton kennt das Modell, dass der Kanton erst dann einen Zuschuss spricht, wenn eine bestimmte kommunale Belastungshöhe erreicht ist. [33] In etwas mehr als der Hälfte der Kantone finanzieren die Gemeinden die Sozialhilfeausgaben allein, wobei für gewisse Fälle wieder Sonderregelungen geschaffen wurden. Die Geltendmachung der interkantonalen Kostenrückerstattung aufgrund des ZUG [34] ist in allen Kantonen Aufgabe des kantonalen Sozialamtes.

---

[32] Z.B. wählt der Kanton Aargau das Kriterium zwei und drei, der Kanton Freiburg die ersten zwei Kriterien als Berechnungsgrundlage für den Lastenausgleich.

[33] Im Kanton Schaffhausen bezahlt der Kanton ab einer bestimmten Belastungshöhe, die sich je hälftig nach der Einwohnerzahl und der absoluten Steuerkraft bestimmt, einen Beitrag in der Höhe von 40 bis 70% der getätigten Sozialausgaben.

[34] Beispielsweise in Notfällen (Art. 14 ff. ZUG).

# Literaturverzeichnis

*Fluder/Stremlow*, Armut und Bedürftigkeit, Bern 1999.

*Höpflinger François/Wyss Kurt*, Am Rande des Sozialstaates: Formen und Funktionen öffentlicher Sozialhilfe im Vergleich, Bern/Stuttgart/Wien 1994.

*Maeder Christoph/Nadai Eva*, Organisierte Armut, Sozialhilfe aus wissenssoziologischer Sicht, Konstanz 2004.

*Stremlow Jürgen*, Die Organisation öffentlicher Sozialhilfe in den Gemeinden der Deutschschweiz, Teilauswertung der Spezialbefragung «Wandel des Sozialwesens in der Gemeinde», Zürich 1997.

*Thomet Werner*, Kommentar zum Bundesgesetz über die Zuständigkeit für die Unterstützung Bedürftiger (ZUG), Zürich 1994.

*Wolffers Felix*, Grundriss des Sozialhilferechts, Bern/Stuttgart/Wien 1993.

*Wyss Kurt*, Sozialhilfe – eine tragende Säule der sozialen Sicherheit? Ein Überblick über die in der Schweiz ausgerichteten bedarfsabhängigen Sozialleistungen. Bundesamt für Statistik, Neuchâtel 1999.

Cornelia Breitschmid
# Verfahren und Rechtsschutz
Grundzüge des Verwaltungsverfahrens, Rechts- und Datenschutz

# Inhaltsverzeichnis

# 1 Grundzüge des Verwaltungsverfahrens

## 1.1 Einleitung – Sozialhilferecht als Verwaltungsrecht

*«Öffentliche Verwaltung im funktionellen Sinn ist die Besorgung gesetzlich über-
tragener Staatsaufgaben durch das Gemeinwesen.»*

Unter Zuhilfenahme dieses Zitats [1] – welches den Charakter des Verwaltungsrechts positiv umschreibt – kann festgehalten werden, dass Sozialhilferecht Verwaltungsrecht und somit öffentliches Recht ist. Sozialhilferecht erfüllt in klas-
sischer Art und Weise die zitierte Umschreibung von Verwaltungsrecht. Im Gegensatz zu zivilrechtlichen Verhältnissen, welche durch private Rechtssubjekte
weitgehend selber gestaltet werden können, werden im Verwaltungsrecht Rechte
und Pflichten gegenüber dem Privaten regelmässig nach einem geregelten Verfahren durch einseitige Verfügung [2] festgesetzt und liegen allein in der Hand der
zuständigen Behörde. Aufgrund dessen kommt dem Verwaltungsverfahrensrecht
eine zentrale Bedeutung zu: Es hat insbesondere den *rechtsstaatlichen Vollzug*
des Verwaltungsrechts zu garantieren und den *Rechtsschutz des Privaten* zu gewährleisten. [3]

Das Verwaltungsrecht und seine Verfahren werden geprägt durch die Garantien
der Bundesverfassung bzw. durch die Verfassungsgrundsätze. Zu diesen werden
gezählt: [4]

· der Grundsatz der Gesetzmässigkeit
· der Grundsatz des öffentlichen Interesses
· der Grundsatz der Verhältnismässigkeit
· der Grundsatz von Treu und Glauben
· der Grundsatz der Rechtsgleichheit

---

1    *Tschannen/Zimmerli*, 2005, § 1 Rz 13, Zitat und weitere Ausführungen zum Wesen des Verwaltungsrechts.
2    Die Terminologie ist uneinheitlich, oft wird eine Verfügung auch Entscheid (z.B. § 44 Abs. 2 SPG Kanton
     Aargau oder Art. 51 SHG Kanton Bern, welche beide Ausdrücke verwenden) oder Beschluss (z.B. § 38
     Abs. 2 SHG Kanton Solothurn) genannt; auch im weiteren Verwaltungsrecht wird der Begriff «Verfügung»
     oft gar nicht verwendet; so stellt z.B. auch ein Fahrzeugausweis oder eine Baubewilligung eine Verfügung
     dar (s. *Tschannen/Zimmerli*, 2005, § 28 Rz 3f.)
3    *Häfelin/Müller/Uhlmann*, 2006, N 1612.
4    Art. 5, 8 Abs. 1, und 9 BV; *Tschannen/Zimmerli*, 2005, S. 119 ff.; siehe auch den Beitrag von *Vogel*, 2.

Diese Grundsätze binden den Staat in seinem gesamten Handeln. Einerseits müssen Gesetze und Verordnungen unter Berücksichtigung dieser Verfassungsgrundsätze ausgestaltet sein, andererseits müssen eben diese Gesetze und Verordnungen auch unter Berücksichtigung dieser Verfassungsgrundsätze ausgelegt werden, und die Verwaltungsbehörden haben ihnen bei der Rechtsanwendung nachzuleben. Neben diesen fünf Verfassungsgrundsätzen spielen auch die Garantien für ein rechtsstaatliches Verfahren, heute als allgemeine Verfahrensgarantien in Art. 29 BV verankert, eine prägende Rolle im Verwaltungsrecht. Diese Garantien und Grundsätze des Verfassungsrechts definieren einen *Minimalstandard*, der jedoch von so grundlegender Wirkung ist, dass er *nicht eingeschränkt*, sondern lediglich ergänzt werden darf. [5]

Die kantonalen Sozialhilfegesetze regeln Verfahrensfragen nur punktuell, weshalb auf das jeweilige kantonale Verwaltungsrecht zurückzugreifen ist. Einige Sozialhilfegesetze verweisen explizit auf das kantonale Verwaltungsrecht. [6] Da die kantonalen Verwaltungsgesetze wie vorerwähnt die Garantien und Grundsätze des Verfassungsrechts zu gewährleisten haben, rechtfertigt es sich, die einzelnen Verfahrensschritte insbesondere unter dem Gesichtspunkt dieser Grundsätze zu betrachten.

Ein Verwaltungsverfahren wird auf *Gesuch* hin oder von Amtes wegen eingeleitet. In der Folge klärt die Behörde ihre *Zuständigkeit*, stellt den *Sachverhalt* fest und gewährt das *rechtliche Gehör*. Durch eine *Verfügung* wird dieses erstinstanzliche, unstrittige Verfahren abgeschlossen. Dies gilt auch im sozialhilferechtlichen Verfahren. Nachfolgend soll auf die einzelnen Schritte eines Verwaltungsverfahrens in der Sozialhilfe bis hin zur Verfügung eingegangen werden. Wird eine Verfügung angefochten, beginnt das zweitinstanzliche, strittige Rechtsmittelverfahren. [7]

---

[5]   *Häfelin/Müller/Uhlmann*, 2006, Rz 98 ff. und 1617; *Müller*, 1999, S. 494 f.

[6]   Z.B. § 58 Abs. 4 SPG Kanton Aargau; Art. 10 SHG Kanton Bern; § 65 SHG Kanton Solothurn; § 75 Abs. 2 SHG Kanton Luzern.

[7]   Siehe auch weiter unten in diesem Beitrag unter 1.2.

## 1.2 Einleitung des Verfahrens

Bedarf eine Person der Sozialhilfe, so muss sie grundsätzlich ein Gesuch stellen, damit das entsprechende Verfahren eingeleitet wird. [8] Einige Kantone fordern explizit, dass das Gesuch schriftlich gestellt werden muss. [9] Zum Teil sehen Sozialhilfegesetze aber auch vor, dass ein Verfahren von Amtes wegen eingeleitet werden kann, [10] teilweise werden Behörden dazu aufgefordert, allenfalls anspruchsberechtigte Personen darauf aufmerksam zu machen, dass sie um Sozialhilfe nachsuchen können. [11]

Zwar findet im Verwaltungsverfahren und damit auch im Sozialhilferecht grundsätzlich die *Offizialmaxime* [12] Anwendung. Doch da Sozialhilfe als Bedarfsleistung ausgerichtet wird, ist im Verwaltungsverfahren auch immer eine Mitwirkung der bedürftigen Person vonnöten. Damit kommt auch die *Dispositionsmaxime* zur Anwendung. In diesem Sinne wird die Offizialmaxime relativiert, da mitwirkungsbedürftige Verfügungen von der Dispositionsmaxime beherrscht werden. [13] So hat denn auch das Zürcher Verwaltungsgericht entschieden, dass einerseits die Sozialhilfe nicht aufgezwungen werden darf und andererseits es zulässig ist, auf die Ausrichtung von Sozialhilfe zu verzichten, wenn trotz verschiedener Kontakte nie konkret Leistungen beantragt wurden und aus dem Verhalten der Person geschlossen werden konnte, dass sie darauf verzichtet. [14]

Zur Einleitung des Verfahrens gehört auch, dass die Behörde
· von Amtes wegen ihre Zuständigkeit prüft,
· von Amtes wegen das Vorliegen von Ausstandsgründen – wegen einer allfälligen Befangenheit – prüft,
· die Partei- und Prozessfähigkeit der Beteiligten prüft. [15]

---

8   Z.B. § 4 Abs. 1 SHV Kanton Luzern; Art. 10 SHG Kanton Wallis, Art. 23 Abs. 1 SHG Kanton Freiburg; viele Sozialhilfegesetze sprechen von *«Hilfesuchenden»*, was impliziert, dass ein Gesuch gestellt werden muss, stellvertretend für viele: § 14 Abs. 1 SHG Solothurn.

9   Z.B. § 8 Abs. 1 SPV Kanton Aargau: *«Das Gesuch um materielle Hilfe hat schriftlich zu erfolgen.»*

10  Z.B. Art. 49 Abs. 1 SHG Kanton Bern, § 25 Abs. 2 SHV Kanton Zürich.

11  Z.B. § 21 SHG Kanton Uri; § 73 Abs. 2 SHG Kanton Luzern.

12  *Tschannen/Zimmerli*, 2005, § 30 RZ 19: Bei der Offizialmaxime werden Einleitung und Gegenstand des Verfahrens von der Behörde bestimmt; im Gegensatz dazu die Dispositionsmaxime, wo Einleitung und Gegenstand des Verfahrens durch die Parteien bestimmt werden.

13  *Tschannen/Zimmerli*, 2005, § 30 Rz 20.

14  Kanton Zürich, Urteil vom 29. August 2000, VB.2000.00159, so auch § 25 Abs. 2 SHV Kanton Zürich.

15  *Tschannen/Zimmerli*, 2005, § 30 Rz 29.

### 1.3 Ermittlung des Sachverhalts und Mitwirkungspflichten

Im Verwaltungsverfahren und damit auch im Sozialhilferecht gilt grundsätzlich das Untersuchungsprinzip, das durch die Mitwirkungspflicht der Parteien relativiert wird. [16]

Das *Untersuchungsprinzip* bedeutet, dass die Verwaltung von Amtes wegen für die richtige und vollständige Abklärung des rechtserheblichen Sachverhalts zu sorgen hat. Die Behörde ist an die Vorbringen einer Partei nicht gebunden und hat falls notwendig weitere Erhebungen durchzuführen. [17] Folgende *Beweismittel* sind bundesrechtlich für die Feststellung des Sachverhalts zulässig: [18]

· Urkunden
· Auskünfte der Parteien
· Auskünfte oder Zeugnis von Drittpersonen
· Augenschein
· Gutachten von Sachverständigen

Da nicht alle kantonalen Verwaltungsrechtspflegegesetze die zulässigen Beweismittel konkret nennen oder sie nicht abschliessend aufzählen, sind auch weitere Beweismittel zugelassen. [19] Die kantonalen Sozialhilfegesetzgebungen nennen nur ausnahmsweise, mit welchen Mitteln der Sachverhalt erhoben werden kann. [20] Um die Bedürftigkeit und den individuellen Bedarf einer Person abklären zu können, sind die verschiedensten Beweismittel vorstellbar. Zu beachten ist, dass diese tauglich sein müssen, um den Sachverhalt zu erheben.

---

**16**  *Häfelin/Müller/Uhlmann*, 2006, Rz 1625.

**17**  Kanton Bern, Urteil vom 6. März 2003, 21499U E. 2.2.4: Die Sozialhilfebehörde hätte von Amtes wegen überprüfen müssen, ob die Kosten für eine zahnärztliche Behandlung wegen eines Notfalls entstanden waren, auch wenn dies nicht geltend gemacht wurde; auch in diesem Sinne Kanton Waadt, Urteil vom 28. November 2002, PS.2002.0133 E. 2: Ein gegenüber den Gesuchstellern ergangener sozialversicherungsrechtlicher Entscheid (in Bezug auf Ergänzungsleistungen), der aufgrund eines damals vorhandenen Vermögens negativ ausfiel, genügte nicht, um den Gesuchstellern die Sozialhilfe zu verweigern. Die Behörde hätte von Amtes wegen den Verbleib des Vermögens untersuchen müssen.

**18**  Bundesgesetz über das Verwaltungsverfahren vom 20. Dezember 1968 (VwVG), SR 172.021, Art. 12.

**19**  Kanton Bern, Urteil vom 5. März 2003, 21576U E. 5: Das Berner Verwaltungsrechtspflegegesetz nennt die zulässigen Beweismittel nicht abschliessend; in der Folge wurde eine Aktennotiz, welche die telefonische Auskunft einer Ärztin (zur Präzisierung ihres Schreibens) festhielt, als zulässiges Beweismittel angesehen.

**20**  § 27 SHV Kanton Zürich: «*¹Die Abklärung der Verhältnisse erfolgt in erster Linie durch Befragung des Hilfesuchenden und Prüfung seiner Unterlagen. Weitere Personen sind mit Zurückhaltung beizuziehen. ²Die Fürsorgebehörde kann sich auf Erhebungen anderer Stellen stützen.*»

Neben den persönlichen Angaben der Hilfe suchenden Person sind z.B. das Einfordern von Lohn- und Taggeldabrechnungen, Kontoauszügen, Mietverträgen, Krankenkassen- und anderen Versicherungspolicen, Steuerveranlagungen, Ausweisen über Unterhaltszahlungen oder -ansprüchen, aber auch von Arztzeugnissen und IV-Entscheiden hilfreich und üblich. [21] Daneben kann ein Augenschein in der Wohnung ein Bild über die soziale und wirtschaftliche Lage vermitteln. [22] Für besondere Hilfeleistungen, wie z.B. Fremdbetreuung von Kindern oder Suchttherapien, [23] sind häufig spezifische Abklärungen vorzunehmen oder auch Zweitmeinungen einzuholen. [24]

Neben dem Untersuchungsprinzip ist auch die *Rechtsanwendung von Amtes wegen* zu beachten: Die Behörde ist verpflichtet, die richtigen, auf die Sache zutreffenden Rechtsnormen anzuwenden. [25]

Die grundsätzlich geltende Untersuchungsmaxime wird durch die *Mitwirkungspflicht* der Parteien relativiert. In allen kantonalen Sozialhilfegesetzgebungen findet sich eine umfassende Mitwirkungs-, Auskunfts- und Informationspflicht der Sozialhilfe beantragenden und beziehenden Person. [26] Die Mitwirkungspflicht greift vorab für Tatsachen, welche eine Partei besser kennt als die Behörden und welche diese ohne Mitwirken der Partei gar nicht oder nicht mit vernünftigem Aufwand erheben können. Zudem entbеht die Untersuchungsmaxime die Parteien nicht von der Obliegenheit, den massgebenden Sachverhalt darzustellen,

---

21 Zu den Mitwirkungspflichten kann auch gehören, dass die Sozialhilfe beantragende Person eine spezifische Vollmacht erteilt, damit die Sozialhilfebehörde die notwendigen Auskünfte selber einholen kann (Kanton Genf, Urteil vom 15. April 2003, A/924/2002-HG E. 3: Die Sozialhilfebehörde hatte zu Recht die Sozialhilfeleistungen eingestellt, nachdem sich der Gesuchsteller trotz mehrmaliger Aufforderungen weigerte, ein Vollmacht zuhanden seiner Bank auszustellen).

22 *Wolffers*, 1993, S. 197f.

23 Z.B. § 14 Abs. 4 SPG Kanton Aargau: «*Sie stützt sich bei ihrem Entscheid auf die Abklärungen und Empfehlungen medizinischer und anderer Fachstellen [...]*».

24 Z.B. SKOS-Richtlinien B.4-3 bezüglich kostspieliger Zahnbehandlungen und der Möglichkeit, einen Vertrauenszahnarzt beizuziehen.

25 *Tschannen/Zimmerli*, 2005, § 30 Rz 23ff.

26 Stellvertretend § 2 SPG Kanton Aargau: «*¹Personen, die Leistungen nach diesem Gesetz geltend machen, beziehen oder erhalten haben, sind verpflichtet, über ihre Verhältnisse wahrheitsgetreu und umfassend Auskunft zu geben sowie die erforderlichen Unterlagen vorzulegen. ²Kommen sie dieser Verpflichtung nicht nach, sind die zuständigen Behörden berechtigt, die für den Vollzug erforderlichen Auskünfte einzuholen. ³Personen, die Leistungen nach diesem Gesetz geltend machen oder beziehen, sind verpflichtet, Veränderungen in ihren Verhältnissen umgehend zu melden.*»

denn sie tragen die objektive Beweislast. Das zwingt auch eine um Sozialhilfe ersuchende Person, die ihr nützlich scheinenden Behauptungen einzubringen und entsprechende Beweisbegehren zu stellen. [27]

Zur Ermittlungsphase gehört unabdingbar die Ermittlung und Würdigung der Parteistandpunkte, welche mittels Gewährung des rechtlichen Gehörs erfolgt. Darauf ist nachfolgend gesondert einzugehen.

## 1.4 Gewährung des rechtlichen Gehörs

### 1.4.1 Das rechtliche Gehör als Mitwirkungsrecht

Der Ausdruck «rechtliches Gehör» steht als Sammelbegriff für die persönlichkeitsbezogenen Mitwirkungsrechte der Parteien im Verwaltungsverfahren. Einerseits will das rechtliche Gehör sicherstellen, dass die Verfahrensbeteiligten in ihrer Würde und Personalität ernst genommen werden. Andererseits dient das rechtliche Gehör als Mittel der Sachaufklärung. [28] Der Anspruch auf rechtliches Gehör wird in Art. 29 Abs. 2 BV als Minimalgrundsatz festgehalten. Er umfasst insbesondere: [29]

· das Recht auf vorgängige Anhörung
· das Recht auf Mitwirkung bei der Beweiserhebung
· das Recht auf Akteneinsicht
· das Recht auf Vertretung und Verbeiständung
· das Recht auf Begründung von Verfügungen

---

27 Kanton Zürich, Urteil vom 10. Juni 2004, VB.2004.00125 E. 3.2: Der Beschwerdeführer hatte versäumt, die von ihm geltend gemachte volle Arbeitsunfähigkeit zu belegen; insbesondere hatte er behandelnde Ärzte nicht benannt und auch keine entsprechenden Arztzeugnisse eingereicht; er hatte deshalb die Folgen der Beweislosigkeit zu tragen, zumal auch ein Gericht nicht einfach an Arztzeugnisse gelangt; das Gericht schützte deshalb die Weisung der Sozialbehörde, eine zumutbare Arbeitsstelle anzunehmen; Kanton Waadt, Urteil vom 15. Mai 2003, PS.2003.0033 E. 2: Die Gesuchstellerin hatte es versäumt, ihre Bedürftigkeit nachzuweisen, da sie mehrfach weder die vereinbarten Termine wahrnahm noch auf die Aufforderungen, Auskünfte über ihre finanziellen Verhältnisse zu geben, reagierte. Unter diesen Umständen war es der Behörde nicht möglich, ihre finanzielle Situation abzuklären.

28 *Tschannen/Zimmerli*, 2005, § 30 Rz 35f.

29 *Häfelin/Müller/Uhlmann*, 2005, N 1672.

### 1.4.2 Vorgängige Anhörung

Bevor eine Behörde verfügt, muss sie die Parteien anhören. Dies bedeutet, dass die Behörde die Äusserungen der Betroffenen tatsächlich zur Kenntnis nehmen und sich sachgerecht damit auseinandersetzen muss. Gleichzeitig muss die Behörde – damit den Betroffenen eine Stellungnahme überhaupt erst möglich wird – ihnen den voraussichtlichen Inhalt oder zumindest die wesentlichen Elemente der Verfügung bekanntgeben, sofern sie diese nicht selbst beantragt haben oder deren Inhalt voraussehen konnten. [30]

Im Verwaltungsverfahren erfolgt die Anhörung in der Regel auf dem Weg des individuellen Schriftenwechsels. [31] Ein verfassungsmässiger Anspruch auf eine mündliche Anhörung besteht nicht. Dies drängt sich nur dort auf, wo persönlichkeitsbezogene Verhältnisse zu beurteilen sind, namentlich wenn der persönliche Eindruck von der Partei und Auskünfte über deren Lebensweise für die zu treffende Entscheidung wesentlich sind. [32]

### 1.4.3 Mitwirkung bei der Beweiserhebung

Das Recht auf Mitwirkung bei der Beweiserhebung beinhaltet nicht nur das Recht auf *Teilnahme am Beweisverfahren*, sondern auch das Recht, *Beweisanträge* zu stellen.

Der Anspruch beinhaltet demnach einerseits die Abnahme der rechtzeitig und formgerecht angebotenen Beweismittel, sofern sie eine erhebliche Tatsache betreffen und nicht offensichtlich untauglich sind, um über die Tatsache Beweis zu erbringen. Andererseits gehört – anlehnend an das Recht auf Anhörung – ebenfalls dazu, dass Betroffene an Augenscheinen und Zeugeneinvernahmen teilnehmen und zu Äusserungen der Gegenpartei Stellung nehmen können. Zudem sind wichtige Aussagen von Parteien, Zeugen und Experten zu protokollieren und die Ergebnisse des Beweisverfahrens den Betroffenen zur Kenntnis zu bringen. [33]

---

**30**  *Häfelin/Müller/Uhlmann,* 2005, Rz 1680f.

**31**  *Tschannen/Zimmerli,* 2005, § 30 Rz 40.

**32**  Kanton Zürich, Urteil vom 8. März 2004, VB.2004.00414 E. 2.2 mit weiteren Hinweisen; im Rechtsmittelverfahren wurde dem Beschwerdeführer eine mündliche Anhörung nicht zugestanden, da der persönliche Eindruck – anders als allenfalls bei einer Anordnung einer Beistandschaft – nicht entscheidrelevant war.

**33**  *Häfelin/Müller/Uhlmann,* 2006, RZ 1686; Kanton Basel-Landschaft, Urteil vom 4. Februar 2004, 2002/319 Nr. 18: Die Sozialbehörde hatte die Kürzung eines Diätzuschlags verfügt, ohne über die Mehrkosten der Diät Beweis abzunehmen, sodass eine Rückweisung der Sache an die Vorinstanz erfolgte.

### 1.4.4 Akteneinsicht

Anspruch auf Akteneinsicht haben im nichtstreitigen Verwaltungsverfahren jene, die *Partei* im Verfahren sind und *schutzwürdige Interessen* verfolgen. Eine Sozialhilfe beantragende oder beziehende Person hat demnach das Recht, in ihre sie betreffenden Akten Einsicht zu nehmen. Sie kann ihr Akteneinsichtsrecht selbst am Sitz der Akten führenden Behörde wahrnehmen, sie darf sich Aufzeichnungen machen und, falls es keine übermässigen Umstände verursacht, Fotokopien erstellen. Es besteht hingegen kein Anspruch auf Zusendung der Akten. [34] Damit die Akteneinsicht gewährleistet ist, ist den Betroffenen ausserdem ein geordnetes Dossier vorzulegen. [35]

Das Einsichtsrecht unterliegt jedoch auch gewissen *Schranken.* Einerseits kann in die Akten des *internen amtlichen Verkehrs* keine Einsicht genommen werden, damit die Meinungsbildung der Verwaltung geheim gehalten werden kann. Allerdings dürfen diese internen Akten nicht zur Abstützung einer behördlichen Anordnung dienen, ansonsten Einsicht zu gewähren ist. [36] Andererseits kann die Akteneinsicht aus *Geheimhaltungsinteresse* des Staates eingeschränkt werden, z.B. zum Schutz von Auskunftspersonen. Dabei ist das Interesse an der Einsicht und der Geheimhaltung abzuwägen. Falls die Akten geheim zu halten sind, darf die Behörde diese nicht verwenden oder muss dem Betroffenen den wesentlichen Inhalt – z.B. mit Abdecken gewisser Stellen – dennoch bekannt geben. [37]

### 1.4.5 Vertretung und Verbeiständung

Der Anspruch auf Vertretung und Verbeiständung umfasst das Recht, sich in einem Verfahren *auf eigene Kosten* vertreten oder beraten zu lassen. [38]

Um Sozialhilfe ersuchende Personen können sich im nicht streitigen Verwaltungsverfahren ohne Weiteres vertreten lassen, da es sich beim Anspruch auf Sozialhilfe nicht um ein höchstpersönliches Recht handelt. [39] Einzelne Kantone haben dieses Recht auch in ihren Sozialhilfegesetzen festgeschrieben. [40] Allerdings entbindet die Vertretung eine um Sozialhilfe ersuchende Person nicht von der Teilnahme an einer mündlichen Anhörung vor der Behörde.

---

34  *Häfelin/Müller/Uhlmann,* 2006, Rz 1691.
35  Kanton Zürich, Urteil vom 2. Dezember 2004, VB.2004.00412 E. 2.
36  *Häfelin/Müller/Uhlmann,* 2006, Rz 1692.
37  *Häfelin/Müller/Uhlmann,* 2006, Rz 1693ff.
38  *Häfelin/Müller/Uhlmann,* 2006, Rz 1704; zur unentgeltlichen Vertretung siehe auch weiter unten in diesem Beitrag unter 1.6.
39  Kanton Aargau, Urteil vom 12. August 2005, WBE.2005.151 E. 2.3.
40  Z.B. Art. 49 Abs. 2 SHG Kanton Bern.

### 1.4.6 Begründung von Verfügungen

Aus der Pflicht der Behörde, Betroffene ernst zu nehmen und sich mit ihren Anliegen sachgerecht auseinanderzusetzen, folgt die behördliche Pflicht, einen Entscheid zu begründen. Diese Begründungspflicht wird für bundesrechtliche Verfahren in Art. 35 Abs. 1 VwVG festgehalten, in den Kantonen kommt das jeweilige kantonale Verfahrensrecht zur Anwendung. [41] Aus dem verfassungsrechtlichen Anspruch auf rechtliches Gehör leitet sich auch der Mindestanspruch auf Begründung ab: Die Begründung muss Betroffene in die Lage versetzen, die Tragweite der Entscheidung beurteilen zu können, sodass sie in voller Kenntnis der Umstände in der Lage sind, allenfalls ein Rechtsmittelverfahren anzustrengen. [42] Die Begründung erfüllt folgende Funktionen: [43]

- *Rationalisierung* der Entscheidung: Mit der Reduktion der Begründung auf den im konkreten Fall wesentlichen Sachverhalt wird die Behörde zu einer minimalen Selbstkontrolle gezwungen und verhindert, dass sie sich von unsachlichen Motiven leiten lässt.
- *Transparenz* der Entscheidung: Betroffene müssen nachvollziehen können, warum die Behörde so und nicht anders entschieden hat.
- *Akzeptanz* der Entscheidung: Eine gute Begründung kann dazu führen, dass Betroffene auch eine für sie negative Verfügung akzeptieren.

Die Begründung muss zuerst einmal schlüssig sein und die wesentlichen Überlegungen, von denen sich die Behörde leiten lässt und auf welche sich ihr Entscheid stützt, enthalten. [44] Daneben muss ersichtlich sein, von welchem Sachverhalt die Behörde ausgeht und welche Rechtsnormen zur Anwendung kommen. Dies bedeutet, dass die Würdigung des Sachverhalts mit den rechtlichen Vorschriften verknüpft werden muss: Der Subsumtionsvorgang muss nachvollziehbar sein. [45]

Eine Begründung darf durchaus knapp ausfallen, soweit sie die wesentlichen Beweggründe der Behörde enthält, [46] sie muss jedoch höheren Anforderungen

---

**41** Einige Kantone sehen in ihren Sozialhilfegesetzen die Begründungspflicht explizit vor, so z.B. § 12 Abs. 3 SHV Kanton Luzern, und Art. 35 SHG Kanton Schaffhausen.

**42** *Häfelin/Müller/Uhlmann*, 2006, Rz 1705ff.

**43** *Tschannen/Zimmerli*, 2005, § 29 Rz 12; dazu auch ausführlich BGE 112 Ia 107, E. 2b, S. 109f.

**44** Urteil vom 6. November 2002, 1P.254/2002 E. 6, mit weiteren Hinweisen.

**45** *Tschannen/Zimmerli*, 2006, § 29 Rz 13.

**46** Kanton Aargau, Urteil vom 26. Oktober 2005, WBE.2005.74.

gerecht werden, je grösser der Spielraum ist, der einer Behörde infolge Ermessens und unbestimmter Rechtsbegriffe eingeräumt ist. [47] Die Begründung muss sich nicht ausdrücklich mit jeder Tatsachenbehauptung und jedem rechtlichen Einwand auseinandersetzen, sondern kann sich auf die für den Entscheid wesentlichen Gesichtspunkte beschränken. [48]

### 1.4.7 Folgen der Verletzung des rechtlichen Gehörs

Wird das rechtliche Gehör verletzt, kann dies insbesondere zur *Aufhebung des angefochtenen Entscheids* führen, unabhängig von den Erfolgsaussichten in der Sache selbst. Der Mangel kann jedoch *geheilt* werden, wenn die Gewährung des rechtlichen Gehörs in einem Rechtsmittelverfahren nachgeholt werden kann. Dies bedingt allerdings, dass eine Überprüfung im gleichen Umfang wie durch die Vorinstanz möglich ist und die Verletzung des rechtlichen Gehörs nicht besonders schwer wiegt. [49] Kann der Mangel des verletzten rechtlichen Gehörs nicht geheilt werden, so wird der Beschluss der Vorinstanz aufgehoben und die Sache zur Neubeurteilung an diese zurückgewiesen. [50]

Die Verletzung des rechtlichen Gehörs kann – selbst bei Heilung des Mangels und Erfolglosigkeit in der Sache selbst – dazu führen, dass die *Verfahrens- und Parteikosten* entgegen dem Ausgang des Verfahrens nicht oder nur teilweise der unterliegenden Partei auferlegt werden. [51]

---

47 BGE 112 Ia 107, E. 2b, S. 110.

48 Urteil des Bundesgerichts vom 6. November 2002, 1P.254/2002 E. 6, mit weiteren Hinweisen.

49 Kanton Aargau, Urteil vom 13. Oktober 2005, WBE.2005.99 mit Hinweisen auf die bundesgerichtliche Rechtsprechung; in der zu beurteilenden Beschwerde wurden eine teilweise Verletzung der Begründungspflicht sowie das Nichtzustellen einer Vernehmlassung festgestellt, was aber insgesamt die Beschwerdeführerin nicht daran gehindert hatte, eine begründete Beschwerde einzureichen; zudem konnten die Mängel bereits im Verfahren vor der Vorinstanz geheilt werden; ausführlich zur Heilung einer Verletzung des rechtlichen Gehörs vgl. *Seiler*, 2004, S. 377 ff.

50 Kanton Zürich, Urteil vom 22. Juni 2000, VB.2000.00165: Der Entscheid der Vorinstanz war teilweise nicht genügend begründet, und dem Beschwerdeführer wurden entscheidrelevante Dokumente nicht zur Vernehmlassung zugestellt – offenbar weil er sich in einer Eingabe ungebührlich und drohend geäussert hatte, was aber nicht die Verletzung des rechtlichen Gehörs rechtfertigte –, weshalb die Sache zurückzuweisen war.

51 Kanton Luzern, Urteil vom 22. Mai 2001, A_00_198: Die Beschwerde wurde unter anderem wegen Verletzung des rechtlichen Gehörs gutgeheissen, was dazu führte, dass die Beschwerdeführerin sämtliche Parteikosten durch das Gemeinwesen zu erstatten waren.

## 1.5 Erlass der Verfügung

Nach Einleitung des Verfahrens, der darauf folgenden Sachverhaltsabklärung und dem Gewähren des rechtlichen Gehörs wird mit Erlass und Eröffnung der Verfügung das erstinstanzliche, nichtstrittige Verwaltungsverfahren *abgeschlossen*. Dabei ist zu beachten, dass die Verfügung gewisse formelle Elemente enthalten soll: [52]

- *Titel:* Die Verfügung soll als solche bezeichnet sein; zur Beurteilung, ob eine Verfügung vorliegt, ist der Titel jedoch nicht massgebend, sondern es ist allein auf Zweck und Inhalt eines Schriftstücks abzustellen. [53]
- *Absender:* Zu nennen sind die korrekte Bezeichnung der verfügenden Behörde und ihre Adresse.
- *Adressat und Vertreter:* Zu nennen ist der Adressat, wobei dieser eindeutig mit Adresse zu bezeichnen ist; das Gleiche gilt für einen allfälligen Vertreter.
- *Sachverhalt:* Kurze Zusammenfassung des wesentlichen Sachverhalts.
- *Erwägungen:* Die Erwägungen enthalten die eigentliche Begründung, welche die wesentlichen Entscheidgründe und die angewendeten Rechtsnormen enthalten muss; ausserdem muss auf die relevanten Parteibegehren eingegangen werden.
- *Dispositiv:* Das Dispositiv enthält die eigentliche Verfügungsformel, welche das Rechtsverhältnis regelt und die Rechte und Pflichten des Adressaten in der Sache bestimmt sowie die Kostenregelung vornimmt. Nur das Dispositiv ist im Rechtsmittelverfahren anfechtbar.
- *Ort, Datum und Unterschrift*
- *Eröffnungsformel:* Zu nennen sind die Parteien und allfällige weitere Beteiligte, denen die Verfügung zu eröffnen respektive zur Kenntnis zu bringen ist.
- *Rechtsmittelbelehrung:* Zu nennen sind das ordentliche Rechtsmittel, die Rechtsmittelinstanz und die Rechtsmittelfrist. [54]

---

[52] In Anlehnung an *Tschannen/Zimmerli*, 2005, § 29 Rz 10ff.

[53] Kanton Aargau, Urteil vom 19. November 2003, BE.2003.00216: Mangels einer eigentlichen Verfügung ging das Gericht davon aus, dass die Behörde die monatlichen Sozialhilfebudgets als formelle Verfügungen betrachtete; Kanton Bern, Urteil vom 21. November 2001, 2829/01: Aufgrund dessen, dass ein provisorischer Entscheid nicht als solcher bezeichnet worden war und zudem eine falsche Rechtsmittelbelehrung enthielt, erachtete es das Gericht als gerechtfertigt, einen Teil der Parteikosten der Behörde aufzuerlegen, die diese Fehler begangen hatte.

[54] Siehe vorstehende Fussnote und das dort zitierte Berner Urteil vom 21. November 2001, 2829/01; Kanton Waadt, Urteil vom 25. März 2004, PS.2002.0111 E. 1a, hält fest, dass gemäss der kantonalen Rechtsprechung das Rechtsmittel auch genannt werden muss, falls die Verfügung mündlich eröffnet wird.

Für die Form und die Eröffnung einer Verfügung bestehen in der Regel gesetzliche Formvorschriften. [55] Einige Kantone sehen sogar in ihren Sozialhilfegesetzgebungen ausdrücklich eine schriftliche Verfügungspflicht vor. [56] Fehlt eine gesetzliche Regelung, so gilt der Grundsatz der freien Wahl der Form. Die Behörde trägt aber in jedem Fall die Beweislast dafür, dass eine Verfügung erlassen und den Betroffenen eröffnet worden ist. [57] Aufgrund dieser *Beweislast* und aus Gründen der *Rechtssicherheit* empfiehlt sich jedenfalls eine schriftliche Verfügung und die Eröffnung derselben mittels eingeschriebener Post oder gegen schriftliche Empfangsbestätigung. Erfolgt die Verfügung nicht in schriftlicher Form, so können Betroffene jederzeit eine schriftliche Verfügung verlangen. [58]

Weigert sich eine Behörde, eine Verfügung zu erlassen, wo sie eine erlassen müsste, so begeht sie eine Rechtsverweigerung. Sowohl das Verbot der Rechtsverweigerung als auch das Verbot der Rechtsverzögerung sind in Art. 29 Abs. 1 BV statuiert. Verweigert oder verzögert eine Behörde den Erlass einer Verfügung, wird dieses Nichthandeln prozessual einer Verfügung gleichgestellt, gegen die Beschwerde geführt werden kann. [59]

### 1.6 Unentgeltliche Rechtspflege

Um das Gleichheitsprinzip und die Garantie eines fairen Verfahrens für alle Personen unabhängig von ihrer finanziellen Situation zu gewährleisten, sieht Art. 29 Abs. 3 BV einerseits einen Anspruch auf *unentgeltliche Prozessführung* und andererseits falls notwendig einen Anspruch auf einen *unentgeltlichen Rechtsbeistand* vor. Wiederum stellt der verfassungsrechtliche Anspruch eine Minimalgarantie dar, welche die Kantone erweitern können. [60]

---

55  Für den Bund bestimmen die Art. 34 f. VwVG, dass eine Verfügung schriftlich zu erfolgen hat, als solche bezeichnet werden muss und grundsätzlich eine Begründung sowie eine Rechtsmittelbelehrung zu enthalten hat. Auch die meisten kantonalen Verfahrensgesetze kennen gleiche oder ähnliche Regelungen.

56  Z.B. Art. 35 SHG Kanton Schaffhausen, Art. 13 SHG Kanton Wallis.

57  *Häfelin/Müller/Uhlmann*, 2006, N 885.

58  Explizit z.B. Art. 51 Abs. 2 SHG Kanton Bern.

59  *Müller*, 1999, S. 497; Kanton Wallis, Urteil vom 30. Oktober 2002, A1 02 86: Die Vorinstanz hatte – nach einer Schlichtungsverhandlung, deren schriftlich festgehaltenes Ergebnis jedoch nur durch die Behörde und nicht durch den Beschwerdeführer unterzeichnet worden war – nur noch einen Teil der Beschwerde behandelt und beging damit eine Rechtsverweigerung.

60  In der Regel gehen die Kantone nicht über den Minimalstandard hinaus; einige Kantone sehen jedoch ausdrücklich vor, dass in sozialhilferechtlichen Verfahren keine Verfahrenskosten auferlegt werden (was die unentgeltliche Prozessführung erübrigt), so etwa Art. 53 SHG Kanton Bern, Art. 27 SHG Kanton Freiburg, § 29a SHG Kanton Basel-Landschaft.

Nach bundesgerichtlicher Rechtsprechung gewährleistet die unentgeltliche Rechtspflege jedoch nur eine *vorläufige Befreiung* von den Verfahrenskosten: Liegen bei einer bedürftigen Partei zu einem späteren Zeitpunkt bessere finanzielle Verhältnisse vor, so darf der Staat die geleisteten Zahlungen zurückverlangen. [61]

Unentgeltliche Rechtspflege kann nicht nur im Rechtsmittelverfahren, sondern auch bereits im nicht streitigen, erstinstanzlichen Verfahren beansprucht werden. [62]

Damit die unentgeltliche Rechtspflege gewährt wird, sind folgende Voraussetzungen zwingend: [63]

· *Bedürftigkeit:* Anspruch auf unentgeltliche Rechtspflege haben nur bedürftige Personen, d.h. Personen, die nicht in der Lage sind, die konkreten Prozessoder Anwaltskosten aus eigenen Mitteln zu bestreiten. In Verfahren, welche eine bereits Sozialhilfe beziehende Person betreffen, ist diese Voraussetzung regelmässig gegeben, da allein der Bezug der Sozialhilfe darauf schliessen lässt, dass die betroffene Person nicht über die erforderlichen Mittel verfügt. [64]

· *Keine Aussichtslosigkeit:* Eine Person, die trotz minimaler Erfolgsaussichten ein Verfahren anstrebt, hat keinen Anspruch auf unentgeltliche Rechtspflege. Aussichtslos ist ein Verfahren dann, wenn die Gewinnaussichten beträchtlich geringer sind als die Verlustgefahren. In Verwaltungsverfahren ist zusätzlich zu würdigen, wie schwerwiegend der Einzelne vom Ausgang des Verfahrens betroffen ist. [65]

Um auch in den Genuss einer unentgeltlichen anwaltlichen Vertretung zu kommen, bedarf es zusätzlich der

---

61  *Müller,* 1999, S. 545.
62  *Müller,* 1999, S. 548f.
63  *Müller,* 1999, S. 549ff., mit weiteren Ausführungen und Hinweisen auf die Rechtsprechung.
64  BGE 125 IV 161, S. 165, E. 4b: Obwohl der Beschwerdeführer der Aufforderung, seine Bedürftigkeit zu belegen, nur insoweit nachkam, als er den Unterstützungsbescheid der Fürsorgebehörde sowie das Berechnungsblatt zur Bemessung der Sozialhilfe für einen Monat einreichte, erachtete das Gericht seine Bedürftigkeit trotz unvollständiger Belege als ausgewiesen.
65  Kanton Zürich, Urteil vom 2. Dezember 2004, VB.2004.00363: Das Gericht beurteilte die Beschwerde gegen einen Nichteintretensentscheid als aussichtslos, weil der Nichteintretensentscheid aufgrund einer verpassten Rechtsmittelfrist erging.

· *Notwendigkeit der Verbeiständung:* Bei einem Verfahren, das schwerwiegend in die Rechtsposition von Betroffenen eingreift, wird die Notwendigkeit einer Verbeiständung generell bejaht. Je nach den Verhältnissen bei der betroffenen Person (Alter, soziale Situation, Sprachkenntnisse, geistige und körperliche Verfassung, Rechtskenntnisse) kann auch ein weniger schwerer Eingriff einen Anspruch auf unentgeltliche Verbeiständung auslösen, wenn der konkrete Fall besondere tatsächliche oder rechtliche Schwierigkeiten beinhaltet. [66]

## 1.7 Fazit

Die Sichtung der kantonalen Verwaltungsgerichtsentscheide zeigt, dass sich verfügende Behörden ihrer Stellung als Träger hoheitlicher Rechte, ihrer Verfügungsmacht und der damit verbundenen Verantwortung, in einem Verfahren den rechtsstaatlichen Vollzug des Verwaltungsrechts zu garantieren und den Rechtsschutz des Privaten zu gewährleisten, häufig nicht genügend bewusst sind. Vielfach führt eine Verletzung der Garantien und Grundsätze des Verfassungsrechts dazu, dass Beschwerden gegen Verfügungen von Sozialhilfebehörden gutgeheissen werden.

Der Ursprung dieser Mängel ist darauf zurückzuführen, dass die Ausrichtung von Sozialhilfeleistungen fast immer in der Kompetenz der Gemeinden liegt: So agiert in den meisten Fällen eine Laienbehörde als verfügende Behörde. Die in den letzten Jahren steigenden Fallzahlen und die damit einhergehenden steigenden Kosten haben zu einer zunehmenden Professionalisierung in der Sozialhilfe geführt. Gleichzeitig zeigen sich Sozialhilfe beziehende Personen selbstbewusster und zaudern heute weniger, ihre sozialhilferechtlichen Ansprüche gerichtlich durchzusetzen. Dies führt auch bei Laienbehörden zu einem gesteigerten Bewusstsein hinsichtlich der Art und Weise, wie ein verwaltungsrechtliches Verfahren zu führen ist. Eine wichtige und unabänderliche Entwicklung, die – auch aufgrund von gerichtlichen Entscheiden – ihren Fortgang finden wird und dazu beiträgt, die Rechtssicherheit zu erhöhen.

---

[66] Urteil des Bundesgerichtes vom 11. Mai 2006, 2P.45/2006 E. 3.3: Das Gericht erachtete es als für einen juristischen Laien kaum möglich, die Frage nach der gesetzlichen Grundlage einer Unterstützungsrichtlinie ohne rechtlichen Beistand anzugehen; zudem war der Beschwerdeführer aufgrund einer drohenden Kürzung der Sozialhilfe in seinen Interessen spürbar betroffen, weshalb die unentgeltliche Verbeiständung zu gewähren war. *Anders* Urteil des Bundesgerichtes vom 27. April 2001, 2P.304/2000 E. 3c: Bei der Frage um eine Ferienentschädigung konnte das Gericht weder einen schweren Eingriff in die Rechtsstellung des Beschwerdeführers noch besondere tatsächliche oder rechtliche Schwierigkeiten erkennen.

## 2 Rechtsschutz

### 2.1 Kantonale Rechtsmittel und Rechtsbehelfe

#### 2.1.1 Die Einsprache

Beim Einspracheverfahren handelt es sich um ein einfaches Beschwerdemittel, das sich – anders als in den anderen Rechtsschutzverfahren – nicht an eine übergeordnete Instanz, sondern direkt *an die verfügende Behörde* richtet. Mit einer Einsprache kann erwirkt werden, dass die Behörde ihren Entscheid nochmals überprüft. Ein Einspracheverfahren kommt nur zum Zug, wenn es durch eine Gesetzesbestimmung – meistens in einem Spezialgesetz – für einen bestimmten Verwaltungsbereich besonders vorgesehen ist. Ist ein solches Verfahren gegeben, gehört es zum Prozessgang und darf nicht übersprungen werden.[67]

Im sozialhilferechtlichen Verfahren ist die Einsprache nicht sehr verbreitet. Massgebend ist – wie bei den weiteren Rechtsmitteln und Rechtsbehelfen – jeweils das kantonale Recht. Falls ein Einspracheverfahren vorgesehen ist, so ist dies meist im kantonalen Sozialhilfegesetz geregelt.[68] Zum Teil erlauben aber auch andere kantonale Gesetze [69] oder allenfalls Gemeindesatzungen [70] ein Einspracheverfahren oder andere vorgelagerte Rechtsmittel.

---

67 *Häfelin/Müller/Uhlmann*, 2006, RZ 1818ff.

68 Z.B. Art. 35 Abs. 1 SHG Kanton Freiburg, § 75 Abs. 1 SHG Kanton Luzern, § 39 Abs. 2 SHG Kanton Basel-Landschaft.

69 So z.B. im Kanton Aargau, wo ein dem Einspracheverfahren ähnliches Verfahren im Gesetz über die Einwohnergemeinden (Gemeindegesetz [GG], SAR 171.100) vorgesehen ist: Gemäss § 39 GG kann der Gemeinderat seine Entscheidbefugnisse delegieren und einer anderen Stelle (z.B. der Leitung des Sozialdienstes) übertragen; sind Betroffene mit der Verfügung dieser Stelle nicht einverstanden, können sie schriftlich erklären, dass sie damit nicht einverstanden sind; in der Folge muss der Gemeinderat selber entscheiden.

70 Z. B. Art. 46 Abs. 1 SHG Kanton Uri.

## 2.1.2 Die Beschwerde

Die Beschwerde – je nach kantonalem Verwaltungsrecht auch *Rekurs* [71] genannt – ist (sofern keine Einsprachemöglichkeit besteht) das erste förmliche Rechtsmittel, das gegen eine Verfügung ergriffen werden kann.

Ebenfalls je nach kantonalem Recht ist die Beschwerde entweder an eine übergeordnete *Verwaltungsinstanz* (verwaltungsinterne Rechtspflege) oder an ein verwaltungsunabhängiges *Gericht* (Verwaltungsgerichtsbarkeit) zu richten. Oftmals sieht das kantonale Verwaltungsrecht auch eine Kombination dieser Rechtswege vor: Als zweite Instanz amtet eine übergeordnete *Verwaltungsstelle*, deren Entscheid in dritter Instanz an ein kantonales Verwaltungsgericht weitergezogen werden kann. Die folgende Tabelle zeigt einige Beispiele, wie Kantone die Rechtspflege im Sozialhilfeverfahren geregelt haben: [72]

| Kanton | 2. Instanz (Beschwerdeinstanz) | verwaltungsint. Instanz | gerichtliche Instanz | 3. Instanz (Beschwerdeinstanz) | verwaltungsint. Instanz | gerichtliche Instanz |
|---|---|---|---|---|---|---|
| AG | Bezirksamt | | X | Verwaltungsgericht | | X |
| BL | Regierungsrat | X | | Verwaltungsgericht | | X |
| BE | Regierungsstatthalter | | X | Verwaltungsgericht | | X |
| SH | Departement | X | | Verwaltungsgericht | | X |
| SO | Departement | X | | Verwaltungsgericht | | X |
| ZH | Bezirksrat | X | | Verwaltungsgericht | | X |

Im Gegensatz zu den für die verwaltungsinterne Verwaltungsrechtspflege zuständigen Instanzen verfügen die Behörden der gerichtlichen Verwaltungsrechtspflege über richterliche Unabhängigkeit. [73] Wie vorstehende Tabelle zeigt, ist eine vollständige Trennung der beiden Gewalten nicht gegeben, weil Verwal-

---

[71] Z. B. in den Kantonen Zürich und Basel-Stadt.

[72] Gemäss Art. 29a BV (Inkrafttreten am 1. Januar 2007) hat jede Person Anspruch auf Beurteilung von Rechtsstreitigkeiten durch eine richterliche Behörde (Rechtsweggarantie). In diesem Sinne ist eine rein verwaltungsinterne Rechtspflege in der Regel nicht mehr zulässig (s. *Häfelin/Müller/Uhlmann*, 2006, N 1718a ff.).

[73] *Häfelin/Müller/Uhlmann*, 2006, Rz 1857ff., mit weiteren Hinweisen zur richterlichen Unabhängigkeit.

tungsbehörden und Verwaltungsgericht oft in einem engen verfahrensmässigen Zusammenhang stehen. Ein wesentlicher Unterschied zwischen Verwaltungsbehörden und Verwaltungsgerichten besteht in ihrer *Überprüfungskompetenz.* Verwaltungsbehörden üben ihre Kontrolle grundsätzlich umfassender aus, indem sie sowohl eine Rechts- als auch eine volle Ermessenskontrolle vornehmen können. Dagegen überprüfen Verwaltungsgerichte Verfügungen grundsätzlich nur auf Rechtsfehler inklusive Ermessensüberschreitungen, Ermessensunterschreitungen und Ermessensmissbrauch. [74]

Da sowohl die Überprüfungskompetenz der Rechtsmittelinstanzen als auch Form- und Fristerfordernisse durch das kantonale Recht festgelegt sind, sind die jeweiligen Erlasse zu konsultieren.

In der Regel [75] hat eine Beschwerde *aufschiebende Wirkung* (sog. Suspensiveffekt), d.h., die Rechtswirkungen der angefochtenen Verfügung können bis zur Erledigung des Rechtsstreits nicht eintreten und dementsprechend auch nicht vollstreckt werden. Liegen besondere Umstände vor, kann die verfügende Behörde einer Beschwerde die aufschiebende Wirkung entziehen. [76]

### 2.1.3 Das Revisionsgesuch

Wie die Beschwerde gehört das Revisionsgesuch auch zu den förmlichen Rechtsmitteln, welche eine Rechtsmittelinstanz zur Behandlung und Erledigung in der Form eines Prozess- oder Sachurteils verpflichten. Im Gegensatz zu einer Beschwerde, aber gleich wie eine Einsprache, wendet sich ein Revisionsgesuch an die verfügende Behörde. [77] Ein Revisionsgesuch richtet sich gegen eine bereits rechtskräftige Verfügung und kann grundsätzlich dann eingereicht werden, wenn neue, erhebliche Tatsachen vorliegen, die zwar bei der Erstbeurteilung schon bestanden haben, aber erst später in Erfahrung gebracht werden können. [78] In vie-

---

**74**  *Häfelin/Müller/Uhlmann,* 2006, RZ 1862.

**75**  Statt vieler: § 25 Gesetz über den Rechtsschutz in Verwaltungssachen des Kantons Zürich (Verwaltungsrechtspflegegesetz [VRPG], LS 175.2).

**76**  Kanton Aargau, Urteil vom 19. November 2003, BE.2003.00162 E. 4c: *«Die aufschiebende Wirkung ist die Regel, der vorsorgliche Entzug hat den Charakter einer klaren Ausnahme, die nur ‹aus wichtigen Gründen› angeordnet werden darf [...]. Diese wichtigen Gründe sind in der Verfügung zu nennen, und es ist zu begründen, inwiefern sie die entgegenstehenden Interessen überwiegen.»*

**77**  *Häfelin/Müller/Uhlmann,* 2006, RZ 1742.

**78**  In diesem Sinne z.B. Kanton Waadt, Urteil vom 29. Dezember 2003, 2003.0215 oder Kanton Genf, Urteil vom 14. Januar 2003, A/955/2002: Die Revisionsgesuche wurden abgelehnt, da die Gesuchsteller keine neuen Tatsachen geltend machen konnten.

len Kantonen ist das Rechtsmittel der Revision nicht bekannt, [79] dann müssen allenfalls die nachfolgend beschriebenen formlosen Rechtsbehelfe in Anspruch genommen werden.

### 2.1.4 Das Wiedererwägungsgesuch

Gegen eine rechtskräftige Verfügung kann ein Wiedererwägungsgesuch an die verfügende Behörde gerichtet werden. Das Begehren, mit dem die verfügende Behörde ersucht wird, auf ihre Verfügung zurückzukommen, ist ein formloser Rechtsbehelf, d.h., die Behörde ist grundsätzlich *nicht verpflichtet, auf das Begehren einzutreten.* Die Rechtsprechung hat jedoch Voraussetzungen entwickelt, unter denen ausnahmsweise ein Anspruch auf Behandlung des Gesuchs gegeben ist, so etwa wenn sich die Umstände wesentlich geändert haben oder wenn neue Tatsachen bekannt werden. [80]

Die bedarfsorientierte und durch den Einzelfall geprägte Sozialhilfe ermöglicht einerseits der Behörde, auf veränderte Verhältnisse zu reagieren, erlaubt andererseits der Sozialhilfe beziehenden Person aber auch, veränderte Verhältnisse geltend zu machen. Liegen veränderte Verhältnisse vor, kann und muss eine frühere Verfügung angepasst bzw. eine neue Verfügung erlassen werden. Der Rechtsbehelf der Wiedererwägung ist im Sozialhilfebereich in solchen Fällen deshalb *kaum notwendig.* [81]

Vom Wiedererwägungsgesuch zu unterscheiden ist jener Fall, in dem die verfügende Behörde noch während des Rechtsmittelverfahrens, jedoch spätestens bis zum Einreichen ihrer Vernehmlassung, ihre Verfügung in *Wiedererwägung zieht.* In diesem Fall wird das Beschwerdeverfahren ganz oder teilweise hinfällig. [82]

### 2.1.5 Die Aufsichtsbeschwerde

Wie das Wiedererwägungsgesuch ist die Aufsichtsbeschwerde – wegen ihrer Funktion auch «Anzeige» genannt – ein formloser Rechtsbehelf, der keinen Behandlungs- und Erledigungsanspruch gewährt. [83] Die Aufsichtsbeschwerde ist

---

79  *Häfelin/Müller/Uhlmann,* 2006, Rz 1822 ff.
80  *Häfelin/Müller/Uhlmann,* 2006, Rz 1833.
81  So auch *Wolffers,*1993, S. 208.
82  *Häfelin/Müller/Uhlmann,* 2006, Rz 1806.
83  In der Praxis wird die Aufsichtsbehörde auf eine Aufsichtsbeschwerde in der Regel reagieren, allenfalls nur brieflich.

bei der Aufsichtsbehörde der verfügenden Behörde einzureichen. [84] Damit die Möglichkeit einer Aufsichtsbeschwerde gegeben ist, bedarf es keiner rechtlichen Grundlage und jedermann ist berechtigt, eine Anzeige einzureichen. Der Anzeiger hat allerdings keine Parteirechte, er kann z.B. weder eine Begründung des Entscheids noch Akteneinsicht verlangen. Er wird jedoch üblicherweise über die Erledigung seiner Anzeige informiert. Die Anzeige kann sich einerseits gegen Verfügungen richten, andererseits aber auch gegen andere Tätigkeiten oder Unterlassungen der Verwaltungsbehörde. [85]

## 2.2 Rechtsmittel auf Bundesebene

### 2.2.1 Reform der Verwaltungsgerichtsbarkeit des Bundes

Seit 1. Januar 2007 sind das Bundesgesetz über das Bundesverwaltungsgericht (VGG) [86] sowie das Bundesgesetz über das Bundesgericht (BGG) [87] in Kraft. Diese beiden Gesetze brachten eine tief greifende Reform der Verwaltungsgerichtsbarkeit des Bundes. An Stelle der bis dahin möglichen Verwaltungsgerichtsbeschwerde und der staatsrechtlichen Beschwerde tritt die Beschwerde in öffentlich-rechtlichen Angelegenheiten. Die Verfassungsbeschwerde ist nur noch subsidiär und in ganz bestimmten Fällen zulässig. [88]

### 2.2.2 Die Beschwerde in öffentlich-rechtlichen Angelegenheiten

Mit der Beschwerde in öffentlich-rechtlichen Angelegenheiten [89] können Verfügungen angefochten werden, die in Anwendung von kantonalem öffentlichem Recht ergangen sind. [90] Damit ist gegen letztinstanzliche kantonale Entscheide in sozialhilferechtlichen Streitigkeiten die Beschwerde in öffentlich-rechtlichen Angelegenheiten zu ergreifen.

---

84  Welche Behörde die Aufsicht über die untere Behörde ausübt, ist den jeweiligen kantonalen Gesetzen bzw. den jeweiligen kantonalen Organisationsvorschriften zu entnehmen.

85  *Häfelin/Müller/Uhlmann*, 2006, Rz 1835ff.

86  SR 173.32.

87  SR 173.110.

88  Art. 113 ff. BGG; *Häfelin/Müller/Uhlmann*, 2006, Rz 1868.

89  Art. 82 ff. BGG.

90  *Häfelin/Müller/Uhlmann*, 2006, RZ 1917c ff. mit weiteren Ausführungen zur Beschwerde in öffentlich-rechtlichen Angelegenheiten.

Zur Beschwerde in öffentlich-rechtlichen Angelegenheiten ist gemäss Art. 89 Abs. 1 BGG insbesondere berechtigt, wer vor der Vorinstanz am Verfahren teilgenommen hat oder keine Möglichkeit zur Teilnahme erhalten hat, durch den angefochtenen Entscheid oder Erlass besonders berührt ist und ein schutzwürdiges Interesse an dessen Aufhebung oder Änderung hat. Für Streitigkeiten im Bereich der Sozialhilfe ist ferner relevant, dass auch Gemeinden beschwerdeberechtigt sind, wenn sie die Verletzung von Garantien rügen, die ihnen die Kantons- oder die Bundesverfassung gewähren (Art. 89 Abs. 2 lit. c BGG).

Vom Bundesgericht kann überprüft werden,
· ob das vorinstanzliche Gericht *Bundesrecht verletzt* hat, einschliesslich Überschreitung oder Missbrauch des Ermessens, oder
· ob der *rechtserhebliche Sachverhalt* offensichtlich unrichtig, unvollständig oder unter Verletzung wesentlicher Verfahrensbestimmungen festgestellt wurde. [91]

Die Beschwerde in öffentlich-rechtlichen Angelegenheiten ist reformatorischer Natur. Beschwerdeweise darf deshalb nicht lediglich die Aufhebung des angefochtenen Entscheides und die Rückweisung an die Vorinstanz verlangt werden, sondern es muss ein präziser Antrag in der Sache gestellt werden. Das Begehren muss den Umfang des Rechtsstreits umschreiben und so formuliert werden, dass es bei Gutheissung zum Urteil erhoben werden kann. Ein blosser Aufhebungs- und Rückweisungsantrag genügt deshalb nicht, ausser wenn das Bundesgericht bei Gutheissung ohnehin nicht selber endgültig entscheiden kann bzw. darf. [92]

---

[91]  Art. 95 i.V.m. Art. 97 BBG; Urteil vom 13. August 2007, 8C.95/2007 E. 1.
[92]  Urteils des Bundesgerichts vom 23. Januar 2008, 8C.253/2007 E. 1 mit weiteren Hinweisen.

# 3 Datenschutz

## 3.1 Einleitung

Die Sozialhilfe ist in ihrer Ausgestaltung auf umfassende Informationen angewiesen, um ihrem Zweck, dem Ausrichten einer bedarfsorientierten Leistung – sowohl im materiellen als auch immateriellen Bereich –, gerecht werden zu können. Dieses Erheben, Bearbeiten, aber auch Erhalten und Weitergeben von Daten umfasst in aller Regel sehr persönliche und *sensible Informationen*. Entsprechend erhält der Datenschutz im Bereich der Sozialhilfe eine besonders grosse Bedeutung. Hinzu kommt die rapide Entwicklung in den modernen Informations- und Kommunikationstechnologien (kurz: IT), welche es einfach machen, Daten zu beschaffen und weiterzuleiten. Davon betroffen ist nicht nur der Datenaustausch von Behörden und Amtsstellen untereinander, sondern auch die Datenweitergabe an Private und/oder interessierte Dritte. Der Datenschutz hat deshalb gerade auch im Bereich der Sozialhilfe sicherzustellen, dass berechtigte private Interessen gewahrt bleiben.

Der Datenschutz hat in den verschiedensten Rechtsquellen sowohl auf Verfassungsebene als auch im Bundesrecht und in den kantonalen Gesetzgebungen seinen Eingang gefunden:

In der Bundesverfassung begründet insbesondere Art. 13 im Rahmen des *Schutzes der Privatsphäre* [93] grundlegende Ansprüche. Für den Datenschutz ebenfalls wichtige Grundsätze ergeben sich aus dem Legalitätsprinzip und dem Grundsatz der Verhältnismässigkeit (Art. 5 BV).

Seit 1993 verfügt der Bund über ein eidgenössisches Datenschutzgesetz. [94] Es beschränkt sich jedoch auf die Datenbearbeitung der Bundesverwaltung sowie privater Personen. Da eine allgemeine Bundeskompetenz für eine Datenschutzge-

---

[93] Siehe auch im Beitrag von *Vogel*, 3.2.2., S. 169f.
[94] Bundesgesetz über den Datenschutz vom 19. Juni 1992 (DSG), SR 235.1.

setzgebung in den 70er-Jahren abgelehnt wurde, [95] ist der kantonale öffentliche Bereich vom Datenschutzgesetz des Bundes nur insofern betroffen, als in den Kantonen Bundesrecht vollzogen wird und keine eigenständige Datenschutzgesetze bestehen. Die Mehrheit der Kantone verfügt heute über ein eigenständiges Datenschutzgesetz.

Weitere Regelungen zum Datenschutz allgemein, aber auch zum Amtsgeheimnis im Speziellen, finden sich etwa im Strafgesetzbesuch, im Zivilgesetzbuch, [96] aber auch in den kantonalen Verwaltungs-, Zivil- und Strafprozessgesetzen.

Auch die kantonalen Sozialhilfegesetze enthalten mit wenigen Ausnahmen [97] jeweils eine Regelung zum Datenschutz und/oder zum Amtsgeheimnis und zur Schweigepflicht. Demgegenüber unterliegt die Sozialhilfe beantragende und beziehende Person einer umfassenden Auskunfts- und Informationspflicht. [98]

Geht es um den Datenschutz als Streitgegenstand, ist zu beachten, dass der Umgang mit Informationen an und für sich nicht schon selbst Verfügungscharakter hat, vielmehr ist er in aller Regel als Realakt anzusehen. [99]

### 3.2 Erheben und Bearbeiten von Daten

Das Erheben von Daten steht am Anfang eines jeden Gesuchs um die Ausrichtung materieller Hilfe. Um ein solches Gesuch beurteilen zu können, ist die Behörde dazu berechtigt und darauf angewiesen, weitreichende Angaben zu den finanziellen und sozialen Verhältnissen zu erhalten. Dazu gehören sehr persönliche Daten wie etwa Familienverhältnisse, Einkommen, Vermögen, Ausbildung, Gesundheitszustand etc. Solche Daten gehören denn auch zu den *besonders schützenswerten Personendaten*. [100]

---

**95**  Botschaft zum Bundesgesetz über den Datenschutz vom 23. März 1988 (BBl 1988 II 413–534), Ziff. 14, S. 428f.

**96**  Hier insbesondere in Bezug auf den Persönlichkeitsschutz die Art. 28 bis 28l ZGB.

**97**  Z.B. der Kanton St. Gallen.

**98**  Siehe auch weiter oben in diesem Beitrag unter 1.3, Fn 26.

**99**  *Burkert*, 2007, mit weiteren Hinweisen.

**100**  Vgl. etwa die Aufzählung in Art. 3 lit. c DSG; BGE 129 I 232 E. 4.3.1, S. 245 f., mit weiteren Hinweisen.

Wie bereits ausgeführt, untersteht die Sozialhilfe beanspruchende Person einer umfassenden Mitwirkungs- und Auskunftspflicht. Kommt sie diesen Pflichten nicht nach, so ist die Behörde berechtigt, die notwendigen Informationen selber einzuholen. Diese Vorbedingungen zur Sozialhilfe bescheren der Sozialbehörde und den Sozialdiensten eine umfangreiche Datensammlung zu jeder einzelnen Sozialhilfe beziehenden Person. Dem weitreichenden Informationsbedürfnis der Sozialbehörde steht der Schutz der Privatsphäre einer Person entgegen. Diesem Anliegen muss dadurch Rechnung getragen werden, dass nur jene Daten bearbeitet werden, welche für die Aufgabenerfüllung im konkreten Fall *geeignet* und *notwendig* sind. Die Bearbeitung solcher Daten stellt einen schweren Eingriff in das Recht auf informationelle Selbstbestimmung dar, der auf einer *gesetzlichen Grundlage* beruhen, *im öffentlichen Interesse* liegen und *verhältnismässig* sein muss. [101] Dieser in Art. 13 BV festgehaltene grundrechtliche Schutz betrifft jedes staatliche Erheben, Sammeln, Verarbeiten, Aufbewahren, aber auch Weitergeben von Angaben, die einen Bezug zur Privatsphäre einer Person haben. Dabei kommt persönlichkeitsbezogenen Daten ein noch intensiverer Schutz zu als rein finanziellen Angaben. [102]

Indem die Sozialhilfe beanspruchende Person grundsätzlich verpflichtet ist, selber die notwendigen Auskünfte beizubringen, wird ein weiteres Prinzip des Datenschutzes erfüllt: Die Datenbeschaffung muss für die Person erkennbar sein. [103] Müssen Daten durch die Sozialhilfeorgane beschafft werden, so empfiehlt es sich, von den betroffenen Personen eine Vollmacht einzuholen, damit der Erkennbarkeit des Datensammelns Rechnung getragen wird. [104] Das anderweitige Einholen von Daten ohne Wissen der betroffenen Person widerspricht diesem Erkennbarkeitsprinzip und verhindert – bei einem allfälligen Verfahren – gleichzeitig auch die Verwertbarkeit solcher Daten: Im Rahmen der verfahrensrechtlichen Garantien (Recht auf Gewährung des rechtlichen Gehörs) muss einer betroffenen Person in einem hängigen Verfahren jedenfalls die Möglichkeit eingeräumt werden, einerseits die fraglichen Daten zu kennen und andererseits dazu auch Stellung nehmen zu können. [105]

---

101 BGE 129 I 232 E. 4.3.2, S. 246.
102 *Müller*, 1999, S. 45f.
103 Vgl. Art. 18 DSG.
104 Verschiedene Sozialhilfegesetze sehen ausdrücklich vor, dass Hilfesuchende informiert werden müssen, wenn die Behörde weitere Auskünfte einholt, z. B. § 18 SHG Kanton Zürich, § 12 SHG Kanton Luzern.
105 Art. 29 BV; *Müller*, 1999, S. 509 und S. 509 ff., umfassend zum rechtlichen Gehör; siehe auch weiter oben in diesem Beitrag unter 1.4.

Weitere tragende Grundsätze beim Erheben und Bearbeiten von Daten sind: [106]

· Personendaten dürfen nur *rechtmässig* beschafft werden.

· Die Bearbeitung hat nach *Treu und Glauben* zu erfolgen und muss verhältnismässig sein.

· Sie dürfen nur zu dem *Zweck* bearbeitet werden, der bei der Beschaffung angegeben wurde, aus den Umständen ersichtlich oder gesetzlich vorgesehen ist.

· Wer Personendaten bearbeitet, hat sich über deren *Richtigkeit* zu vergewissern.

Welche Daten erhoben und wie umfangreich dieses Sammeln im Bereich der Sozialhilfe sein darf, kann nicht verallgemeinert werden und muss von Fall zu Fall
beurteilt werden. Massgeblich muss sein, welche Daten für die Ausrichtung der
bedarfsgerechten Leistung – also für die Aufgabenerfüllung – effektiv erforderlich sind. Um den individuell konkreten Verhältnissen der betroffenen Personen
gerecht zu werden (und damit gleichzeitig auch dem Willkürverbot Rechnung
zu tragen), rechtfertigt sich unter Umständen in einem Fall das Erheben und
Sammeln gewisser Daten, welche für einen anderen Fall unverhältnismässig und
damit nicht zulässig wären. [107] Zur Beurteilung einer persönlichen Lage kann
auch das Festhalten von Werturteilen notwendig sein, was ebenfalls zulässig ist,
solange diese klar als solche in Erscheinung treten. [108]

### 3.3 Weitergabe von Daten

In erster Linie ist es für Sozialbehörden wichtig, Auskünfte zu erhalten und
einholen zu können, damit die Sozialhilfe beziehende Person bedarfsgerecht
betreut werden kann. Damit kommt eine mögliche Weitergabe von Daten in der
Sozialhilfe-Praxis erst an zweiter Stelle. Nichtsdestotrotz gehört auch die Weitergabe von Daten durchaus zum Alltag in der Sozialhilfe, etwa wenn es darum
geht, mit der Vormundschaftsbehörde selbst oder mit Beistand oder Vormund
zusammenzuarbeiten. Grundsätzlich besteht jedoch eine *Geheimhaltungs- oder
Schweigepflicht* und Beamte sind zusätzlich an das *Amtsgeheimnis* gebunden.
Unter das strafrechtlich geschützte Amtsgeheimnis fallen jedoch nicht nur Be-

---

**106** Vgl. Art. 4 und 5 DSG, wobei mit der Nennung dieser Grundsätze den verfassungsmässigen Rechten nach-
gelebt wird (insbesondere Art. 5 BV *Grundsätze rechtsstaatlichen Handelns,* Art. 9 BV *Schutz vor Willkür
und Wahrung von Treu und Glauben* sowie Art. 13 BV *Schutz der Privatsphäre),* sodass sie auch in allen
nicht vom DSG erfassten Bereichen ihre Gültigkeit haben.

**107** So z.B. kann die systematische Erfassung des Gesundheitszustands aller unterstützten Personen unstatt-
haft sein, vgl. dazu *Wolffers,* 1993, S. 214.

**108** *Wolffers,* 1993, S. 215.

amte, sondern es fällt jede Person darunter, die eine öffentlich-rechtliche Funktion ausübt bzw. in Erfüllung einer öffentlichen Aufgabe tätig ist. Wer dieses strafrechtlich geschützte Amtsgeheimnis verletzt, muss mit einer Verurteilung rechnen. [109]

Wie schon einleitend bemerkt, führen praktisch alle Kantone eine entsprechende Regelung in ihren Sozialhilfegesetzgebungen. Darin wird jeweils festgehalten, dass die mit dem Vollzug der Sozialhilfe betrauten Personen einer umfassenden Schweigepflicht unterstehen und im Zusammenhang mit ihren Aufgaben gemachte Wahrnehmungen nicht an Dritte weitergeben dürfen. Gleichzeitig werden häufig auch *Ausnahmen* in dem Sinne formuliert, dass keine Schweigepflicht für Auskünfte besteht, welche für die *Erfüllung der gesetzlichen Aufgaben* des Empfängers erforderlich sind. [110] Entscheide des Bundesgerichts haben die Weitergabe von Daten der Sozialhilfe an andere Behörden geschützt, so z.B. die Weitergabe an ein Migrationsamt, welches gestützt auf die fortgesetzte Fürsorgeabhängigkeit einer Familie deren Ausweisung verfügt hatte. Das Bundesgericht erachtete es als zulässig, dass die Sozialbehörde die rechtmässig zur Erfüllung ihrer Aufgaben erhobenen Daten amtshilfeweise an die Ausländerbehörde weitergegeben hatte; es sah darin keine zweckwidrige Verwendung oder eine Diskriminierung gegenüber Schweizer Bürgern, da das Migrationsamt berechtigt war, diese zur Erfüllung seiner gesetzlichen Aufgaben (nach Art. 10 Abs. 1 lit. d ANAG rechtfertigt eine fortgesetzte, erhebliche Abhängigkeit von der Wohltätigkeit die Ausweisung) unentbehrlichen Daten – trotz der mit der Sozialhilfe verbundenen Geheimhaltungspflicht – einzuholen. Klarerweise überwog in diesem Fall das öffentliche Interesse die privaten Interessen der Betroffenen. [111]

109 Art. 320 StGB: «Wer ein Geheimnis offenbart, das ihm in seiner Eigenschaft als Mitglied einer Behörde oder als Beamter anvertraut worden ist oder das er in seiner amtlichen oder dienstlichen Stellung wahrgenommen hat, wird mit Freiheitsstrafe bis zu drei Jahren oder Geldstrafe bestraft.»

110 Z.B. Art. 8 SHG Kanton Bern, § 28 SHG Kanton Basel-Stadt, Art. 31 SHG Kanton Appenzell-Ausserrhoden; ebenso Art. 19 DSG, der einen umfassenden Katalog enthält, wann Personendaten weitergegeben werden dürfen.

111 Urteil des Bundesgerichtes vom 1. Februar 2007, 2A.692/2006 E. 4.2; auch gemäss dem neuen Bundesgesetz über die Ausländerinnen und Ausländer vom 16. Dezember 2005 (AuG), SR 142.20, kann einerseits eine Aufenthalts- oder Niederlassungsbewilligung bei fortgesetztem Sozialhilfebezug widerrufen werden (Art. 62 f. AuG), und andererseits besteht im Rahmen der Amtshilfe und Datenbekanntgabe die Verpflichtung, den Bezug von Sozialhilfe bekanntzugeben (Art. 97 Abs. 3 lit. d AuG).

Diese Regelungen zeigen auf, dass die Weitergabe von Daten bei überwiegendem öffentlichem Interesse an Behörden zulässig ist. Daraus wird aber auch deutlich, dass eine Bekanntgabe von Daten an Privatpersonen grundsätzlich ausgeschlossen ist. In Ausnahmefällen kann aber auch eine beschränkte Datenbekanntgabe an Private notwendig sein, nämlich dann, wenn die Sozialbehörde Unterhalts- und Verwandtenunterstützungsansprüche geltend machen muss.

Zulässig ist die Weitergabe von Daten – auch an Private, [112] – wenn die betroffene Person im Einzelfall einwilligt. [113]

Oftmals betrauen Sozialhilfebehörden auch Dritte, z.B. Hilfswerke, mit der Ausrichtung von Sozialhilfe. In solchen Fällen haben sich auch diese Dritten an die Schweigepflicht zu halten und den Datenschutz zu gewährleisten. [114]

Im Zusammenhang mit der Weitergabe von Daten ist festzuhalten, dass die verfassungsrechtliche Garantie der Persönlichkeit einen verstärkten Schutz bietet vor der Bekanntgabe von Daten, die das soziale Ansehen einer Person beeinträchtigen. [115] Zweifellos wird eine Person, von der bekannt wird, dass sie Sozialhilfe beziehen muss, in ihrem *sozialen Ansehen* geschädigt. Einer privaten Person oder etwa einer Gemeindeversammlung allgemein mitzuteilen, dass bestimmte Personen Sozialhilfe beziehen, ist nicht zulässig, kann aber gegebenenfalls durch ein höherwertiges öffentliches Interesse gerechtfertigt sein. Es gibt Kantone, welche dies in ihrem Sozialhilfegesetz explizit festhalten. [116]

---

**112** So z.B. ein Beschluss des Regierungsrates des Kantons Obwalden (Sitzung vom 13.November 2001, Beschluss Nr. 234), der die Zustellung eines Entscheides und damit die Weitergabe von Daten an einen Schwager sowie an die Pro Infirmis als zulässig erachtete, da diese beiden Parteien von Anfang an vom Beschwerdeführer selber in erheblichem Ausmass in das Verfahren miteinbezogen worden waren und aus den Umständen deshalb von einer Einwilligung ausgegangen werden musste.

**113** Art. 19 Abs. 1 lit. b DSG.

**114** Explizit § 43 Abs. 4 SPG Kanton Aargau, § 38 SHG Kanton Basel-Landschaft.

**115** *Müller*, 1999, S. 49f.

**116** Z.B. § 21 Abs. 1 SHG Kanton Solothurn.

## 3.4 Rechte der Betroffenen

Personen, über welche Daten erhoben wurden, haben einen verfassungsrechtlichen Anspruch auf Einsicht in die gesammelten Daten, die sie persönlich betreffen. [117] Die Auskunft kann verweigert, eingeschränkt oder mit Auflagen verbunden werden, wenn: [118]

· dies auf einer gesetzlichen Bestimmung beruht,
· wesentliche öffentliche Interessen dem gegenüberstehen,
· überwiegend schützenswerte Interessen eines Dritten dies verlangen.

Die Auskunft ist in der Regel schriftlich, z.B. mit einer Fotokopie, sowie kostenlos zu erteilen [119] oder mittels Akteneinsicht zu gewähren. In der Natur der Sache liegt, dass sich das Recht auf Auskunft nur auf die Daten der eigenen Person bezieht.

Neben dem verfassungsrechtlichen Schutz der Privatsphäre – welcher unabhängig von der Hängigkeit eines Verfahrens besteht – gewährt auch der ebenfalls verfassungsrechtliche Anspruch auf das rechtliche Gehör ein prozessuales Akteneinsichtsrecht. [120]

Ebenfalls aus dem verfassungsrechtlichen Persönlichkeitsschutz ergibt sich, dass Betroffene *Anspruch auf Berichtigung* von unrichtigen Akten und bei widerrechtlich gesammelten Daten einen *Anspruch auf Löschung* haben. [121]

Der Anspruch auf Korrektur der Daten, aber auch, dass nicht notwendige oder unrichtige Daten gelöscht werden oder dass überhaupt Auskunft gewährt wird, ist rechtlich durchsetzbar. Das Verfahren dazu regeln das DSG oder kantonale Datenschutzgesetze, allenfalls kantonale Verwaltungsverfahrensgesetze.

## 3.5 Fazit

Dem Datenschutz kommt im Bereich der Sozialhilfe eine grosse Bedeutung zu. Einerseits wird eine umfangreiche Sammlung von Daten vorgenommen, andererseits handelt es sich bei diesen Daten gerade um besonders schützenswerte Da-

---

**117** Zum Ganzen: *Müller*, 1999, S. 47 f., mit weiteren Hinweisen.
**118** Siehe auch Art. 9 DSG.
**119** Siehe Art. 8 f. DSG.
**120** Art. 29 BV; *Müller*, 1999, S. 49 und S. 509 ff., insbesondere S. 525 ff.
**121** *Müller*, 1999, S. 47 f., vgl. auch Art. 5 Abs. 2 DSG.

ten. Der vom Bundesgericht im Rahmen des Persönlichkeitsschutzes entwickelte Anspruch auf Selbstbestimmung wurde mit der Revision der Bundesverfassung auch verfassungsrechtlich in Art. 13 Abs. 2 BV verankert. Die ebenfalls in den letzten Jahren sowohl auf Bundes- als auch auf Kantonsebene in Kraft gesetzten Datenschutzgesetze haben der rasanten Entwicklung in diesem Bereich ebenfalls Rechnung getragen.

Zum Datenschutz gibt es jedoch im Bereich der Sozialhilfe – angesichts der grossen Fülle gesammelter persönlicher Daten vielleicht eher überraschend – kaum Verwaltungs- oder Bundesgerichtsentscheide. Vielleicht ist dieser Umstand darauf zurückzuführen, dass Sozialbehörden sensibilisiert sind und sich des heiklen Umgangs mit besonders schützenswerten Personendaten bewusst sind und entsprechend damit umgehen.

Im Rahmen der in letzter Zeit vermehrt geführten Missbrauchsdebatte und einiger publik gewordener Fälle ist nun aber der Datenschutz im Bereich der Sozialhilfe in den Fokus der Medien, aber auch der Politik, der Behörden und Verwaltung sowie von Datenschutzbeauftragten, gerückt. [122] Kritisiert wird insbesondere, der Datenschutz verkomme zum Täterschutz, da z.B. der Polizei aufgrund des Datenschutzes die Hände gebunden seien, bei Verdacht auf Sozialhilfemissbrauch die entsprechenden Behörden zu informieren. Das Problem wird sowohl von rechten und linken politischen Kreisen als auch von Fachkreisen diskutiert. Politische Vorstösse, die – wohl berechtigterweise – eine Anpassung der gesetzlichen Grundlagen verlangen, sind zu erwarten. Dabei dürfen jedoch der verfassungsrechtliche Anspruch auf Persönlichkeitsschutz und die wichtige Frage nach der Verhältnismässigkeit eines Datenaustausches nicht ausser Acht gelassen werden.

## Literaturverzeichnis

*Burkert Herbert*, Datenschutz und Rechtsschutz, ZBL 2007, S. 374–379.

*Häfelin Ulrich/Müller Georg/Uhlmann Felix*, Allgemeines Verwaltungsrecht, 5. Auflage, Zürich 2006.

*Müller Jörg Paul*, Grundrechte in der Schweiz, 3. Auflage, Bern 1999.

*Tschannen Pierre/Zimmerli Ulrich*, Allgemeines Verwaltungsrecht, 2. Auflage, Bern 2005.

*Wolffers Felix*, Grundriss des Sozialhilferechts, Bern/Stuttgart/Wien 1993.

---

[122] Siehe z.B. die Berichte im «Tages-Anzeiger» vom 27. Juli 2007 *(http://tages-anzeiger.ch/dyn/news/schweiz/775870.html* (zuletzt besucht am 5. August 2007) und 28. Juli 2007 *(http://tages-anzeiger.ch/dyn/news/schweiz/776086.html* (zuletzt besucht am 5. August 2007).

**Dritter Teil**
Rechtstatsachen

Peter Voll / Christoph Häfeli
**Rechtsvergleichende und statistische Aspekte der
Entwicklung von Gesetzgebung und Rechtsprechung**

# Inhaltsverzeichnis

# 1 Einleitung

Die im Laufe des Forschungsprojektes entwickelten und mehrfach optimierten Datenbanken des kantonalen Sozialhilferechts und der letztinstanzlichen kantonalen und bundesgerichtlichen Rechtsprechung ermöglichen eine erste rechtsvergleichende und statistische Darstellung der Entwicklung von Gesetzgebung und Rechtsprechung.

Neben einer Übersicht über die Erlass- und Revisionsdaten (Tabelle 1) enthalten die Abbildungen 1 und 2 Aussagen zu Umfang und Regelungsdichte der kantonalen Sozialhilfegesetzgebung, ohne bereits auf die einzelnen Regelungsbereiche einzugehen. Ein Vergleich der wichtigsten Regelungsbereiche wird in 2.3 vorgenommen. Die Themenbereiche sind eine Auswahl aus dem differenzierten Gesetzes-Analyseraster, der im Hinblick auf die Gesetzesdatenbank entwickelt wurde. Die Abbildungen 4–7, ergänzt um einige kommentierende Ausführungen, ergeben ein Bild der Regelungsdichte der wichtigsten Regelungsbereiche sowie deren Anteile am Gesamtumfang der Gesetze in den vier definierten Perioden.

Die dargestellten Merkmale und Tendenzen der Rechtsprechung ergeben sich aus den 666 letztinstanzlichen kantonalen Urteilen und aus den 67 bundesgerichtlichen Urteilen der Jahre 2000–2005. Diese können über einen 427 Stichwörter umfassenden Katalog von Themen erschlossen werden. Generiert wurde diese Liste aus dem «Jurivoc» des Bundesgerichts, einem 9000 Stichwörter umfassenden Themenkatalog aller Rechtsgebiete, und aus dem Stichwörterverzeichnis der SKOS-Richtlinien. Da der Beobachtungszeitraum zur Feststellung von längerfristigen Entwicklungen und Besonderheiten zu kurz ist, lassen die Befunde nur vorsichtige und zurückhaltende Interpretationen zu. Dies gilt sowohl für die stark variierende Häufigkeit von kantonalen Urteilen als auch für die behandelten Themen. Angesichts dieser bescheidenen Datenlage kommt den Perspektiven für ein Monitoring von Gesetzgebung und Rechtsprechung besondere Bedeutung zu.

## 2 Die kantonalen Soziahilfegesetze

### 2.1 Gesetze und Verordnungen in den Kantonen: Überblick (Stand 1. Januar 2008)

Allgemein sind die kantonalen Sozialhilfegesetze jüngeren Datums, was auch als Abbild der im europäischen Vergleich späten Entwicklung des Schweizer Sozialstaates zu sehen ist. Nur zwei Gesetze sind vor 1980 erlassen worden; das älteste der Gesetze, dasjenige des Kantons Tessin, datiert von 1971. Es hat jedoch mit der Revision von 2003 erhebliche Änderungen und Anpassungen erfahren. In 17 Kantonen sind die Sozialhilfegesetze nach 1990 erlassen worden, sieben davon nach 2000. Ein Drittel dieser Gesetze ist bereits wieder revidiert worden oder befindet sich in Revision. Von den zehn Gesetzen, die vor 1990 erlassen worden sind, sind acht mindestens einmal bereits revidiert worden. In dieser «Bewegung» in der Sozialhilferechtslandschaft kommt der kontinuierliche Wandel, die Entwicklung neuer Problemlagen ebenso wie die ständige Suche nach neuen Lösungen für alte Probleme zum Ausdruck.

## Tabelle 1: Erlass- und Revisionsdaten

| Kt | Erlass bis 1980 | | Erlass 1981-1990 | | Erlass 1991-2000 | | Erlass nach 2000 | |
|---|---|---|---|---|---|---|---|---|
| | | Letzte Rev.* | | Letzte Rev.* | | Letzte Rev.* | | Letzte Rev.* |
| TI | 1971 | 2003 | | | | | | |
| GR** | 1978 | 1994 | | | | | | |
| ZH | | | 1981 | 2007 | | | | |
| ZG | | | 1982 | 2006 | | | | |
| SZ | | | 1983 | 2001 | | | | |
| OW | | | 1983 | 2001 | | | | |
| TG | | | 1984 | X | | | | |
| GR** | | | 1986 | | | | | |
| LU | | | 1989 | 2004 | | | | |
| SO | | | 1989 | 2007 | | | | |
| FR | | | | | 1991 | | | |
| SH | | | | | 1994 | 2007 | | |
| GL | | | | | 1995 | 2004 | | |
| NE | | | | | 1996 | 2006 | | |
| VS | | | | | 1996 | | | |
| UR | | | | | 1997 | | | |
| NW | | | | | 1997 | | | |
| SG | | | | | 1998 | X | | |
| BS | | | | | 2000 | | | |
| JU | | | | | 2000 | | | |
| AG | | | | | | | 2001 | |
| AI | | | | | | | 2001 | 2005 |
| BE | | | | | | | 2001 | |
| BL | | | | | | | 2001 | X |
| VD | | | | | | | 2003 | X |
| GE | | | | | | | 2007 | |
| AR | | | | | | | 2007 | |

\*    X: Revision im Gange

\*\*   Der Kanton GR regelt die Sozialhilfe in zwei Gesetzen

## 2.2 Regelungsdichte der kantonalen Sozialhilfegesetzgebung

Das Konzept der Regelungsdichte zielt sowohl auf den Umfang der gesetzlich geregelten Materie als auch auf den Detaillierungsgrad der Regelungen innerhalb eines bestimmten Themenbereichs. Es geht also generell darum, wo und in welcher Präzision Rechte und Ansprüche der Hilfesuchenden umschrieben – begründet oder ausgeschlossen – sowie Verfahren und Organisation der Sozialhilfe festgelegt werden.

Die folgende statistische Darstellung verwendet dafür als Indikator die Zahl der Artikel oder Paragrafen, die bestimmten Themenbereichen und der Regelung der Sozialhilfe insgesamt gelten. [1] Soweit nichts anderes erwähnt wird, beschränkt sie sich auf die Gesetze.

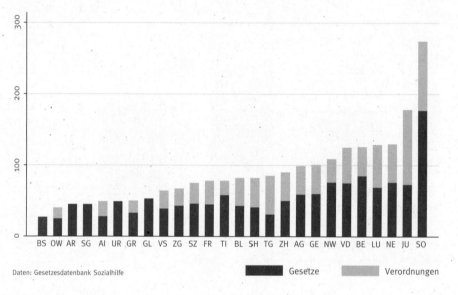

Daten: Gesetzesdatenbank Sozialhilfe    ■ Gesetze    ■ Verordnungen

Abbildung 1: Umfang der Gesetze und Verordnungen: Anzahl Artikel oder Paragrafen

Die umfangreicheren Gesetze und Verordnungen weisen bis zu neunmal soviele Artikel auf wie die kürzesten. Tendenziell sind die Gesetze der Westschweizer Kantone und des Tessin etwas umfangreicher als diejenigen der Deutschschweiz. Mit 177 Artikeln weitaus am umfangreichsten ist jedoch das 2007 totalrevidierte Sozialhilfegesetz des Kantons Solothurn (Abbildungen 1 und 2).

---

1 Dieser Indikator ist natürlich in verschiedenen Hinsichten unvollkommen. Insbesondere ignoriert er gesetzgebungstechnische Besonderheiten wie etwa die Differenzierung eines Artikels in zahlreiche(re) Absätze. Ausserdem werden in den folgenden Darstellungen nur jene Artikel erfasst, die sich der Systematik der Datenbank und den dadurch vordefinierten Themenbereichen fügen.

Einflussreicher als die Sprache und damit allenfalls verbundene Differenzen der Gesetzgebungstradition ist jedoch das Alter des Gesetzes. Neuere oder in neuerer Zeit to-talrevidierte Gesetze sind im Allgemeinen detaillierter als ältere (Abbildung 3) – wobei diese Tatsache auch einen guten Teil der Differenzen zwischen den Sprachregionen erklärt. Der in der wachsenden Zahl der Artikel zum Ausdruck kommende Anstieg der Regelungsdichte hat wohl insbesondere mit der zunehmenden quantitativen Bedeutung des Sozialhilferechts und mit den dadurch verbundenen Legitimationsproblemen zu tun.

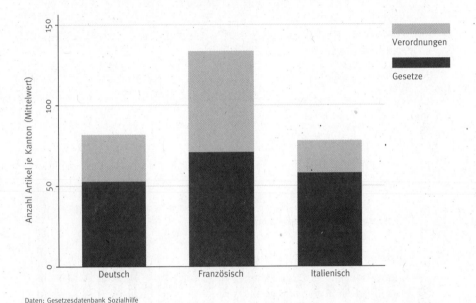

Daten: Gesetzesdatenbank Sozialhilfe

Abbildung 2: Gesetze und Verordnungen in den Sprachregionen 2007

Interessant ist auch, dass die kürzeren Gesetze mit insgesamt weniger als 50 Artikeln/Paragraphen (AI, UR, SG, OW, BS, AR) durchwegs nicht mit umfangreichen Verordnungen ergänzt werden. Im Gegenteil, vier dieser sechs Kantone haben gar keine Verordnung erlassen. Gesetze und Verordnungen scheinen sich also parallel und nicht etwa komplementär zu entwickeln – ausführlichere Gesetze ersparen also tendenziell keine Verordnungen, und Verordnungen ersetzen nicht gesetzliche Regelungen.

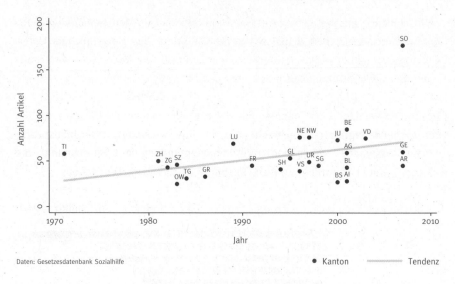

Daten: Gesetzesdatenbank Sozialhilfe

● Kanton ━━━━ Tendenz

Abbildung 3: Jahr des Erlasses und Umfang der Gesetze

Nahezu die Hälfte der Verordnungen (12 von 27) sind nach 2000 erlassen worden, ein weiteres Viertel von 1996 bis 2000.

### 2.3 Die wichtigsten Regelungsbereiche

Misst man das Gewicht der einzelnen Themenbereiche an der Zahl der Artikel, die ihnen ganz oder teilweise gewidmet sind, dann ist die Organisation der Sozialhilfe – kantonale und kommunale Behörden, Sozialdienste und andere Einrichtungen – das bei weitem bedeutendste Thema (Abbildung 4). [2] Dazu kommen allgemeine Bestimmungen (Zweckartikel, Begriffsbestimmungen, Träger, Schweigepflicht und Abschiebeverbot sowie die Prinzipien der Subsidiarität, Individualisierung, Bedarfsdeckung, Angemessenheit, Eigenverantwortung, Integration, Professionalisierung/Professionalität, Ursachenbekämpfung und Gegenseitigkeit. Diese drei Themenbereiche ziehen rund 40% aller Gesetzesartikel, d.h. durchschnittlich rund 20 von 50 Artikeln auf sich. Nimmt man die sachlich zugehörigen Regeln für die Amtshilfe und die Zusammenarbeit mit Privaten dazu, so gelten ziemlich genau die Hälfte aller Artikel der Organisations- und Strukturseite. Erwartungsgemäss nehmen die Bestimmungen über die Finanzierung der Sozialhilfe einen bedeutenden Platz ein. Darunter fallen vor allem die Lastenverteilung zwischen Kanton und Gemeinden und Bestimmungen über den interkommunalen Lastenausgleich. Eine grosse Mehrheit der Kantone kennt inzwischen einen zwar

---

[2]  Die Ausführungen von Abschnitt 2.3 beruhen auf dem Stand 2006.

unterschiedlich ausgestalteten Lastenausgleich zwischen den Gemeinden, auch wenn grundsätzlich in den meisten Kantonen primär die Gemeinde am Unterstützungswohnsitz der Sozialhilfeempfänger/innen für die Kosten der wirtschaftlichen Sozialhilfe aufkommen muss.

Wesentlich weniger Platz nehmen die Rechte ein, welche die Gesetze für die Bezüger/innen statuieren (Rechtzeitigkeit der Hilfe, Freiwilligkeit der Inanspruchnahme, Mitsprache, Schutz vor Abtretung, Verpfändung und Verrechnung). Sie werden in durchschnittlich 2.3 Artikeln (rund 5% aller Artikel) erwähnt.

24 von 26 Kantonen regeln auch die Finanzierung der Heime im Sozialhilfegesetz.

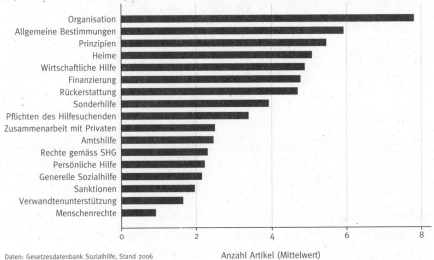

Daten: Gesetzesdatenbank Sozialhilfe, Stand 2006        Anzahl Artikel (Mittelwert)

Abbildung 4: Artikel, die ausgewählte Bereiche regeln: absolute Zahlen (2006)

Zahl und Anteil der Artikel, die der *Organisation* als dem «grossen», quantitativ wichtigsten Thema gewidmet sind, variieren vergleichsweise wenig zwischen den Kantonen und ebenso wenig zwischen den Sprachregionen. Eine namhafte Differenz lässt sich nur bei den Gesetzen beobachten, die vor 1985 erlassen worden sind. Sie weisen absolut gesehen deutlich weniger Artikel auf, als spätere Erlasse (Abbildung 5). Da sie meistens auch insgesamt weniger Umfang aufweisen, ist aber der Anteil der Organisationsthemen gleich hoch wie in der Folgeperiode; und seit Mitte der 1990er Jahre beginnt das Thema an relativem Gewicht zu verlieren.

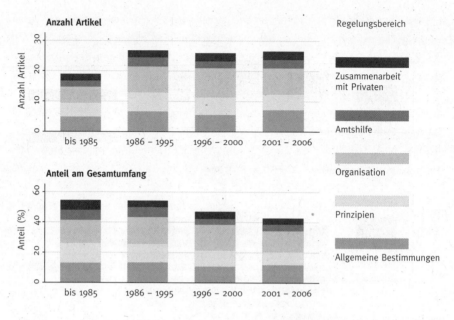

**Anzahl Artikel**

**Anteil am Gesamtumfang**

Regelungsbereich

Zusammenarbeit mit Privaten

Amtshilfe

Organisation

Prinzipien

Allgemeine Bestimmungen

Daten: Gesetzesdatenbank Sozialhilfe, Stand 2006

Abbildung 5: Anzahl und Anteil der Gesetzesartikel mit Organisations- und anderen generellen Themen nach Zeitpunkt des Erlasses

Das bedeutet, dass andere Themen für den wachsenden Umfang der Gesetze und teilweise wohl auch für die Differenzen zwischen den Kantonen verantwortlich sind. Einige Hinweise dazu geben Abbildung 6 und Abbildung 7.

Sie zeigen zum ersten, dass Rechtsbeziehungen seit den 1980er Jahren zusehends expliziter formuliert worden sind (Abbildung 6). Auf der einen Seite ist hier der Rekurs auf die Menschenrechte zu nennen. Nur zwei von acht Erlassen aus der Zeit bis 1985 verweisen explizit darauf, aber 14 von 18 seither novellierten Gesetzen. Für die näher bei der Durchführung liegenden – und insofern wohl spürbareren – Dimensionen lässt sich ein kontinuierlicher oder zumindest zeitweiliger Bedeutungszuwachs bis rund zum Jahr 2000 ausmachen: Sowohl die Thematisierung von Sanktionen wie von Rückerstattungs und anderen Pflichten der Empfänger/innen und ihrer Nahumgebung (Verwand-tenunterstützung) nimmt gegenüber der Zeit vor 1985 absolut gesehen zu. In den seit 2001 neu erlassenen Gesetzen gilt dies noch für die repressiven, die Klientenpflichten betreffenden Aspekte. Relativ zum wachsenden Gesamtumfang ist dieser Regelungsbereich seither aber etwas zurück getreten oder jedenfalls nicht weiter ausgebaut worden.

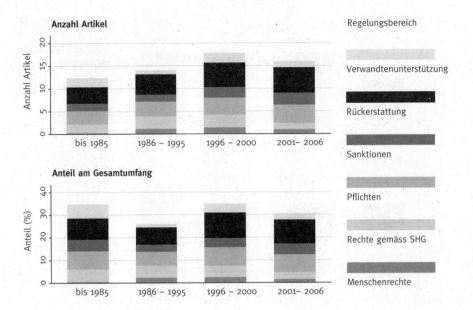

Daten: Gesetzesdatenbank Sozialhilfe, Stand 2006

Abbildung 6: Anzahl und Anteil der Gesetzesartikel zum Regelungsbereich «Rechtsbeziehungen»
nach Zeitpunkt des Erlasses

Zum zweiten deuten sie darauf hin, dass die rechtliche Fundierung und Regu-
lierung der Leistungen einen von verschiedenen Konjunkturen geprägten Aus-
bau erfahren hat (Abbildung 7). Nach 1985 erlassene Gesetze betonen zunächst
die persönliche und die generelle Sozialhilfe (Prävention), teilweise durchaus
auf Kosten der wirtschaftlichen Sozialhilfe. Diese wird ab 2000 wieder stärker
reguliert, ohne dass deswegen die andern Leistungsbereiche weniger erwähnt
würden. Vor allem die Sonderhilfen scheinen in dieser Zeit stärker systematisiert
(wenn auch deswegen materiell nicht unbedingt ausgebaut) worden zu sein. Unter Sonderhilfen fallen namentlich Inkassohilfe und Be-vorschussung von Unter-
haltsbeiträgen, Mutterschaftsbeihilfe, Beiträge an Bau- und Betriebskosten von
Einrichtungen. Während der Kanton Luzern diese Sonderhilfen sehr ausführlich
regelt, finden sich in sechs Sozialhilfegesetzen (SH, SG, SO, AR, SZ, GE) keine
solchen Bestimmungen, was aber nicht bedeutet, dass in diesen Kantonen keine
dieser Leistungen erbracht werden. Insbesondere die Inkassohilfe, die Bevorschussung und die Mutterschaftshilfe sind oft in Spezialgesetzen geregelt.

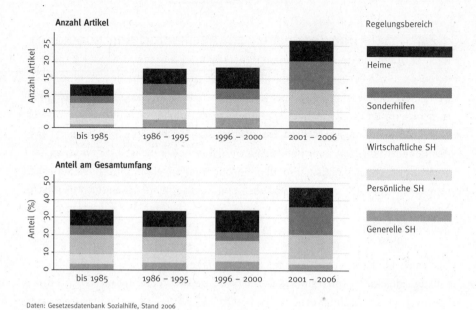

**Anzahl Artikel**

**Anteil am Gesamtumfang**

Regelungsbereich

Heime

Sonderhilfen

Wirtschaftliche SH

Persönliche SH

Generelle SH

Daten: Gesetzesdatenbank Sozialhilfe, Stand 2006

Abbildung 7: Anzahl und Anteil der Gesetzesartikel zum Regelungsbereich «Leistungen» nach Zeitpunkt des Erlasses

## 3 Merkmale und Tendenzen der Rechtsprechung 2000-2005

Nach der Darstellung der kantonalen Gesetzgebung werden in diesem Kapitel einige Fakten zur Rechtsprechung in der Periode 2000-2005 dargestellt und diskutiert. Die Befunde sind nicht spektakulär, aber dennoch interessant, auch wenn es schwierig und rasch einmal spekulativ wird, sobald nach überzeugenden Erklärungen für die festgestellten Entwicklungen gesucht wird. Dazu kommt, dass der Beobachtungszeitraum von nur sechs Jahren zu kurz ist, um zwischen längerfristigen Entwicklungen und den Besonderheiten eines einzelnen Jahres zu unterscheiden. Auch die Tatsache, dass erst ab 2004 eine gesamtschweizerische Sozialhilfestatistik geführt wird, zwingt zur Zurückhaltung bei der Interpretation der Befunde.

Die Schwankungen in der Anzahl der ergangenen Urteile pro Jahr und die Verteilung auf die Kantone sind aber auch per se, als reine Feststellung, interessant. Die in der Rechtsprechung hauptsächlich behandelten Themen sind einerseits naheliegend, andererseits auch eher überraschend: dass Arbeit, Ausbildung, Existenzsicherung, Subsidiarität und Rückerstattung zu den meist behandelten Themen gehören, erstaunt nicht. Dass die Themen Missbrauch, Leistungskürzung und Verwandtenunterstützung einen kleinen Raum einnehmen, wohl eher. Angesichts der in den letzten zwei Jahren die Sozialhilfe dominierenden Missbrauchsdebatte ist möglicherweise damit zu rechnen, dass sich dieses Thema in den Jahren ab 2006 auch in der Rechtsprechung stärker niederschlägt.

### 3.1 Die Entwicklung in absoluten Zahlen

In den Jahren 2000 – 2006 haben die kantonalen Gerichte insgesamt 666 Urteile erlassen. Für denselben Zeitraum von sechs Jahren liegen 67 Urteile des Bundesgerichts vor. Die Verteilung über die Jahre ist weder gleichmässig noch als linearer Trend interpretierbar (vgl. Abbildung 8): nachdem die Zahl der kantonsgerichtlichen Urteile in den ersten drei beobachteten Jahren jeweils bei rund 80 gelegen hat, steigt sie in den Jahren 2003 und 2004 auf beinahe das Doppelte und geht dann im Jahr 2005 wieder etwas zurück. Die Zahl der bundesgerichtlichen Urteile beträgt jeweils rund einen Zehntel der kantonsgerichtlichen und spiegelt damit die Entwicklung auf kantonaler Ebene recht genau. Das erstaunt insofern, als eine gewisse Verzögerung der letztinstanzlichen Urteile zu erwarten wäre.

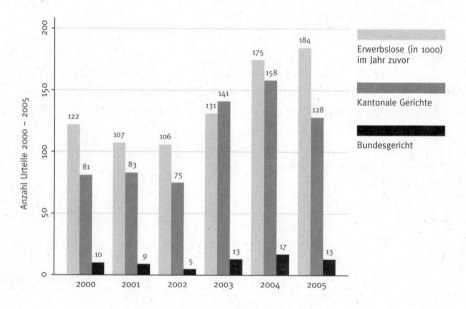

Daten: BFS (Erwerbslose), Urteilsdatenbank

Abbildung 8: Kantons- und bundesgerichtliche Urteile in Sozialhilfefällen, 2000–2005

Der vermutlich wichtigste Faktor für die Zahl der Urteile – die Zahl der Sozialhilfeempfänger/innen bzw. Fälle – ist erst ab 2004 bekannt. Wenn wir näherungsweise die Entwicklung der Erwerbslosenzahlen zu jener der Urteile in Beziehung setzen, so erhalten wir ebenfalls eine erstaunlich kurze Zeitspanne, innerhalb derer sich die Wirtschaftslage in den strittigen Sozialhilfefällen niederzuschlagen scheint: Eine Verzögerung von nur einem Jahr ergibt eine recht gute – oder jedenfalls die beste [3] – Parallele zum Anstieg der Urteile (nicht aber zum Rückgang von 2004 auf 2005). Aufgrund der individuellen Dynamik, die erst über den Bezug des Arbeitslosentaggeldes zur Sozialhilfe führt, wäre eine deutlich längere Verzögerung gegenüber der wirtschaftlichen Entwicklung zu erwarten. Der Befund kann zweierlei bedeuten, wobei das eine das andere nicht ausschliesst: 1. für die Zugänge zur Sozialhilfe ist die aktuelle Wirtschaftslage bei Auslaufen der ALV-Leistungen massgebend; 2. es wirken hier nicht identifizierte institutionelle Faktoren, die für den starken Anstieg verantwortlich sind. Diese können z.B. in einer neuen Praxis der Sozialhilfe bestehen, die zu einer höheren Zahl von Beschwerden, auch im Sinne des Herbeiführens von Leitentscheiden, führt; ebenso kann die Zahl der Urteile aber aufgrund von Änderungen des Rechtsweges steigen, durch die z.B. Beschwerden in Sozialhilfesachen erst Sache kantonaler Gerichte werden.

---

[3]  Versuche mit grösseren «Lags» führen allesamt zu schlechteren Ergebnissen, meist gar zu negativen Korrelationen über die Jahre.

### 3.2 Verteilung auf die Kantone

Die Häufigkeit von Urteilen schwankt beträchtlich zwischen den Kantonen. Das gilt nicht nur – trivialerweise – für die absolute Zahl, sondern auch bezüglich der Grösse der Kantone und der Zahl ihrer Sozialhilfefälle. 4 Wie Tabelle 2 zeigt, ist es sogar so, dass die Schwankungen 5 unter Berücksichtigung der Zahl der Sozialhilfeempfänger/innen grösser ausfallen, als wenn nur die Einwohnerzahl berücksichtigt wird.

Besonders hohe Urteilsquoten weisen Kantone mit kleinen Sozialhilfequoten auf. Spitzenreiter unter den Kantonen mit mehr als 100 000 Einwohnern ist der Thurgau mit 19,7 Urteilen (in 6 Jahren) auf 1000 Sozialhilfefälle (in einem Jahr), gefolgt von Schwyz (17,9) und Solothurn (15,2). Hier ist der Anteil der kantonsgerichtlich beurteilten Fälle noch deutlich höher, als es die eher tiefen Sozialhilfequoten ohnehin erwarten lassen. Am anderen Ende sind es die Kantone Wallis, Luzern, St. Gallen und Zug, in denen eine gemessen an der Sozialhilfequote besonders kleine Zahl von Beschwerden vor Gericht gebracht wird. Besonders klein ist die Zahl ausserdem in Bern und Neuenburg. Dass beide Appenzell keinen einzigen Fall aufweisen, mag auch mit Zufällen zu tun haben, denen kleine Einzugsgebiete besonders ausgesetzt sind, wie Nidwalden und Obwalden am andern Ende der Skala zeigen.

Schliesslich ist auch ein – schwacher – Zusammenhang der Urteilsquote mit dem Zeitpunkt der letzten Revision des Sozialhilfegesetzes festzustellen. Den höchsten Anteil gerichtlicher Überprüfungen (im Durchschnitt 9,2 auf 1000) weisen Kantone auf, die ein neues Gesetz bzw. eine Revision zwischen 1998 und 2003 in Kraft gesetzt haben, den tiefsten (4,8) jene, deren Revision ab 2004 in Kraft gesetzt worden ist. Kantone mit älteren Erlassen rangieren dazwischen. Eine höhere Zahl von Urteilen dürfte also auch damit zusammenhängen, dass mit neuen Erlassen verbundene Fragen gerichtlich geklärt werden. Umgekehrt scheint aber nicht zu gelten, dass eine hohe Zahl von Gerichtsfällen Revisionsdruck schafft.

---

4   Entsprechende Zahlen liefert seit 2004 die Sozialhilfestatistik des Bundes. Für die Zeit davor existieren keine vergleichbaren Daten, weshalb hier die Fallzahlen 2005 zugrunde gelegt werden. Da die relativen Positionen der Kantone einigermassen stabil scheinen, sollte dies im Rahmen der hier überhaupt möglichen Vergleiche nicht zu spürbaren Verzerrungen führen. Methodisch bleibt es natürlich unbefriedigend, weil einerseits die Gesamtzahl der Urteile über sechs Jahre mit der Zahl der Fälle eines Jahres in Beziehung gesetzt wird, andererseits und mehr noch aber, weil nicht ausgeschlossen werden kann, dass die Sozialhilfequote am Ende der Periode durch die Arbeit der Gerichte zu Beginn der Periode beeinflusst worden ist.

5   Gemessen am Variationskoeffizienten.

## Tabelle 2: Urteile 2000-2005 in den Kantonen

| | Urteile 2000-2005 | | | Sozialhilfe-quote 2005 | Einwohner/innen 2005 |
|---|---|---|---|---|---|
| | Anzahl | je 1000 Einwohner 2005 | je 1000 Sozialhilfefälle 2005 (*) | je 1000 Sozial-hilfebezüger 2005 (**) | | |
| AG | 47 | 0.083 | 7.7 | 4.4 | 1.9 | 569'344 |
| AI | 0 | 0.000 | 0.0 | 0.0 | 1.2 | 15'220 |
| AR | 0 | 0.000 | 0.0 | 0.0 | 1.6 | 52'561 |
| BE | 26 | 0.027 | 1.1 | 0.6 | 4.2 | 957'064 |
| BL | 15 | 0.056 | 3.6 | 2.1 | 2.7 | 266'089 |
| BS | 18 | 0.097 | 2.4 | 1.5 | 6.4 | 185'601 |
| FR | 18 | 0.071 | 5.5 | 2.8 | 2.6 | 253'954 |
| GE | 35 | 0.081 | 3.6 | 2.0 | 4.0 | 430'638 |
| GL | 3 | 0.079 | 6.2 | 3.5 | 2.2 | 38'173 |
| GR | 24 | 0.128 | 14.0 | 8.3 | 1.5 | 187'803 |
| JU | 7 | 0.101 | 9.5 | 5.4 | 1.9 | 69'110 |
| LU | 7 | 0.020 | 1.3 | 0.8 | 2.6 | 356'384 |
| NE | 1 | 0.006 | 0.2 | 0.1 | 5.4 | 168'444 |
| NW | 4 | 0.100 | 17.8 | 10.0 | 1.0 | 39'803 |
| OW | 4 | 0.120 | 17.2 | 9.8 | 1.2 | 33'269 |
| SG | 13 | 0.028 | 2.2 | 1.2 | 2.4 | 459'999 |
| SH | 6 | 0.081 | 5.0 | 2.8 | 2.9 | 73'764 |
| SO | 66 | 0.266 | 15.2 | 9.0 | 3.0 | 247'937 |
| SZ | 23 | 0.167 | 17.9 | 9.8 | 1.7 | 137'522 |
| TG | 56 | 0.239 | 19.7 | 11.8 | 2.0 | 234'332 |
| TI | 45 | 0.140 | 11.4 | 7.4 | 1.9 | 322'276 |
| UR | 2 | 0.057 | 8.5 | 4.9 | 1.2 | 35'087 |
| VD | 129 | 0.197 | 8.2 | 4.4 | 4.5 | 654'093 |
| VS | 8 | 0.027 | 3.7 | 2.0 | 1.4 | 291'575 |
| ZG | 5 | 0.047 | 4.0 | 2.4 | 2.0 | 106'496 |
| ZH | 104 | 0.082 | 3.6 | 2.1 | 3.9 | 1'272'590 |
| Total | 666 | 0.089 | 4.9 | 2.8 | 3.2 | 7'459'128 |
| Variations-koeffizient | | 0.78 | 0.85 | 0.86 | 0.53 | |

\* Sozialhilfefälle: antragstellende Personen

\*\* Sozialhilfeempfänger/innen: (mit)unterstützte Personen

Daten: BFS; Urteilsdatenbank

### 3.3 Themen

Um die Themen der Rechtsprechung und deren Entwicklung zu verfolgen, sind die Urteilstexte elektronisch nach sozialhilferechtlich relevanten Stichwörtern untersucht worden. Aus einer dreisprachigen Liste [6] mit 427 Stichwörtern (von «13. Monatslohn» bis «zweite Säule») finden sich 312 auch in den Urteilstexten. [7] Die inhaltlich und/oder quantitativ wichtigsten dieser Stichwörter können zu 19 Gruppen zusammengefasst werden, die zum einen Teil Lebensbereiche (wie Arbeit, Ausbildung, Familie) und zum andern Teil Grundsätze der Sozialhilfe (wie Existenzsicherung, Rückerstattungs- und Mitwirkungspflicht) betreffen.

Vergleicht man die Häufigkeit der einzelnen Stichwörtergruppen über alle Urteile sowohl der Kantonsgerichte als auch des Bundesgerichts, so dominiert der Bereich der Arbeit (mit Stichwörtern wie Arbeitslosigkeit, Arbeitsmarkt, Arbeitsort, Integrationsmassnahme) unter den Inhalten, und Rekurse auf den Grundsatz der Existenzsicherung unter den grundsätzlichen Themen, die in den Urteilen berührt werden (Abbildung 9). Weitere wichtige konkrete Bereiche sind Ausbildung, Familie und Wohnung, unter den abstrakten Prinzipien dominieren der Verweis auf das Subsidiaritätsprinzip sowie das Thema der Rückerstattungspflicht.

Mindestens eine der acht häufigsten inhaltlichen Themengruppen wird in 59% aller Urteile auf der Ebene der Stichwörter wenigstens gestreift, eines der elf Prinzipien in 73% der Urteile wenigstens einmal erwähnt. 11% aller Urteile erwähnen einen der Bereiche, aber keines der Prinzipien, 25% gelten keinem der acht Bereiche, aber mindestens einem der Prinzipien; 15% können mit dem zusammengefassten und verdichteten Stichwortset nicht beschrieben werden.

---

**6** Die Liste umfasst die sozialhilferechtlich relevanten Begriffe des Thesaurus des Bundesgerichts («Jurivoc»), ergänzt um Stichwörter des SKOS-Verzeichnisses.

**7** Legt man das französisch- bzw. italienischsprachige Vokabular zugrunde, in dem einige im Deutschen unterschiedene Begriffe nicht differenziert werden, so finden sich 306 bzw. 301 Stichwörter. Diese Differenzen dürften kaum grössere Konsequenzen für das Folgende haben. Einschränkender ist möglicherweise die Tatsache, dass einige Stichwörter aus dem Verzeichnis Zusätze mit sich führen, die so in einem Urteilstext sicherlich nicht enthalten sind (z.B. «Wirtschaftlichkeit [der Hilfe]»), sodass das entsprechende Thema im Text nicht gefunden wird.

Die Urteile der Kantonsgerichte und des Bundesgerichts unterscheiden sich kaum bezüglich der Häufigkeit des Rekurses auf Prinzipien, sehr wohl aber bezüglich der Häufigkeit, mit der sie einen der acht häufigsten Lebensbereiche zum Thema haben. Gut die Hälfte (54%) aller Bundesgerichtsurteile können aufgrund der erfassten Stichworte als reine Prinzipienurteile gelten, gegenüber 23% der Urteile auf Kantonsebene. Darin dürften sich sowohl die Funktion als auch die Arbeitsweise des Bundesgerichts widerspiegeln.

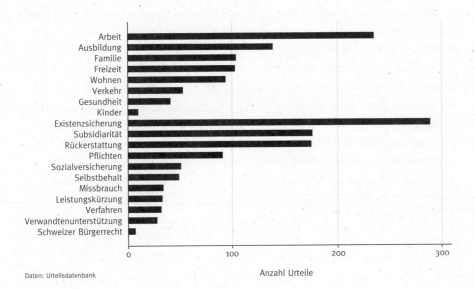

Daten: Urteilsdatenbank

Anzahl Urteile

Abbildung 9: Themenblöcke in den Urteilen 2000–2005

Themenverschiebungen oder andere Entwicklungen in den Jahren 2000–2005 sind anhand der Stichwörter nicht eindeutig zu identifizieren. Dafür ist wohl auch der Zeitraum zu kurz, eine stärkere oder schwächere Thematisierung während zwei oder drei Jahren begründet noch keinen langfristigen Trend. Mit aller Vorsicht sei dennoch auf zwei Verschiebungen über die Jahre hingewiesen:

1. Bei den *Themen* lassen sich für drei Bereiche grössere Änderungen über die Jahre ausmachen (Abbildung 10): Der Themenbereich Arbeit scheint an Bedeutung zu gewinnen: Im Jahr 2000 tauchen ihm zugeordnete Stichwörter in 20% aller Urteile auf, 2005 aber in 36%. Eine vergleichbare Zunahme kann für keinen andern (bedeutenden) Themenkreis festgestellt werden; parallel dazu gewinnt offenbar eine Argumentation in den Urteilen an Bedeutung, welche das Subsidiaritätsprinzip betont; zwischendurch scheint auch eine Akzentuierung der Mitwirkungspflichten des Empfängers Konjunktur gehabt zu haben. Ob sich hier der politische Diskurs spiegelt, der als Reaktion auf steigende Sozialausgaben die Eigenverantwortung der Bürger «beschwört», bleibt eine offene Frage. Der politisch gegenwärtig heftig diskutierte «Sozialhilfemissbrauch» hat dagegen (mit etwa 5% Nennungen) noch kaum Niederschlag gefunden, eine steigende Tendenz ist im Beobachtungszeitraum jedenfalls nicht auszumachen.

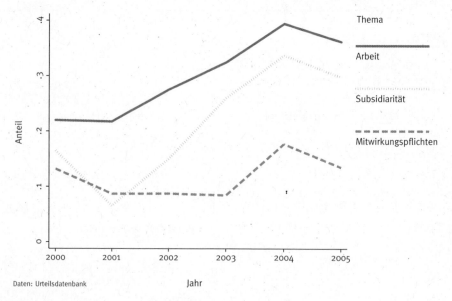

Daten: Urteilsdatenbank

Abbildung 10: Urteile 2000 – 2005, Thematische Konjunkturen

2. Die *Urteilskomplexität* nimmt zu, wenn wir darunter die thematische Breite des einzelnen Urteils verstehen (Abbildung 11). Innerhalb jedes einzelnen Urteils werden zunehmend mehr Lebensbereiche berührt; gleichzeitig steigt auch die Zahl der Prinzipien, auf die rekurriert wird. Entsprechend steigt auch der Anteil der Urteile, in denen problembereichsspezifische und prinzipielle Argumente bzw. Stichwörter zusammen auftreten. Dem entspricht, dass kaum Themen verschwinden, wenn neue dazukommen.

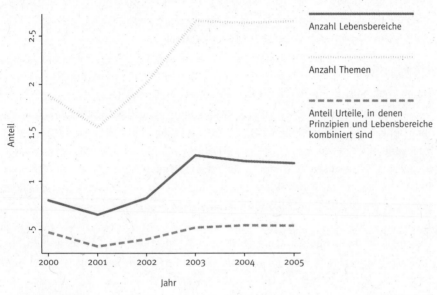

Anzahl Lebensbereiche

Anzahl Themen

Anteil Urteile, in denen Prinzipien und Lebensbereiche kombiniert sind

Daten: Urteilsdatenbank

Abbildung 11: Urteile 2000 – 2005, Thematische Konjunkturen

# 4 Zusammenfassende Würdigung

## 4.1 Gesetzgebung

Die vergleichsweise intensive gesetzgeberische Tätigkeit – 17 Sozialhilfegesetze sind nach 1990 erlassen worden, 7 davon gar nach 2000 und in 4 Kantonen sind zurzeit Revisionen im Gang – widerspiegelt die zunehmende quantitative Bedeutung, die fortschreitende Komplexität aufgrund neuer Problemlagen, aber auch die politischen Kontroversen der Sozialhilfe. In diesem Lichte erstaunt auch nicht, dass die neueren Gesetze tendenziell umfangreicher sind als die älteren.

Die Differenzierung der Leistungen der Sozialhilfe sowohl auf der Ebene der Prinzipien (namentlich Eigenverantwortung, Integration, Professionalität, Ursachenbekämpfung, Gegenseitigkeit) als auch auf der Ebene der Leistungskategorien (generelle Hilfe, individuelle Hilfe, fördernde Hilfen, Sonderhilfen etc.) deutet einerseits auf die zunehmende Komplexität der Problemlagen und anderseits angesichts der grossen Zahl von Sozialhilfeempfängern und der entsprechenden Belastung der öffentlichen Haushalte auf stets neue Bemühungen zur Bewältigung des gesellschaftlichen Dauerproblems «Armut» hin. [8]

Die ausführlichere Regelung der Rechte und Pflichten der Organe der Sozialhilfe und der Sozialhilfeempfänger/innen in den neueren Gesetzen ist wohl insbesondere Ausdruck der Sensibilisierung von Behörden und Bevölkerung für Rechtsstaatlichkeit in einem Bereich, der nach wie vor stark von behördlichem Ermessen geprägt ist. Angesichts der anhaltenden «Missbrauchsdebatte» ist wohl davon auszugehen, dass in den laufenden und kommenden Revisionen Missbrauchsbestimmungen und Sanktionen einen grösseren Raum einnehmen werden. In diesem Bereich ist auch eine besondere Wechselwirkung zwischen Rechtsprechung und Gesetzgebung zu erwarten.

---

[8]  Die Koordination und Abstimmung der verschiedenen Zweige der sozialen Sicherungssysteme und die «Überforderung» der Sozialhilfe als letztes Glied in dieser Kette ist allerdings auf diesem Weg nicht zu leisten.

## 4.2 Rechtsprechung

Der starke Anstieg der Urteile ab 2003 (trotz des Rückgangs im Jahre 2005)
ist angesichts der steigenden Zahl von Sozialhilfeempfängern nicht weiter erstaunlich. Dazu beigetragen haben aber möglicherweise auch die oft behauptete
stärkere «Anspruchshaltung» von Bürgerinnen und Bürgern gegenüber dem Staat
und die grössere «Selbstverständlichkeit», mit der Leistungen beansprucht werden. Entsprechende wissenschaftliche Belege für diese Entwicklung fehlen jedoch.

Die starken Schwankungen der Urteile in den Kantonen können wohl vorerst lediglich zur Kenntnis genommen werden. Für eine Analyse und zuverlässige Interpretation fehlen zurzeit die Grundlagen. Sicherlich jedenfalls hat die Urteilsquote
wenig mit der Grösse der Kantone zu tun. In den 8 Kantonen mit 15 000 bis 75
000 Einwohnern schwankt die absolute Zahl der Urteile zwischen 0 (AI, AR) und
7 (JU), was Quoten zwischen 0 und 1,2 Urteilen pro 10 000 Einwohner entspricht.
Ähnlich schwanken die Quoten der grössten vier Kantone mit über 500 000 Einwohnern zwischen 0,27 ((BE) und 1,97 (VD), d.h. um mehr als den Faktor 6. Die
vier Kantone mit der höchsten Zahl an Urteilen (TG: 56; SO: 66; ZH: 104; VD:
129) schliesslich haben strukturell so wenig Gemeinsamkeiten, dass keinerlei
Mutmassungen über die Gründe für diese hohe Zahl von Urteilen angestellt werden können. Möglicherweise ist der Schlüssel für diese Schwankungen in einer
unterschiedlichen Behörden- und Gerichtskultur bzw. in einer unterschiedlichen
Einstellung von Bürgerinnen und Bürgern zu Behörden und Justiz zu suchen,
möglicherweise auch in Besonderheiten der Gesetzgebung.

Die dominanten Themen ( › 150 Urteile) Arbeit, Existenzsicherung, Ausbildung,
Rückerstattung und Subsidiarität erstaunen nicht, viel eher erstaunt die geringe
Zahl von Urteilen, die sich mit Missbrauch, Leistungskürzung und Verfahren be-
fassen. Aufgrund der aktuellen Debatten kann erwartet werden, dass die Themen
Missbrauch und Sanktionen (Leistungskürzung, Leistungseinstellung) häufiger
werden.

## 5 Perspektiven für ein Monitoring von Gesetzgebung und Rechtsprechung

Die beiden im Rahmen des Forschungsprojektes entwickelten und erprobten Datenbanken des schweizerischen Sozialhilferechts und der kantonalen und bundesgerichtlichen Rechtsprechung sind Instrumente eines Monitorings im Bereiche des Sozialhilfewesens.

Bei entsprechender Weiterentwicklung und kontinuierlicher Aktualisierung eignen sie sich zusammen mit anderen Informationssystemen (z.B. der schweizerischen Sozialhilfestatistik) für eine regelmässige systematische Erfassung, Beobachtung und Überwachung der Entwicklung und der Prozesse im Sozialhilfewesen. Sie liefern bei entsprechender Differenzierung Grundlagen für die Interpretation von gesamtschweizerischen und regionalen bzw. kantonalen Entwicklungen, für die Policy- und Strategieentwicklung sowie geeignete politische und gesetzgeberische Interventionen zur Steuerung nicht erwünschter Entwicklungen und zur adäquaten Reaktion auf bestimmte Probleme. Als besondere «Problemzonen» können aufgrund der in diesem Beitrag erhobenen Befunde namentlich die folgenden Bereiche gelten:

· in der Rechtsprechung, namentlich in der höchstrichterlichen, regelmässig behandelte Themen der Gesetzgebung,
· neue Themen/Probleme, die von der Gesetzgebung und Rechtsprechung nicht erfasst werden,
· starke regionale Schwankungen bezüglich Anzahl und Themen der Rechtsprechung,
· starke regionale Schwankungen der Sozialhilfequote
· Entwicklungen der Gesetzgebung und Rechtsprechung im Bereich der Sozialhilfe in Abhängigkeit von gesellschaftlichen Entwicklungen (u.a. Demografie, strukturelle Veränderungen in der Wirtschaft) und in Abhängigkeit von der Entwicklung benachbarter Rechtsgebiete (Sozialversicherung).

Der Nutzen solcher Instrumente hängt nicht nur von deren Weiterentwicklung und Perfektionierung ab, sondern wesentlich von einem gesellschaftlichen und politischen Minimalkonsens in Bezug auf die Stellung der Sozialhilfe im System der sozialen Sicherung, der grundlegenden Prinzipien der Sozialhilfe und ihrer Mittel sowie der Rechtsstellung ihrer Ansprecher. Zurzeit fehlen in diesen Bereichen gesamtschweizerische Rechtsgrundlagen, die einen solchen Minimalkonsens definieren. Diese Lücke müsste durch ein Rahmen-Bundessozialhilfegesetz geschlossen werden. Der dazu erforderliche politische Diskurs könnte durch die Verfügbarkeit solcher tauglicher Instrumente versachlicht werden.

## Abkürzungsverzeichnis

| | |
|---|---|
| **a** | alt |
| **A.a.O.** | am angeführten/angegebenen Ort |
| **a. E.** | am Ende |
| **Abs.** | Absatz |
| **AHV** | Alters- und Hinterlassenenversicherung |
| **AHVG** | Bundesgesetz vom 20. Dezember 1946 über die Alters- und Hinterlassenenversicherung (SR 831.10) |
| **AJP** | Zeitschrift für die Aktuelle Juristische Praxis |
| **ALV** | Arbeitslosenversicherung |
| **ANAG** | Bundesgesetz vom 26. März 1931 über Aufenthalt und Niederlassung der Ausländer (ausser Kraft) |
| **Art.** | Artikel |
| **ASFG** | Bundesgesetz vom 21. März 1973 über Fürsorgeleistungen an Auslandschweizer (SR 852.1) |
| **AsylG** | Asylgesetz vom 26. Juni 1998 (SR 142.31) |
| **ATSG** | Bundesgesetz vom 6. Oktober 2000 über den Allgemeinen Teil des Sozialversicherungsrechts (SR 830.1) |
| **AuG** | Bundesgesetz vom 16. Dezember 2005 über die Ausländerinnen und Ausländer ( SR 142.20) |
| **BBl** | Bundesblatt |
| **bez.** | beziehungsweise |
| **BFS** | Bundesamt für Statistik |
| **BG** | Bundesgesetz |
| **BGG** | Bundesgesetz vom 17. Juni 2005 über das Bundesgericht (Bundesgerichtsgesetz) (SR 173.110) |
| **BGE** | Entscheidungen des Schweizerischen Bundesgerichts |
| **BIGA** | Bundesamt für Industrie, Gewerbe und Arbeit (BIGA) |
| **BSG** | Bernische Systematische Gesetzessammlung |
| **BV** | Bundesverfassung der Schweizerischen Eidgenossenschaft vom 18. April 1999 (SR 101) |
| **BVG** | Bundesgesetz vom 25. Juni 1982 über die berufliche Alters-, Hinterlassenen- und Invalidenvorsorge (SR 831.40) |
| **ca.** | circa |
| **d. h.** | das heisst |
| **Diss.** | Dissertation |
| **E.** | Erwägung |
| **EJPD** | Eidg. Justiz- und Polizeidepartement |
| **ELG** | Bundesgesetz vom 6. Oktober 2006 über Ergänzungsleistungen zur Alters-, Hinterlassenen- und Invalidenversicherung (SR 831.30) |
| **EMRK** | Europäische Konvention vom 4. November 1950 zum Schutze der Menschenrechte und Grundfreiheiten (SR 0.101) |
| **et. al.** | et alii/aliae/alia (und andere) |
| **etc.** | et cetera |
| **evtl.** | eventuell |
| **ff.** | folgende/r |
| **FamPra** | Die Praxis des Familienrechts |
| **GDK** | Schweizerischen Konferenz der kantonalen Gesundheitsdirektorinnen und -direktoren |
| **ggf.** | gegebenenfalls |
| **h. L.** | herrschende Lehre |
| **Hrsg.** | Herausgeber |
| **HSA** | Hochschule Luzern – Soziale Arbeit |
| **i. d. R.** | in der Regel |
| **IFEG** | Bundesgesetz vom 6. Oktober 2006 über die Institutionen zur Förderung der Eingliederung von invaliden Personen (SR 831.26) |
| **IHV** | Interkantonalen Heimvereinbarung |
| **IIZ** | Interinstitutionelle Zusammenarbeit |
| **inkl.** | Inklusive |
| **insb.** | insbesondere |

| | |
|---|---|
| **IPR** | Internationales Privatrecht |
| **IRV** | Interkantonale Rahmenvereinbarung |
| **i. S. d.** | im Sinne der/des |
| **IV** | Invalidenversicherung |
| **IVG** | Bundesgesetz vom 19. Juni 1959 über die Invalidenversicherung (SR 831.20) |
| **IVSE** | Interkantonale Vereinbarung für soziale Einrichtungen |
| **IVV** | Verordnung vom 17. Januar 1961 über die Invalidenversicherung (SR 831.201) |
| **i. V. m.** | in Verbindung mit |
| **IZPR** | Internationales Zivilprozessrecht |
| **KKJPD** | Konferenz der kantonalen Sozialdirektoren und Sozialdirektorinnen |
| **KOS** | Sankt-gallische Konferenz für Sozialhilfe |
| **Kt.** | Kanton |
| **KUG** | Gesetz über die Unterstützung Bedürftiger (Kantonales Unterstützungsgesetz) vom 3. Dezember 1978 (Bündner Rechtsbuch 546.250) |
| **KVG** | Bundesgesetz vom 18. März 1994 über die Krankenversicherung (SR 832.10) |
| **LAP** | Loi sur l'assistance publique du 19 septembre 1980 (Recueil systématique de la législation genevoise J 4.05) |
| **LASV** | Loi sur l'action sociale vaudoise du 2 décembre 2003 (Recueil systématique de la législation vaudoise 850.051) |
| **lit.** | litera |
| **m. E.** | meines Erachtens |
| **m. w. H.** | mit weiteren Hinweisen |
| **m. w. N.** | mit weiteren Nachweisen |
| **n** | neu |
| **N** | Note (Randnote) |
| **NNE** | Nichteintretensentscheid |
| **NFA** | Bundesgesetz vom 6.Oktober 2006 über die Schaffung und Änderung von Erlassen zur Neugestaltung des Finanzausgleichs und der Aufgabenteilung zwischen Bund und Kantonen (SR ) |
| **o. Ä.** | oder Ähnliche[s] |
| **od.** | oder |
| **OR** | Bundesgesetz vom 30. März 1911 betreffend die Ergänzung des Schweizerischen Zivilgesetzbuches (Fünfter Teil: Obligationenrecht) (SR 220) |
| **PartG** | Bundesgesetz vom 18. Juni 2004 über die eingetragene Partnerschaft gleichgeschlechtlicher Paare (Partnerschaftsgesetz) (SR 211.231) |
| **PAVO** | Verordnung über die Aufnahme von Kindern zur Pflege und Adoption, vom 19. Oktober 1979 (SR 211.222.338) |
| **resp.** | respektive |
| **RRB** | Regierungsratsbeschluss |
| **Rz** | Randziffer |
| **S.** | Seite/n |
| **SAR** | Systematische Sammlung des Aarg. Rechts |
| **SchKG** | Bundesgesetz vom 11. April 1889 über Schuldbetreibung und Konkurs (SR 281.1) |
| **SGF** | Systematische Gesetzessammlung des Kantons Freiburg |
| **SHG** | Sozialhilfegesetz |
| **SJZ** | Schweizerische Juristen-Zeitung |
| **SKOS** | Schweizerische Konferenz für Sozialhilfe |
| **SODK** | Konferenz der kantonalen Sozialdirektoren und Sozialdirektorinnen |
| **SPG** | Gesetz über die öffentliche Sozialhilfe und die soziale Prävention (Sozialhilfe- und Präventionsgesetz) vom 6. März 2001 (Systematische Sammlung des Aarg. Rechts 851.200) |
| **SPV** | Sozialhilfe- und Präventionsverordnung vom 28. August 2002 (Systematische Sammlung des Aarg. Rechts 851.211) |
| **SR** | Systematische Sammlung des Bundesrechts |
| **SRK** | Schweizerisches Rotes Kreuz |
| **StGB** | Schweizerisches Strafgesetzbuch vom 21. Dezember 1937 (SR 311.0) |
| **SUVA** | Schweizerische Unfallversicherungsanstalt |

| | |
|---|---|
| **SZS** | Schweizerische Zeitschrift für Sozialversicherung und berufliche Vorsorge |
| **u. a.** | unter anderem |
| **usw.** | und so weiter |
| **u. U.** | unter Umständen |
| **V** | Verordnung |
| **v. a.** | vor allem |
| **VGG** | Bundesgesetz vom 17. Juni 2005 über das Bundesverwaltungsgericht (Verwaltungsgerichtsgesetz) (SR 173.32) |
| **vgl.** | vergleiche |
| **VPB** | Verwaltungspraxis des Bundes |
| **VRG** | Gesetz über die Verwaltungsrechtspflege |
| **VRPG** | Gesetz über den Rechtsschutz in Verwaltungssachen des Kantons Zürich (Verwaltungsrechtspflegegesetz) (LS 175.2) |
| **VVG** | Bundesgesetz vom 2. April 1908 über den Versicherungsvertrag (Versicherungsvertragsgesetz) (SR 221.229.1) |
| **VwVG** | Bundesgesetz vom 20. Dezember 1968 über das Verwaltungsverfahren (SR 172.021) |
| **z. B.** | zum Beispiel |
| **ZBJV** | Zeitschrift des Bernischen Juristenvereins |
| **ZBl** | Schweizerisches Zentralblatt für Staats- und Verwaltungsrecht |
| **ZeSo** | Zeitschrift für Sozialhilfe |
| **ZGB** | Schweizerisches Zivilgesetzbuch vom 10. Dezember 1907 (SR 210) |
| **Ziff.** | Ziffer |
| **ZUG** | Bundesgesetz vom 24. Juni 1977 über die Zuständigkeit für die Unterstützung Bedürftiger (Zuständigkeitsgesetz) (SR 851.1) |
| **ZVW** | Zeitschrift für Vormundschaftswesen |

# Sachregister